예루살렘에서 히브리적 관점으로 읽는 민수기

예루살렘에서 히브리적 관점으로 읽는 민수기

초판	2021년 05월 03일
증보개정판	2024년 05월 29일

글쓴이	육에녹, 백에스더
펴낸이	육에녹
펴낸곳	도서출판 진리의집

출판등록	제2023-000005호(2020.09.02)
주소	(31411)충청남도 아산시 둔포면 관대길 59-6번지
영업, 관리	백진영(010-5164-2593)
전자우편	houseoftruth832@naver.com
유튜브	진리의집
네이버카페	http://cafe.naver.com/houseoftruth
온라인몰	http://smartstore.naver.com/houseoftruth

교정	박아인, 송요한
편집,디자인	백진영

ISBN	979-11-979803-9-8
정가	24,000원

토라포션 시리즈 네번째
Torah portion
במדבר

증보개정판

예루살렘에서 히브리적 관점으로 읽는
The Book of Numbers
민수기

진리의집

프롤로그

성막(미쉬칸מִשְׁכַּן)과 함께 살아가는 광야(미드바르מִדְבָּר)의 삶

민수기의 히브리어 이름은 '바미드바르בַּמִּדְבָּר'로 '그 광야에서'라는 뜻입니다. 책의 원제처럼 민수기는 이스라엘 백성의 40년 광야 여정 중 약 38년의 시간을 다루고 있습니다. 출이집트하여 시나이 광야에 이르렀을 때 하나님은 이스라엘 백성과 언약식(출19:5-6)을 갖고 모세를 통하여 언약서를 낭독하게 하셨습니다. 이스라엘 백성은 모세가 낭독한 언약서의 말씀에 준행하겠다고 응답하였고, 하나님은 이스라엘과 피의 언약을 세우셨습니다(출24:7-8). 언약을 통해 이스라엘 백성과 하나됨을 이루신 하나님은 그들 가운데 거주하실 '하나님의 집'으로써 땅의 거룩한 처소인 성막(미쉬칸מִשְׁכַּן)을 만들도록 하셨고, 하늘 성전의 식양을 따라 지어진 미쉬칸을 섬기기 위해 레위인들을 따로 세워 부르셨습니다. 하나님은 레위인들 가운데서도 아론과 그의 자손들을 제사장으로 택하셨습니다.

제사장들은 미쉬칸에서 하나님을 거룩하게 섬기는 자들이면서 동시에 하나님의 거룩함을 백성들에게 나타내는 통로입니다. 이스라엘 백성 가운데 거하시는 거룩하신 하나님은 (시22:3) 자신이 친히 이끄시는 이스라엘 백성들의 정체성이 거룩임을 레위기(봐이크라)를 통해 가르치셨습니다. 다른 민족들과는 다르게 독특하고 고유한 부르심을 가진 이스라엘 백성은 거룩의 삶을 지키고 유지하고 나타냄으로써 거룩의 완성을 향해 나아가야 했으며, 그들의 거룩함을 통해 열방이 하나님을 볼 수 있고 하나님이 주시는 축복 안으로 들어올 수 있도록 하는 통로가 되는 사명을 받았습니다.

그러나 이집트에서의 오랜 노예생활로 인해 그들의 육과 혼에 배인 노예근성은 그들이 독특하고 고유한 부르심을 받은 구별된 거룩한 백성이라는 정체성을 인식하지 못하도록 했습니다. 그들은 유월절과 홍해를 건너는 사건을 통해 값없는 구원을 받고 완전한 자유인이 되었지만 자유인으로서의 품성과 삶이 어떤 것인지 알지 못했기에 이 새로운 정체성을 인식하고 그 정체성에 걸맞는 자로 서기까지 끊임없는 육과 혼의 저항과 충돌, 그리고 갈등에 직면해야 했습니다. 보이는 세계에 집착하는 그들의 육과 혼은 보이지 않는 하나님의 영을 대적하고 배반하였으며, 그런 그들을 하나님의 본래적 부르심(오리지널 디자인 original design)에 맞는 자들로 다시 빚으시고 만드시기 위해 광야라는 제한된 공간에서 무한한 인내심을 가지고 그들을 징계하고 심판하시며 치유하고 회복하시기를 반복하시는 하나님의 사랑의 훈육 이야기가 민수기(바미드바르בּמדבּר)입니다.

이스라엘 백성의 노예근성 외에 그들이 하나님의 거룩한 백성으로 살아가지 못하도록 하는 또 하나의 근본적인 죄의 뿌리가 있었는데 그것은 바로 '거역'이었습니다. 그들은 문제가 생길 때마다 문제 상황을 너무 과도하게 생각한 나머지 쉽게 불평하고 반역하였고, 그들의 불평과 반역은 대부분 그들의 지도자인 모세를 향해 쏟아졌습니다. 모세의 지도력은 이스라엘 백성들의 반복되는 불평과 반역으로 거센 도전을 받았을 뿐 아니라 시련과 좌절을 겪어야 했습니다. 그럴 때마다 하나님은 모세의 편을 들어주심으로 그에게 신적 권위를 더하여 주셨습니다. 그들의 불평과 반역은 단순히 모세를 향한 것이 아닌 하나님을 향한 것이었기에 하나님은 이 불평과 거역을 확실히 다루시기 위해 이스라엘 백성이 바로 입성할 수 있었던 에덴-동산의 중앙인 약속의 땅에 들어가지 못하게 하시고 38년간 광야에서 방랑하도록 결정하십니다.

민수기에 기록된 38년간 이스라엘 백성의 광야 방랑 이야기는 불평과 반역은 전염성이 강한 반면 믿음과 확신은 쉽게 영향력을 갖지 못한다는 것을 보여주고 있습니다. 그럼에도 이스라엘 백성의 조상과 맺은 언약, 또 그들과 다시 맺은 언약을 변개하거나 폐하지 않으시는 신실하신 하나님은 광야 38년의 시간 동안 징계와 훈육, 연단, 심판과 용서를 통해 그들의 육과 혼의 정욕을 다루시면서 그들을 하나님의 영에 속한 자들로 세워가십니다. 그래서 민수기는 얼핏 보면 지독하게 뿌리 뽑히지 않는 우리의 육과 혼의 욕망과 정욕을 다루는 책인 것 같지만 자세히 들여다보면 끝까지 포기하지 않고 우리를 다루시고 친히 인도하시는 하나님의 인자와 준엄하심이 살아있는 책이며(롬11:22) 하나님의 백성으로서의 정체성을 다시 세워가기 위한 교육과 훈육의 책입니다.

출이집트 한 뒤 두 번째 해의 첫째 달, 첫째 날에(아빕 월 1일) 하나님의 거룩한 처소 미쉬칸이 세워지고 제사장 위임식과 성막 봉헌식이 진행됩니다. 그리고 한 달이 지난 둘째 달, 첫째 날에(이야르 월 1일) 하나님은 모세에게 이스라엘 백성 가운데 20세 이상인 남자의 수를 종족과 조상의 가문에 따라 계수하도록 명령하십니다(민1:2-3). 20세 이상의 남자의 수를 계수하게 하신 이유는 이들이 앞으로 그들이 들어가게 될 약속의 땅을 차지하고 있던 악한 민족들과 전쟁을 통해 그 땅을 정복해야 했기 때문입니다.

그래서 하나님은 가장 먼저 민수기 1-4장에 걸쳐 전쟁 준비를 위한 하나님의 군대를 계수하게 하시고 5-6장을 통해 성막을 항상 정결하게 유지하기 위한 규례를 허락하십니다. 이스라엘 회중은 하나님의 통치를 직접 받는 하나님의 킹덤이었기에 하나님이 친히 거하시는 성막은 이 백성과 나라가 세상과는 완전히 구별된 것임을 보여주는 곳이자 하나님의 통치가 실현되는 중앙 정부이면서 거룩하신 하나님의 영광이 머무는 하늘과 땅이 연결된 통로였습니다. 그래서 하나님은 이스라엘 백성이 성막을 중심으로 진을 치고 성막이 움직이는 여부에 따라 진행하게 하심으로 그들이 성막 중심의 나라임을 그들 스스로가 알뿐 아니라 그들을 바라보는 열방이 알도록 하셨습니다. 거룩한 성막을 정결하게 유지하기 위한 규례를 5-6장을 통해 말씀하시고 성막을 위한 재정적 헌신을 한 족장들의 명단을 7장을 통해 알려주십니다. 그리고 8장에서 성막을 섬기는 레위인을 정결하게 하도록 명령하시고, 9장에서 출애굽 이후 두 번째 해에 아빕 월의 유월절을 지키지 못한 자들에게 허락하신 두 번째 달의 유월절(이야르 월 14일)을 지내게 하신 뒤 나팔 소리와 함께 백성들이 하나님이 정해주신 질서에 따라 진영을 구축하고 행진하도록 가르쳐 주십니다.

마침내 거룩한 하나님의 군대가 완성이 되고 에덴-동산의 중심인 약속의 땅을 향해 그들의 거룩하고 힘찬 여정이 시작되었습니다. 그러나 얼마 지나지 않아 불평과 거역을 통한 실패의 이야기들이 11-25장에 걸쳐 등장합니다. 실패의 요인들은 원망(11장), 지도력에 대한 도전(12장), 불신(13-14장), 안식일 미준수(15장), 교만과 과대망상(16-17장), 불순종(20장), 불평(21장), 우상숭배와 음행(25장)이었습니다. 이 과정에서 많은 이들이 죽지만 하나님은 이들을 정결케 하시는 규례를 주시고(18-19장) 또 얼마나 이 백성을 사랑하시는지 이방

선지자 발람이 그 백성을 저주하려던 것을 축복으로 바꿔주심으로(22-24장) 하나님의 언약
의 신실하심을 보여주십니다.

그러나 이스라엘의 거룩한 진영 안으로 흘러 들어온 미디안의 우상숭배와 음행은 순
식간에 이스라엘 진영을 섞이게 하고 더럽게 하였으며 이에 하나님은 분노하시어 염병을
진영 가운데 보내십니다. 하나님과 언약 관계를 맺은 이스라엘이었지만 출이집트 세대의 지
도자들은 방종하여 육적인 지조뿐 아니라 영적인 지조도 지키지 못하고 음란하게 바알브올
에게 부속되었습니다. 지도자들이 여호와의 진노 중에 목매어 달려 있던 중인데도 정신을
못차리고 미디안 여인을 장막으로 데리고 들어간 시므리 족장을 보던 비느하스는 '하나님
의 질투'로 질투하며 거룩한 분노를 가지고 손에 창을 들고 시므리의 장막으로 들어가 음란
을 행하던 두 사람의 배를 단숨에 꿰뚫어 죽임으로 하나님의 진노를 돌이켜 이스라엘 진영
에 퍼진 염병을 그치게 하였으며 하나님으로부터 영원한 평화의 언약을 약속 받게 됩니다
(25장).

이 사건 이후 첫 번째 인구조사에 속했던 출이집트한 세대들과 지도자들이 전에 말씀
하신 대로 다 죽게 되었습니다. 그래서 하나님은 이스라엘 군대를 재편성하기 위한 인구 조
사를 다시 실행하도록 명령하셨습니다(민26장). 수차례 불순종과 불신, 반역과 불평을 거듭
하는 과정 중에서 여호수아와 갈렙을 제외한 출이집트 세대가 죽었고 이스라엘의 군대의
수는 첫 인구조사에 비해서 1,820명 감소하여 601,730명이 됩니다. 이 인구조사에 따라
새로운 세대가 약속의 땅에 들어가서 땅을 정복하고 분배할 때 아들이 없어 인구조사에 포
함되지 않은 슬로브핫의 딸들 같은 경우 땅을 분배 받을 수 있도록 판례를 정해주시고 새
로운 세대의 지도자로 여호수아를 지명하십니다(27장). 그리고 하나님의 백성으로서의 정체
성을 지키기 위해 반드시 지켜야할 하나님의 시간, 여호와의 절기인 모아딤의 규례를 다시
한번 가르쳐 주십니다(28-29장). 그리고 여인들이 서원했을 경우 어떻게 지켜야 할지에 대
한 규례도 정해 주십니다(30장).

하나님은 거룩한 이스라엘 백성을 유혹하여 하나님으로부터 멀어지게 하려고 했던 미
디안을 철저하게 응징하시고 요단 강 동쪽 지역을 르우벤과 갓 그리고 므낫세 지파 중 절
반이 차지하도록 허락하십니다(31-32장). 마지막으로 40년 동안의 광야 여정을 회고, 정리
한 뒤(33장) 그 땅의 경계를 하나님이 친히 정해 주시고(34장), 기업이 없는 레위인들이 가
져야 할 성읍들(도피성)에 대해 말씀하신 뒤(35장) 슬로브핫 딸들의 땅 상속 문제를 완전히
타결함으로 약속의 땅에 들어갈 준비를 마무리하는 장면으로 민수기가 마칩니다(36장).

광야는 이집트에서 약속의 땅으로, 그리고 세상에서 하나님의 킹덤으로 넘어가는 중간 지역입니다. 이 땅은 식물을 심고 자라게 할 수 없는 땅으로 정착이 불가능한 땅입니다. 하나님은 아무것도 할 수 없는 땅에 미쉬칸(성막)을 세우시고 그들 가운데 거하시면서 친히 부르시고 선택하신 백성들을 전적인 공급과 보호하심으로 이끌어 가십니다. 그래서 육신의 정욕과 혼적인 욕망으로 가득 차 있는 그들의 시선이 보이는 세상이 아닌 구름기둥과 불기둥의 임재로 함께 하시는 하나님만 바라볼 수 있도록 훈련하십니다. 그러나 이스라엘 백성은 미쉬칸에 거하시는 하나님의 임재를 바라보면서도 그들의 육신의 죄성과 혼의 노예근성을 처리하지 못해 매번 하나님을 반역하였고 그 가운데서 자신들을 향해 돌격하시는 하나님의 심판을 직면해야 했습니다. 민수기에서 그려진 이스라엘 백성의 광야의 삶은 하나님의 거룩한 현존 앞에서(미쉬칸) 그들의 노예근성과 옛 자아를 잘라내며 새롭게 창조되어가는 과정이었습니다. 이와 같이 민수기의 무대는 광야였지만 그 중심에는 성막(미쉬칸)이 있었습니다.

이스라엘 백성은 성막(미쉬칸)을 중심으로 그들의 진영을 설치하였고 성막의 구름이 떠오를 때 행진하였으며 성막의 구름이 머무를 때 머물러 진을 쳤습니다. 어떻게 가야 할지 모르는 광야의 방랑의 시간은 불확실한 삶의 연속인 것처럼 보였지만 사실은 그들이 어떻게 가야 할지, 언제 가야 할지를 가장 정확하게 알고 계시는 하나님의 빈틈없는 계획 가운데서 살아간 가장 확실한 삶이기도 했습니다. 어디로 갈지 미리 계획할 수 없어 인간적으로는 불확실해 보였지만 하나님의 인도를 바라보며 성령을 의지하며 살아가는 자들에게는 안전하고 확실했던 광야의 삶은 하나님의 현존 앞에서 재창조되어가는 한 민족을 통해 마지막 때를 살아가는 하나님의 백성들이 어떻게 그 영원한 나라를 향해 가고 있는지를 보여주고 있습니다. 우리는 불확실한 세상 속에서 확실한 하나님의 킹덤을 바라보며 가고 있습니다. 이 세상 나라는 모두 소멸할 것이지만 그분의 나라는 결코 소멸되지 않고 영원할 것입니다. 지극히 높으신 이의 성도들이 그 나라를 영원히 받아 누리게 될 것입니다(단7:14,18).

2024년 5월 예루살렘에서 진리의 집

차
례

프롤로그   성막(미쉬칸מִשְׁכָּן)과 함께 살아가는 광야(미드바르מִדְבָּר)의 삶   004p

토라 포션표   015p

민수기 주간 토라 포션
민수기 일일 토라 포션
절기 토라 포션
토라 기도문

34 주간   바미드바르בְּמִדְבַּר – 광야에서   023p

(DAY 1) 군대를 정렬하라 (DAY 2) 마하나임-하늘의 군대, 땅의 군대 / 레위 지파는 계수하지 말라
(DAY 3) 12지파의 배너 (DAY 4) 레위인은 내 것이라 (DAY 5) 레위 자손들의 직무 (DAY 6) 장자를 대신한
레위인 (DAY 7) 고핫 자손의 임무

주제 #1 창세기 2:1의 콜 쩨바암
주제 #2 하나님이 멈추시려고 했던 하나님의 시간들

35 주간   나쏘נָשֹׂא – 머리를 들어 올리라(계수하다)   049p

(DAY 1) 나쏘, 올려드림 (DAY 2) 삼십 세부터 오십 세까지 (DAY 3) (DAY 4) 진영을 깨끗이 하라 – 죄의
고백 / 쓴 물 (DAY 5) 나지르, 봉헌된 삶 /아론의 축복 (DAY 6) 열 두 족장의 예물 (DAY 7) 두 그룹 사이
에서

36
주간

베하알로트카 בְּהַעֲלֹתְךָ - 네가 올라가게 할 때(등불을 켤 때)　　　071p

(DAY 1) 등잔대(메노라)의 불이 켜짐으로 시작되는 영의 활성화　(DAY 2) 빛과 레위인　(DAY 3) 두 번째 유월절 / 그 뼈를 하나도 꺾지 말아서　(DAY 4) 구름과 하늘의 나팔 소리　(DAY 5) 그 삼 일 길에 앞서 가며　(DAY 6) 올라감과 끌어내림, 진정한 중보　(DAY 7) 영적 교만과 온유한 지도력

주제 #3　나팔 소리의 종류와 의미
주제 #4　땅 성소와 하늘 성소를 연결한 구름 기둥

37
주간

쉘라흐 레카 שְׁלַח לְךָ - 너를 위해 보내라(정탐꾼을)　　　099p

(DAY 1) 보냄 받은 자들 / 여호수아와 갈렙　(DAY 2) 사명을 다하지 못하게 하는 것 세 가지 / 불신이라는 전염병　(DAY 3) 중보-하나님의 자비와 긍휼을 의지하라　(DAY 4) 불신으로 인해 지연된 약속의 땅(에덴-동산)으로의 입성　(DAY 5) (DAY 6) 하나님께 지속적으로 드려져야 할 예배　(DAY 7) 샤밭을 깨뜨린 자 / 옷단 귀의 술(찌찌트)

38
주간

코라흐 קֹרַח - 고라　　　125p

(DAY 1) 멈추지 않는 대반역 / 하나님이 정하신 경계를 침범함과 하나님의 주권을 인정함
(DAY 2) (DAY 3) 심판　(DAY 4) 심판을 멈추게 한 중보와 예배　(DAY 5) 메시아의 규　(DAY 6) 하나님 앞에서 다시 정렬되는 레위인들　(DAY 7) 레위인의 몫

주제 #5　다단과 아비람
주제 #6　살아남은 고라 자손들의 깊은 영성

차
례

39
주간

후카트חֻקַּת – 율례　　　　　　　　　　　　　　　　　　　　　151p

(DAY 1) 부정을 씻는 물　(DAY 2) 셋째 날과 일곱째 날　(DAY 3) 하나님의 거룩함을 나타내야 하는 지도자
(DAY 4) 쉽게 상하는 마음　(DAY 5) 네쓰 (장대), 하나님의 Sign(기적)　(DAY 6) 우물물아 솟아나라
(DAY 7) 하나님의 뜻을 이루기 위해 사용되는 도구들

40
주간

발라크בָּלָק – 발락　　　　　　　　　　　　　　　　　　　　　171p

(DAY 1) 자기를 기만하는 자　(DAY 2) (DAY 3) 돈과 부귀 영화에 넘어간 선지자　(DAY 4) 하나님이 내 입에
주시는 말씀　(DAY 5) 발람의 첫 번째, 두 번째 예언-왕의 큰 나팔 소리　(DAY 6) 발람의 세 번째, 네 번째
예언　(DAY 7) 마지막 시대 마지막 세대가 겪게 될 음란과 우상숭배 그리고 거룩한 신부들의 세대

주제 #7 전쟁의 메시아

41
주간

피느하스פִּינְחָס – 비느하스　　　　　　　　　　　　　　　　　　195p

(DAY 1) 하나님의 거룩한 열정, 킨아　(DAY 2) 군대의 재정렬　(DAY 3) 나흘라, 기업　(DAY 4) 슬로브핫의
딸들 / 그 안에 영이 머무는 자　(DAY 5) 하나님의 킹덤을 리허설하는 시간, 모아딤 / 상번제 / 샤밭 /
월삭　(DAY 6) (DAY 7) 여호와의 7절기

42
주간

마토트 מַטּוֹת - 지파들   219p

(DAY 1) 권위와 질서의 하나님 (DAY 2) 미디안과의 전쟁 (DAY 3) 결산하시는 하나님 (DAY 4) (DAY 5) 승리
와 전리품을 주시는 하나님 (DAY 6) (DAY 7) 요단 동편

주제 #8 발람의 죽음

43
주간

마쎄이 מַסְעֵי - 노정   237p

(DAY 1) (DAY 2) 광야 여정 회고 (DAY 3) (DAY 4) 산당을 파쇄하라 / 땅의 경계 (DAY 5) 레위인의 성읍
(DAY 6) 도피성과 피의 복수(고엘 하담) (DAY 7) 여인들이 땅을 상속 받을 권리

주제 #9 42지점, 42대, 42개월
주제 #10 가나안 땅이라 불리게 된 이유와 에덴-동산의 정체성

민수기를 나가며 - 신랑과 신부가 하나되어 가는 곳, 광야

부   록

#1 모아딤, 여호와의 절기 이해하기   261p

[1장] 여호와의 절기와 콘스탄티누스의 절기
[2장] 종말론적 관점으로 본 여호와의 7절기

#2 누구나 쉽게 히브리어 읽기

Torah Portion

토라 포션표

민수기 주간 토라 포션 Weekly Torah Portion

	주제	의미	파라샤	하프타라	브리트 하다샤	
					킹덤과 종말론적 관점	복음서 관점
34	바미드바르 בְּמִדְבַּר	광야에서	민1:1 - 4:20	호1:10 - 2:20	롬9:22-33	마4:1-17
35	나쏘 נָשֹׂא	머리를 들어올리라(계수하다)	민4:21 - 7:89	삿13:2-25	요12:20-36	눅1:11-20
36	베하알로트카 בְּהַעֲלֹתְךָ	네가 올라가게 할 때(등불을 켤 때)	민8:1 - 12:16	슥2:10-4:7	계11:1-19	마14:14-21
37	쉘라흐 레카 שְׁלַח לְךָ	너를 위해 보내라 (정탐꾼을)	민13:1 - 15:41	수2:1-24	히3:7-4:11	마10:1-14
38	코라흐 קֹרַח	고라	민16:1 - 18:32	삼상11:14-12:22	행5:1-11	마26:13-24
39	후카트 חֻקַּת	율례	민19:1-22:1	삿11:1-33	요3:1-21	요2:1-12
40	발라크 בָּלָק	발락	민22:2 - 25:9	미5:7-6:8	롬11:25-32	마21:1-11
41	피느하스 פִּינְחָס	비느하스	민25:10 - 29:40	왕상18:46-19:21	계19:11-21	요2:13-22
42	마토트 מַטּוֹת	지파들	민30:1 - 32:42	렘1:1 - 2:3	행9:1-22	막11:12-25
43	마쎄이 מַסְעֵי	노정	민33:1 - 36:13	렘2:4-28, 3:4, 4:1-2	약4:1-10	눅13:1-9

* 유대력으로 윤년이 아닌 해에는 마토트מַטּוֹת와 마쎄이מַסְעֵי를 더블 포션으로 읽습니다.

민수기 일일 토라 포션 Daily Torah Portion

주간	주제	일 Day 1	월 Day 2	화 Day 3	수 Day 4	목 Day 5	금 Day 6	토 Day 7
34	바미드바르 בְּמִדְבַּר	1:1 - 19	1:20 - 54	2:1 - 34	3:1 - 13	3:14 - 39	3:40 - 51	4:1 - 20
35	나쏘 נָשֹׂא	4:21 - 37	4:38 - 49	5:1 - 10	5:11 - 31	6:1 - 27	7:1 - 83	7:84 - 89
36	베하알로트카 בְּהַעֲלֹתְךָ	8:1 - 13	8:14 - 26	9:1 - 14	9:15 - 10:10	10:11 - 36	11:1 - 30	11:31 - 12:16
37	쉘라흐 레카 שְׁלַח לְךָ	13:1 - 20	13:21 - 14:10	14:11 - 25	14:26 - 45	15:1 - 16	15:17 - 31	15:32 - 41
38	코라흐 קֹרַח	16:1 - 14	16:15 - 24	16:25 - 35	16:36 - 50	17:1 - 13	18:1 - 7	18:8 - 32
39	후카트 חֻקַּת	19:1 - 10	19:11 - 22	20:1 - 13	20:14 - 21:4	21:5 - 21:9	21:10 - 20	21:21 - 22:1
40	발라크 בָּלָק	22:2 - 14	22:15 - 20	22:21 - 35	22:36 - 40	22:41 - 23:26	23:27 - 24:25	25:1 - 25:9
41	피느하스 פִּינְחָס	25:10 - 18	26:1 - 51	26:52 - 27:5	27:6 - 23	28:1 - 15	28:16 - 29:11	29:12 - 40
42	마토트 מַטּוֹת	30:1 - 16	31:1 - 12	31:13 - 24	31:25 - 41	31:42 - 54	32:1 - 19	32:20 - 42
43	마쎄이 מַסְעֵי	33:1 - 4	33:5 - 49	33:50 - 34:15	34:16 - 29	35:1 - 8	35:9 - 34	36:1 - 13

* 히브리적 관점에서 한 주간의 첫 날은 주일(Sunday)부터 시작입니다. 그래서 토라 포션을 읽고 묵상하실 때 주일(Sunday)을 주간의 첫 날로 시작하시면 됩니다. 하지만 이번 주간의 토라포션을 표시하는 날짜는 그 주간의 시작이 아닌 그 주간의 끝인 샤밭의 날짜로 표시됩니다. 예를 들어 "바미드바르 6월8일"은 6일 전인 6월2일 부터 6월28일까지 7일 동안 바미드바르 본문으로 주간 읽기를 한다는 의미입니다.

절기 토라 포션표

　　절기 토라 포션들은 중요한 절기들에 읽혀지는데 유월절과 장막절을 제외한 나머지 날들은 그 주간의 토라 포션과 함께 읽게 됩니다. 유월절과 장막절에는 절기 포션만 읽도록 되어 있습니다. 그 외의 특별한 주간들에 정해진 토라 포션 외에 더 읽도록 되어 있는 포션들도 있지만, 여기서는 절기 포션들만 소개하도록 하겠습니다.

	절기	파라샤	하프타라	브리트 하다샤
1	하누카 (봉헌)	민7:1-11	슥2:14-4:7 왕상7:40-50	요9:1-7 요10:22-39
2	부림 (제비뽑기)	출17:8-16	에스더 전체 시3:3	히11장 전체
3	페싹 (유월절)	출12:21-51 민28:16-25	수3:5-7, 5:2-15 수6:1, 27	요1:29-31 요10:14-18
4	샤부옷 (오순절)	출19:1-20:23 민28:26-31	겔1:1-28 겔3:12	요1:32-34 마3:11-17
5	로쉬 하샤나 (나팔절)	창21:1-34 민29:1-6	삼상1:1-2:10	살전4:13-18
6	욤 키푸르 (대속죄일)	레16:1-34 민29:7-11	사57:14-58:14	고후 5:10-21
7	수콧 (장막절)	레22:26-23:44 민29:12-16	슥14:1-24	계7:1-10
8	심핫 토라	신33-34 창1:1-2:3 민29:35-30:1	수1:1-18	마5:17-48
9	로쉬 호데쉬 (월삭, 초하루)	민28:9-15	사66:1-24	벧전2:4-10

* 로쉬 호데쉬(달의 첫 날)는 월삭이라는 뜻으로 그 달의 첫 날에 읽는 본문입니다.
** 오축(하메쉬 메길롯חמש מגילות): 유월절(아가서), 오순절(룻기), 티샤 베아브(예레미야 애가), 장막절(전도서), 부림절(에스더)

토라 기도문

בָּרוּךְ אַתָּה אֲדוֹנָי אֱלֹהֵינוּ מֶלֶךְ הָעוֹלָם

바룩 아타 아도나이 엘로헤이누 멜렉 하올람

여호와 우리 하나님 온 우주의 왕이신 당신을 송축합니다

אֲשֶׁר קִדְּשָׁנוּ בְּמִצְוֹתָיו וְצִוָּנוּ לַעֲסוֹק בְּדִבְרֵי תוֹרָה

아쉐르 키드샤누 베미쯔보타브 붸찌바누 라아쏘크 베디브레이 토라

우리를 그 계명들로 거룩하게 구별하시고

토라의 말씀들에 빠져들라 명하신 당신은 복되십니다

מַה־טֹּבוּ אֹהָלֶיךָ יַעֲקֹב מִשְׁכְּנֹתֶיךָ יִשְׂרָאֵל

마 토부 오할레이카 야아콥 미쉬케노테이카 이스라엘

야곱이여 네 장막들이,
이스라엘이여 네 거처들이 어찌 그리 아름다운고(민24:5)

Torah Portion

민수기

בְּמִדְבַּר

BAMIDBAR

바미드바르

34주간

בְּמִדְבַּר
BAMIDBAR
바미드바르, 광야에서

파라샤 **민 1:1-4:20**
하프타라 **호 1:10-2:20**
브리트 하다샤 **롬 9:22-33 / 마 4:1-17**

DAY 1 민 1:1-19

군대를 정렬하라

하나님은 이집트의 신들을 심판하시고 자신이 선택하고 부르신 이스라엘 백성을 이집트에서 친히 데리고 나오실 때, 그들을 이집트에서 데리고 나오신 이유를 이렇게 말씀하셨습니다.

> 너희를 내 백성으로 삼고 나는 너희의 하나님이 되리니
> 나는 애굽 사람의 무거운 짐 밑에서 너희를 빼낸
> 너희의 하나님 여호와인 줄 너희가 알지라(출6:7)

> 나는 너희의 하나님이 되려고 너희를 애굽 땅에서 인도하여 낸 여호와라(레11:45)

하나님은 아담으로부터 20대 혈통인 아브라함을 선별하셨고 아브라함을 약속의 땅으로 불러오셔서 그와 언약을 맺으셨습니다. 아브라함과 맺은 언약은 하나님의 완전한 주권 아래서 이삭과 야곱에게로, 그리고 이스라엘 열두 지파에게로 이어졌고 그들은 이집트에서 큰 민족을 이루게 되었지만, 이방 나라의 억압으로 고통을 당하게 됩니다. 하나님은 아브라함과의 언약을 기억하셔서 때가 이르렀을 때 고통 중에 있던 이스라엘 백성을 친히 끄집어내시며 그들의 하나님이 되기 위해 그들을 이끌어 내신 하나님이라는 것을 그들에게 확증하셨습니다. 하나님은 모든 민족 가운데서 먼저 이스라엘을 하나님 나라의 백성으로 선택하셨고 그 백성을 하나님의 강한 손으로 이집트에서 빼내어 홍해를 건너게 하심으로 하나님의 전능하심을 온 열방이 알게 하셨습니다. 죽음을 지나(유월) 홍해를 건넘으로써 열방 가

운데 하나님이 하나님 되심을 알게 한 통로가 된 이스라엘 백성은 본격적으로 에덴-동산의 산지에 하나님 나라를 이루기 위한 여정을 시작했습니다.

첫 여정으로 하나님은 홍해를 건너 이집트에서 하나님 나라의 통치로 넘어온 이스라엘 백성을 거룩한 산 시나이 산에 세우시고 그들과 언약을 맺으시며 하나님이 그들과 연합되었음을 공포하셨습니다. 이스라엘 백성은 하나님의 소유(쎄굴라סְגֻלָּה)가 되었고 열방을 향하여는 제사장 나라, 거룩한 백성이 되었습니다(출19:5-6). 하나님과 이스라엘 백성의 언약식 이후 하나님은 그들이 하나님의 신부이자 킹덤의 백성으로서 지키고 따라야 할 율법을 제정하여 공포하신 뒤(출20-24장) 쉐키나가 그들과 함께 거할 하나님의 거룩한 처소, 성막(미쉬칸מִשְׁכָּן)을 짓도록 명령하셨습니다(출25-31장). 그리고 하늘과 땅이 이어져 있는 하나님의 성막(미쉬칸)을 지키고 섬기기 위해 아론의 자손들을 제사장으로 따로 구별하여 세우셔서 그들에게 제사(예배)를 가르치시고 하나님의 거룩함을 나타내는 자들로서 그들을 아름답게 꾸미시고 더욱 거룩할 것을 명령하셨습니다.

킹덤의 법도 제정되었고 킹덤을 섬길 제사장들도 세워졌으며 예배도 확립되었습니다. 이제 남은 것은 킹덤의 땅이 될 에덴-동산의 중앙을 향해 나아가 그 땅에서 죄악을 몰아내며 그 땅을 정복하고 차지(야라쉬יָרַשׁ)하는 일만 남았습니다. 에덴-동산의 중앙이었던 예루살렘은 하나님이 태초부터 예정해 놓으신 온 세계의 중앙이며 마지막에 완성될 하늘에서 내려올 새 예루살렘을 받을 터였지만, 인류 역사 초반에 아담과 하와는 사탄에게 속아넘어가 그들의 권위를 상실했고 그곳에서 추방되었습니다. 이제 다시 그 땅으로 들어가 그 땅을 차지(야라쉬יָרַשׁ)하게 하시기 위해 하나님은 하나님의 군대가 될 자들을 계수하여 정렬시키도록 명령하셨습니다.

한자로는 이 책의 이름을 '민수기民數記'라고 번역하였고 그 뜻은 '백성들의 수를 세었다'는 의미를 가지고 있지만 하나님이 계수하도록 하신 것은 백성 전체가 아니라 싸움에 나갈 만한 20세 이상의 남자들이었습니다(민1:3). 하나님이 싸움에 나갈 남자들을 계수하게 하신 이유는 땅에 하나님의 통치를 섬길 하나님의 군대를 이루기 위해서입니다. '계수하다'로 쓰인 히브리어 나싸נָשָׂא는 '들어올리다'는 뜻을 가지고 있습니다. 하나님은 군대가 되어 하나님의 킹덤을 위해 싸울 거룩한 자들을 하나님께 올려드리라고 명하셨습니다. 이들이 싸워야 할 싸움은 욕망과 욕심으로 점철된 민족 간의 정복전쟁이 아니라, 거룩한 그 땅에 하나님의 킹덤을 세우기 위해 어둠과 악을 몰아내는 거룩한 전쟁이 될 것이기에 그 전쟁에 참여할 군대들이 하나님께 거룩하게 드려지도록 하였습니다.

하나님은 전쟁하시는 하나님입니다. 사탄과 이 세상의 임금들에게 빼앗긴 영역을 우리가 되찾아 하나님의 통치가 이루어지는 하나님 나라를 세우게 하기 위해 하나님은 친히 용사가 되어 앞으로 나가시며 대적들을 치십니다(사42:13). 대적들을 치실 때 하나님은 친히 자신의 군대 장관을 세우시고 그에게 기름을 붓고 하늘의 권위를 더하십니다. 그리고 하늘의 군대와 함께 싸울 땅의 군대를 소집하시고 정렬하십니다. 마지막 날 만왕의 왕이신 예수님은 하늘과 땅의 왕이자 모든 군대의 군대 장관으로 진두지휘하시면서 사탄과 땅의 임금들을 완전히 멸망케 하시고 하나님께 속한 것들을 모두 되찾을 것입니다.

교회는 종종 십자가를 지시고 고난당하시는 겸손한 종으로서의 어린 양 예수님의 이미지를 강조한 나머지 악한 세상 체제를 멸하시기 위해서 오시는 전쟁에 능한 용사이자 유다의 사자라는 것을 간과하는 경우가 많습니다. 고난당하는 겸손한 종으로서의 예수님을 본받아야 한다고 배워 온 오늘날의 그리스도인들은 사회 안에서 진취적이고 적극적으로 싸워서 차지하기 보다는 소리를 내지 않고 양보하고 지는 것이 더 말씀대로 사는 것이라고 오해합니다. 싸움은 악한 것이고, 싸우지 않는 것이 평화라는 이분법적 사고로 인해 싸움자체에 대한 부정적 관념으로 마땅히 싸워야 할 때 잠잠히 있으면서 하나님이 해결해 주신다는 수동적 신앙을 가진 사람들이 많습니다. 하지만 하나님은 말씀을 통해 그리스도인들이 영향력을 가지고 사회 안에서 빛을 내기 원하시고 그것을 위해서 때로는 물러서지 않고 자리를 내어주지도 않으며 야라쉬[1] 해야 한다고 가르쳐 주고 계십니다. 진리를 지키기 위해서는 당연히 비진리와 거짓과 싸워야 합니다. 평화를 위해서는 평화를 위협하는 자들과 싸워야 합니다. 싸움 자체가 부정적인 것이 아니고 무엇을 위해 싸우고 있는지, 싸움의 대상이 누구인지가 중요한 것입니다. 하나님의 킹덤을 위해서 사탄과 악한 자들과는 싸워야 합니다. 하지만 같은 공동체 안에서는 싸움이 아니라 서로를 이해하고 사랑하는 방법으로 하나되어 평화(샬롬)를 이루어야 합니다. 그런데 교회는 악한 사회를 향해서는 침묵을, 같은 공동체안에서는 리더와 형제들을 향한 정죄와 판단과 분열을 서슴지 않습니다.

하나님의 킹덤이 세워질 때 그 나라의 리더가 될 자들은 결단코 어둠에 자리를 내어주지 않고 싸워야 할 때는 싸워서 하나님의 것을 지켜내는 자들이 될 것입니다. 지금 하나

---

1 차지하다, 취하다로 번역되는 야라쉬ירש는 두가지 의미가 동시에 있다. 소유를 박탈하다와 소유로 취하여 차지하다. 원수가 주장하고 있는 그들의 소유권을 끊어버려서 박탈하는 것과 동시에 그 소유권을 되찾아서 소유하는 것, 그래서 하나님이 원래 나에게 주신 것을 차지하는 것이 야라쉬ירש이다.

님은 그런 사람들을 세우기 위해 비진리로 섞여 있는 말씀이 아닌 순전한 진리를 사모하고 그것을 위해 좁은 문으로 들어가길 힘쓰는 자들을 하나님의 군대로, 용사이자 신부로 세우고 계십니다. 하나님은 악하고 더러운 민족들이 차지하고 있던 약속의 땅으로 이스라엘 백성들이 들어가 그 땅을 차지하게 하기 위해 전쟁할 수 있는 군대를 모집하셨던 것처럼, 지금 마지막 때 세상과의 싸움에서 진리를 들고 치열하게 싸워내고 메시아닉 킹덤에서 다스리며 왕노릇 할 자들을 세우고 계십니다.

DAY 2 민 1:20-54

마하나임 – 하늘의 군대, 땅의 군대

땅의 것은 하늘의 것을 반영하고 있습니다. 땅의 성소는 하늘의 성소를 본따서 만들어졌고, 땅의 성소를 지키는 거룩한 제사장들은 하늘 성소에서 쉬지 않고 하나님을 찬양하고 있는 천군 천사들과 같은 임무를 부여받았습니다. 이 땅에서 하나님을 섬기도록 허락된 장소나 사람은 모두 하늘의 실재들과 연결되어 있고 하늘의 실재들을 반영하고 있습니다. 이와 같이 땅에 있는 것이 하늘에 있는 것을 반영하듯이 이스라엘의 군대는 하늘의 군대를 반영한 것입니다. 하나님은 하늘 성소에서 하나님을 호위하고 있는 천군천사들처럼 하나님의 땅의 처소인 성막을 이스라엘 군대의 진영이 호위하도록 하셨습니다.

하나님의 군대가 계수되어 하나님께 올려졌을때 하나님은 이스라엘 백성이 머무는 곳을 군대의 진영(마하네מַחֲנֶה)이라고 부르셨습니다. 그리고 그들이 성막을 중심으로 동서남북으로 질서대로 진을 치도록 명하셨습니다.

이스라엘 자손은 각각 자기 진영의 군기와 자기의 조상의 가문의
기호 곁에 진을 치되 회막을 향하여 사방으로 치라(민2:2)

군대의 진영은 히브리어로 마하네מַחֲנֶה지만 하나님의 군대의 진영을 말할 때 성경에서는 마하나임מַחֲנַיִם이라고 부릅니다(창32:2). 이 단어는 마하네מַחֲנֶה의 쌍수 형태로 '두 군대의 두 진영'이라는 의미입니다. 이 말은 하나님의 군대는 두 군대의 진영을 가지고 있음을 의미하며 두 군대란 하늘의 군대와 함께 이 땅에 이뤄질 땅의 군대를 의미합니다.

하늘의 군대는 가장 높은 하늘에 있는 하나님의 보좌를 여러 겹으로 둘러서 하늘 보좌를 호위하는 천군들이며 땅의 군대는 땅에 있는 하나님의 성막(미쉬칸)을 중심으로 둘러 진을 치고 그 임재를 보호하는 군대이자 하나님의 영광의 보좌를 호위하는 군대입니다. 하나님은 이스라엘 백성의 군대를 계수(나싸נָשָׂא)하셔서 그들을 하나님께 올려지도록 하심으로 하나님의 마하나임מַחֲנַיִם, 두 군대의 진영을 완성하셨습니다.

하늘의 군대가 하늘 성전의 영광의 보좌를 호위한다면 땅의 군대는 땅에 거하시는 하나님의 성막(미쉬칸)의 영광과 임재를 호위하는 군대입니다. 그래서 하나님은 하나님의 영광과 임재를 호위할 땅 군대의 진영이 성막을 중심으로 배치되도록 하셨습니다. 그리고 법궤가 움직이는 곳으로 군대도 움직이도록 하셨습니다. 법궤가 약속의 땅으로 들어갈 때 군대가 약속의 땅으로 그 보좌를 호위하며 들어가도록 하셨고, 하나님이 거하실 하나님의 집(성전)이 모리아 산 예루살렘에 세워졌을 때 이스라엘 백성이 그 보좌를 중심으로 호위하며 하나님을 섬기도록 하셨습니다.

하나님은 땅 군대의 진영을 지파별로 배치하도록 순서를 가르쳐 주셨고 또 각 지파는 나씨נָשִׂיא라 불리는 우두머리를 세우도록 하셨습니다. 나씨라 불리는 우두머리들이 해야 할 일은 하나님이 움직이라고 구름 기둥으로 보이시며 명령하실 때 자신들의 지파를 진두지휘하며 순서에 따라 나아가게 하고 앞서 가는 법궤를 따라가게 하는 것이었습니다. 또 구름 기둥이 머물고 법궤 위에 내려와서 하나님이 머물라고 하시는 그 곳에 머물게 될 때 법궤와 성막을 중심으로 열두 지파들이 진영별로 진을 칠 수 있도록 진두지휘하였습니다. 그 후 백성들로 하여금 "우물물아 솟아나라 너희는 우물물에게 노래하라 이 우물물은 지도자들이 팠고 백성의 귀족들이 법을 주는 자의 지시에 따라 그들의 막대기로 팠도다(민21:17-18)"라고 우물 찬송을 노래하게 하였습니다. 하나님은 이스라엘 백성이 가는 곳마다 하나님이 정하신 그 반석에서 지팡이를 통해 물이 나오게 하셨고, 반석에서 흘러나온 물은 성막 주변을 흘러 레위 지파를 둘러 흐르다가 열두 지파를 향해 굽이굽이 흘러 갔습니다. 하나님의 군대의 열두 진영은 여호와의 영광을 호위한 자들이었고, 가는 곳마다 생명의 물이 터져나오게 한 자들이었습니다.

또한 열두 지파가 성막을 중심으로 친 진영의 모습은 마치 십자가의 모양과도 같았습니다.[2] 하나님은 하나님의 백성을 지키고 악한 세상과 싸워서 하나님의 것을 다시 찾도록 하기 위해 이스라엘 백성 중에서도 하나님의 거룩한 군대를 계수하고 세우게 하셨습니다. 그리고 그 군대의 모습은 하늘에서 보았을 때 장차 피를 흘리심으로 온 인류를 구원하실 예슈아가 지실 십자가의 모양이 되게 하심으로 하나님이 이루실 일을 예언적으로 예표하셨습니다.

하나님의 군대는 거룩한 자들로 하나님의 킹덤을 위해 싸우고 하나님의 임재와 영광을 지키는 자들입니다. 만왕의 왕이신 예슈아가 온 하늘과 땅을 통치하시기 위해 오실 때가 가까웠습니다. 요한계시록 19장은 군대 장관으로서 전쟁하기 위해 이 땅에 내려오시는 예수님의 모습을 잘 설명해 주고 있습니다. 예수님은 하늘 천사들의 군대의 가장 앞에 서서 내려오시고 천사들의 군대는 예수님의 명령에 따라 이 땅에서의 전쟁과 하나님의 일을 수행할 것입니다(마13:41, 49, 16:27, 24:31, 25:31).

하나님은 하나님의 킹덤을 이루시기 위해 십자가의 표가 새겨진 거룩한 군대를 세우고 계십니다. 이 거룩한 군대는 이스라엘 백성이 미쉬칸을 중심으로 움직였듯이 하나님의 임재를 자신의 삶의 중심으로 두고 하나님이 움직이라 하실 때 움직이고 멈추라 하실 때 멈추며 어느 곳에 있든지 감사와 찬송으로 하나님을 높여드리는 자들로서 자신을 하나님 앞에서 낮출 줄 아는 예배자들일 것입니다. 지금은 하나님의 거룩한 군대가 정렬되는 때입니다. 하나님께 속한 것들을 되찾고 하나님의 킹덤을 이루기 위해 싸우고 되찾아 차지할 군대를 하나님이 세우고 계십니다.

---

2 히브리어 알파벳 중 마지막 문자는 타브ת인데 고대 히브리어 알파벳 타브는 마치 십자가의 모양과 같았다. 에스겔 9:4 에서 '하나님은 가증한 우상숭배로 탄식하며 우는 자들의 이마에 표를 그리라'고 명령하시는데 이 표가 십자가와 못을 상징하는 타브ת와 바브ו로 이루어진 단어로 '타브'로 발음된다. 하나님이 하나님을 위해 우는 자들의 이마에 그리라고 하신 것은 십자가의 표였던 것이다. 이스라엘 지파의 진영의 모습은 성막을 중심으로 3지파씩 동서남북에 질서정연하게 진을 친 모습으로 고대 히브리어 알파벳 타브와 같았고 그것은 곧 십자가의 모양을 연상케 하였다.

Early Hebrew	Middle Hebrew	Late Hebrew	Modern Hebrew
✚	✗	ת	ת

레위 지파는 계수하지 말라

군대를 계수할 때 하나님은 레위 지파는 계수하지 말도록 명하셨습니다(민1:49). 그리고 계수되지 않은 레위 지파의 사람들을 하나님은 레위인이라 부르시며(민1:51) 그들에게 이스라엘 백성의 다른 지파들과는 구별된 직무를 맡기셨습니다. 하나님이 이스라엘 백성의 군대에게 하나님의 영광과 임재를 호위하는 사명을 맡기셨다면 레위인들에게는 영광과 임재가 머무는 미쉬칸, 증거의 성막을 지키고 관리하고 나르는 책임을 맡기셨습니다(민1:53). 하나님의 거룩한 성막을 운반하고 세우는 일을 맡은 레위인들은 성막에 함부로 다가오는 자들이 있을 때는 그들을 죽일 수 있는 권한까지 부여받았습니다(민1:51). 레위인들은 하나님이 거하시는 하늘의 영역을 지키기 위해서는 그 어떤 것과도 타협하지 않아야 했으며, 조금이라도 하나님의 것이 더럽혀질 것 같으면 과감히 잘라내야 하는 단호함을 가진 자들이어야 했습니다.

야곱의 가문이 하나님의 킹덤을 세울 거룩한 민족이 되어야 하는 사명을 이해하고 있었던 레위가 자신의 여동생을 모욕한 세겜을 향해 일말의 자비도 없이, 오히려 더 지나칠 정도로 그들을 죽여버렸던 단호함을 가지고 있었기에 하나님은 그런 영적 DNA를 가진 레위 지파에게 하나님이 거하시는 곳과 하나님의 임재를 지키는 임무를 맡기셨습니다. 하나님이 거하시는 거룩한 곳, 거룩한 임재를 지키기 위해서는 세상과 섞이지 않을 뿐 아니라 조금도 용납하지 않겠다는 과감한 결단이 오늘날의 레위인으로 부름받은 예배자들이 가져야 할 태도입니다.

하나님은 레위인들의 진영을 이스라엘 지파들처럼 동서남북으로 진을 치게 하셨는데 그들을 성막과 백성들 사이에 두심으로 레위인들이 성막 주위를 둘러싸서 성막이 거룩하게 지켜지도록 하셨습니다. 제사장들과 레위인들은 하나님과 백성들 사이에 서서 중보하는 일을 하며 하늘과 땅을, 그리고 하나님과 사람을 연결하여 하나되게 하는 자들입니다. 오늘날 레위인의 직무로 부름받은 자들은 예배자들입니다. 예배자는 이 땅에서 하늘 보좌를 바라보며 하나님의 영광을 찬양함으로 하늘과 땅을 연결하고, 하나님께 나아가길 소망하는 회중들의 시선과 마음이 보좌를 향할 수 있도록 회중들을 하나님과 연결하는 자들입니다. 연결하는 자로서 예배자들은 찬양과 경배를 통해 나아갑니다. 예배에 있어서 음악은 너무나 중요한 통로이지만, 음악 자체가 예배가 될 수는 없습니다. 더 좋은 음악이 더 깊은 예배를 의미하지도 않습니다. 예배는 하나님의 임재와 영광 앞에 겸손히 엎드리며 자신을 낮추는 것입니다. 그러므로 예배자의 삶은 엎드리는 삶이 되어야 합니다. 엎드릴 때 비로소 하나님과 사람들 사이에 서서 섬길 수 있을 것입니다.

DAY 3 민 2:1-34

12 지파의 배너

　　이스라엘 군대를 정렬시키신 하나님은 그들이 각 지파의 군기와 가문의 기호 곁에 지파별로 진을 치라고 명하십니다(민2:2). 각 지파들은 자신들만의 기호를 가지고 있었습니다. 말씀을 통해서는 지파별 기호가 무엇이었는지, 군기의 색깔이 무엇이었는지 정확히 알 수 없지만 유대 랍비들은 그들의 군기의 색깔이 제사장의 흉패에 붙인 보석의 색깔과 일치했을 것이며, 기호는 지파의 조상이 되는 야곱의 12아들의 기억할 만한 행적이나, 야곱의 예언적 축복을 상징화했을 것이라고 말합니다.[3] 제사장의 흉패에 붙여진 12보석도 정확히 어느 지파가 어떤 보석을 가지고 있었는지 일치하지 않지만 크게 두 가지 견해에 따라 정리해보면 12지파의 군기의 색깔과 상징은 다음과 같이 정리해 볼 수 있습니다.

지파	색깔	지파의 기호	관련구절
유다	스카이블루 or 진한빨강	사자	창 49:9
잇사갈	검정 or 노란색	태양과 달	대상 12:32
스불론	흰색 or 밝은빨강	배	창 49:13
르우벤	진한빨강 or 초록	합환채	창 30:14
시므온	초록 or 파랑	세겜	창 34:25
갓	검정 or 흰색	군대의 진영	창 49:19
요셉 에브라임, 므낫세	흑옥색 or 회색	무성한 가지(곡식단) or 들소	창 49:22 신 33:17
레위	흰색 or 노란색	12보석 흉패	출 28:29
베냐민	다양한색깔 or 보라색	늑대	창 49:27
단	파란색 or 초록색	뱀	창 49:17
납달리	밝은빨강 or 갈색	암사슴	창 49:21
아셀	초록색 or 흑옥색	감람나무	창 49:20

---

3 【민수기 랍바 2:4】

토라의 해석서인 민수기 랍바에서는 각 지파의 깃발과 기호아래 진영을 펼친 이스라엘의 군대는 하늘의 군대와 같았다고 말합니다.[4] 또한 각 지파의 깃발과 기호아래 앞장섰던 지휘관의 모습은 마치 하늘과 땅의 군대 앞에서 모든 군대를 지휘하시는 메시아의 모습을 예표합니다.

아람어 성경 탈굼에서는 성막을 중심으로 세 지파씩 동서남북 네 방향으로 진영이 펼쳐졌을 때 네 개의 깃발이 더 있었고, 각각의 깃발에는 그 진영을 대표하는 그림과 말씀이 있었다고 말합니다. 성막의 동쪽에 진영을 펼치고 이스라엘 군대가 떠날 때나 정착할 때 유다, 잇사갈, 스불론 지파의 진영에는 어린 사자를 암시하는 그림과 함께 "여호와여 일어나사 주의 대적들을 흩으시고 주를 미워하는 자가 주 앞에서 도망가게 하소서(민10:35)"라는 말씀이 있었습니다. 유다 지파는 모든 이스라엘 지파의 군대의 가장 앞에 섰을 뿐 아니라 해가 떠오르는 동쪽에 진영을 펼쳤습니다. 유다 지파가 해가 떠오르는 동쪽에 진영을 펼친 것은 유다 지파로부터 메시아가 올 것이라는 것을 암시하는 것입니다.[5]

성막의 남쪽에 진영을 펼친 르우벤, 시므온, 갓 지파의 진영에는 "이스라엘아, 들으라 우리 하나님 여호와는 오직 유일한 여호와이시니(신6:4)"라는 말씀이 있었습니다. 성막의 서쪽 진영인 에브라임, 므낫세, 베냐민 지파의 진영에는 "낮에는 여호와의 구름이 그위에 덮였더라(민10:34)"라는 말씀이 있었고, 성막의 북쪽 진영인 단, 아셀, 납달리 지파의 진영에는 "여호와여 이스라엘 종족들에게로 돌아오소서(민10:36)"라는 말씀이 있었습니다.

또한 12지파는 레위 족속의 진영을 둘러쌌고, 레위 족속은 성막을 둘러쌌습니다. 성막을 둘러싸고 있는 진영의 위치들은 도시 안의 왕궁을 보호하기 위해 둘러싸고 있는 내벽과 외벽처럼 강한 요새와 같은 모습을 가지고 있었습니다. 왕궁을 강한 요새로 보호해야 하는 이유는 나라의 왕을 지킬 때 모든 백성이 평안하고 나라가 강건해지기 때문입니다. 하나님의 킹덤에서 미쉬칸(성막, 성전)은 왕의 통치의 중심, 왕궁입니다. 하나님이 이스라엘 백성에게 미쉬칸(성막, 성전)을 중심으로 진영을 펼치고 움직이게 하신 이유는 왕이신 하나님의 영광과 임재를 보호함으로써 그들이 보호되고 강한 민족이 되게 하기 위해서입니다. 하나

---

4 【민수기 랍바 2:3】 하나님은 이스라엘 군대를 하늘을 섬기는 천사들과 같이 정렬시키셨다.
5 【민수기 랍바 2:10】 '거룩하신 분, 그분은 송축받으소서'께서 모세에게 말씀하셨다. "모세, 유다는 세상에 빛을 가져오는 방향인 동쪽에 진영을 펼칠 것이다. 왜냐하면 왕권이 유다를 통해 세상으로 올 것이기 때문이다." 또한 말씀에서는 메시아의 오심과 마지막 최종 구속을 떠오르는 해로 묘사하기도 한다 【시편 119:105, 말라기 4:2, 이사야 60:1,3】

님의 영광과 임재가 보호되면 그것이 이스라엘을 통해 세상을 향해 흘러가게 됩니다. 하나님은 이스라엘 백성을 온 세계의 제사장 나라로 삼으셨기에 그들이 하나님의 미쉬칸(성막, 성전)을 보호함으로써 하나님의 영광과 임재가 온 세계로 흘러가 축복이 되길 원하셨습니다.

성전이 이스라엘만의 성전이 아닌 열방의 성전이라는 것을 이해하고 있던 솔로몬 왕은 성전을 완공하고 봉헌식을 올려드릴 때 주의 백성 이스라엘에게 속하지 않은 이방인이라 할지라도 성전을 향해 기도할 때 그 기도에 응답해주시길 기도했습니다(왕상8:41-42). 솔로몬 왕은 성전을 향해 기도했던 이방인들의 기도가 응답이 됨으로써 이방인들도 하나님의 이름을 알게 될 뿐 아니라 이스라엘 백성처럼 하나님을 경외하게 해주시길 기도했습니다(왕상8:43). 그는 성전과 성전을 지키는 이스라엘을 통해 하나님의 이름과 영광이 열방에 드러나게 되며, 땅끝의 모든 나라가 함께 하나님 안으로 들어오는 것이 하나님의 계획이라는 것을 잘 알고 있었습니다.

랍비 예호슈아 벤 레위는[6] 열방의 나라들이 하나님의 성전을 통해, 그리고 성전을 지키는 이스라엘을 통해 축복이 그들에게로 흘러가게 될 것이라는 것을 알았다면 그들은 성전과 이스라엘을 파괴하기 위해서가 아닌 보호하기 위해서 예루살렘으로 올라왔을 것이라고 말했습니다. 또한 그는 미래에 메시아닉 킹덤이 오게 되면 열방은 성전의 가치와 이스라엘의 영광을 알게 될 것이며, 그들은 유대인들을 높여주며 유대인들과 함께하길 원하면서 '거룩하신 분, 그분은 송축받으소서'[7] 를 찬양하게 될 것이라고 말했습니다.

그 날에는 말이 다른 이방 백성 열 명이 유다 사람 하나의 옷자락을 잡을 것이라
곧 잡고 말하기를 하나님이 너희와 함께 하심을 들었나니
우리가 너희와 함께 가려 하노라 하리라(슥8:23)

---

6 랍비 예호슈아 벤 레위는 3세기 초반에 이스라엘 땅에 살았던 탈무드 학자인 아모라였다. 그는 로드에 살았으며(로드는 텔 아빕로부터 남동쪽 15킬로미터, 예루살렘으로부터 북서쪽 40킬로미터 정도에 떨어진 도시이다.) 티베리아스 학교를 관장하기도 하였다.
7 '거룩하신 분, 그분은 송축받으소서'라는 문구는 많은 고대 유대 문헌에서 여호와 하나님이라는 이름이 등장할 때 그분을 높이고 찬양하기 위해 붙여지던 수사구였다. 이것은 문장이지만 동시에 여호와 하나님을 나타내는 호칭과 같은 것으로 그들은 여호와 하나님의 존재에 대해 설명할 때 반드시 그분을 찬양하는 말을 붙여 경외함을 나타내었다.

DAY 4 민 3:1-13

레위인은 내 것이라

　　레위 지파 가운데서도 하나님은 아론과 그의 아들들을 더 특별하게 구별하시어 그들에게 거룩한 성소와 모든 제사를 섬기는 제사장의 직무를 맡기셨고, 또한 그들의 일을 돕는 레위인들을 관리하도록 하셨습니다(민3:9). 레위인들은 아론과 그 자손들의 제사장적 직무를 도울 뿐 아니라 회중들을 위한 직무를 위해 성막에서 일하였습니다(민3:7-8). 미쉬칸의 영광과 임재를 가장 가까이서 지키고 섬기는 자들이 제사장들이라면 그 제사장들이 직무를 다할 수 있도록 함께 섬기는 자들이 레위인들입니다. 레위인들은 아론의 직무 즉, 제사장들이 직무를 다할 수 있도록 도왔을 뿐 아니라 회중을 섬기기 위해 성막에서 일했습니다. 레위인들의 직무란 성막과 제사장, 성막과 백성을 이어주는 역할이었습니다. 이 직무는 곧 하늘과 땅을 섬기고 하나되게 하는 것이었습니다.

　　레위인은 하늘의 영광이 땅에 연결되어 하늘의 것이 땅으로 흐를 수 있도록 하는 자들입니다. 하늘의 것이 땅으로 흘러서 사람들에게 생명이 닿도록 하는 자들이 레위인입니다. 하나님은 '레위인은 내 것(민3:12, 3:45)'이라고 공포하셨습니다. 이 말은 하나님께 속한 것일 뿐 아니라 하나님과 하나되었다는 것을 의미합니다. 레위는 레아가 야곱에게 낳은 세 번째 아들로 '연합'이라는 뜻을 가지고 있습니다. 레아는 남편과의 간절한 연합을 사모하며 세 번째 아들의 이름을 '연합'이라고 지었습니다. 레위의 이름에는 신랑이 신부와 하나됨을 사모하는 마음이 담겨 있습니다. 그러한 레위의 이름의 목적을 성취하시듯 하나님은 이스라엘 백성을 신부 삼으시고 그들과 언약하시며 그들과 하나되는 연합의 통로로 레위인을 세우셨습니다. 레위인은 이스라엘 백성 가운데서도 하나님께 더 연합된 자입니다.

DAY 5 민 3:14-39

레위 자손들의 직무

레위의 자손들은 게르손과 고핫과 므라리입니다. 하나님은 성막을 섬기게 하기 위해 레위인들 가운데 1개월 이상된 남자를 계수하도록 명하셨습니다(민3:15). 이스라엘 지파들의 수를 계수할 때는 싸움에 나갈 수 있는 장정들로 20세 이상의 남자들을 계수한 것과 달리 레위인들은 1개월 이상의 남자들을 계수하도록 하신 것은 레위인들은 이스라엘의 모든 장자를 대신하도록 구별된 자들로서 태어난 순간부터 이미 하나님께 속한 자들이기 때문입니다. 나라가 전쟁 중에 있을 때도 레위인들은 성막에서 제사를 섬기면서 예배가 끊어지지 않도록 하였고 하늘의 통치가 이 땅에 계속 이어지게 했습니다. 이것을 위해 레위인들은 성막 사방에 진을 치고 성막을 위한 임무를 부여받게 됩니다.

게르손 자손들은 성막의 서쪽에 진을 치고 성막의 모든 천들, 장막과 덮개들, 회막의 휘장 문과 뜰의 휘장 문들 그리고 모든 휘장들을 치는데 쓰이는 줄들을 관리하는 임무를 부여받았습니다. 므라리의 자손들은 성막의 북쪽에 진을 치며 성막의 널판과 띠, 기둥, 받침과 모든 말뚝들을 담당하였습니다. 성막의 전체 틀과 기둥들, 장막들을 관리하는 일은 게르손의 자손들과 므라리의 자손들에게 맡겨졌고 그들에게는 이 큰 물건들을 나르기 위한 수레와 짐승들이 주어졌습니다. 오직 성막과 제사를 섬겨야 했기에 레위인들에게는 이스라엘 지파들을 통해 모든 것이 공급받도록 하였습니다.

다만 고핫 자손에게는 수레나 짐승이 주어지지 않았는데 그 이유는 고핫 자손에게 하나님이 주신 임무는 성막의 모든 거룩한 기구들 즉, 언약궤와 상과 등잔대(메노라)와 제단들과 그것들에 쓰이는 모든 기구들과 지성소의 휘장을 자신들의 몸으로 직접 날라야 했기 때문입니다. 고핫 자손은 성막의 가장 중심이 되는 성소와 지성소에 놓인 거룩한 기름이 발려진 거룩한 기구들, 그 기구들에 임한 하나님의 영광을 몸으로 직접 운반했습니다. 이들은 성막의 남쪽에 진을 쳤습니다.

성막의 동쪽, 해가 돋는 곳에는 모세와 아론, 아론의 아들들이 진을 쳤고 그들에게는 성막에 아무나 접근할 수 없었던 것처럼 외인들이 접근할 수 없었습니다. 하나님은 아론과 그의 아들들인 제사장들을 하나님이 거하시는 미쉬칸과 동일시하셨습니다. 이것은 엄청난 특권이지만 동시에 무거운 무게였습니다. 영광(카바드כָּבַד, 무거움)은 찬란한 아름다움이지만 동시에 우리가 생각하는 것보다 훨씬 무겁고 막중한 것입니다. 레위인들은 가장 가까이에서 하나님의 영광을 보고 섬기는 특권을 받았지만 동시에 성막을 세우는데 필요한 모든 것을 운반할 때 그 모든 무게를 짊어져야 했습니다.

성막이 움직이는 때는 어느 날은 몇 개월 만에 한 번, 혹은 1년에 한 번 움직일 때도 있었지만, 어느 날은 하루 만에 다시 움직여야 할 때도 있었습니다. 또한 매일 아침, 저녁으로 올려드리는 상번제와 소제의 예배, 그 외에 백성들의 속죄제와 속건제, 화목제의 제사를 위해 쉼 없이 움직여야 하는 것이 레위인의 삶이었습니다. 자신들을 위해 사는 삶이 아니었기 때문에 많은 영역에서 자기 것을 챙기려고 하는 것을 내려놓아야 하는 삶이 레위인의 삶이었습니다.

우리는 하나님의 영광을 사모하지만 그 무게를 짊어지고 견뎌야 하는 것에 대해서는 생각하지 않습니다. 누군가가 가지고 있는 영적 권위는 사모하지만 그것을 위해 견뎌야 하는 그들의 삶의 무게에 대해서는 생각하지 않습니다. 하나님의 임재와 영광이 지켜지기 위해서 매일 반복되는 일들을 위해 어떤 헌신을 해야 하는지, 어떤 시간을 견뎌야 하는지에 대해서는 간과하며 그저 영광의 아름다움만 취하고 싶어합니다. 레위인들이 누렸던 하나님의 임재와 영광을 위해 그들이 견디고 지켜내고 짊어진 무게를 생각하고 그것을 살아내는 예배자가 되어야겠다는 헌신이 먼저 필요합니다.

DAY 6 민 3:40-51

장자를 대신한 레위인

하나님은 이스라엘의 모든 장자 대신 레위인을 택하시고 하나님의 것이라고 선포하셨습니다(민3:12). 레위인은 이스라엘의 모든 장자를 대신해서 하나님께 드려진 자들입니다(민3:41). 장자는 생명과 힘의 시작이라는 의미를 가지고 있습니다. 생명의 시작인 장자가 하나님께 속하도록 하심으로 생명의 시작과 끝을 주관하시는 주관자가 하나님이심을 알게 하셨습니다. 또한 이집트의 사람이나 짐승의 모든 첫 번째 것을 치시던 그 날에 하나님은 모든 장자를 구별하였다고 말씀하십니다(민3:13). 그래서 하나님에게 있어서 장자는 생명의 시작이자 구별된 자들입니다. 하나님은 이스라엘의 장자들이 하나님께 드려지는 대신 레위 지파를 선택하셔서 그들이 하나님께 드려짐으로 이스라엘의 모든 장자의 역할을 대신하도록 하셨습니다(민3:41). 그래서 레위인은 하나님께 구별되어 드려진 영적인 장자입니다.

하늘과 땅을 연결하는 자로서, 또한 영적인 장자로서 드려진 레위인들이 맡은 직무는 샤레트שָׁרֵת라고 불렸는데 이것은 성소의 기구들을 다루거나 섬길 때 쓰였습니다. 그런데 민수기 4:3에서 레위인으로서 봉사의 직무를 감당할 때 '회막의 일'이라는 단어와 4:23, 35, 39, 43의 '회막 봉사'라는 단어는 샤레트שָׁרֵת가 아닌 짜바צָבָא라는 단어로 쓰였습니다. 짜바צָבָא는 군복무를 의미하는 단어로 '군대가 행진하다'는 뜻을 가지고 있으며 또 하늘의 천체들이[8] 움직일 때도 이 단어가 사용됩니다.

레위인이 회막의 일과 봉사를 감당하는 것은 샤레트שָׁרֵת, 섬김이면서 동시에 군복무를 하는 것과 같은 것으로 레위인의 봉사 자체는 여호와의 군대로서 하나님을 섬기는 것이면서 동시에 하나님의 임재를 지키기 위해 싸우는 전쟁과 같은 것이었습니다. 천군천사들이 하늘 보좌를 지키듯이 땅의 보좌인 미쉬칸(성막)을 위해 악한 것들이 침범하지 못하도록 하나님의 영광을 지키는 일이 레위인의 일이었습니다. 성막을 나르고 이동하는 일은 단순히 물건을 나르는 것이 아니었으며 하나님의 영광의 거처를 나르는 일이었습니다. 하나님은 당신의 영광이 움직이실 때 레위인들의 섬김으로 움직이셨고 하나님의 영광을 운반하는 자들로 레위인들을 택하시고 그들의 어깨에 영광을 맡겨 주셨습니다.

하나님께 자신의 생명을 드리고 이 땅에 하나님이 거하시는 미쉬칸을 섬기고 지킴으로써 하나님과 백성을 연결하는 자들인 레위인은 오늘날 예배자들입니다. 예배자들은 레위인처럼 하늘의 영광을 땅에 전달하도록 부름받았고 또한 하나님을 가까이서 섬기는 영적인 장자입니다. 예배자의 어깨에는 하나님의 영광을 운반하는 일이 맡겨져 있습니다. 그래서 예배자의 삶은 레위인의 삶이 되어야 합니다.

---

8 히브리적 개념에서 천체들과 천사들은 둘 다 하늘의 군대이다. 하늘의 군대는 하늘의 보좌를 중심으로 섬긴다. 하늘의 천체들이 궤도에 따라서 움직이는 것은 하늘의 군대들이 웅장하고 장엄하게 행진하는 모습을 떠오르게 한다. 땅의 성소를 섬기는 레위인들의 봉사는 하나님의 땅 보좌 발등상을 중심으로 하나님을 섬기는 땅의 군대 복무와 같다. 그래서 성경은 레위인들의 봉사를 하늘의 군대인 천체들이 움직일 때 쓰이는 짜바צָבָא라는 단어와 같은 단어로 기록하고 있다.

레위인의 삶은 자기 것이 없었습니다. 레위인의 모든 삶의 중심은 하나님이 거하시는 미쉬칸(성막)이었습니다. 마찬가지로 예배자들은 자신들의 삶의 중심을 자기 자아가 아닌 하나님의 임재와 영광에 두어야 합니다. 그래서 예배자들은 자신이 하늘과 땅을 연결하는 자이며 하나님께 완전히 드려진 자임을 철저히 인식해야 합니다. 이런 인식이 없는 예배자는 하나님의 임재와 영광보다는 자신의 명성과 영광을 좇아가게 되며 그래서 쉽게 자신을 세상에 내어주어 섞이게 됩니다. 예배자이면서 세상에 자신을 내어주고 있다면 하늘과 땅을 분리시킬 뿐 아니라 하나님의 미쉬칸을 더럽게 합니다. 예배자로 부름받았다는 것은 영광스러운 일이면서 동시에 자기 자신을 완전히 내려놓고 세상과 분리되어야 한다는 것을 의미합니다. 그래서 바울은 하나님이 기뻐하시는 영적 예배를 위해 이 세대를 본받지 말고 분별하라고 권면합니다(롬12:1-2).

【주제 #1】 창세기 2:1의 콜 쩨바암 כֹל צְבָאָם

창세기 2:1에서 "천지와 만물이 다 이루니라"의 히브리어 문장은 다음과 같이 직역될 수 있다.

$$\text{וַיְכֻלּוּ הַשָּׁמַיִם וְהָאָרֶץ וְכָל־צְבָאָם}$$

봐예쿨루 핫샤마임 붸하아레쯔 붸콜-쩨바암

그리고 그 하늘들과 그 땅과 하늘과 땅의 모든 군대가 완성되었다

콜-쩨바암 כֹל־צְבָאָם의 쩨바아 צְבָא는 명사로 군대, 천체, 천사라는 뜻을 가진다. 동사로는 '앞으로 전진하다'는 동적인 의미를 가지고 있어서 '정렬된 군대가 명령에 따라서 전진함', '하늘의 천체들이 처음 명령받은 대로 정해진 궤도를 벗어나지 않고 계속 나아감', '하늘의 천사들이 그들이 명령받은 대로 자기 지위와 처소에서 하나님을 끊임없이 순종하며 섬김'의 이미지를 가지고 있다. 아도나이 쩨바옽 יהוה צְבָאוֹת은 만군의 여호와 혹은 군대들의 여호와로 번역된다. 하늘과 땅의 창조가 완성되었고 하늘과 땅에 속한 모든 군대도 함께 구성되었다(창2:1).

'하늘과 땅의 모든 군대'는 무엇을 의미하는가? 콜-쩨바암은 일차적으로는 정해진 궤도를 벗어나지 않고 준수하면서 계속 나아가고 있는 하늘들의 천체들을 의미한다. 히브리적인 사고에서 종종 하늘의 천체들은 천사들과 동일시된다. 천사들은 하늘 보좌를 호위하는 하늘의 군대들이다. 그리고 천사들과 함께 땅에 있는 하나님의 보좌를 호위하는 땅의 군대는 하나님의 백성들이다. 이 땅의 군대들도 짝이 있는데 그 짝은 유대인과 이방인, 이스라엘과 교회이다. 하나님은

하늘과 땅을 완성하셨을 때 그분을 섬길 그분의 군대도 완성하셨다. 그리고 지금 만왕의 왕이신 예슈아가 오실 준비를 위해 다시 땅의 군대를 정렬시키고 계신다.

하나님이 땅의 군대를 정렬시키는 곳은 광야이다. 바미드바르 בַּמִּדְבָּר, 광야에서 하나님의 처소를 만들게 하셨고 법을 제정하셨으며 군대를 정렬하셨다. 이집트의 시스템, 바벨론의 시스템이 닿지 않는 곳에서 하나님은 하나님의 군대들을 세우셨다. 만약 우리가 지금 광야의 시간을 보내고 있다면 그것은 하나님의 군사로서 정렬 중에 있다는 뜻이다. 그리고 만왕의 왕을 맞이할 준비를 하고 있는 것이다.

짜바 צָבָא가 동사로 쓰일 때는 '행진하다, 나아가면서 싸우고 이겨내다'는 뜻을 가진다. 앞으로 전진하면서 이기는 승리, 이것은 네짜흐 נֶצַח이며 네짜흐 נֶצַח의 또 다른 의미는 '영원'이다. 끝까지 싸우고, 견디는 자가 승리하며 최후 승리를 얻는 자가 영원을 취하게 된다. 하나님의 군대로 부름받고 정렬 받은 이스라엘과 교회들은 영원한 승리를 취하게 될 것이다. 이것이 태초에 하나님이 하늘과 땅을 만드시고 콜- 쩨바암 כָּל צְבָאָם, 하늘과 땅의 모든 군대를 만드신 이유이다.

DAY 7 민 4:1-20

고핫 자손의 임무

하나님은 레위 자손들 중에서도 고핫의 자손들에게 성막의 거룩한 기구들을 나르고 관리하는 일을 맡기셨습니다. 성막의 기구들이란 성소에 있는 증거궤와 진설병, 등잔대를 비롯하여 제사를 위해 쓰이는 제단들과 그 기구들을 의미합니다(민3:31).

성소의 기구들은 모두 기름 부음 받은 것으로 거룩하게 구별되었고 제사장들만 다룰 수 있도록 되어 있습니다. 하나님은 이 모든 기구들을 제사장들에게 해달의 가죽으로 덮거나 청색 보자기로 싸게 하셨습니다. 모든 기구들이 해달의 가죽과 청색 보자기에 덮이거나 싸여지는 일이 마쳐지면 그때 고핫의 자손들이 들어가서 그 기구들을 어떤 수레나 도구로 나르는 것이 아니라 직접 자신들의 어깨에 메어서 날랐습니다. 고핫 자손에게는 거룩한 기구들이 맡겨졌지만 그들은 절대 그것을 보거나 만질 수는 없었습니다. 그들에게 맡겨진 것은 제사장들이 덮고 싼 기구들을 나르는 일이었습니다. 그럼에도 그들에게 맡겨진 일은 지성물들을 다루는 일이었기에 하나님은 고핫 자손들을 레위인 중에서 끊어지지 않게 하라고 명하십니다(민4:18). 이 말은 그들이 레위인 중에서 끊어지지 않기 위해서 더욱 거룩을 지켜야 한다는 것을 의미하며, 또한 하나님이 이들이 끊어지지 않도록 특별한 은혜를 더해 주신다는 것을 의미하기도 합니다.

하나님의 킹덤에서 무엇인가 더 다른 것, 구별된 것을 맡게 되었다는 것은 더 거룩해야 한다는 것을 의미합니다. 이스라엘 지파 중에서도 레위 지파에 속한 이들은 레위인이라 부름받으며 모든 이스라엘의 장자를 대신해서 드려짐으로 구별되었고 성막의 일을 섬기도록 부름받았기에 더 거룩해야 했습니다. 레위인 중에서 성소의 기구들을 담당하는 고핫 자손들은 그 백성 가운데서 끊어지지 않도록 자신들을 더욱 거룩하게 지켜야 했습니다. 레위인 중에서도 아론과 그의 자손들은 제사장으로 부름받아 외인과 함부로 접촉해서는 안 될 정도로(민3:38) 더욱 거룩해야 했습니다. 마찬가지로 이 세상에서 우리가 하나님께 속한 백성이라고 한다면 우리는 거룩해야 하고, 하나님의 백성 가운데서도 예배자로 부름받았다면 더욱 거룩을 지켜야 합니다.

세상은 세상의 지혜와 방법을 교회와 성도들이 따라 줄 것을 요구하지만 막상 교회와 성도들이 세상을 따라 섞여버리게 되면 아이러니하게도 너희들은 깨끗하지 못하다며 손가락질합니다. 세상 가운데서 빛이 되고 소금이 되겠다고 세상 속으로 뛰어든 교회와 성도들이 세상에 의해 오히려 압도당하는 이유는 세상의 지혜와 방법을 따라감으로써 거룩을 지키지 못했기 때문입니다. 거룩은 죄가 만연하고 악이 판을 치는 마지막 때에 하나님의 백성들을 강하게 하는 힘이 될 것입니다. 거룩을 지키는 것 때문에 핍박받는 것이 거룩을 지키지 않고 세상을 따라감으로써 손가락질당하고 모욕당하는 것보다 낫습니다. 오히려 세상은 세상과 다른 것을 교회와 성도들에게 바라고 있습니다. 오히려 세상이 교회를 향해 거룩하라고 메시지를 보내고 있습니다. 무엇인가 다르고 구별되었다는 특권 의식만 가질 것이 아니라, 또한 세상의 지혜와 방법을 따라갈 것이 아니라 철저히 하나님의 지혜와 방법을 따름으로 구별된 자들이 세상 가운데서 거룩을 지키는 자가 될 것이며 이런 자들이 하나님의 킹덤에서 왕 같은 제사장이 되어 그 나라를 섬기게 될 것입니다.

하프타라 호 1:10-2:20

한 새사람을 통해 정렬되는 땅의 군대

하나님은 북이스라엘 백성이 거룩에서 완전히 멀어져 거침없이 죄와 타락을 향해 달려갔음에도 불구하고 그들과 연합하기를 열렬히 사모하셨습니다. 그러나 북이스라엘 백성은 하나님의 거룩한 사랑을 무참히 짓밟고 우상을 향해 자신의 모든 것을 내어줌으로 배신과 음란을 아무렇지도 않게 행했습니다.

하나님은 호세아의 음란한 아내 고멜을 통해 낳은 두 아이의 이름을 통해 북이스라엘 백성이 더 이상 긍휼히 여김을 받지 못할 것이며(로루하마לֹא רֻחָמָה) 더 이상 하나님의 백성이 아니라고(로암미לֹא עַמִּי) 선언하십니다(호1:6,9). 하나님은 하나님이 공급해 주신 떡과 물과 양털과 삼과 기름과 술들을 우상이 주었다고 말하며 우상을 향해 사랑을 쏟는 북이스라엘 백성들에게 가시로 길을 막고 담을 쌓아 길을 찾지 못하도록 함으로 그들의 어리석은 사랑을 따르지 못하게 할 뿐 아니라 찾지도 못하게 하겠다고 말씀하십니다(호2:5-7). 그리고 그들에게 주셨던 새 포도주와 기름, 은과 금을 도로 빼앗으셔서 그들의 수치가 오히려 우상 앞에서 드러나게 하겠다고 하십니다(호2:10). 또한 하나님이 정하신 희락과 절기, 월삭, 안식일, 그리고 명절을 우상을 섬기는 절기들과 섞음으로써 하나님의 시간들을 더럽히고 하나님의 원래 의도와 다른 절기들로 만들어 버린 혼합된 절기들을 폐하겠다고 선포하십니다(호2:11).

하나님은 북이스라엘 백성에게 바알을 섬긴 시일대로 벌을 주겠다고 진노하셨지만(호2:13) 결국은 이 모든 진노의 과정 가운데서 낮아진 그들을 타일러 거친 들로 데리고 나가겠다고 하십니다. 거친 들은 곧 광야를 의미하는 것으로 하나님은 그들을 광야로 데리고 가서 부드럽고 온유하게 말씀하시며 그들이 스스로 결정할 수 있도록 시간을 주십니다. 하나님의 온유한 타이름에 마음을 돌이킨 백성들을 말로 위로하시면서 하나님은 그들에게 다시 포도원을 주시고 죽음의 골짜기였던 아골 골짜기를 소망의 문으로 삼아 주겠다고 약속하십니다(호2:14-15). 가시와 담까지 만들어가시면서 그들을 고통스럽게 하신 하나님이었지만 이것은 결국 다시 돌아오게 하기 위한 하나님의 사랑임을 알게 됩니다.

그 날에는… 내가 네게 장가 들어 영원히 살되
공의와 정의와 은총과 긍휼히 여김으로 네게 장가 들며
진실함으로 네게 장가 들리니 네가 여호와를 알리라(호2:19-20)

이는 너를 지으신 이가 네 남편이시라 그의 이름은 만군의 여호와이시며
네 구속자는 이스라엘의 거룩한 이시라
그는 온 땅의 하나님이라 일컬음을 받으실 것이라(사54:5)

그 날(바욤 하후יֹּהַה-בַּ)은 하나님이 태초부터 정하신 여호와의 날, 여호와의 크고 두려운 날로 끝까지 하나님께 돌아오지 않은 자들에게는 크고 두려운 날이 되겠지만 돌아온 자들에게는 공의(쩨덱צֶדֶק), 정의(미쉬파트מִשְׁפָּט), 은총(헤세드חֶסֶד), 긍휼(라하밈רַחֲמִים), 진실함(에무나אֱמוּנָה)으로 하나님과 다시 영원히 연합하는 날이 될 것입니다. 하나님과의 완전한 연합, 이것이 하나님이 우리를 창조하신 목적이며 이 목적이 성취될 때까지 하나님의 사랑은 거룩히 불타올라 음란했던 자기 백성들을 버리지 않으시고 다루시고 고치시고 씻기셔서 끝내 이루고 마실 것입니다.

하나님은 북이스라엘 백성들이 하나님의 거룩한 사랑을 배신하였을 때 진노하심으로 선포하셨던 로루하마רֻחָמָה לֹא와 로암미עַמִּי לֹא는 오히려 긍휼히 여김 받지 못했던 백성들, 하나님의 백성이 아니었던 자들을 긍휼히 여김을 받게 하시고(루하마רֻחָמָה) 하나님의 백성이 되게 하시는(암미עַמִּי) 은혜로 더 넘쳐 흐르게 될 것이라 말씀하셨습니다(호2:1). 북이스라엘 백성들이 주변 민족들로 흩어져서 혼혈 정책으로 섞이게 되면서 이방인과 다름없이 되어 구분되지 않을 정도가 되었지만, 오히려 북이스라엘을 향한 하나님의 사랑과 구원 계획은 열방에 흩어진 이방인들에게로 흐르게 되었습니다. '너희는 살아 계신 하나님의 자녀들이라' 일컬음을 받은 구원받은 자들이 열방 가운데서 바닷가의 모래같이 되어 헤아릴 수도 없고 셀 수도 없이 많아지게 되면서 '이스라엘'로서 유대인들과 연합하게 될 것입니다.

【주제 #2】 하나님이 멈추시려고 했던 하나님의 시간들

내가 그의 모든 희락과 절기와 월삭과 안식일과 모든 명절을 폐하겠고(호2:11)

이 구절은 마치 하나님이 하나님의 절기와 하나님이 정하신 안식일과 하나님이 정하신 모든 명절을 이후에 폐하실 것이라는 의미로 잘못 해석되어 왔던 구절이다. 하지만 히브리어의 의미를 그대로 살려서 읽으면 다음과 같다.

> 내가 멈추게 하리라! 그녀의 모든 환희를, 그녀의 축제의 명절을,
> 그녀의 월삭을, 그녀의 안식일과 그녀의 모든 절기를
> 멈추게 하리라 (호2:11, 진리의 집 번역)

여기서 축제의 명절חַגָּהּ과 월삭חָדְשָׁהּ과 안식일שַׁבַּתָּהּ과 모든 절기כֹּל מוֹעֲדָהּ에는 '그녀의'라는 어미הּ가 모두 붙어 있다. '그녀의'라는 말에는 원래 하나님이 디자인하셨고 허락하셨고 시작하셨던 그 희락, 축제, 월삭, 안식일, 절기가 아니라 음란과 우상숭배로 섞이고 혼합되어서 거룩함을 잃어버리고 더 이상 내버려둘 수 없는 상태까지 간 혼잡함이 표현되어 있는 것이다.

하나님께서 폐하시겠다고 하신 것은 여호와의 절기가 아닌 그녀의 절기이며 그녀의 월삭이며 그녀의 안식일인 것이다. 그녀의 희락과 그녀의 절기와 그녀의 월삭과 그녀의 안식일과 그녀의 명절이 순전하지도 않고 온전하지도 않으며 우상숭배와 음란으로 혼잡하게 섞여 있는 상태로 절기와 월삭과 안식일과 명절을 지키고 있기 때문에 그것들을 멈추게 하겠다는 것이다. 하나님이 정하신 안식일과 월삭은 새 하늘, 새 땅에서도 멈춰지지 않고 준수되어진다(이사야 66:24).

월삭과 안식일과 절기는 하나님께서 친히 제정하신 여호와의 월삭과 안식일과 절기이며 인간의 구원과 완전한 회복과 신적 권위의 공유를 위해서 하나님이 인간에게 향유하라고 만들어주신 하나님이 정한 시간이므로 이것은 영원한 것이며 폐하여지지 않을 것이다. 이것들은 인간의 구원과 영화와 언약의 기초가 되는 것들이기 때문이다.

문제는 하나님의 원계획과 원의도와는 달리 인간이 그 온전함과 거룩함을 자기의 생각으로 혼합한다는 것이다. 이것은 아론과 이스라엘 백성들이 모세가 시나이 산의 영광의 영역안으로 들어가서 내려오는 시간이 지체되자 신속하게 금송아지 우상을 부어 만들고는 "이것이 너희를 이집트에서 인도하여 낸 너희 하나님이다(출32:4)"라고 했던 것과 같다.

또한 북이스라엘 초대 왕 여로보암이 남유다에 있는 예루살렘으로 절기를 지키러 가는 지도자들과 백성들을 막으려고 벧엘과 단에 금송아지를 만들어 세우고 자기가 뽑은 일반 사람들을 제사장들로 임명하고 유대력 7월 15일 초막절 대신 8월 15일을 자기 마음대로 절기로 선포하며 자기가 직접 올라가서 분향했던 것과 같다.

남유다보다 먼저 멸망한 북이스라엘은 초대 왕 여로보암 때부터 여호와의 명절과 월삭과 안식일과 절기에 음란하고 혼잡한 요소들을 섞어왔다. 그리고 지금 교회도 순전한 '여호와의 절기'가 아닌 북이스라엘과 같이 혼합된 '그녀의 절기'를 지키고 있다(자세한 내용은 책의 부록 '여호와의 절기와 콘스탄티누스의 절기' 참고).

브리트 하다샤 롬 9:22-33 / 마 4:1-17

암미와 루하마

사도 바울은 로마서 9:24-26에서 호세아 1:10의 개념을 인용하면서 '이스라엘 자손의 수가 많음'을 '이방인 가운데서 구원받은 자들의 수가 많음'으로 연결시켜서 이해하였으며 이것은 로마서 11:25의 '이방인의 충만한 수'가 들어오기까지 즉, '이방인 가운데 구원받을 자들의 그 수가 충만하게 다 찰 때'라는 개념으로 해석했습니다. 우리 이방인들은 전에는 하나님의 긍휼을 받지 못했고 하나님의 백성도 아니었으며 죄와 허물로 죽어서 육체의 욕심을 따라 지내는 본질상 진노의 자녀였습니다(엡2:2-3). 그러나 긍휼이 풍성하신 하나님께서는 우리를 그 크신 사랑으로 사랑하셔서 전에 하나님의 백성이 아니었던 우리가(로암미) 이제는 하나님의 백성이 되도록 받아 주셨고(암미), 전에 긍휼을 얻지 못하던 우리가(로루하마) 이제는 긍휼을 얻는 자들이 되게 하셨습니다(루하마).

사도 베드로도 호세아 1:10의 개념을 그의 서신에서 인용하며 이방인이 긍휼을 얻고 그분의 백성이 되어 이스라엘 자손의 수에 들어오게 되는 것으로 이해하였습니다.

> 너희가 전에는 백성이 아니더니 이제는 하나님의 백성이요
> 전에는 긍휼을 얻지 못하였더니 이제는 긍휼을 얻은 자니라(벧전2:10)

결국 그 날에는(바욤 하후בַּיּוֹם הַהוּא) 유다 자손(유대인)과 이스라엘 자손(이방인)이 함께 연합하여 한 우두머리인 예슈아를 중심으로 에덴-동산의 자리로 다 모여서 한 분 메시아를 섬기게 될 것입니다(호1:11). 오랜 시간 동안 멀리 분리되어 있었던 유대인과 이방인의 연합은 결국 한 새 사람을 이루어 이 땅의 강력한 하나님의 군대로 서게 될 것입니다. 유대인들의 가려졌던 눈과 귀가 열리면서 예슈아가 유대인의 왕이시고 참 통치자이시며 우두머리이심을 인정하고 고백하게 될 때, 그리고 교회가 예슈아의 재림과 여호와의 날을 말씀을 통해서 바로 보고 깨닫기 시작하여 이스라엘과 함께 설 때 땅의 군대가 한 새 사람의 연합으로 정렬될 것이고 지금 우리가 그러한 때 바로 직전에 서 있습니다. 땅에 세워질 하나님의 보

좌를 둘러서 호위하고 그 보좌에 좌정하실 메시아의 영광을 둘러 쌀 땅의 거룩한 군대가 한 새 사람으로 정렬되어 가고 있습니다.

영광을 담기로 예비된 긍휼의 그릇

토기장이이신 하나님이 여러 종류의 그릇을 만드셨습니다. 귀히 쓸 그릇도 천히 쓸 그릇도 만드실 수 있는 권한이 그분에게 있는데 그분은 진흙 한 덩이로 만든 깨지기 쉬운 질그릇이며 긍휼의 그릇인 우리를, 또한 불쌍하고 볼품없는 우리를 하나님을 담는 귀한 그릇으로, 그리고 하나님의 영광을 담는 그릇으로 삼기로 작정하셨습니다. 사람은 그릇으로 만들어졌습니다. 그 그릇에 무엇이 담기느냐에 따라서 그 그릇의 어떠함이 정해집니다. 우리는 하나님을 담는 그릇입니다. 존귀와 영광에 이르는 긍휼의 그릇입니다.

토기장이가 계획하여 만드신 그릇은 원래부터 영광을 담기로 예비된 그릇이었습니다. 토기장이는 더럽혀진 그릇을 깨뜨려 버리지 않으시고 긍휼히 여기심으로 영광을 담기 위해 사용하시고 오히려 영광의 풍성함을 알게 하실 그릇으로 사용하십니다(롬9:22-23). 하나님을 담고 하나님의 영광을 담는 그릇이 되는 것은 우리의 선택의 결과가 아니고 토기장이이신 하나님의 주권에 의한 결과입니다. 이 모든 과정은 하나님의 주권으로 결정되었고 하나님의 긍휼로 인해 귀히 쓰는 그릇으로 여겨져서 영광을 담을 수 있는 그릇이 되었습니다. 이 그릇이 바로 우리들입니다.

이 그릇은 우리니 곧 유대인 중에서뿐 아니라
이방인 중에서도 부르신 자니라(롬9:24)

깨어지기 쉬운 토기로 만든 질그릇이 영광을 담는 그릇이 되게 하기 위해 하나님은 긍휼한 마음으로 당신의 백성들을 거친 들인 광야로 나가게 하십니다. 그리고 그릇을 깨끗하게 준비하여 영광을 담아 주시기 위해 넓은 마음으로 기다려 주시고 오래 참아 주십니다. 하나님이 만드셨기에 그분의 주권으로 깨뜨려 버릴 수도 있는 질그릇인 우리를 기다리고 참아 주시는 이유는 우리를 신부로 삼으셨기 때문입니다. 신랑의 사랑을 벗어나 다른 사랑을 찾아간 어리석은 신부일지라도 타이르고 설득하여 돌이키게 하여 영원히 남편이 되어 주시기 위해 오래 참고 관용으로 기다리시는 하나님의 사랑과 긍휼이 오늘도 이스라엘과 열방 중에서 두루 찾아다니시며 영광을 부으시기로 작정하신 '긍휼의 그릇' 위에 부어지고 있습니다.

바미드바르 주간의 말씀

1. 에덴-동산의 중앙이었던 예루살렘은 하나님이 태초부터 예정해 놓으신 온 세계의 중앙이며 마지막에 완성될 하늘에서 내려올 새 예루살렘을 받을 터였지만, 인류 역사 초반에 아담과 하와는 사탄에게 속아넘어가 그들의 권위를 상실했고 그곳에서 추방되었습니다. 이제 다시 그 땅으로 들어가 그 땅을 차지(야라쉬ירַשׁ)하게 하시기 위해 하나님은 하나님의 군대가 될 자들을 계수하여 정렬시키도록 명령하셨습니다.

2. 하나님이 싸움에 나갈 남자들을 계수하게 하신 이유는 땅에 하나님의 통치를 섬길 하나님의 군대를 이루기 위해서입니다.

3. 하나님의 킹덤이 세워질 때 그 나라의 리더가 될 자들은 결단코 어둠에 자리를 내어주지 않고 싸워야 할 때는 싸워서 하나님의 것을 지켜내는 자들이 될 것입니다. 지금 하나님은 그런 사람들을 세우기 위해 비진리로 섞여 있는 말씀이 아닌 순전한 진리를 사모하고 그것을 위해 좁은 문으로 들어가길 힘쓰는 자들을 하나님의 군대로, 용사이자 신부로 세우고 계십니다.

4. 하늘의 군대는 가장 높은 하늘에 있는 하나님의 보좌를 여러 겹으로 둘러서 하늘 보좌를 호위하는 천군들이며 땅의 군대는 땅에 있는 하나님의 성막(미쉬칸)을 중심으로 둘러 진을 치고 그 임재를 보호하는 군대이자 하나님의 영광의 보좌를 호위하는 군대입니다. 하나님은 이스라엘 백성의 군대를 계수(나싸נָשָׂא)하셔서 그들을 하나님께 올려지도록 하심으로 하나님의 마하나임מַחֲנָיִם 두 군대의 진영을 완성하셨습니다.

5. 하나님이 이스라엘 백성의 군대에게 하나님의 영광과 임재를 호위하는 사명을 맡기셨다면 레위인들에게는 영광과 임재가 머무는 미쉬칸, 증거의 성막을 지키고 관리하고 나르는 책임을 맡기셨습니다(민1:53).

6. 제사장들과 레위인들은 하나님과 백성들 사이에 서서 중보하는 일을 하며 하늘과 땅을, 그리고 하나님과 사람을 연결하여 하나되게 하는 자들입니다. 오늘날 레위인의 직무로 부름받은 자들은 예배자들입니다. 예배자는 이 땅에서 하늘 보좌를 바라보며 하나님

의 영광을 찬양함으로 하늘과 땅을 연결하고, 하나님께 나아가길 소망하는 회중들의 시선과 마음이 보좌를 향할 수 있도록 회중들을 하나님과 연결하는 자들입니다.

7. 레위인은 하늘의 영광이 땅에 연결되어 하늘의 것이 땅으로 흐를 수 있도록 하는 자들입니다. 하늘의 것이 땅으로 흘러서 사람들에게 생명이 닿도록 하는 자들이 레위인입니다.

8. 레위인이 회막의 일과 봉사를 감당하는 것은 샤레트שָׁרֵת 섬김이면서 동시에 군복무를 하는 것과 같은 것으로 레위인의 봉사 자체는 여호와의 군대로서 하나님을 섬기는 것이면서 동시에 하나님의 임재를 지키기 위해 싸우는 전쟁과 같은 것이었습니다.

9. 세상 가운데서 빛이 되고 소금이 되겠다고 세상 속으로 뛰어든 교회와 성도들이 세상에 의해 오히려 압도당하는 이유는 세상의 지혜와 방법을 따라감으로써 거룩을 지키지 못했기 때문입니다. 거룩은 죄가 만연하고 악이 판을 치는 마지막 때에 하나님의 백성들을 강하게 하는 힘이 될 것입니다.

10. 그 날(바욤 하후בַּיּוֹם הַהוּא)은 하나님이 태초부터 정하신 여호와의 날, 여호와의 크고 두려운 날로 끝까지 하나님께 돌아오지 않은 자들에게는 크고 두려운 날이 되겠지만 돌아온 자들에게는 공의(쩨덱צֶדֶק), 정의(미쉬파트מִשְׁפָּט), 은총(헤세드חֶסֶד), 긍휼(라하밈רַחֲמִים), 진실함(에무나אֱמוּנָה)으로 하나님과 다시 영원히 연합하는 날이 될 것입니다.

11. 결국 그 날에는(바욤 하후בַּיּוֹם הַהוּא) 유다 자손(유대인)과 이스라엘 자손(이방인)이 함께 연합하여 한 우두머리인 예슈아를 중심으로 에덴-동산의 자리로 다 모여서 한 분 메시아를 섬기게 하실 것입니다(호1:11). 오랜 시간 동안 멀리 분리되어 있었던 유대인과 이방인의 연합은 결국 한 새 사람을 이루어 이 땅의 강력한 하나님의 군대로 서게 될 것입니다.

바미드바르 주간의 선포

1. 하나님의 킹덤을 이루기 위해 하나님의 군대를 준비시키시고 정렬시키시는 하나님을 찬양합니다. 하나님의 킹덤을 위해 싸우는 거룩한 자들이 일어나게 하소서. 사탄과 이 세상에게 빼앗겼던 영역들을 도로 찾고, 차지하여서(야라쉬) 하나님께 올려드리는 하나님의 거룩한 군대들이 세워지게 하소서.

2. 하나님의 군대들이 진리로 무장되게 하시고 거룩하게 하시고 하나님의 임재와 영광을 지키며 하나님의 말씀에 순종함으로 하나님의 킹덤을 위해 싸우고 끝내는 승리하는 자들이 되게 하소서.

3. 우리가 하나님과 백성 사이에 서서 중보하며 하늘과 땅을, 하나님과 사람들을 연결하여 하나되게 하는 제사장과 레위인같은 예배자들, 중보자들이 되게 하소서. 우리를 통하여 하늘의 것이 이 땅 가운데 흐르게 하시고, 많은 사람들을 하나님께로, 하나님의 보좌로 이끄는 통로가 되게 하소서.

4. 우리를 세상의 빛으로, 세상의 소금으로 불러 주신 하나님 감사합니다. 교회와 성도들이 세상의 지혜와 방법을 따라가지 않고, 철저하게 하나님의 지혜와 방법을 따르는 구별된 자로 거룩을 지키고 세상 속에서 섬기며 다스리는 자가 되게 하소서.

5. 하나님께서 태초부터 정하신 그 날, 하나님과 영원히 하나되는 그 날을 기다립니다. 그것을 위해 지금도 하나님의 공의로, 정의로, 은총으로, 긍휼로, 진실함으로 함께해 주셔서 감사합니다. 하나님께서 사랑하시는 백성들이 하나님께 돌아오도록 여전히 기회를 주셔서 감사합니다. 하나님의 불타오르는 거룩한 사랑으로 하나님의 백성들을 다루시고 고치셔서 한 사람도 잃어버리지 않고 하나님께로 돌아오게 하소서.

6. 오랜 시간 동안 멀리 분리되어 있었던 유대인과 이방인이 하나되어서 예슈아를 믿고 함께 섬기게 될 그 날을 기대합니다. 유대인들의 가려졌던 눈과 귀가 열려서 예슈아가 유대인의 왕이시고, 열방의 통치자이심을 알게 하시고, 이방인 가운데 구원받을 자들의 수가 충만하게 차서 함께 다시 오실 왕을 맞이하게 하소서.

35주간

נָשֹׂא
NASSO
나쏘
머리를 들어올리라(계수하다)

파라샤 **민 4:21-7:89**
하프타라 **삿 13:2-25**
브리트 하다샤 **요 12:20-36 / 눅 1:11-20**

DAY 1 민 4:21-37

나쏘ɴʁʁ, 올려드림

이스라엘 군대의 계수가 끝나고 하나님은 레위 자손들의 수를 계수하라고 명령하십니다. 이스라엘 군대의 수를 계수할 때처럼 '계수하다'로 쓰인 히브리어는 '나쏘 엩 로쉬ɴʁʁ ʁʁʁʁ'입니다. 나쏘ɴʁʁ는 나싸ɴʁʁ라는 동사에서 파생된 것으로 '들어 올리다(lift up, elevate)'라는 뜻을 가지고 있으며, 로쉬ʁʁʁ는 머리를 의미합니다. 하나님은 레위 자손들의 '머리를 들어올리라'고 명령하십니다. 머리는 몸의 시작이며 생명과 존귀함을 의미합니다. 하나님이 자신의 군대와 레위 자손의 수를 계수하실 때 그들의 '머리를 들어올리라'고 말씀하신 것은 그들의 생명의 시작과 가장 존귀한 것을 하나님께 드리라는 의미를 가집니다. 이스라엘 군대의 수를 계수하실 때도, 레위 자손의 수를 계수하실 때도 하나님은 그들의 머리, 가장 존귀한 것을 올려드리도록 명령하셨습니다. 이스라엘 백성의 수나 레위 자손의 수는 단순한 숫자가 아닌 하나님께 드려지고 헌신된 거룩한 백성의 숫자를 의미합니다.

하나님은 이스라엘 백성이 하나님의 종이라고 말씀하셨습니다(레25:55). 완전히 하나님께 속하였고 하나님의 거룩함을 드러내야 하는 사명을 가진 백성이기에 하나님은 다른 민족들과 구별된 특별한 목적을 계획하셨고 그에 따른 특별한 임무를 부여하셨습니다. 그래서 하나님은 광야에서 이스라엘 군대의 머리를(생명을) 하나님께 올려드리고(나쏘ɴʁʁ) 또 하나님의 거룩한 집을 섬기는 레위인들을 따로 계수하여 그들의 머리를(생명을) 하나님께 올려드리게(나쏘ɴʁʁ) 하셨습니다. 또한 이집트에서 나와 거룩한 산에 이르렀을 때 하나님은 이스라엘 백성 전체도 올려지게 하셨습니다. 하나님께 올려드렸다는 것은 우리가 하나님께 속해 있다는 소속과 관계, 또한 우리가 하나님께 드려질 수 있는 거룩한 생명을 가진 자라는 증거가 됩니다. 하나님이 이스라엘 군대와 레위 자손들을 하나님께 올려드리게 하심으로 하나님께 소속된 거룩한 자들임을 입증하셨듯이 우리가 하나님께 '나를 올려드립니다'라고 고백하는 것은 하나님과 관계를 맺은 자들로서 우리의 생명이 하나님께 소속되었고 하나님께 봉헌된 거룩한 자라고 고백하는 것과 같습니다. 그러므로 올려드림(나쏘)은 소속, 관계, 생명 그리고 거룩을 나타냅니다.

DAY 2 민 4:38-49

삼십 세부터 오십 세까지

레위의 자손인 게르손, 고핫, 므라리의 자손들 중 종족과 조상의 가문에 따라 계수된 자는 삼십 세부터 오십 세까지의 자손들로 성막 봉사를 할 수 있는 자들이었습니다. 성막 봉사를 할 수 있는 나이로 삼십 세부터 오십 세까지로 제한한 것은 첫째, 이 연령대가 신체적으로 강하고 활력이 넘쳐 성전에서 요구되는 물리적인 노동을 수행하기에 적합한 연령이기 때문입니다. 성전 봉사를 위해서 제사 장소의 청소, 제물의 준비, 성막의 조립 및 해체는 많은 물리적 노동이 포함되어 있었기 때문에 건강하고 활동적인 남성이 필요했습니다.

둘째, 삼십 세는 유대 전통에서 성숙과 지혜가 충분히 발달된 나이로 간주합니다. 따라서 이 나이가 되면 개인이 사회적, 영적 책임을 지기에 충분하며 공동체 내에서 중요한 역할을 맡을 준비가 되었다고 보기 때문입니다.

셋째, 오십 세의 상한선은 과도한 육체적, 정신적 부담을 예방하기 위한 조치로 볼 수 있습니다. 이 나이가 되면, 막중한 물리적 노동보다는 가벼운 업무로 전환하여 다른 형태의 봉사를 할 수 있었고, 젊은 세대에게 기회를 넘겨줌으로써 성막 봉사의 세대 전수와 연속성을 유지할 수 있었습니다. 오십 세 이상된 제사장은 젊은 제사장들과 레위인들을 코치해 주는 역할을 하기 위해 성막에 함께 들어갑니다. 그래서 젊은 제사장들이 성막 봉사를 하는 동안 그 모든 세부 사항들에 있어서 실수하지 않도록 옆에서 돕는 일을 합니다(민8:25-26).

레위인들은 성막을 운반하는 일 외에도 제사장들의 직무인 제사가 드려질 때 제물들을 끌고 도축하는 과정에도 함께 했습니다. 후에 다윗의 왕국이 세워질 때 레위인들은 24시간 멈추지 않는 예배를 위한 예배자로 세워지기도 했습니다(대상25:7). 또한 성전의 문지기, 성전 곳간을 담당하는 자, 성전을 개수하는 일 등을 담당하며 왕국이 든든히 서가기 위해 하나님의 성전을 관리하고 책임지는 역할을 했습니다(대상26). 레위인들의 직무는 아버지에서 아들에게로 계속 전수되면서 이스라엘 나라가 새롭게 기틀을 잡아가고 개혁을 할 때마다 성전을 세움으로써 나라의 영적인 기반을 다지는 중요한 역할을 했습니다. 레위인들은 자신들의 인생에서 가장 힘이 있고 건강하며 왕성한 나이에 하나님의 성전을 위해 오롯이 헌신했습니다. 그들의 헌신은 성전만 세운 것이 아니라 나라의 기반을 다지는 일이기도 했습니다. 메시아닉 킹덤이 세워질 때도 우리의 왕이신 예슈아는 레위인들을 중앙에 두시고 하나님의 성전과 나라의 기반을 세워가실 것입니다. 이 땅에서 인생에 있어서 가장 아름다운 시간, 힘이 있고 건강한 나이에 하나님의 성전을 세우기 위해, 하나님의 나라를 위해 헌신한 자들은 그의 킹덤에서도 영광스러운 일에 함께 서게 될 것입니다.

DAY 3 민 5:1-10 / DAY 4 민 5:11-31

진영을 깨끗이 하라 – 죄의 고백

이스라엘 군대와 레위 자손들이 하나님께 올려 드려지는 계수가 끝나자 하나님은 하나님이 친히 머무시는 마하네 이스라엘(이스라엘의 진영)을 부정하게 하는 모든 자들을 진영 밖으로 나가도록 명령하셨습니다(민5:2). 마하네 이스라엘은 하나님이 거하시는 곳이기에 하나님은 높은 수준의 정결을 요구하셨습니다. 그래서 유출병, 나병환자, 시체를 만짐으로 부정하게 된 자들은 진영 밖으로 내보내졌습니다. 잘못된 것을 흐르게 하고 전염되게 하며 사망에 접촉되어 부정하게 된 것은 거룩한 하나님의 백성의 진영에 거할 수 없었습니다.

거룩한 진영을 지키고 보호하기 위해 하나님은 죄에 대한 문제를 해결할 수 있는 규례를 허락하십니다. 하나님은 이스라엘 백성에게 남자나 여자나 여호와께 거역함으로 죄를 지으면 지은 죄를 자복하라고 명하십니다(민5:7). 백성들은 죄가 발견되고 인정되면 제사장에게 나아와 죄를 자복하고 죄 값을 위해 죄를 지었던 사람에게 오분의 일을 더하여 돌려주고 속죄의 제물을 하나님께 올려드림으로 죄로부터 자유함을 얻었습니다. 하나님이 죄를 반드시 자복하라고 하신 이유는 죄를 드러내지 않을 경우 그 죄가 개인과 공동체에 더러운 것을 전염시키기 때문입니다. 죄의 자복은 선택 사항이 아니라 하나님의 율법(토라)이었기에 이스라엘 공동체에도, 또한 초대 교회 성도들에게도 당연한 것이었습니다. 이스라엘 백성이 제사장에게 나아가 죄를 자백하고 사람과 하나님 앞에서 용서를 구한 것은 이후 초대 교회를 거쳐 로마 카톨릭에 계승되어 신부에게 나아가 죄를 자백하는 고해성사로 이어졌지만 카톨릭은 이것을 온갖 부도덕한 방법으로 이용하고 타락시켰기에 개혁 교회에서는 고해성사와 같은 방법을 극히 꺼리는 경향이 생기게 되었습니다. 하지만 죄의 자백은 굳이 필요 없고 하나님 앞에서 기도로 해결하면 된다는 죄에 대한 소극적 태도는 스스로 죄를 덮고 넘어가는 일들로 인해 죄에 대한 기준을 자의적으로 만들어 버렸습니다. '이 정도 죄는 그냥 눈감아도 될 거야'라는 죄에 대한 합리화도 생기고, 다른 사람에게 피해를 준 것이 분명하지만 하나님 앞에서 용서받았으면 되었다는 잘못된 생각의 결과가 사회에 기독교에 대한 심각한 오해를 가져오게 했습니다.

그렇다면 어떻게 죄를 자백할 수 있을까요? 죄의 자백은 개인적이지만 또한 공개적이고 직접적으로 이루어져야 합니다. 다윗 왕도 자신의 죄가 드러났을 때 그것을 사람 앞에서 인정하고, 또 하나님 앞에서 죄를 자복하고 철저히 회개했습니다. 죄의 자백의 첫 걸음은 죄를 인정하는 것입니다(시32:5). 사람들은 죄를 인정하게 되면 자신의 수치가 드러날 것을 두려워합니다. 그래서 그것을 덮으려고 하지만 계속 올무에 걸릴 뿐입니다. 사도 요한은 우리가 죄를 자백하면 신실하신 하나님은 반드시 그것을 용서하시지만 우리가 죄가 없다고 하면 하나님을 거짓말하는 이로 만드는 것이라고 했습니다(요일1:9-10). 죄를 인정하지 않는 것은 하나님을 모독하는 것과 같습니다.

죄를 인정하지 않으려는 또 다른 이유는 교만입니다. 죄를 인정하지 않고 저항하면서 변명하고 논리적 이유를 들어 죄를 변호함으로써 자신을 지키려고 하는 것은 하나님을 거역하는 것이고, 하나님을 거역하는 것은 곧 교만입니다. 교만은 마음을 완악하게 합니다. 완악한 마음은 사람을 용서할 수도 없게 하지만, 용서받을 수도 없게 합니다. 용서가 없으면 기쁨과 평강이 사라집니다. 그러나 하나님은 우리의 완악한 마음, 사람들이 살펴볼 수 없는 마음의 깊은 곳을 꿰뚫어 보시는 분입니다. 우리의 딱딱한 마음 너머에 있는 것도 모두 아시는 하나님은 우리가 죄를 자백하고 하나님 앞에서 용서받고 사람들에게 용서받을 뿐 아니라 또한 사람을 용서함으로써 기쁨과 평강으로 우리의 생명이 충만하길 원하십니다. 진영을 깨끗하게 하기 위해 진영을 더럽게 하는 원인들을 제거하면서(유출병, 나병 환자, 시체에 닿은 자들) 죄의 자백을 말씀하신 이유는 하나님은 자신의 백성들이 의와 기쁨과 평강으로 가득차길 원하셨기 때문입니다(롬14:17).

모든 사람은 죄를 범하였고 그로 인해 하나님의 영광에 이르지 못하게 되었습니다(롬 3:23). 복음의 시작은 회개이며, 회개의 시작은 죄를 고백하는 것입니다. 하나님은 정죄하기 위해 우리에게 죄를 자복하라고 하신 것이 아니라 우리가 죄로부터 자유하기 위해 자복하라고 명하셨습니다. 하나님의 은혜가 사망의 능력을 가진 죄를 이기십니다. 예슈아의 사랑이 죄의 권세를 파쇄하고 우리를 영생에 이르게 합니다.

쓴 물

거룩한 진영을 지키고 보호하기 위한 또 하나의 규례로 하나님은 아내, 여자의 정결함에 대한 규례를 명령하십니다. 특별히 남편이 아내의 정결함에 대한 의심이 들 때 의심의 소제를 가지고 제사장에게 찾아가라고 하십니다(민5:14-15). 의심의 소제는 민하트 크나오트מנחת קנאת라고 하는데 크나오트קנאת는 카나קנא라는 동사에서 파생되었습니다. 카나קנא는 '질투, 열정'이라는 뜻입니다. 열정은 어느 한 대상을 사랑하기 때문에 생기는 감정입니다. 너무 사랑해서 내 것과 상대방과의 사이에 경계가 없습니다. 그런데 이런 사랑의 열정에 의심이 들어올 때 질투가 됩니다. 의심이 일어나면 관계는 깨어집니다. 하나님은 열정적으로 이스라엘을 사랑하셨습니다. 그러나 이스라엘 백성은 우상을 향해 마음을 쏟기 시작했고 그러자 하나님이 거하시는 이스라엘 진영은 더러워졌으며 하나님과 이스라엘 백성과의 관계는 깨어져 서로를 향한 소속과 유대관계가 끊어지게 되었습니다. 이와 같이 남편이 아내를 향한 사랑이 의심으로 바뀌고 질투가 될 때 하나님은 이것으로 인해 가정이 깨어지고 이스라엘 진영이 더럽혀지는 것을 막을 수 있도록 의심의 법을 세우셔서 아내, 여자의 정결함을 증명하도록 하셨습니다.

여자의 정결함을 증명하기 위해 하나님이 명하신 방법은 저주가 되게 하는 쓴 물입니다. 이것은 물리적으로는 설명되지 않는 초자연적인 방법입니다. 제사장은 거룩한 물을 토기에 담고 성막 바닥의 티끌을 취하여 물에 넣은 뒤 저주의 말을 쓴 두루마리를 그 쓴 물에

빨아 넣고 정결함에 있어서 의심을 받은 여인에게 마시도록 합니다. 여인이 마신 것은 저주의 말이 담긴 두루마리 즉, 하나님의 말씀이었습니다. 결국 여인의 정결함을 증명할 수 있는 것은 하나님의 말씀이었습니다. 여인이 정결하지 않을 경우 여인이 마신 저주의 말들은 그대로 저주가 되어 백성들 사이에서 저줏거리 되었지만(민5:27), 여인의 정결함이 입증될 경우 그것은 오히려 축복이 되어 여인이 임신을 하게 됩니다(민5:28). '여인이 임신을 하게 된다'는 히브리어 니즈레아 자라עָה זָרַעוְנִזְרְעָה는 여인이 씨를 가지게 된다는 뜻입니다. 토라에서 자라זָרַע는 단순한 임신이 아닌 여인의 후손, 메시아를 의미합니다.

여자는 곧 신부입니다. 그래서 하나님은 여자, 신부의 거룩을 더욱 강조해서 말씀하십니다. 여자의 음란은 곧 생명이 더럽혀지는 것이고 관계가 파괴되는 것입니다. 하나님의 신부인 이스라엘의 음란은 곧 초림하실 메시아의 출생을 막는 것과 같습니다. 그래서 하나님은 신부인 여자, 아내의 거룩함을 요구하셨고 이들의 거룩함이 이스라엘 진영을 거룩하게 유지하는 것과 같은 것으로 보셨습니다. 예수님의 초림이 있기 전까지 예수님의 초림을 오게하기 위해서 여자의 씨(후손) 메시아를 잉태해야 할 자궁 역할을 하게 될 이스라엘에게 더 철저한 거룩함과 높은 기준을 요구하셨습니다.

신랑이신 주님은 언제나 신부를 갈망합니다. 이 연합이 곧 하나님의 킹덤의 완성이기 때문입니다. 그러나 언제나 사탄은 신부를 공격하여 하나님과의 연합을 이루지 못하게 함으로써 하나님의 킹덤의 진행을 저지합니다. 사탄은 신부의 마음을 하나님으로부터 떠나 다른 것을 향하게 하며 이것은 우상숭배와 연결됩니다. 하나님이 아닌 다른 것을 사랑하는 우상숭배는 음란이며 음란은 언약을 깨뜨리는 배신입니다. 그러므로 우상은 의심과 배신, 모든 불의가 들어오게 하는 통로가 됩니다. 첫 신부로 부름받은 이스라엘도 나중 신부로 부름받은 교회들도 거룩함을 회복해야 하고 신부의 정체성을 되찾고 신랑을 향해 마음을 고정해야 합니다. 신랑이 곧 오실 것이기 때문입니다.

DAY 5 민 6:1-27

나지르ריזיר, 봉헌된 삶

하나님께 특별한 서원을 하여 자기 몸을 구별하여 드린 자를 하나님은 나실인이라고 부르셨습니다. 나실인의 히브리어 나지르ריזיר는 '봉헌되다, 보존하다, 거룩하게 유지하다'는 뜻입니다. 나지르인은 하나님을 위해서만 살겠다고 서원하며 일정 기간 구별된 시간을 하나님께 드립니다. 나지르인이 하나님만을 위해 드리는 구별된 시간은 자신을 거룩하게 지키겠다는 결정이기도 합니다. 하나님은 나지르인이 자신을 거룩하게 유지하고 보존할 수 있도록 몸을 구별하도록 하셨고(민6:6) 그렇게 스스로를 구별한 나지르인에게 하나님은 4가지 규칙을 주십니다.

첫째, 포도주와 독주를 마시지 말고 포도와 관련된 어떤 것도 먹지 말라고 하십니다 (민6:3). 시편 104:15은 '사람의 마음을 기쁘게 하는 것이 포도주'라고 하며, 전도서 10:19 에서는 '잔치의 포도주는 생명을 기쁘게 하는 것'이라고 말씀합니다. 그래서 포도주는 땅의 즐거움을 상징합니다. 하나님은 나지르인에게 하나님을 위해서만 살겠다고 결정한 기간 동안에는 잠시 땅의 즐거움과 누림을 멀리하라고 말씀하십니다. 오로지 빛에 속한 하늘과 하나님께만 더 집중할 수 있게 하기 위해서입니다. 나지르인은 몸을 구별한 자들입니다. 몸은 땅을 상징합니다. 하나님은 나지르인의 삶의 기간 동안에 몸과 혼의 즐거움과 땅의 즐거움을 멀리하고 하늘에 집중하고 영의 즐거움에 집중하도록 하셨습니다.

둘째, 머리에 삭도를 대지 말라고 말씀하셨습니다(민6:5). 몸을 구별하는 것 중에서도 특별히 하나님은 머리에 그 표, 상징을 두십니다(민6:7). 나지르ריזיר를 네제르ריזיר라고 읽으면 '구별, 왕관'이라는 뜻이 되는데 머리에 씌여지는 왕관은 '구별됨의 싸인'이라는 의미를 가집니다. 자신을 하나님께 드려 스스로 구별하고자 서원한 자들은 몸을 구별해야 하는데 특별히 머리를 보호해야 합니다. 왜냐하면 머리는 몸의 가장 첫 부분이자 문이기 때문입니다. 히브리어로 쎄아르שער는 '머리카락'이라는 뜻인데 같은 단어를 샤아르שער라고 읽으면 '문 gate'이라는 뜻이 됩니다. 머리는 몸의 시작이며 문입니다. 나지르인은 몸의 시작이며 문인 머리를 지켜야 합니다. 문이 어둠을 향해 열려 있으면 모든 것이 어두워집니다. 문이 빛에 속한 하늘을 향해 열려 있으면 생명으로 충만해집니다. 생각이 어두운 자는 결국 몸을 지키지 못하지만 생각이 생명으로 충만한 자는 거룩한 영향력을 흘려보냅니다. 구별된 자인 나지르인은 자신의 머리에 삭도를 대지 않음으로 자신의 머리와 생각을 보호합니다. 삭도를 대지 않은 머리카락의 길이는 하나님과 보낸 시간의 길이를 의미하기도 합니다. 하나님께 구별된 시간 동안 머리카락이 길면서 그가 얼마만큼의 시간을 하나님 앞에서 나실인으로 구별된 삶을 살며 하나님께 헌신된 삶을 지냈는지 알 수 있게 합니다.

또한 머리는 권위를 상징합니다. 고린도전서 11:3에서 여자의 머리는 남자, 남자의 머리는 그리스도, 그리스도의 머리는 하나님이라고 말씀합니다. 내 위에 계신 하나님이 나의 권위자입니다. 그래서 머리에 삭도를 대지 않는 것은 내가 하고 싶은 대로 생각하거나 결정하지 않음으로써 나의 머리, 나의 권위가 하나님이라는 것에 대한 확실한 표가 됩니다.

셋째, 시체를 가까이하지 말라고 하십니다. 서원한 기간 중에는 심지어는 가족의 죽음에도 가까이하지 말고 만지지도 말라고 하십니다(민6:6-7). 시체는 사망입니다. 하나님은 특별히 자기 몸을 구별한 사람이 늘 생명의 상태를 유지하길 원하셨습니다. 그래서 가족일지라도 인간적인 애정 때문에 사망에 접촉되어 부정하게 되는 일이 없도록 시체를 가까이하지 않도록 명령하십니다. 하나님은 하나님께만 자신을 드리겠다고 서원한 나지르인이 사람과의 관계나 인정에 끌려 가지 않기를 원하셨습니다.

넷째, 갑작스러운 사망으로 인한 시체에도 가까이하지 말라고 하십니다(민6:9). 하나님은 나지르인이 죽음의 분위기가 조금이라도 있는 곳에는 근처에도 가지 못하도록 하셨습니다. 원하지 않음에도 부지불식간에 사망의 부정함이 들어올 수도 있다는 것을 하나님은 아셨기에 나지르인에게 더 철저하게 주의하도록 명령하십니다.

구별된 나지르인에게 하나님이 강조하셨던 것은 그들이 땅이 아닌 하늘의 영역에 집중하는 것이었습니다. 땅의 즐거움을 내려놓고 하늘에 집중하도록 하신 것(포도주와 독주를 마시지 말라), 하늘을 향해서만 문을 열고 하늘의 권위 아래 있으라고 하신 것(머리에 삭도를 대지 말라), 생명의 영역에만 머물러 있으라고 하신 것(어떤 이유에서든 시체를 가까이 하지말라)은 모두 그들이 하늘의 생명으로만 충만하게 채워져 있게 하기 위함입니다. 그러므로 나지르인은 이 땅에 살지만 그 구별된 시간 동안만큼은 모든 것을 하늘에 집중하는 자들입니다.

여호와의 사자를 통해 마노아는 태어날 때부터 구별된 나지르인이 되어야 할 아이에 대한 명령을 받습니다. 어떤 나지르인은 스스로 서원하여 되기도 하지만 어떤 나지르인은 태어날 때부터 하나님으로부터 구별되어 태어나기도 합니다. 삼손은 태어날 때부터 나지르인으로 부름받았습니다. 그는 끊임없이 이스라엘 백성을 괴롭히는 블레셋으로부터 민족을 구해야 할 사명을 가지고 잉태되었습니다. 그래서 그의 몸은 아무것이나 먹고 마실 수 없었으며 그의 머리카락은 잘려질 수 없었습니다. 그는 자라면서 단 한 번도 그의 머리카락을 자르지 않음으로 하나님 앞에 드려진 자인 나지르인으로서의 부르심과 사명을 가지고 자랐습니다. 삼손의 머리카락은 그의 정체성이면서 그의 머리카락의 길이는 하나님과 함께 지낸 시간을 상징하는 것이었습니다. 그는 머리에 삭도를 대지 않음으로 철저히 자신의 권위자가 하나님이심을 나타내었고 하나님의 영이 그와 함께 하고 있음을 나타내었습니다.

하나님은 신비하게도 역사의 진행이 가장 암담한 시대 속에서 친히 구별하신 나지르인을 태어나게 하십니다. 그것도 본래 임신하지 못하거나(삿13:3), 혹은 태의 문을 닫아 놓으셨거나(삼상1:6), 나이가 많아 낳을 수 없는 자(눅1:18)를 통해서 생명을 잉태하게 하시고 그들을 그 탄생 전부터 구별하십니다. 삼손의 어머니, 한나, 그리고 엘리사벳이 그러했습니다. 삼손, 사무엘, 세례요한은 나지르인으로 태어났습니다. 삼손과 세례요한은 포도주와 독주를 입에 대지 않은 나지르인으로 하나님이 친히 부르셨고, 사무엘은 한나의 서원으로 태어나 구별 받았습니다. 이들은 모두 나라가 압제 당하는 시대, 이상이 희귀하여 보이지 않는 시대에 태어났습니다. 가장 어둡다고 여겨지는 시대에 하나님이 친히 작정하고 부르신 사람들, 그들은 모두 나지르인이었습니다.

하나님은 절대 땅을 버리지 않으십니다. 가장 소망이 없다고 여겨질 때 친히 일하십니다. 거룩이 끊어져 버린 깊은 어두움의 시대에 하나님은 친히 구별하신 나지르인들을 세우십니다. 나지르인은 그 머리와 몸에 표를 지닌 자들로서 이 표는 그가 하나님께 봉헌되어졌다는 뜻입니다. 그 머리에 하나님의 표를 가진 자는 자기 몸을 구별하여 하나님께 드린 자입니다. 하나님은 어둠이 짙어가는 마지막 시대를 살아갈 마지막 세대가 나지르인으로 하나님께 드려지길 원하십니다. 하나님과 오랜 시간 함께 지낸 자(긴 머리카락), 자기의 생명을 (머리를) 지키는 자, 자기의 권위자가 하나님이심을 나타내는 자, 그래서 아무것이나 받아들이지 않고(아무것이나 먹지 않고 아무 정보나 받아들이지 않는 것) 자신을 깨끗하게 하는 자, 하나님은 이런 나지르인의 세대를 지금 준비시키고 우리를 통해서 일으키고 계십니다.

아론의 축복

나지르인의 규례에 대해 말씀하신 후 하나님은 마지막으로 제사장의 축복으로 백성들을 축복하라고 하십니다. 내 이름으로 축복하면 내가 '너, 제사장'을 통해 축복하겠다고 말씀하십니다(민6:27). 이것이 제사장에게 주신 축복권입니다. 하나님은 제사장을 축복의 통로로 삼으셨습니다. 그러므로 제사장은 하나님의 이름으로 축복할 때 백성들이 복을 받게 될 것이라는 믿음을 가져야 합니다.

일반적으로 교회에서 예배의 마지막 순서로 고린도후서 13:13의 말씀으로 축도를 합니다. 또는 민수기 6:24-26의 아론의 축복으로 하기도 합니다. 민수기의 아론의 축복문에는 세 번의 여호와가 나옵니다. 이 세 번의 여호와는 고린도후서의 축복 기도에 나타나는 하나님 아버지, 아들 예슈아, 코이노니아(교통, 교제)하게 하시는 거룩한 영이신 성령님을 나타냅니다.

아버지 여호와는 복을 주시고 지켜 주시는 분입니다(민6:24). 아버지의 권위 아래 있는 자들은 보호를 받을 수 있습니다. 그러나 아버지의 권위를 떠난 자녀는 보호를 받을 수 없습니다(눅15장의 탕자). 사탄은 늘 아버지의 권위가 온전하지 못하며 자유가 없는 속박이라는 거짓말로 자녀들을 속여서 자녀들이 아버지의 권위로부터 떠나게 합니다. 사탄에게 속아 권위에 문제가 있는 사람은 축복이 흘러 들어올 수 없게 문을 스스로 막아서는 사람이 되고 맙니다. 하나님 아버지의 권위 아래 있다는 것은 강력한 안전과 보호입니다. 아버지는 언제나 자녀에게 가장 좋은 것을 주시는 분이시며 공급자이시며 지켜 주시는 분입니다. 또한 축복문의 첫 문장에서 우리에게 복을 주길 원하신다는 기도는 하나님이 아브라함에게 모든 민족의 복이 될 것이라고 약속하시며 허락하신 그 축복이 우리에게도 있음을 의미하는 것으로 우리가 아브라함의 언약 안에서 축복을 받게 될 것임을 의미하기도 합니다.

아들 여호와는 우리에게 은혜롭게 대해주시는 예슈아입니다. 그분은 모든 죄 값을 우리 대신 지불하시고 은혜를 우리에게 베풀어 주셨습니다. 그래서 그의 얼굴을 우리에게 비추심으로 오늘도 측량할 수 없는 은혜를 우리에게 베풀기를 원하십니다. 그러므로 축복문의 두 번째 축복을 주시는 주체는 메시아이신 예슈아를 의미합니다.

성령 여호와는 그 얼굴을 우리에게 향하여 드사 우리에게 샬롬을 주시는 거룩한 영입니다. 하나님의 영이 없으면 샬롬도 없습니다. 예슈아는 부활하시고 제자들에게 나타나셨을 때 평강하라고 말씀하시며 숨을 내쉬셨습니다. 이 숨은 성령을 상징합니다. 성령 하나님의 인도하심을 받을 때 참 평안을 누릴 수 있습니다. 또한 메시아닉 킹덤에서 영원한 샬롬을 이루실 분은 오직 예슈아 메시아 한 분뿐임을 의미합니다. 우리를 향하여 얼굴을 드신다는 말 안에는 성령님께서 우리를 돕고 섬겨주시기 위해서 스스로 낮은 자리로 자신을 낮추신다는 의미가 있으며, 그 낮은 자리에서 얼굴을 드셔서 우리에게 샬롬을 주신다는 의미가 들어있습니다. 히브리어로 '복을 주다', '축복하다'는 동사는 바락ךרב인데 바락의 명사인 베렉ךרב은 무릎이란 의미로 높은 자가 낮은 자를 축복할 때 높은 자가 자신을 낮추며 무릎을 꿇어 섬기는 모습으로 축복하는 모습을 연상케 하며, 이것은 제자들의 발을 씻겨 주시는 예수님의 섬김을 생각나게 합니다.

삼위 하나님은 모든 이들에게 복과 보호와 빛과 은혜와 친밀함과 샬롬을 베풀기 원하시는 하나님이십니다. 우리 모두는 왕 같은 제사장입니다. 이 아론의 축복으로 축복할 축복권이 우리에게도 주어져 있습니다. 내가 하나님의 이름으로 축복하면 가족, 친구들, 이웃, 사회, 나라 그리고 열방이 축복받을 것이라는 제사장의 믿음을 가지고 날마다 축복해야 할 책임이 우리에게 있습니다.

DAY 6 민 7:1-83

열두 족장의 예물

모세가 성막 세우기를 끝내고 성막과 성소의 모든 기구들에 기름을 발라 거룩하게 구별한 날에 즉, 성막이 세워진 아빕 월 1일부터 이스라엘 지파의 지휘관들은 하나님께 헌물(코르반)을 드립니다. 이들 12지파는 성막을 중심으로 동, 남, 서, 북의 순서대로, 지파별 진영이 펼쳐진 순서대로 하나님께 헌물을 드리는데 매일 한 지파씩 12일 동안 헌물을 드립니다. 이들이 드린 헌물의 양과 무게, 짐승의 수는 모두 똑같습니다. 민수기 7장에서 모세는 이들이 하나님께 코르반으로 올려드린 헌물을 어느 한 지파를 대표하여 적지 않고 모든 지파의 헌물을 하나씩 열거하여 하나도 빠지지 않고 그대로 적었습니다. 그것은 큰 지파, 작은 지파 할 것 없이 하나님께 똑같은 헌신과 사랑을 올려드렸음을 나타냅니다. 하나님의 영광과 임재가 미쉬칸 가운데 머무시고 친히 이스라엘 백성 중에 거하시는 하나님께 백성을 대표하여 각 지파의 대표들은 자신들의 헌물을 하나님께 드림으로 헌신하였고, 헌물을 통해 하나님께 더 가까이 나아가기를 사모하였습니다. 모든 지파가 동일한 헌물을 드림으로 하나님에 대한 충성을 보였습니다. 성막이 세워지고 군대가 정렬되고 레위 자손들이 계수되며 각 지파의 헌물이 올려짐으로 성막 중심의 생활이 이스라엘 백성에게 본격적으로 서막을 올리기 시작하였습니다. 하나님과 이스라엘 백성, 신랑과 신부의 동거와 동행이 시작되었습니다.

성막의 완공과 함께 각 지파의 지휘관들이 백성을 대표하여 매일 헌물을 가지고 나올 때 가장 먼저 헌물을 가지고 나온 사람은 유다 지파 암미나답의 아들 나손입니다. 그런데 유다 지파 암미나답의 아들 나손을 이야기할 때는 지휘관이라는 단어가 들어가 있지 않고, 다른 모든 지파들의 지도자들을 말할 때는 지휘관이라는 단어가 들어가 있습니다. 지휘관이라고 번역된 히브리어 나씨נָשִׂיא는 '왕자'라는 뜻을 가지고 있고 현대 히브리어에서는 대통령을 지칭할 때 나씨라는 단어를 사용합니다. 나씨는 어느 그룹의 인도자 정도를 뜻하는 단어가 아닌 왕의 통치권을 가진 대표에게 쓰이는 단어로써 우리의 왕이신 예슈아를 의미하기도 합니다. 그런데 토라에서 다른 지파들의 수장을 이야기할 때는 그들을 나씨라고 표현했지만 나손에게는 나씨라는 표현을 사용하지 않았습니다. 이것은 겸손하게 자신을 낮추며 솔선수범을 보여준 유다 지파의 리더 나손을 통해서 유다 지파의 다윗 왕을 통해서 장차 오게 될 메시아인 예슈아가 유다 지파의 진정한 나씨נָשִׂיא이심을 부각시키기 위함입니다.

나손과 12지휘관들, 나씨들이 하나님께 올려드린 예물의 목록과 그 의미를 민수기 랍바 14장에서는 다음과 같이 해석하고 있습니다.

-130세겔 무게의 은 쟁반 하나와 기름섞은 고운 가루: 은(silver)은 메시아 왕국의 통치를, 쟁반은 넓게 펼쳐진 바다의 영역을, 기름섞은 고운 가루는 왕의 기름 부음을 상징합니다.
-70세겔 무게의 은 그릇 하나와 기름섞은 고운 가루: 은(silver)은 메시아 왕국의 통치를, 그릇은 땅을, 기름섞은 고운 가루는 왕의 기름 부음을 의미하며, 70세겔은 땅의 70민족을 상징합니다.
-10세겔 무게의 금 그릇 하나와 향: 10은 베레스부터 다윗왕까지의 10세대를 의미하며, 금 그릇에 담겨진 향은 10세대가 지나는 동안 그들의 조상 가운데 의로운 행동

을 했던 자들의 향기를 상징합니다.

-번제의 수송아지: 이것은 아브라함에게 방문했던 세 명의 천사들을 대접하기 위해 수송아지를 향해 달려갔던 아브라함을 상징합니다.

-번제의 숫양: 이것은 하나님께 제물로 드려진 이삭의 삶을 상징합니다.

-번제의 일 년된 어린 숫양: 이것은 라반의 양떼로부터 자신의 양을 골라 내었던 야곱을 상징합니다.

-속죄제인 숫염소: 이것은 요셉의 채색옷을 찢고 그 옷에 숫염소의 피를 찍었던 유다를 상징합니다.

-화목제인 소 두마리: 두 마리의 소는 다윗과 솔로몬, 두 왕을 상징합니다.

-화목제인 숫양 다섯 마리, 수염소 다섯 마리, 일 년 된 어린 숫양 다섯 마리: 이것은 르호보암부터 시드기야까지 남유다 다윗의 15왕조를 의미하는 것으로 양과 염소, 어린 숫양은 왕들의 캐릭터를 상징합니다. 어떤 왕들은 의로웠고, 어떤 왕들은 악했으며, 어떤 왕들은 의롭지도 악하지도 않았던 왕들이었습니다.

　12지파의 나씨들이 하나님께 올려드린 예물의 목록들에 대한 위와 같은 의미들은 랍비들이 메시아 왕국을 중심으로 해석한 것입니다. 12지파의 나씨들이 이와 같은 의미를 두고 헌물을 했다고는 볼 수 없지만 메시아를 고대하며 자신들의 조상들이 가진 믿음의 관점으로 말씀을 바라본 유대 현자들의 해석은 예물을 통해 숨겨진 메시아와 그의 왕국에 대한 영적 통찰력을 우리에게 제공해 줍니다.

DAY 7 민 7:84-89

두 그룹 사이에서

　하나님은 모세에게 '내가 그들 가운데 머물 수 있도록, 그들에게 내가 머물 성소를 지으라(출25:8)'고 명하시면서 모세에게 약속하셨습니다.

내가 거기서 너와 만나겠다. 속죄소 위 곧 증거궤 위에 있는 두 케루빔 사이에서
내가 이스라엘 자손에게 명할 모든 말을 네게 말해주겠다(출25:22)

이제 광야에 성막이 세워지고 성막에서 쓰이는 모든 것에 기름을 바르고 모든 것이 준비가 되었습니다. 성막은 하늘의 하나님이 이제 땅 위에, 광야에 거처를 가지게 되었음을 의미하며 이스라엘 자손들 가운데 하나님께서 움직이는 집을 가지게 되었음을 의미합니다. 하나님은 하늘에 거처를 가지고 계시지만 땅에 있는 그분의 거처를 더 좋아하십니다.

모세가 회막에 들어가서 여호와께 말하려 할 때에
증거궤 위 속죄소 위의 두 그룹 사이에서
자기에게 말씀하시는 목소리를 들었으니
여호와께서 그에게 말씀하심이었더라(민7:89)

모세는 하나님께 말씀드릴 일이 있을 때, 하나님으로부터 음성을 들어야 할 때, 하나님과 대화하기 위해서 회막(오헬 모에드אֹהֶל מוֹעֵד)으로 들어갔으며 그는 지성소의 증거궤 위 속죄소 위의 두 그룹 사이에서 하나님의 음성을 들었습니다.

우리도 우리 내적 성소와 지성소를 잘 세우고 거룩하게 기름 발라 성별하며 항상 지성소가 활성화된 상태를 잘 관리하면 내 안에 있는 지성소 가장 깊은 곳에서부터 주님의 음성을 듣습니다. 나를 항상 지성소의 상태로 활성화되도록 나의 내적 성소를 잘 관리하는 삶을 사는 것이 거룩한 삶이며, 예배의 삶이고, 산 제사로 올려드리는 삶이자 왕 같은 제사장의 삶이며 케루빔이 지키고 있는 에덴-동산의 상태를 누리는 삶입니다. 하나님께서 당신에게 말씀하십니다.

"너는 지성소이다. 항상 지성소의 상태를 잘 유지해라!
네가 에덴-동산의 상태를 누리게 될 것이다
생명과 평강으로 충만하게 되리라"

내 양은 내 음성을 들으며 나는 그들을 알며 그들은 나를 따르느니라(요10:27)

하프타라 삿 13:2-25

마노아의 질문

이미 어머니의 뱃 속에서부터 나지르인(나실인)으로 부름받은 아이를 위해 아버지 마노아는 질문합니다.

> 우리가 그 낳을 아이에게 어떻게 행할지를 우리에게 가르치게 하소서(삿13:8)

> 이제 당신의 말씀대로 되기를 원하나이다
> 이 아이를 어떻게 기르며 우리가 그에게 어떻게 행하리이까(삿13:12)

하나님께서 이스라엘 백성들에게 나지르인의 삶에 대해 구체적으로 가르쳐 주셨지만 어느덧 시간이 흘러 이들은 나지르인이 어떤 사람인지, 어떻게 살아야 하는지를 가르침 받지 못하고 잊어버리게 됩니다. 그런 가운데서 마노아의 질문은 참 적절합니다. '하나님이 구별하신 이 아이, 나의 아이가 아닌데 어떻게 기르고, 그 아이에게 어떻게 행하라고 가르쳐야 합니까?'라는 질문에서 '기르다'라고 번역된 히브리어 원어는 미쉬파트מִשְׁפָּט로 쓰였습니다. 미쉬파트는 '판단, 정의, 바른 결정'이라는 뜻입니다. 즉, 마노아의 질문은 '이 아이가 어떻게 바른 미쉬파트를 하도록 길러야 할까요?'라는 것이었습니다. 모든 판단, 바른 결정은 하나님이 기준이 되지 않고서는 할 수가 없습니다. 하나님과의 관계가 바로 서고(의, 쩨덱צֶדֶק) 하나님이 기준이 되는 자가 바른 미쉬파트를 행할 수 있습니다. 그러므로 나지르인은 쩨덱צֶדֶק과 미쉬파트מִשְׁפָּט가 바로 선 자들입니다.

마노아가 살던 시대는 블레셋으로부터 불의하게 고통받고 있는 시대였습니다. 이스라엘의 우상숭배로 하나님의 심판이 블레셋을 통해 이들을 깨우치고 있던 시대였습니다. 그런 시대에 부름받은 사람인 삼손의 역할은 불의가 아닌 바른 미쉬파트, 판단, 결정을 해야 하는 것이었습니다. 불의한 시대에 하나님은 나지르인을 세우셔서 하나님의 의와 공의를 선포하고 행하게 하십니다. 지금은 불의가 온 세계를 덮고 있는 때입니다. 이러한 때에 아비 세대들은 자녀 세대를 나지르의 세대로 일으킬 사명이 있습니다. 나지르의 세대인 우리 자녀들을 위해 우리가 하나님께 물어야 할 질문이 바로 이것입니다. "어떻게 기르고, 어떻게 행해야 합니까? 어떻게 가르쳐야 할지 우리에게 알게 하소서"

하나님께 자녀를 향한 바른 판단과 결정을 물어야 합니다. 또한 자녀들을 하나님과의 의의 관계(쩨덱)를 가지게 하고 바른 판단과 결정(미쉬파트)을 할 수 있는 자들로 세워야 합니다. 이 악하고 음란한 마지막 시대를 살아가고 있는 마지막 세대의 자녀들은 부모의 소유가 아닌 하나님께 속한 자들로서 하나님께 헌신되도록 부르셨고 나지르인으로 구별하여 드려지기를 하나님은 원하십니다.

브리트 하다샤 요 12:20-36 / 눅 1:11-20

부활과 영생을 위해 올려지신 예슈아

명절에 예배하기 위해 올라온 사람들 가운데 헬라인(이방인)들이 있었고 그들은 예슈아 뵙기를 청하였습니다. 그들의 청함을 들으시고 예수님은 영광을 얻을 때가 왔다고 말씀하십니다(요12:23). 이방인들이 예슈아 뵙기를 청한 것과 예슈아가 영광을 받는 것은 어떤 관계가 있을까요? 예슈아가 받을 영광은 십자가의 죽음을 이기시고 부활하여 땅에서 하늘로 올려지실 때 모든 사람 즉, 유대인뿐 아니라 이방인까지 온 열방이 예슈아로 말미암아 한 하나님 앞에 나오게 됨으로 얻게 될 영광을 의미합니다(요12:32). 여기서 '들려지다'는 헬라어 휘프소오ὑψόω는 '올려지다(lift up, raise, exalt, elevate)'라는 뜻을 가집니다. 히브리어의 나쏘נׁשָא와 같은 뜻입니다. 예슈아의 생명이 하늘 높이 올려지는 것은 십자가와 부활 그리고 승천을 의미합니다. 예슈아는 자신이 십자가로부터 들려 올려질 때 많은 영혼들이 생명으로 가까이 나아와 구원받게 될 것이라고 하셨습니다. 또한 예슈아는 이 들림을 통해 한 알의 밀알이 되어 죽으시고 많은 생명을 낳으실 것이라고 말씀하셨습니다(요12:24).

예슈아는 완전한 희생제물이 되어 하나님께 바쳐졌고 하늘로 올려지셨습니다. 우리의 생명이 하나님께 드려지는 것은 곧 우리가 부활하여 하늘로 올려지는 것을 의미합니다. 그런데 하늘로 들려올려지기 전에 먼저 십자가의 죽음이 있습니다. 이 죽음은 한 알의 밀알이 썩어 죽은 것과 같습니다. 죽었지만 결국은 더 많은 생명이 자랍니다. 주님은 썩어져 죽었으나 더 많은 생명을 낳은 첫 밀알이 되셨고 우리도 주님과 같이 또 하나의 다른 밀알이 될 것입니다.

나쏘נשא, 휘프소오ὑψόω, 우리의 머리가 올려지는 것은 생명을 드리는 것이며, 나지르נזיר, 봉헌되어지는 것은 더욱 특별히 우리를 구별하는 것입니다. 이것을 통해 우리는 죽음을 경험하겠지만 결국 더 많은 생명을 낳고 부활하여 영원한 생명을 얻게 될 것입니다.

자기의 생명을 미워하는 자는 영생하도록 보전하리라(요12:25)

자기 생명을 아까워하지 않고 죽을 수 있는 사람, 모든 것을 다 하나님께 바치는 사람이 나지르인입니다. 그리고 이런 나지르인은 하나님의 군대입니다. 우리는 바미드바르במדבר, 광야에서 하나님의 군대가 정렬되는 것을 보았습니다. 하나님은 자신의 군대를 향해 나지르인이 되라고 말씀하십니다. 몸을 구별하고 머리를 보호하며 생명까지 아까워하지 않고 완전히 드리는 자, 바로 예슈아께서 그렇게 사셨습니다. 그분이 친히 나지르인의 본이 되어 주셨고 우리도 나지르인으로 살도록 격려하고 계십니다.

거룩이 끊어진 시대, 나라가 바람 앞의 등불처럼 위태한 시대, 캄캄함이 만민을 가리우는 시대 속에서 구별된 자들이 태어나고 일어섭니다. 이것이 하나님의 계획입니다. 우리가 살아가는 이 시대는 마지막 세대이며 하나님의 군대로 정렬되도록 나지르인으로 구별받았습니다. 그러나 마지막 세대가 하나님의 군대로, 구별된 자로 자라지 못하도록 세상은 미친듯이 이 세대를 공격하고 끌어내리고 있습니다. 세상의 지혜와 방법을 우선순위에 둔 부모들은 자신의 자녀들을 나의 자녀라고만 생각하며 하나님께 묻지 않고 아이를 향한 계획을 스스로 판단하고 결정합니다. 그러나 이 마지막 시대에 하나님이 자신의 군대로서 구별하신 세대를 어떻게 가르쳐야 할지 반드시 하나님께 묻고 순종해야 합니다.

나지르인은 절대 세상과 섞일 수 없습니다. 그래서 세상의 지혜와 방법을 따르는 것이 아닌 하나님의 말씀대로 순종하는 삶을 배울 수 있도록 해야 합니다. 하나님의 군대는 광야에서 정렬되어집니다. 이집트와 바벨론의 시스템으로는 하나님의 군대로 정렬될 수 없습니다. 광야에서도 여전히 이집트, 세상의 사고로 사로 잡혀 있었던 세대는 약속의 땅, 에덴으로 입성하지 못했고 하나님은 이집트를 모르는 광야에서 나고 자란 세대만 데리고 약속의 땅으로 들어가셨습니다. 우리는 이집트를 사모하는 아비 세대가 아니라 하늘을 사모하는 삶을 자녀들에게 보여주고 가르쳐 줌으로써 이 세대를 향한 하나님의 뜻을 구하고 순종하는 세대가 되어야 합니다. 우리 또한 마지막 세대로서 나지르인의 삶을 살 수 있길, 그리고 예슈아처럼 드려지길 기도합니다. 나의 십자가와 나의 부활과 나의 들림을 위해 나의 삶을 올려드리고(나쏘 נָשׂא), 봉헌된(나지르 נָזִיר) 삶을 살기를 기도합니다.

나쏘 주간의 말씀

1. 하나님이 자신의 군대와 레위 자손의 수를 계수하실 때 그들의 '머리를 들어올리라'고 말씀하신 것은 그들의 생명의 시작과 가장 존귀한 것을 하나님께 드리라는 의미를 가집니다.

2. 하나님이 이스라엘 군대와 레위 자손들을 하나님께 올려드리게 하심으로 하나님께 소속된 거룩한 자들임을 입증하셨듯이 우리가 하나님께 '나를 올려드립니다'라고 고백하는 것은 하나님과 관계를 맺은 자들로서 우리의 생명이 하나님께 소속되었고 하나님께 봉헌된 거룩한 자라고 고백하는 것과 같습니다. 그러므로 올려드림(나쏘)은 소속, 관계, 생명 그리고 거룩을 나타냅니다.

3. 모든 사람은 죄를 범하였고 그로 인해 하나님의 영광에 이르지 못하게 되었습니다(롬 3:23). 복음의 시작은 회개이며, 회개의 시작은 죄를 고백하는 것입니다. 하나님은 정죄하기 위해 우리에게 죄를 자복하라고 하신 것이 아니라 우리가 죄로부터 자유하기 위해 자복하라고 명하셨습니다. 하나님의 은혜가 사망의 능력을 가진 죄를 이기십니다. 예슈아의 사랑이 죄의 권세를 파쇄하고 우리를 영생에 이르게 합니다.

4. 하나님은 어둠이 짙어가는 마지막 시대를 살아갈 마지막 세대가 나지르인으로 하나님께 드려지길 원하십니다. 하나님과 오랜 시간 함께 지낸 자(긴 머리카락), 자기의 생명을(머리를) 지키는 자, 자기의 권위자가 하나님이심을 나타내는 자, 그래서 아무것이나 받아들이지 않고(아무것이나 먹지 않고 아무 정보나 받아들이지 않는 것) 자신을 깨끗하게 하는 자, 하나님은 이런 나지르인의 세대를 지금 준비시키고 당신을 통해서 일으키고 계십니다.

5. 아버지 여호와는 복을 주시고 지켜 주시는 분입니다(민6:24). 아들 여호와는 우리에게 은혜롭게 대해주시는 예슈아입니다. 성령 여호와는 그 얼굴을 우리에게 향하여 드사 우리에게 샬롬을 주시는 거룩한 영입니다. 삼위 하나님은 모든 이들에게 복과 보호와 빛과 은혜와 친밀함과 샬롬을 베풀기 원하시는 하나님이십니다.

6. 예슈아의 생명이 하늘 높이 올려지는 것은 십자가와 부활 그리고 승천을 의미합니다. 예슈아는 자신이 십자가로부터 들려올려질 때 많은 영혼들이 생명으로 가까이 나아와 구원받게 될 것이라고 하셨습니다. 또한 예슈아는 이 들림을 통해 한 알의 밀알이 되어 죽으시고 많은 생명을 낳으실 것이라고 말씀하셨습니다(요12:24).

7. 나쏘נָשָׂא 휘프소오ὑψόω, 우리의 머리가 올려지는 것은 생명을 드리는 것이며, 나지르נֶזֶר 봉헌되어지는 것은 더욱 특별히 우리를 구별하는 것입니다. 이것을 통해 우리는 죽음을 경험하겠지만 결국 더 많은 생명을 낳고 부활하여 영원한 생명을 얻게 될 것입니다.

8. 자기 생명을 아까워하지 않고 죽을 수 있는 사람, 모든 것을 다 하나님께 바치는 사람이 나지르인입니다. 그리고 이런 나지르인은 하나님의 군대입니다. 우리는 바미드바르בְּמִדְבַּר 광야에서 하나님의 군대가 정렬되는 것을 보았습니다. 하나님은 자신의 군대를 향해 나지르인이 되라고 말씀하십니다. 몸을 구별하고 머리를 보호하며 생명까지 아까워하지 않고 완전히 드리는 자, 바로 예슈아께서 그렇게 사셨습니다. 그분이 친히 나지르인의 본이 되어 주셨고 우리도 나지르인으로 살도록 격려하고 계십니다

나쏘 주간의 선포

1. 우리의 머리를 하나님께 올려드립니다. 우리의 생명이 하나님께 속하였음을 고백합니다. 우리는 하나님께 봉헌된 자들입니다. 우리의 생명의 시작과 가장 존귀한 것을 하나님께 드리기 원합니다. 하나님께 완전히 속한 자로서 하나님의 거룩함을 나타내는 자들이 되게 하소서.

2. 죄로 인하여 하나님의 영광에 이르지 못하게 된 우리를 구속해 주시고, 구원해 주셔서 감사합니다. 우리에게 은총의 표징을 허락하셔서 날마다 죄를 깨닫게 하시고, 그것이 깨달아질 때마다 하나님께 회개하고 돌이키는 은혜를 허락하소서. 그리하여 하나님이 주시는 구원과 자유를, 생명과 기쁨을 날마다 경험하고, 하나님의 영광에 이르게 하소서.

3. 하나님을 위해서 자신을 구별하여 하나님께 드리는 거룩한 나지르인(나실인)들이 일어나게 하소서. 이 땅이 아닌 하늘의 영역에 집중하며, 하늘을 향해서만 문을 열고, 하늘의 권위 아래 있으며, 생명의 영역에 머무르게 하시고, 하늘의 생명으로 충만하게 채워지게 하소서.

4. 예슈아께서 완전한 희생제물이 되셔서 하나님께 바쳐졌고 들어올려지셔서(나쏘) 우리에게 생명을 주신 것처럼 우리의 희생과 우리의 나쏘를 통해 이 땅 가운데 예슈아의 생명을 흘러보내는 자들이 되게 하소서.

5. 거룩이 끊어진 것 같은 시대에서 구별되어 하나님의 군대로 서는 우리들이 되게 하소서. 세상과 섞이지 않고, 세상의 지혜와 방법을 따르지 않고, 하나님의 말씀대로 순종하는 자들이 되게 하소서. 우리의 삶을 하나님께 올려 드리고(나쏘), 봉헌된(나지르) 삶을 살게 하소서.

36주간

בְּהַעֲלֹתְךָ

BEHA'ALOTCHA

베하알로트카
네가 올라가게 할 때(등불을 켤 때)

파라샤 **민 8:1-12:16**
하프타라 **슥 2:10-4:7**
브리트 하다샤 **계 11:1-19 / 마 14:14-21**

DAY 1 민 8:1-13

등잔대(메노라הנֹרָה)의 불이 켜짐으로 시작되는 영의 활성화

성막 완공, 군대 정렬, 레위인들이 계수됨으로 하나님께 올려지는(나싸) 모든 일이 끝나고 하나님의 군대로써의 기능이 본격적으로 시작되기에 앞서 하나님은 두 가지를 명령하십니다. 첫 번째는 성소 안의 등잔대의 불을 켜는 것, 두 번째는 레위인의 봉사가 시작되는 것입니다.

성소 안의 등잔대(메노라)의 불을 켤 때 아론은 등잔대(메노라)에 기름을 붓고 불을 켰습니다. 베하알로트카בְּהַעֲלֹתְךָ는 동사 알라עָלָה의 히필동사(사역동사)로 '올라가게 하다'는 뜻이고 앞에 전치사 베בְּ가 붙어서 '네가 올라가게 할 때'라는 의미가 됩니다. 불이 켜지는 순간 등잔대(메노라)의 불은 빛이 되어 성소 전체를 비추면서 동시에 하늘을 향해 타올라갔습니다. 하나님의 거룩한 성소를 비추는 등잔대(메노라)의 빛은 공간만을 채운 것이 아니라 하늘을 향해 올라갔습니다. 이것은 하늘로 올려지신 예슈아가 하늘 성소의 빛이 되었음을 암시합니다. 성소의 등잔대(메노라)의 빛은 하늘 성소의 빛이신 예슈아의 빛이며, 또한 메시아닉 킹덤에서 온 열방을 비추실 빛이 될 것임을 보여주고 있습니다.

또한 하나님은 등잔대(메노라)의 빛이 맞은편을 향해 비추도록 켜라고 말씀하셨습니다(민8:2). 등잔대(메노라)의 맞은편에는 진설병, 말씀의 떡상이 있습니다. 등잔대(메노라) 위의 일곱 개의 등잔은 하나님의 거룩한 일곱 영을(사11:2, 계4:5) 의미합니다. 요한계시록 2:1에서는 예수님이 일곱 등잔대 사이를 거니시면서 그 오른손에 일곱 별을 붙잡고 계신다고 표현하는데 일곱 별은 곧 일곱 천사이면서 일곱 교회를 의미합니다(계1:20). 메시아이신 예슈아는 하나님의 일곱 영과 일곱 별을 가지고 계신 분으로(계3:1) 일곱 천사(별)를 통해 일곱 교회를 비추고 다스리십니다. 일곱 천사는 천사들의 머리, 천사장이라고 [9] 볼 수 있는데 예수아는 일곱 별 즉, 일곱 천사장들을 다스리시는 권위를 가지고 계신 분입니다. 하나님은 천사들을 바람으로, 혹은 불꽃으로 삼으시며 모든 천사들이 예수아를 경배하고 섬기게 하셨습니다(히1:3-7).

　　등잔에서 켜지는 빛은 거룩한 영에 의해 조명되는 계시의 빛을 의미합니다. 등잔대(메노라)의 일곱 개의 불이 의미하는 성령의 빛이 성소 전체를 비추게 하는 것은 우리 내면의 성전이 항상 성령으로 조명되어야 함을 의미합니다. 또한 동시에 그 빛이 맞은편의 말씀의 떡상을 비추도록 하신 것은 하나님의 말씀은 항상 거룩한 영의 빛 가운데서 조명되어지고 계시되어짐을 의미합니다. 등잔대의 일곱 개의 빛은 하나님의 거룩한 일곱 영을 의미하고, 일곱 영은 곧 하나님의 눈이라고 말씀합니다.

　　　　　이 일곱은 온 세상에 두루 다니는 여호와의 눈이라(슥4:10)

　　　　　　　　그에게 일곱 뿔과 일곱 눈이 있으니
　　　　이 눈들은 온 땅에 보내심을 받은 하나님의 일곱 영이라(계5:6)

　　하나님의 눈은 온 세상을 다니며 두루 살펴보십니다. 우리의 속사람의 성전에 항상 성령의 빛이 거하시면 그 빛에 의해 우리는 계시를 받고 하나님의 눈으로 세상을 보게 됩니다. 성령의 빛은 우리의 영을 활성화시켜서 하나님과 하나되게 합니다. 성막 봉사를 위한 모든 과정이 완료된 후에 성소 안의 등잔대(메노라)의 불을 켜도록 하신 것은 하나님의 일곱 영이 이스라엘 진영을 살피시고 그 빛이 비추어지게 하심으로 하나님의 킹덤 안에서 하나님의 백성으로서 살아갈 수 있도록 모든 것이 활성화되게 하실 것임을 의미합니다.

　　등잔대의 불이 켜짐과 함께 하나님은 레위인의 성막 봉사를 시작하도록 하시는데 그들이 봉사를 시작하기 전에 먼저 온 몸을 깨끗하게 하고 수송아지의 번제물과 수송아지의 속죄제물을 가져와 레위인 전체를 흔들어 드리는 요제의 제물로 드리도록 명령하십니다(민8:7,11). 그런데 레위인의 온 몸을 정결하게 하고 레위인 자신이 제물로 하나님께 드려지는 이 제사에 앞서 하나님은 온 이스라엘 회중 앞에 레위인들을 서게 하시고 그 회중들

---

9 일반적으로 천사장들은 4명의 천사 가브리엘, 미가엘, 라파엘, 우리엘이라고 알려져 있지만 구약성경의 그리스어 번역본인 칠십인역의 일부인 토빗기(총 14장으로 구성)에서는 "하나님의 영광 앞으로 나아가 섬기는 일곱 천사들"이라고 말한다. 【토빗 12:15】

이 레위인에게 안수하도록 하십니다(민8:10). 안수(세미카ㅁ)는 손을 얹고 몸으로 살짝 누르는 것으로 이것은 정체성의 전가와 이양을 의미합니다. 이스라엘 회중이 레위인들에게 자신들의 정체성을 전가하고 이양함으로써 레위인들은 모든 회중을 대표하여 하나님을 섬기게 됩니다. 그래서 레위인들은 하나님과 회중 즉, 백성 사이에 서는 사람입니다. 회중의 죄를 짊어지고 하나님 앞에 나아가 그것을 올려드립니다. 번제와 속죄제의 제물이 태워지고 레위인 전체가 요제로 드려지면서 자신을 하나님께 올려드림으로 완전히 하나님께 드려진 자로, 또 하나님께 속한 자로 성막의 봉사를 시작하게 됩니다. 성막을 중심으로 한 하나님의 왕국 통치가 성소의 등잔대의 불이 켜짐으로 본격적으로 활성화됐고 하나님의 일곱 영이 운행하시면서 이스라엘 백성은 약속의 땅을 향한 여정을 떠나게 됩니다.

DAY 2 민 8:14-26

빛과 레위인

빛이 올라가면서 성막을 섬기는 레위인들도 함께 하나님께 올려졌습니다. 성소의 빛이 항상 올라가도록 섬기기 위해 구별된 레위인들의 직무가 빛과 함께 시작된 것입니다. 빛은 우리가 모든 존재의 고유한 색을 구별할 수 있게 하고(가시광선), 더러운 것들을 소독해주며(자외선), 통증이 있는 곳에 치유와 따뜻함을 줍니다(적외선). 유대 전승에서는 성소의 일곱 등잔대(메노라)의 빛을 7일 창조의 빛이라고 해석하기도 하는데 빛은 온 땅의 창조의 시작이며 에너지의 근원이기도 합니다. 하늘 성소를 본따 이 땅에 세워진 하나님의 성소에서 빛이 켜짐과 동시에 레위인들의 직무가 시작되게 한 것은 하나님이 레위인들을 이스라엘 백성의 빛이 되게 하신 것과 같습니다. 레위인들이 하나님과 백성들 앞에서 자신을 거룩하게 하고 섬길 때 하나님은 레위인들을 통해 이스라엘 백성이 거룩이 무엇인지 보고 배우게 하시고, 죄와 상처로부터 하나님의 치유를 경험하게 합니다. 레위인의 역할과 직무는 빛이신 예슈아를 섬기면서, 예슈아의 빛(성소의 빛)을 받아 백성을 비추는 빛이 되는 것입니다.

또한 레위인들이 이스라엘 모든 장자를 대신하여 하나님 앞에 자신을 정결하게 하여 요제로 드려진 후 하나님의 임재와 영광을 위한 성막 복무가 시작되었을 때, 하나님은 성막을 섬기기 위해 구별된 레위인들이 이스라엘의 장자대신 취한 자들이라는 것을 거듭 말씀하십니다(민8:16-18). 장자는 생명의 시작이자 근원을 의미합니다. 고대 사회에서 우상과 이방 신을 섬기던 자들은 의례히 자신들의 장자를 우상에게 바치면서 자신들의 힘과 생명의 근원을 우상에게 돌림으로써 만물의 근원이신 하나님을 모욕하고 그 앞에서 교만하게 행했습니다. 이것의 절정은 이집트의 파라오를 통해 나타났고, 하나님은 이집트의 모든 짐승과 사람의 초태생과 장자를 죽이심으로 그들의 신을 철저히 심판하고 파라오의 교만을 꺾으셨습니다. 그래서 하나님은 온 열방의 장자로 드려진 이스라엘이 거룩하게 구별되었고, 거룩하게 구별된 이스라엘의 장자를 대신해 레위인을 구별하셨다는 것을 아주 중요하고 소중하게 생각하신 것입니다.

하나님은 이스라엘 자손 중에서 그들의 장자를 대신해서 레위인을 취하셨고, 레위인을 성막과 함께 아론과 그의 아들들인 제사장들을 섬기게 하심으로 이스라엘 자손이 성소에 가까이할 때에 그들 중에 재앙이 없도록 하셨습니다(민8:19). 레위인은 하나님의 성막을 섬기고, 성막을 섬기는 아론과 그의 아들들(제사장)을 섬기면서 이스라엘 자손에게 재앙이 임하지 않도록 막아주는 보호이기도 했습니다. 힘과 에너지가 가장 넘치는 25세부터 50세까지(민8:24-25) 오직 성막과 제사장과 백성들을 섬기면서 자신들의 삶에서 가장 소중한 시간을 바친 레위인들에게 성막 봉사의 일이 끝나는 50세 이후에도 성막을 섬기는 젊은 레위인들을 도와주는 일을 할 뿐 다른 일을 하지 말도록 명하셨습니다(민8:24-26). 빛으로 모든 생명의 시작인 장자를 대신해 구별된 레위인의 삶은 자신의 개인적인 욕구와 만족을 채우는 것이 없는 삶이었지만 그만큼 하나님의 영광과 임재를 누리는 삶이기도 했습니다. 세상의 빛으로 부름받은 그리스도인들의 삶이 레위인의 삶과 같을수록 더 많은 사람들을 비추고 그들을 더러운 것에서 끌어내며 치유하게 할 것입니다.

DAY 3 민 9:1-14

두 번째 유월절

첫 번째 유월절에 사람의 시체로 말미암아 부정하여 참석하지 못했던 사람들이 모세와 아론을 찾아와 부정함으로 인해 하나님이 정하신 시간에 참석할 수 없어 헌물을 드리지 못한 것에 대한 호소를 하였습니다. 하나님은 그들에게도 하나님의 약속된 시간이자 영원한 규례에 참여할 수 있는 기회를 주시고자 두 번째 유월절을 허락하십니다. 하나님의 절기 가운데 어떤 절기도 두 번 이뤄지는 것은 없습니다. 오직 유월절만 두 번째가 허락됩니다. 두 번째 유월절에는 오직 유월절 밤의 시간과 세데르만 있을 뿐 무교절은 포함되지 않습니다. 어린 양의 피로 죽음으로부터 구원받은 유월절의 구속을 통해 하나님이 인간보다도 더 인간의 구원을 간절히 소망하고 있다는 것을 느낄 수 있습니다.

두 번째 유월절은 아빕(니산) 월 다음 달인 이야르(지브) 월 14일 해질 때에 이뤄집니다. 하나님은 유월절을 기억하여 영원히 기념하라 명하셨고 부정하게 되었거나 멀리 여행 중에 있지 않으면서도 유월절을 지키지 않는 사람은 하나님의 백성 가운데서 끊어질 것이라고 하셨습니다(민9:13). 이런 사람은 정한 기일에 헌물을 드리지 않았음으로 스스로 죄를 담당해야 한다고 하셨습니다. 그러나 그 누구도 죄를 담당할 수 있는 사람은 없습니다. 그렇기에 하나님의 두 번째 유월절은 구원의 기회를 허락하시는 자비와 은혜입니다. 하나님은 마지막 한 순간까지도 하나님의 구원 안으로 더 많은 이들이 들어올 수 있도록 구원의 기회를 허락하십니다. 이것이 아버지의 마음입니다.

어린 양이 잡히던 유월절 그 날에 예수님은 돌아가셨고, 예수님의 죽은 몸을 장사 지냈던 니고데모(요19:39)와 아리마대 요셉(요19:38)은 시체에 가까이했기 때문에 그 날 유월절을 지키지 못했을 것입니다. 니고데모는 산헤드린의 일원이었고 아리마대 요셉 역시 부자로 영향력있는 자로서 토라의 말씀을 잘 따르던 자들이었기 때문입니다. 그래서 아마도 그들은 이야르(지브) 월 14일 해질 즈음에 두 번째 유월절을 지키면서 예수님의 부활을 기념했을 것입니다. 그때는 이미 예수님의 부활소식이 제자들과 많은 이스라엘 사람들에게 전해져있었을 뿐 아니라 부활하신 예수님이 제자들을 방문하면서 하나님 나라의 일에 대해 가르쳐주고 계셨기 때문에 그들은 예수님의 부활을 생각하면서 두 번째 유월절을 지켰을 것입니다. 그래서 어떤 메시아닉 공동체에서는 오늘날 두 번째 유월절을 간소하게 지키면서 니고데모와 아리마대 요셉을 기억하기도 한다고 합니다.

첫 번째 유월절이 예수님의 죽으심을 기념한다면 두 번째 유월절은 예수님의 죽으심뿐 아니라 부활하신 예수님의 방문까지 기억할 수 있는 날이 되었습니다. 두 번의 유월절을 통해 예수님의 죽음과 부활을 기념하게 하실 뿐 아니라 최후의 순간까지 구원을 허락하고자 하시는 하나님의 놀라운 생각과 계획을 통해 주와 같은 신이 세상에 없음을 고백하게 됩니다.

그 뼈를 하나도 꺾지 말아서

하나님은 유월절을 지키는 의식에서 어린 양의 고기를 아침까지 조금도 남겨두지 말 것과 그 뼈를 하나도 꺾지 말것을 명하십니다(민9:12). 이것은 유월절에서 반드시 지켜져야 할 율례입니다. 예수님이 유월절 준비일 제 구시 즉, 오후 3시에 숨을 거두실 때 유월절 밤이 가까웠기 때문에 유대인들은 그 시체를 십자가에 두길 원하지 않았습니다. 그래서 아직은 숨이 남아있는 죄수들의 다리를 꺾어 숨통이 완전히 멎게 하고 시체를 빨리 처리하기 원했고 빌라도에게 군인들을 보내어 예수님의 다리를 꺾도록 요청했습니다. 그러나 군인들은 이미 예수님이 돌아가신 것을 보았고 그래서 예수님의 다리를 꺾지 않았습니다. 요한은 이 일이 그 뼈가 하나도 꺾이지 아니하리라 한 성경을 응한 것이라고 증거합니다(요19:36).

> 의인은 고난이 많으나 여호와께서 그의 모든 고난에서 건지시는도다
> 그의 모든 뼈를 보호하심이여
> 그 중에서 하나도 꺾이지 아니하도다(시34:19-20)

이 말씀은 시편의 말씀뿐 아니라 민수기 9:12의 말씀도 이뤄지게 한 것입니다. 히브리어 원어에서 '그 뼈'라는 단어는 '그의 뼈'라고도 읽힙니다. 이것은 어린 양이신 예수님의 뼈가 하나도 부러지지 않게 될 것임을 의미합니다. 하나님은 유월절 의식을 명하실 때 이미 예수님의 뼈까지도 보호하실 것임을 말씀하셨고, 다윗은 의인이 받는 고난 중에서 뼈까지도 보호하시는 하나님을 찬양하며 메시아이신 예수님을 미리 바라보았습니다. 구원을 위한 하나님의 생각과 계획은 모든 것이 완전하고 완벽합니다.

DAY 4 민 9:15-10:10

구름과 하늘의 나팔 소리

첫 번째 달 1일에 성막이 완공되었고, 14일 해질 때에 유월절을 지냈으며, 하나님의 임재를 호위하며 하나님의 땅을 다시 차지할 전쟁을 준비하기 위한 군대가 계수되었고, 하나님의 영광과 임재를 운반하고 지킬 레위인들이 하나님께 드려졌습니다. 그리고 성소의 등잔대의 불이 켜지면서 본격적으로 레위인들의 봉사가 시작되었습니다. 유월절을 지키지 못한 자들을 향한 두 번째 유월절의 기회가 주어지는 은혜도 베푸신 하나님은 이제 본격적으로 약속의 땅을 향해 나아갈 하나님의 킹덤의 행진을 알릴 나팔의 신호를 알려주셨습니다.

하나님은 은 나팔 둘을 두들겨서 만들라고 하시고 회중을 소집하거나 진영을 출발하여 행진하게 할 때(민10:2), 대적을 치러 나갈 때(민10:9), 희락의 날과 정한 절기와 초하루에 나팔을 불도록 명령하셨습니다(민10:10). 나팔은 하나님의 백성을 깨우는 소리이며, 하나님의 군대를 소집하여 행진하게 하는 소리이고, 전쟁의 날을 알리는 소리입니다. 전쟁의 날에 큰 나팔 소리가 울릴 때 하나님은 그 소리를 들으시고 자기 백성들을 구원하여 대적에게서 구원하시겠다고 하셨습니다(민10:9). 그러므로 나팔 소리는 하나님이 그 백성을 향하여 일어나게 하는 소리입니다. 또한 나팔 소리는 하나님이 정하신 모든 약속된 시간을 알리는 소리입니다. 하나님은 이스라엘 백성에게 나팔의 신호를 가르쳐 주시며 그들이 그 소리의 신호를 듣고 일어나 하나님과 함께 행진하도록 하셨습니다.

마지막 때 울리는 나팔 소리도 이와 같을 것입니다. 일곱 천사의 나팔은 하나님을 대적하는 세상을 향한 심판을 가져올 것이고 일곱 번째 나팔 소리와 함께 예슈아가 하늘에서 공중으로 내려오시고 그리스도 안에서 죽은 자들과 그때 살아남은 자들은 공중으로 끌어 올려져 공중에서 예슈아를 영접하게 될 것입니다(살전4:16-17). 대속죄일의 백 번의 나팔 소리와 함께 우리는 앞장 서신 예슈아를 뒤따르며 예루살렘으로 행진하여 그분의 예루살렘 입성과 예루살렘의 보좌에 앉으시는 것을 바라보며 승리의 찬양을 부르게 될 것입니다.

하나님은 이스라엘 백성들을 나팔 소리로 불러 모으시고 행진하게 하시면서 그들보다 앞장서서 움직이셨습니다. 성막이 완공되던 날 내려온 영광의 구름은 밤에는 불 같은 모양이 되었고 늘 이스라엘 백성과 함께 하였습니다. 이 구름이 성막에서 떠오르는 때 이스라엘 백성은 행진하였고 구름이 성막 위에 머무는 날 동안에 백성들도 진영에 머물렀습니다. 구름은 이스라엘 군대의 행진의 방향성이 되었습니다. 하나님은 구름 가운데 영광과 임재로 자신의 백성들을 친히 인도하셨습니다.

구름(아난יְגְ)은 하늘의 영역과 땅의 영역을 오고가며 넘나드는 경계가 되면서 또한 영광과 임재의 현현입니다. 구름은 하늘의 영역이 이 땅에 닿아 하늘과 땅이 하나 되었음을 나타내 주는 것입니다. 이스라엘 백성은 날마다 구름을 보면서 하나님을 경험했습니다. 구름이 머물렀던 성막을 지키는 것은 하나님의 영광과 임재를 누리고 지키는 것을 의미합니다. 그러므로 예배의 삶은 우리 속사람의 성전과 우리가 예배하는 공간에 머무시는 하나님의 영광과 임재를 지키는 것과 같습니다. 하나님의 영광과 임재를 지키는 자는 하나님의 인도하심을 경험하고 누릴 것입니다.

시나이 산 위에 하늘의 영광이 내려왔을 때 구름이 시나이 산 꼭대기를 덮었고 (출19:9,16), 예수님이 세 명의 제자와 함께 산에 올라가 그들 앞에서 변형되면서 해 같이 빛나실 때 구름이 제자들을 덮으며 구름 속에서 하나님이 말씀하셨습니다(마17:5). 아람어 성경 탈굼은 역대상 3:24에 등장하는 7명의 이름들 중 아나니יִנָנָ라는 이름을 메시아에 대한 이름 중 하나라고 해석하기도 했는데 이는 '구름들의'라는 뜻으로 구름 가운데서 자신을 계시하시는 메시아를 의미합니다.[10]

하나님은 우레와 번개와 빽빽한 구름 가운데서 나팔 소리와 함께 시나이 산으로 강림하셨고(출19:16), 예수님은 다시 오실 때 구름을 타고 나팔 소리와 함께 강림하실 것입니다 (단7:13, 살전4:16, 계1:7). 또한 사도 요한은 구름 위에 앉아계신 예수님을 보았는데 그가 낫을 땅에 휘둘렀을 때 땅의 곡식이 거두어졌습니다(계14:16). 이스라엘의 왕이신 하나님이 구름 가운데서 이스라엘을 다스리신 것처럼, 온 우주의 왕이신 예슈아는 구름을 타고 영광 가운데 하늘로 올려진 성도들과 하늘에서 내려오실 것이고 모든 사람이 그것을 볼 것입니다 (계1:7). 주님과 함께 영광 가운데 내려올 성도들 가운데 우리가 있기를 소망합니다.

---

10 탈굼 요나탄 【역대상 3:24】

【주제 #3】 나팔 소리의 종류와 의미

성경에서 나팔을 의미하는 단어는 두 가지이다. 하나는 쇼파르이고 다른 하나는 하쪼쩨라이다. 쇼파르는 숫양의 뿔을 의미하며, 하쪼쩨라는 트럼펫이나 클라리넷 같은 관악기를 의미한다. 쇼파르는 출애굽기 19:16에서 하나님이 시나이 산에 강림하실 때 하늘에서 울려퍼진 나팔 소리라는 단어로 처음 등장한다. 쇼파르(뿔나팔 소리)는 성경에 총 72번 등장하며 쇼파르의 나팔 소리나 민수기 10장에서 등장하는 은 나팔 소리는 모두 하나님이 자신의 백성들에게 주시는 중요한 신호이다. 민수기에서 하나님은 은 나팔 두개를 만들어 회중을 소집할 때, 이스라엘 군대의 진영을 출발하게 할 때(민10:2), 대적을 치러 나갈 때(민10:9), 그리고 하나님이 정하신 절기의 시간과 월삭에 불도록 하셨다(민10:10). 하나님은 은 나팔을 아론의 자손인 제사장들에 불게 하셨으며 이것은 영원한 규례라고 명하셨다(민10:8).

히브리어를 통해 나팔이 불리는 방법은 테키아, 쉐바림, 테루아로 크게 세 가지로 분류할 수 있다.

테키아는 길게 한 번 부는 나팔 소리로 명확하게 잘 들리는 음색이다. 이는 왕의 대관식이나 예배, 회중들을 불러보으는 성회에 불리며 사람들을 깨우는 각성의 소리이다. 테키아는 왕의 대관식에 불려지는 나팔 소리로 예슈아가 다시 오실 때는 테키아의 나팔 소리가 울려 퍼질 것인데 이 때 불리는 테키아는 테키아 하그돌라라고 하며 이는 '큰 테키아, 큰 나팔소리'라는 뜻이다. 테키아 하그돌라는 가능한 한 오랫동안 부는 단일음으로 테키아를 더 길고 크게 부는 나팔소리이다.

쉐바림은 고통에 울부짖는 듯한 슬픈 소리로 세 번의 짧은 소리로 구성되어 있다. 쉐바림은 겸손과 회개를 의미하는 소리이다.

트루아는 짧은 소리로 아홉 번을 연속적으로 부는 나팔 소리인데 이것은 기쁨의 외침이면서 동시에 전쟁을 알리는 경고의 소리이기도 하다.

쇼파르나 은 나팔은 모두 테키아, 쉐바림, 트루아의 방법으로 불리며 성경에서는 다음과 같은 때에 나팔이 불렸음을 증거하고 있다.

1. 왕을 세울 때 나팔을 불었다.

제사장 사독이 성막 가운데에서 기름 담은 뿔을 가져다가 솔로몬에게 기름을 부으니 이에 뿔나팔을 불고 모든 백성이 솔로몬 왕은 만세수를 하옵소서 하니라(왕상1:39)

아담이 창조된 후 아담이 왕과 제사장으로서 취임되던 그 날 나팔이 불려졌으며 그 날이 인류 역사의 첫 달의 시작으로 간주되는데 그 날이 티쉬레이 월의 첫 날이며 로쉬 하샤나 즉 한 해의 시작이 되었다. 통일 왕국과 남유다의 왕조는 새 왕이 즉위하는 날을 이 날로 정했고 뿔나팔이 불려지면서 새 왕이 왕좌에 앉았다.

2. 여호와께서는 나팔소리와 함께 내려오시고 나팔 소리와 함께 올라가신다.

셋째 날 아침에 우레와 번개와 빽빽한 구름이 산 위에 있고 나팔 소리가 매우 크게
들리니 진중에 있는 모든 백성이 다 떨더라(출19:16)
하나님께서 즐거운 함성 중에 올라가심이여 여호와께서 나팔 소리 중에 올라가시도다(시47:5)

3. 다윗은 여호와의 언약궤를 가져올 때 쇼파르와 은 나팔을 불며 비파, 소고, 현악, 퉁소,
제금등의 모든 악기로 더불어 찬양하였다.

다윗과 온 이스라엘 족속이 즐거이 환호하며 나팔을 불고 여호와의 궤를 메어오니라(삼하 6:15)
나팔과 호각 소리로 왕이신 여호와 앞에 즐겁게 소리칠지어다(시98:6)
할렐루야 그의 성소에서 하나님을 찬양하며 그의 권능의 궁창에서 그를 찬양할지어다
나팔 소리로 찬양하며 비파와 수금으로 찬양할지어다(시150:1, 3)

4. 마음과 뜻과 목숨을 다해 여호와를 찾기로 언약하고 맹세할 때 나팔을 분다.

마음을 다하고 목숨을 다하여 조상들의 하나님 여호와를 찾기로 언약하고 무리가 큰 소리로
외치며 피리와 나팔을 불어 여호와께 맹세하매 온 유다가 이 맹세를 기뻐한지라 무리가 마음
을 다하여 맹세하고 뜻을 다하여 여호와를 찾았으므로 여호와께서도 그들을 만나주시고
그들의 사방에 평안을 주셨더라(대하15:12, 14, 15)

5. 쇼파르는 적진을 부수는 기적의 도구였다.

일곱 번째에 제사장들이 나팔을 불 때에 여호수아가 백성에게 이르되 외치라 여호와께서
너희에게 이 성을 주셨느니라… 이에 백성은 외치고 제사장들은 나팔을 불매 백성이 나팔
소리를 들을 때에 크게 소리 질러 외치니 성벽이 무너져 내린지라(수6:16, 20)
삼백 명을 세 대로 나누어 각 손에 나팔과 빈 항아리를 들리고 항아리 안에는 횃불을 감추게
하고… 세 대가 나팔을 불며 항아리를 부수고 왼손에 횃불을 들고 오른손에 나팔을 들어
불며 외쳐 이르되 여호와와 기드온의 칼이다 하고… 삼백 명이 나팔을 불 때에 여호와께서
그 온 진영에서 친구끼리 칼로 치게 하시므로 적국이 도망하여(삿7:16, 20, 22)

6. 전쟁을 위해 모일 때와 해산할 때를 알리는 신호이며 이방 나라 군대들을 동원할 때
나팔을 불게 하셨다.

너희는 어디서든지 나팔 소리를 듣거든 그리로 모여서 우리에게로 나아오라 우리 하나님이
우리를 위하여 싸우시리라 하였느니라(느4:20)
땅에 깃발을 세우며 나라들 가운데에 나팔을 불어서 나라들을 동원시켜(렘51:27)

7. 나팔을 불 때 영의 운행이 활성화 된다.

주 여호와께서 나팔을 불게 하시며 남방 회오리 바람을 타고 가실 것이라(슥9:14)

여호와의 영이 기드온에게 임하시니 기드온이 나팔을 불매(삿6:34)

8. 쇼파르로 백성을 부르시고 알리야 하게 하신다.

그 날에 큰 나팔을 불리니 앗수르 땅에서 멸망하는 자들과 애굽 땅으로 쫓겨난 자들이
돌아와서 예루살렘 성산에서 여호와께 예배하리라(사27:13)

9. 월삭과 여호와의 절기에 나팔을 분다. 특별히 나팔절과 대속죄일에는 쇼파르를 이스라엘
온 땅에서 불어서 크게 회개하는 날을 알렸으며, 대속죄일 마지막에 부는 나팔은 희년을
선포하는 나팔이다.

초하루(월삭)와 보름과 우리의 명절(레23장)에 나팔을 불지어다 이는 이스라엘의 율례요
야곱의 하나님의 규례로다(시81:3-4)

일곱째 달 열흘날은 속죄일이니 너는 뿔나팔을 소리를 내되 전국에서 뿔나팔을 크게 불지며
(레25:9)

시온에서 나팔을 불며 나의 거룩한 산에서 경고의 소리를 질러… 너희는 시온에서 나팔을
불어 거룩한 금식일을 정하고 성회를 소집하라(욜2:1, 15)

10. 두렵고 떨리는 마음으로 점점 더 커지는 쇼파르를 들을 때, 십계명과 하나님의 율례와
법도를 범하지 말라고 명하셨다.

백성이 우레와 번개와 나팔 소리와 산의 연기를 본지라 그들이 볼 때에 떨며 멀리 서서…
모세가 백성에게 이르되 두려워하지 말라 하나님이 임하심은 너희를 시험하고 너희로 경외
하여 범죄하지 않게 하려 하심이니라(출20:18, 20)

하나님은 나팔과 함께 자신을 나타내기도 하셨고, 적과의 전쟁에서 승리하게도 하셨으며,
또한 나라의 왕들, 백성들을 불러모으기도 하셨고, 하나님의 특별한 시간을 알리기도 하셨다.
특별히 마지막 날에 나팔 소리와 함께 성도들의 몸은 부활의 몸으로 변화되어 첫째 부활에 참여
하면서 휴거하게 될 것이며 나팔 소리와 함께 예수님은 예루살렘으로 입성하셔서 여호와의 보
좌에 앉으시고 희년을 선포하실 것이다.

【주제 #4 】 땅 성소와 하늘 성소를 연결한 구름 기둥

땅 성막 위의 구름이 하늘의 성소와 연결됨으로, 하늘의 성소는 구름 기둥으로 땅 성막과 연결되어 이 곳에서 저 곳으로 이동하기 쉽게 되었다. 땅 성막이 이동하기 쉽게 만들어진 것은 이스라엘의 광야 여정을 위해서 뿐 아니라 이후 바벨론 포로와 수천 년간 열방에 흩어져 살아가게 될 이스라엘의 디아스포라의 여정 중에 하늘 성소와 연결되어 움직이는 땅 성소로써 모습을 의미하기도 한다고 랍비들은 유대인의 입장에서 이해했었다.[11]

에스겔서 8장부터 11장은 예루살렘 성전에 머물던 쉐키나께서 성전 안에 가득 찬 온갖 우상숭배로 인해 결심하시고 떠나시는 과정이 설명되고 있다. 11장에서 성전에 머무시던 쉐키나께서 성전을 완전히 떠나시기 직전에 중요한 약속을 하시며 떠나신다.

> 그런즉 너는 말하기를 주 여호와의 말씀에 내가 비록 그들을 멀리 이방인 가운데로 쫓아내어 여러 나라에 흩었으나 그들이 도달한 나라들에서 내가 그들에게 잠깐 성소가 되리라 하셨다 하고(겔11:16)

잠깐 성소는 미크다쉬 메앝מְעַט מִקְדָּשׁ 인데, 미크다쉬는 성소나 성전을 의미하고 메앝은 '작은, 적은 조금, 잠깐'을 의미한다. 성전(베이트 미크다쉬בֵּית מִקְדָּשׁ)이 쉐키나의 떠나심으로 무너져 없어질 것이며 남유다는 멸망하고 죽고 남은 유대인들이 포로로 끌려가서 바벨론에서 하나님이 정한 시간 동안 잠깐 지내게 될 것이다. 포로로 지내는 그 기간 중에 주님께서는 그들을 완전히 떠나시지는 않고 미크다쉬 메앝מְעַט מִקְדָּשׁ(잠깐 성소, 작고 적은 성소)이라는 방법으로 그들 중에 거하시겠다고 약속하신다. 제 2성전이 무너진 후 디아스포라 되어 전 세계 여러 나라에 흩어진 유대인들에게도 이 약속은 계속 이어져 왔으며 예수님의 재림과 함께 예루살렘에 에스겔 성전 즉 천년왕국 성전이 세워지게 되기까지 70목자의 전 기간동안 계속 이어질 것이다. 새 예루살렘은 미크다쉬 메앝과 미크다쉬 아담이 다 모여서 완성되어 이루게 되는 지성소이다.

제 2성전이 파괴되기 전에는 사람 성전(미크다쉬 아담מִקְדָּשׁ אדם)이신 예수님께서 오셔서 그 육체를 찢으심으로 휘장을 가르고 문턱을 낮추시고 이방인들에게도 사람 성전이 되는 시대를 여셨다. 사람 성전(미크다쉬 아담מִקְדָּשׁ אדם)도 에스겔 11:16의 잠깐 성소(미크다쉬 메앝מִקְדָּשׁ מְעַט)와 연결되어서 생각할 수 있는 개념이다.

그런데 토라의 해석서인 미쉬나 중 민수기 랍바에는 신비하고 흥미로운 사실이 기록되어 있다.

---

11 Gevul Bemyamin in Yalkut Moshiach: Bamidbar Naso Behaalotcha, p. 470-472
게불 벤야민은 이탈리아에서 유대교 영성을 이끌었던 랍비 중 한 사람이었던 벤야민 벤 엘리에젤이 쓴 설교집이다. 그는 많은 설교와 시를 남긴 영성가였다.

랍비 시므온이 말하길, '거룩하신 분, 그분은 송축받으소서'께서 이스라엘 백성에게 땅에서 성막을 설치하라고 말씀하셨을 때, 그분은 섬기는 천사들에게 하늘 성소도 설치할 것을 암시하셨다. 땅에 있는 자들이 성막에 모였을 때, 하늘에 높은 곳에 있는 자들도 하늘 성막에 모였다. 하늘의 성막은 '젊은이'의 성막이라 불렸는데 그 젊은이의 이름은 '메타트론'이라 불렸다. 그곳 하늘에서 메타트론은 이스라엘 백성의 포로기간 중 의로운 자들의 영혼을 대속하는 하늘의 제사를 올려드렸다(민수기 랍바 12:12).

이 짧고도 신비한 글에 따르면 하늘 성소에서 일어나는 의로운 자들을 위한 희생제사를 이끄는 하늘의 제사장들 중에 천사들의 대표, 메타트론이라는 존재가 있고 그는 '젊은이' 또는 '소년'이라고 불렸다고도 한다. 메타트론은 또한 얼굴(임재)의 천사라고 불렸다고 하며 그는 하늘 성소에서 제사장의 역할을 감당했다고 한다. 왜 미드라쉬에서는 젊은이라고 불리며, 임재의 천사라고 불린 메타트론을 언급하고 있는 것일까?

미쉬나의 이러한 정보들은 에녹의 문헌에서 영향을 받아 기록된 것이다. 에녹3서에서는 이것에 대해 명확한 정보를 제공한다. 에녹은 하늘로 완전 승천한 후 메타트론이라는 이름을 받았고, 에녹은 오래 전부터 이미 천상에 존재하던 천사들에 비하면 그 천상의 세계에 이제 막 들어온 자였기에 '젊은이' 또는 '소년'이라 애칭으로 불렸으며, 그는 하나님의 보좌 가장 가까이에서 하나님의 얼굴을 늘 대면하는 특권을 가진 모든 천사들 보다도 가장 높은 자로서 임재(얼굴)의 왕자가 되었다.

땅에 어떤 것이 있으면 하늘에도 그것에 상응하는 어떤 것이 있다. 하늘에 어떤 것이 있기에 땅에도 그에 상응하는 어떤 것이 존재한다. 하늘에 예루살렘이 있고 땅에 그 짝이 되는 예루살렘이 있다. 땅에서 제사가 진행될 때 하늘에서도 제사가 진행된다. 땅에서 섬기며 중보하는 제사장들이 있다면 하늘에서도 섬기며 중보하는 제사장들이 있다. 땅의 대제사장이 있고 하늘의 대제사장이 있다. 땅에 어떤 국가와 왕이 존재하는 것은 곧 하늘에도 그 국가를 담당하는 존재가 있다는 의미이다. 예수님이 땅에 계셨을 때 예수님의 영은 땅에도 있었지만 예수님의 영은 또한 하늘에도 있었다. 하늘에 있는데 아직 땅에 존재하지 않는 것은 있다. 땅에 있는데 하늘에 없는 것은 없다. 하늘에 이미 있던 דבר(다바르: 말, 일, 사물, 존재)가 땅에도 있게 되는 것이다. 땅에서 그 (다바르: 말, 일, 사물, 존재)가 어떻게 되느냐에 따라서 하늘도 영향을 받으며 바뀐다.

> 너희 생명이 그리스도와 함께 하나님 안에 감추어졌음이라 우리 생명이신 그리스도께서
> 나타나실 그때에 너희도 그와 함께 영광 중에 나타나리라 (골3:3b-4)
> 아버지의 뜻이 하늘에서 이루어진 것 같이 땅에서도 이루어지게 하소서 (마6:10)
> 하나님의 계획은, 때가 차면, 하늘과 땅에 있는 모든 것을 그리스도 안에서 그분을 머리로
> 하여 통일시키는 것입니다 (엡1:10)

DAY 5 민 10:11-36

그 삼 일 길에 앞서 가며

성막이 완공되고 광야에서의 첫 번째 유월절을 지내고, 두 번째 유월절까지 지난 다음 이야르 월 20일에 여호와의 구름이 성막에서 떠올랐습니다(민10:11). 구름이 성막에서 떠오를 때 이스라엘은 하나님이 모세에게 명령하신 대로 행진하기 시작했습니다. 성막의 동쪽 진영에 있는 유다, 잇사갈, 스불론 지파가 먼저 출발하고 성막을 걷으면서 레위 지파의 게르손과 므라리 자손들이 그 뒤를 따랐습니다. 두 번째로 남쪽 진영의 지파들인 르우벤, 시므온, 갓 지파가 행진하였고 레위 지파의 고핫 자손들이 성물을 메고 그 위를 따랐습니다. 그 뒤를 서쪽 진영의 지파인 에브라임, 므낫세, 베냐민 지파가 따랐고, 이어서 북쪽 진영의 지파인 단, 아셀, 납달리 자손이 따랐습니다. 하나님이 정해주신 질서에 따라 여호와의 영광의 구름과 함께 이스라엘 군대가 움직였습니다.

모세의 장인인 르우엘의 아들 호밥은 이스라엘 백성이 광야에서 어디에 진을 쳐야 할지를 잘 알았던 광야 지리와 광야 생활의 전문가였습니다. 그래서 모세는 호밥에게 동행을 요청하지만 호밥은 자신의 고향과 친족에게로 돌아갑니다. 모세는 호밥이 자신들의 눈이 되어 줄 것이라 믿고 두 번이나 요청하였지만 하나님은 광야의 여정에서 친히 자신의 백성을 구름 기둥으로 인도하심으로 이스라엘 백성이 광야에서 하나님만을 의지하게 하십니다. 어떤 인간의 개입도 허락하지 않으십니다. 우리의 눈에 볼 때 탁월하고 인정받을 만한 것을 의지하지 않게 하시고 전적으로 하나님을 의지하게 하심을 훈련하시는 이유는 사람의 개입으로 하나님의 계획이 성취되는 것이 방해받지 않게 하기 위해서입니다. 하나님은 약속의 땅 가나안으로 가는 여정을 인도하는 일에 어떤 사람도 개입되지 않게 하시고 오직 하나님만 의지하며 따라가게 하셨습니다. 하나님만 인도하실 수 있는 그 자리에 어떤 사람도 끼어들지 않도록 안배하셨습니다. 우리는 탁월하다고 인정할 수 있는 어떤 사람이 안내해주고 정보를 주면 그들이 우리의 눈이 되어줄 수 있다고 생각하며 의지하고 싶어 할 때가 있습니다. 그러나 그 사람이 있는 것이 오히려 방해가 될 수 있습니다. 전적으로 하나님만이 하셔야 할 자리에 의지할 사람을 두려고 할 때 우리는 하나님의 인도하심을 놓칠 수 있습니다.

이스라엘 백성의 그 많은 인원이 움직이며 진을 쳐야 할 장소를 찾는 것이 쉽지 않은 일이겠지만 이스라엘 백성들이 머물며 진 칠 장소를 찾기 위해 여호와의 언약궤는 이스라엘 백성보다 삼 일 길에 앞서 가시며 쉴 곳을 찾으심으로 친히 그들의 눈이 되어 주셨습니다(민10:33). 삼 일 길은 부활을 상징하며 쉴 곳은 영원한 안식, 메시아닉 킹덤을 상징합니다. 이스라엘 백성은 삼 일 길 먼저 나아가시는 여호와의 언약궤를 통해 부활을 기다리는 시간을, 또 언약궤가 쉴 곳을 찾으셨을 때 그곳에서 하나님이 준비해두신 쉼을 누리며 하나님의 킹덤을 맛보았습니다. 이스라엘 백성은 광야 생활 중에 끊임없이 부활과 안식을 연습하고, 맛보고, 누렸습니다.

영광의 구름은 그들이 언제 움직여야 할지를 알려주었습니다. 하나님은 모든 순간 이스라엘 백성과 함께 하시며 동행하셨습니다. 눈에 보기에 좋은 탁월함과 사람에게 안정감을 두려는 것을 제거하고 하나님께 모든 것을 맡겨드리고 완전한 신뢰를 둘 때 우리는 하나님과의 동행을 경험할 수 있습니다. 모세는 하나님과 늘 대면하며 그 누구보다 하나님을 잘 알고 하나님을 의지하는 자였지만 탁월한 자의 도움으로 약속의 땅까지 더 잘 가고 싶었을 것입니다. 그래서 하나님의 자리에 사람을 의지하여 세우려 했지만 하나님은 모든 영역에서 이스라엘이 하나님만 의지하길 원하셨습니다.

우리 안에 하나님의 자리를 대신해 들어와 있고 의지하고 있는 것은 무엇이 있습니까? 약속의 땅에 들어가기까지 우리가 의지할 분은 하나님 한 분이십니다. 마지막 때가 가까울수록 하나님은 더욱 하나님이 있어야 할 자리를 차지하고 있는 것들을 다 흔들어 빼시고 하나님만 의지하게 하실 것입니다. 눈에 보이지 않고 느껴지지 않더라도 하나님은 그분의 역사를 멈추지 않으십니다. 우리가 하나님을 그러한 믿음으로 전적으로 신뢰할 때 하나님은 우리의 길에 빛이요, 우리의 발에 등이 되어 주실 것입니다. 친히 그 언약궤가 앞서 가시며 우리의 쉴 곳을 찾아 주시며 우리의 눈이 되어 주실 것입니다.

6천 년 후 먼 미래의 마지막 때와 가까운 미래에 있을 홍수 심판을 통해 그 시대의 종말을 바라보며 종말 신앙으로 살았던 에녹이나, 홍수 직전의 마지막 때를 살아갔던 노아는 모두 하나님과 동행한 사람들이었습니다. 하나님과의 동행은 마지막 때를 살아가고 있는 우리에게 가장 큰 안전과 보호와 인도하심입니다. 하나님은 자기를 완전히 신뢰하여 모든 것을 맡긴 자들을 여호수아를 앞세워서 에덴-동산의 중앙으로 이끌고 들어가셨듯이 마지막 때에 예슈아께서 앞장서서 우리를 이끌고 에덴-동산의 중앙으로 들어가셔서 예루살렘을 중심으로 온 열방을 공평과 정의로 통치하는 천년왕국 시대를 시작하실 것입니다.

DAY 6 민 11:1-30

올라감과 끌어내림, 진정한 중보

이스라엘 백성은 더 이상 이집트의 노예가 아닌 하나님의 킹덤의 군대로서 질서 정연한 군대행진 조직으로 재정비되었습니다. 성막에 거하시는 하나님의 영광과 임재의 인도함을 받으며 당당하게 행진함으로 약속의 땅을 향한 힘찬 여정을 시작하였습니다. 그러나 광야 여정이 시작된 지 얼마 지나지 않아 이들의 노예근성이 다시 드러나기 시작합니다. 그들의 입에서는 쉽게 하나님을 원망하는 말이 나왔고 하나님의 영광과 임재 안에서 거룩함을 따르지 않고 육신을 따라 불평하기 시작했습니다. 불평하는 그들을 향해 하나님은 진영 끝에 불을 보내심으로 그들에게 경고하셨습니다(민11:1, 다베라).

모세의 중보로 이스라엘 백성은 큰 심판을 면했지만 이스라엘 중에 섞여 사는 무리가 탐욕을 품고 이스라엘 백성들을 부추겨 '누가 우리에게 고기를 주어 먹게 할까'라고 하며 고기를 못먹는 것을 원망하게 하였습니다(민11:4). 백성들은 울며 파라오의 채찍 아래서 먹었던 생선과 오이와 참외, 부추, 파와 마늘을 그리워하며 하나님이 값없이 주신 구원과 자유를 하찮은 것으로 여기고 하늘에서 내려주시는 기적의 만나를 무시하였습니다(민11:6). 자신들에게 주어진 삶을 개척하며 나아가는 자유보다 억압이 있더라도 육신의 정욕을 채워주는 이집트의 삶을 그리워하는 노예근성이 이들을 사로잡았습니다.

우리가 하나님의 영광과 임재를 경험하며 영적으로 고양될 때 사탄은 어김없이 우리를 건드리며 하나님 보좌를 향하여 올라가지 못하도록 발목을 잡으려고 합니다. 그런데 우리의 발목을 잡는 것은 외부에 있지 않고 우리 안에 있는데 그것은 우리 안에 숨겨진 죄의 본성입니다. 이 죄의 본성은 하나님을 경험하고도 하나님을 의심하고 권위에 도전하게 하며 세상을 사랑하는 마음을 부채질하여 급속도로 하나님으로부터 돌아서게 합니다. 우리 안에 숨겨져 있는 죄의 본성에는 원망, 불평, 탐욕, 거역이 숨겨져 있으며 이런 것들은 우리가 하나님을 향해 영적으로 더 올라가려고 할 때 우리를 끌어내립니다.

그런데 더 문제가 되는 것은 이런 본성이 드러날 때 우리가 그것에 반응하고 동의해 주며 힘을 실어 주는 것입니다. 그래서 바로 조금 전에 경험했던 하나님의 영광과 임재를 까맣게 잊어버리고 언제 그랬냐는듯이 불평하고 원망의 말을 하며 하나님이 계시지 않은 것처럼 행동합니다. 그래서 영광과 임재가 충만할 때 우리는 자신을 더 깊이 살펴보고 낮아지고 엎드려야 합니다.

하나님이 약속하신 땅보다 이집트를 더 그리워하며 그곳에서 소망을 찾으려는 이들의 어리석음과 육신의 정욕은 하나님을 진노하게 하였고 모세를 괴롭게 하였습니다. 모세는 이렇게 쉽게 불평하고 원망하며 하나님을 바라보지 않고 이집트의 삶을 그리워하는 이들을 데리고 어떻게 약속의 땅까지 가야할지 막막함과 무거움을 느꼈습니다. 차라리 자기를 죽여주시는 것이 은혜를 베푸시는 일이라 말하며 죽을 것 같이 괴로운 심정을 하나님께 호소했습니다(민11:15). 하나님은 모세가 혼자 감당하기에 너무 벅찬 것을 보시고 함께 할 70명의 장로와 지도자들을 세우게 하셨고 그들에게 모세에게 부어주신 영을 부어주셨습니다.

하나님의 영이 부어진 70명의 장로는 이스라엘을 다스리는 첫 산헤드린이 됩니다. 하나님은 그들에게도 모세에게 부어주셨던 영을 부어주심으로 모세의 권위가 그들에게도 나누어지고 이양되게 하셨습니다. 하나님의 영이 부어지는 것은 기름 부음을 받은 것과 같은 것이고, 이것은 곧 하늘의 권위가 주어졌음을 의미합니다. 모세는 자신의 권위가 다른 사람에게도 나눠지길 원했고, 마찬가지로 예수님도 자신의 권위를 제자들에게 이양하셨습니다. 하나님의 권위는 독재하는 것이 아니라 나누는 것입니다. 하나님의 권위는 한 곳에 머물지 않고 흐르는 것입니다. 권위가 흘러서 더 많은 사람들이 하나님의 거룩한 영으로 땅을 다스리고, 사람들을 섬기게 하는 것이 하나님의 뜻입니다.

이들에게 하나님의 영이 부어질 때 진 중에 있던 엘닷과 메닷이라는 사람에게도 영이 부어져 예언을 하게 됩니다. 택함 받은 자 중의 하나였던 여호수아는 모세를 향하여 그들의 예언이 멈춰질 것을 요청하지만 모세는 오히려 하나님의 영이 모든 백성에게 부어져 다 선지자가 되었으면 좋겠다고 말합니다. 하나님의 영광과 임재가 눈 앞에 보여서 인도함을 받고 있어도 그것을 의심하는 백성들과 그들의 고쳐지지 못하는 노예근성이 하나님의 거룩한 영에 의해 고쳐지고 새롭게 되어 모두가 하나님의 선한 계획을 볼 수 있길 모세는 소망했습니다.

모세는 하나님이 계획하신 대로 이스라엘 백성이 하나님의 거룩한 백성이 되고 하나님의 킹덤을 이루는 제사장 나라가 되길 소망함으로 백성이 잘못할 때마다 하나님께 나아가 간절히 중보하였습니다. 만약 모세가 하나님을 바라보지 않고 자신을 향해 끊임없이 도전해 오는 이스라엘 백성에게 더 집중했다면 그들의 패역함에 대한 정죄와 비판이 앞서 그들을 비난하며 싸우다가 이 여정을 끝까지 할 수 없었을 것입니다. 또한 백성들이 자신의 지도력을 거역할 때마다 자신의 상한 마음에 집중했다면 그는 하나님과 백성 사이의 중재자가 될 수 없었을 것입니다. 그는 도전과 공격에 직면할 때마다 엎드렸고 하나님께 자신의 마음을 올려드렸으며 하나님께 집중하였습니다. 하나님이 진노하시어 백성을 진멸하려고 하실 때는 하나님의 계획과 약속을 상기시켜 드릴 정도로 모세는 하나님의 마음에 집중되어 있었고 하나님의 입장에 서있었습니다. 하나님의 마음에 집중되어 있을 때 우리는 진정한 중보를 올려드릴 수 있습니다.

세상의 악함과 사람들의 반응에 집중하면 우리는 상한 감정에 집중된 호소만 하거나 심판만을 부르짖는 기도를 하면서 자신이 의로운 자인 것 같은 착각에 빠질 것입니다. 그리고 어느 순간 자신의 아젠다가 하나님의 계획인 것처럼 바꾸어서 자신의 뜻대로 기도가 이뤄지지 않으면 똑같이 하나님을 원망하는 사람이 될 것입니다. 진정한 중보는 하나님의 마음에 집중하는 것이며 하나님의 입장에 서는 것입니다. 그리고 엎드리는 것입니다. 심판을 부르짖는 것이 아니라 자비와 긍휼을 구하는 것입니다.

우리는 영광과 임재로 이끄시는 하나님의 보좌를 향해 더 올라가기를 사모하고 이것을 끌어내리려는 죄성을 철저히 다루기 위해 더 엎드리는 자가 되어야 합니다. 엎드리고 자신을 하나님 앞에서 낮추는 사람은 하나님의 마음을 읽을 수 있을 것이고 하나님의 입장에서 하나님의 의중을 아는 사람은 하나님의 뜻을 이루는 중보를 올려드릴 것입니다.

DAY 7 민 11:31-12:16

영적 교만과 온유한 지도력

민수기 12장에서 모세가 구스 여인을 취하여 아론과 미리암이 모세를 비방한 사건은 11장에 70인의 장로들을 세워 그들에게 하나님의 영이 임한 사건 후에 일어났습니다. 아론과 미리암은 '여호와께서 모세와만 말씀하셨냐, 우리와도 말씀하지 아니하셨느냐(민12:2)'

라며 모세의 권위에 도전하고 모세를 비방합니다. 이 사건은 모세가 권위에 대해 욕심을 가지지 않고 자신의 역할이라도 더 탁월한 사람이 있다면 그 사람을 세우고자 하면서 '다 하나님의 영을 받아 선지자 되기 원한다(민11:29)'라고 말한 태도와 대조되는 욕심과 욕망의 모습이었습니다. 모세는 온유함이 지면의 모든 사람보다 더한 사람일 뿐만 아니라 남의 말을 잘 들어주는 사람이었습니다. 장인의 말도 잘 들었고 백성들의 갖은 원망에도 일단 들어주었으며 하나님 앞에 엎드렸습니다. 그런 모세를 위해 하나님께서는 늘 모세 대신 나서 주셨습니다.

미리암과 아론은 모세가 구스 여자를 취한 것에 대해 비방했습니다. '비방하다'로 번역된 히브리어 원어 다바르דבר는 '말하다, 선포하다'는 의미입니다. 미리암과 아론은 모세가 구스 여자를 취한 것에 대해 어떤 의견을 말했던 것 같습니다. 만약 모세가 잘못한 것이었다면 그들은 대제사장과 여선지자로서 모세를 향해 그들의 의견을 충분히 말할 수 있습니다. 문제는 모세가 잘못한 것을 바로잡아주기 위한 권면이 아닌 그들의 판단하는 태도에 있었습니다. 그들의 판단은 영적 교만으로부터 비롯되었습니다.

그들이 이르되 여호와께서 모세와만 말씀하셨느냐
우리와도 말씀하지 아니하셨느냐 하매 여호와께서 이 말을 들으셨더라(민12:2)

모세를 향해 말하는 그들의 마음에는 모세의 영적 권위를 질투하는 마음이 있었고 자신들의 영적 권위에 대한 교만도 포함되어 있었습니다. 미리암은 여선지자로서, 아론은 대제사장으로서 백성들에게 영향력을 가진 자들이었습니다. 그들의 영적 권위는 이미 대단한 것이었습니다. 그럼에도 그들은 모세의 영적 권위와 자신들의 권위를 비교하였습니다. 하나님이 모세와만 이야기하신 게 아니라 자신들과도 이야기했다고 말하며 모세를 향한 판단과 비난이 무리한 것이 아니라 합당한 것이라고 합리화하였습니다. 자신을 향해 판단과 비난의 목소리를 높이는 형과 누나 앞에서 온유한 모세는 함께 목소리를 높여 변명도 대항도 하지 않았습니다. 모세는 백성들의 원망과 불평 앞에서는 엎드리고 형과 누나이지만 동시에 대제사장과 여선지자였던 아론과 미리암의 비난 앞에서는 침묵합니다. 자신을 향해 공격하는 자들 앞에서 모세가 발휘한 지도력은 온유함이었습니다. 그런 모세를 잘 아시는 하나님은 직접 나서서 세 사람을 회막으로 부르고 구름 기둥 가운데 내려오셔서 장막 문에 서셔서 이 상황을 직접 정리해 주셨습니다.

누구보다도 온유하고 충성스러운 '내 종 모세'를 직접 보호하고 변호하시며, 다른 그 누구와 같지 않고 하나님과 대면하여 말할 뿐 아니라 하나님의 형상을 보았던 모세를 향해 영적인 질투와 교만을 가지고 서슴없이 비난한 미리암과 아론에게 하나님은 진노하심으로 그들을 꾸짖으셨고 구름과 함께 떠나 올라가시자마자 미리암에게 문둥병이 발병하였습니다. 모세의 부르짖음으로 하나님은 미리암에게 7일 간의 격리 시간을 통해 회개의 시간을 보낸 후 다시 진영으로 돌아올 수 있도록 허락하셨습니다.

지도자는 사람들 앞에 노출되어 있는 사람이기에 더 많은 시선과 집중을 받습니다. 그 시선과 집중은 칭찬과 격려일 때도 있지만 많은 경우 판단과 비난으로 채워져 있습니다. 사람들은 지도자에게 허락하신 하나님의 권위를 보지 못한 채 자신들의 의견을 이야기한다며 이런 저런 말들을 하고 또 그것이 합리적인 이유와 근거가 있다고 생각하지만 실은 잘 되지 않는 것에 대해 누군가에게 책임을 지워서 자신들의 상황을 떠맡기려는 비겁함일 때가 많습니다. 또는 자신이 더 낫다는 것을 드러내 보이고 싶어하는 교만이거나, 은근히 권위에 도전하여 지도자의 권위를 깎아내리려는 거역과 반항이기도 합니다. 그럼에도 인도함을 받는 자들(회중)의 비난은 지도자를 더 앞으로 나아가게 하기도 하고 책임을 다할 수 있도록 하기도 합니다. 하지만 괴로운 것은 같은 동역자의 비난입니다. 함께 일하는 관계 속에서 조금 더 뛰어난 자를 향한 시기와 질투는 작은 흠집을 부풀려서 큰 잘못을 한 것처럼 떠벌리거나 거짓말까지 보탬으로써 그 사람의 권위를 실추시키려는 악함으로 발전합니다.

원망, 불평, 비난 앞에서 모세가 보여주는 반응은 엎드림과 온유함이었습니다. 이것은 쉽지 않은 반응입니다. 철저히 자기 자신이 죽어지지 않으면 억울함과 깊은 상처가 또 다른 어둠을 만들어 하나님으로부터 멀리 떨어지게 하기 때문입니다. 지도자가 하나님으로부터 멀어지면 아무것도 할 수 없습니다. 지도자가 자기가 해야 할 일을 하지 못하면 결국 그 피해는 원망과 불평과 비난하는 자들에게 돌아가게 됩니다. 하나님으로부터 기름 부음 받은 영적 권위자를 향한 비판과 비난은 지도자를 묶을 뿐 아니라 비난하는 자에게 그 악함이 돌아갈 뿐입니다. 또한 비판과 비난의 대부분의 동기는 교만이기에 우리는 어떤 지도자에 대해 판단하기에 앞서 늘 자신을 먼저 살펴보아야 합니다. 그리고 사랑이 동기가 되지 않은 말은 입 밖으로 내서는 안 됩니다. 하나님께 기름 부음 받은 지도자는 하나님이 이 땅에 하나님을 대신해서 세운 사람이기에 우리는 그 기름 부음 받은 지도자를 세우신 하나님을 두려워해야 하며 지도자의 권위를 존중하는 것이 하나님의 권위를 인정하는 것임을 알아야 합니다.

자신을 비난하는 미리암과 아론을 위해 중보한 모세처럼 스가랴 선지자는 더럽혀진 옷을 입고 있으며 사탄의 참소와 대적을 받고 있는 대제사장 여호수아를 위해 하나님께 중보합니다. 예루살렘을 택하시고 예루살렘의 회복을 위하여 방해하는 사탄을 책망하시고 하나님은 사탄의 참소와 대적을 받고 있는 더러운 옷을 입은 여호수아를 보고 천사들에게 명하셔서 그 더러운 옷을 벗기게 하시고 '내가 네 죄과를 제하여 버렸으니 네게 아름다운 옷을 입히리라'고 하실 때(슥3:2-4) 그 옆에 서 있던 스가랴는 대제사장 여호수아에게 정결한 관을 씌워 달라고 중보하며 요청합니다(슥3:5). 관은 머리에 씌워지는 것으로 권위를 상징하며 옷은 새로운 정체성을 상징합니다. 스가랴의 중보는 대제사장 여호수아에게 새로운 권위를 세워주시도록 요청함으로써 그를 통해 이스라엘의 성전이 다시 세워질 수 있도록 한 중보였습니다. 스가랴의 시기적절한 중보는 대제사장 여호수아를 격려하고 다시 세움 받게 하였습니다.

　　기름 부음 받은 지도자들은 늘 비방과 참소에 직면해 있습니다. 더러워진 여호수아의 옷처럼 비방과 참소로 얼룩진 자신의 모습을 보며 지도자는 스스로를 정죄하고 힘들어하기를 반복합니다. 그런데 하나님은 자신의 기름 부음 받은 지도자를 위해 직접 나서십니다. 아무리 부족한 지도자라도 하나님이 기름 부으신 자들을 하나님은 놓지 않으십니다. 그래서 미리암에게도 다시 기회를 허락하신 것입니다. 우리는 기름 부음 받은 지도자들을 하나님의 마음으로 바라보아야 합니다. 그들의 더러워진 옷을 볼 때 그 더러운 옷을 벗겨 달라고, 그들이 죄를 뉘우치고 회개함으로 그들의 죄악이 제거되게 해달라고, 새로운 옷으로 바꿔 입혀 달라고, 정결한 관을 그 머리에 씌워 주셔서 새로운 권위를 더해 달라고 스가랴처럼 중보할 수 있어야 합니다. 기름 부음 받은 지도자를 향한 중보는 곧 나 자신을 향한 중보와도 같습니다. 하나님은 스스로 아니라고 하시기 전까지는 기름 부음 받은 지도자를 사용하십니다. 하나님이 세우시고 하나님이 폐하십니다. 기름 부음 받은 지도자에 대한 모든 주권은 하나님께 있습니다. 지도자를 세우고 폐하려는 모든 판단은 하나님의 주권을 침범하는 교만입니다. 직접 세우신 지도자를 폐하시기 전까지는 지도자를 위해 중보하는 것이 하나님의 주권을 인정하고 신뢰하는 것입니다. 하나님은 반드시 때가 되면 모든 것에 합당한 상과 벌을 허락하십니다.

하프타라 슥 2:10-4:7 / 브리트 하다샤 계 11:1-19 / 마 14:14-21

등잔대(메노라מְנוֹרָה) 와 두 감람나무, 두 증인

스가랴는 환상 가운데 순금 등잔대와 등잔대 위의 기름 그릇 위에 놓인 일곱 등잔을 봅니다. 각 등잔에는 금빛 기름의 공급을 위한 일곱 관이 있고 등잔대 곁에는 두 감람나무가 놓여있습니다. 등잔대의 일곱 등잔은 하나님의 일곱 영을 상징하며 이 일곱 영은 온 세상을 두루 감찰하시는 하나님의 눈입니다. 이 등잔대를 옆에서 감싸고 일곱 관을 통해서 일곱 등잔대에 기름을 공급하고 있는 것이 두 감람나무입니다. 스가랴는 환상에서 하나님의 눈이 온 이스라엘을 두루 감찰하시며 보호하고 있음을 듣습니다. 그리고 여호와의 성전을 세우는 일이 멈춰졌지만 다시 시작되어 마무리가 될 것이며 이는 힘이나 능력이 아닌 하나님의 영으로 된다는 하나님의 선포를 듣게 됩니다(슥4:6). 하나님이 세우신 두 사람 스룹바벨과 여호수아를 통해 이 일을 이루실 것이며 이들을 통해 성전과 함께 이스라엘을 다시 세우실 하나님의 계획을 보여줍니다.

스가랴의 환상에서 두 감람나무는 기름 부음 받은 자인 여호수아와 스룹바벨을 의미하며 각각 제사장권과 왕권을 가진 자를 대표합니다. 이 두 사람은 성전이 완성된 후 성소 안의 메노라에 기름을 공급하여 등불을 켜서 올라가게 함으로써 성전의 기능을 활성화시키는 역할을 행할 것을 보여줍니다. 천사는 친절하게 두 감람나무인 그 두 사람은 기름 부음 받은 자 둘이며 온 땅을 다스리시는 주님 곁에 서서 주님을 섬기는 자라고 가르쳐 주고 있습니다(슥4:14).

스가랴의 두 감람나무 환상은 요한계시록 11장의 두 증인을 이해하도록 돕습니다. 두 증인은 하나님의 성에 남은 자들을 깨우치고 돌아오게 하기 위해 세워집니다. 요한계시록은 두 증인이 두 감람나무이며 두 촛대라고 말합니다(계11:4). 하나님은 두 증인을 통해 하나님의 기적과 표적을 땅에 행하시지만 결국 이들은 짐승으로 상징되는 세상 연합 정부의 권력에 의해 죽임을 당하고 맙니다. 그러나 삼일 반 후에 두 증인이 부활하면서 온 세상이 그들의 부활을 지켜보게 되고 성에는 지진이 나서 성 십분의 일이 무너지면서 7천 명이 죽게 되고 남은 자들은 영광을 하나님께 돌리게 됩니다. 남은 자들이 하나님을 알 수 있도록 하나님은 두 증인이 죽는 것을 허락하시고 그들의 부활을 보게 하시면서까지 끝까지 기회를 주십니다. 구원의 기회는 최후의 순간까지 주어져 있고 하나님이 이 땅에 기름 부음 받은 자들을 세우시는 이유도 그들을 통해 구원의 기회를 주기 위해서입니다.

등잔대의 불이 켜지면서(베하알로트카ְּהַעֲלֹתְךָ) 성소 안에 하나님의 빛이 거함으로 하나님의 일곱 눈인 하나님의 일곱 영이 이스라엘 백성과 함께 하셨습니다. 스룹바벨과 여호수아가 무너졌던 성전을 다시 세우도록 하나님은 스가랴에게 등잔대의 환상을 보여주시면서 하나님의 일곱 영이 온 이스라엘을 살펴보시면서 함께 하고 있음을, 그리고 힘과 능이 아닌 그 일곱 영으로 성전이 세워질 것임을 말씀하셨습니다. 그런데 등잔대의 불이 항상 켜지기 위해서는 대제사장의 직무가 필요하였고 등잔대의 기름을 공급하기 위해서는 왕의 직무가 필요하였습니다. 두 감람 나무 즉, 기름 부음 받은 자들의 역할이 필요하였습니다.

예슈아를 믿고 성령으로 거듭난 많은 자들이 그들이 사람 성전임에도 불구하고 성전의 기능이 마비되어 문이 닫히고 기름 공급이 끊어져 불이 꺼지면서 비활성화되었습니다. 사람 성전인 그들이 활성화가 되도록 기름을 공급하고 그들 마음의 성소에 있는 메노라에 불을 밝혀주는 일을 기름 부은 받은 자들이 해야 합니다. 이 마지막 때에 그들이 깨어 있을 수 있도록, 그들 마음의 제단에 불이 활활 타오르도록, 그들이 다시 오실 신랑을 맞이할 수 있도록 기름 부음 받은 자들이 나팔을 불어 외치고 기름을 공급해 주어야 합니다. 나팔절에 불어지게 될 마지막 나팔 소리를 들을 수 있도록, 일곱 번째 나팔 소리를 듣고 첫째 부활에 참여하여 휴거 되어 공중에서 그리스도를 만나도록, 그 나팔 소리를 듣고 그곳에 다 소집되도록, 그리고 대속죄일에 불려지는 100번의 나팔 소리와 함께 공중에서 메시아께서 좌정하실 예루살렘의 보좌로 메시아를 모시고 행진하도록, 승리의 나팔, 희락의 나팔, 희년의 나팔을 들고 영원한 즐거움에 참여하도록 기름 부음 받은 자들이 사람 성전들을 깨우고 성전으로서의 기능이 활성화되도록 도와야 합니다.

하나님의 나팔 소리에 따라 하나님의 백성들이 움직입니다. 땅에 속한 자들은 계속해서 교회와 이스라엘을 대적하고 전쟁하고 핍박하겠지만 옛적에도 계셨고 지금도 계신 주 하나님 곧 전능하신 이께서 이제 곧 오셔서 친히 큰 권능을 잡으시고 왕 노릇 하실 것입니다. 하나님께서 이방 나라들의 분노와 헛된 경영에 진노를 내리시고 그들을 심판하시며 무저갱으로 던져 넣으실 것입니다. 그리고 종 선지자들과 성도들과 또 작은 자든지 큰 자든지 주의 이름을 경외하는 자들에게는 상급을 주시며 또 땅을 망하게 하는 자들을 멸망시키실 것입니다.

옛적에도 계셨고 지금도 계신 주 하나님 곧 전능하신 이여
친히 큰 권능을 잡으시고 왕 노릇 하시도다
이방들이 분노하매 주의 진노가 내려 죽은 자를 심판하시며
종 선지자들과 성도들과 또 작은 자든지 큰 자든지
주의 이름을 경외하는 자들에게 상 주시며
또 땅을 망하게 하는 자들을 멸망시키실 때로소이다(계11:17-18)

우리는 두려움 없이 끝까지 싸워 견디며 깨어 있어서 마지막 나팔 소리에 귀 기울이고 있으면 지극히 높으신 이의 성도들이 그 나라를 영원히 얻게 될 것입니다. 우리는 약속의 땅 곧 에덴-동산으로 재입장 하기 위한 행진을 하게 될 것입니다. 그리고 회복된 에덴-동산의 중앙에서 제사장으로서 주님을 섬기며 왕으로서 주님과 함께 이 땅을 다스리게 될 것입니다.

그들이 새 노래를 불러 이르되 두루마리를 가지시고
그 인봉을 떼기에 합당하시도다
일찍이 죽임을 당하사 각 족속과 방언과 백성과 나라 가운데에서
사람들을 피로 사서 하나님께 드리시고
그들로 우리 하나님 앞에서 나라와 제사장들을 삼으셨으니
그들이 땅에서 왕 노릇 하리로다 하더라(계5:9-10).

베하알로트카 주간의 말씀

1. 등잔에서 켜지는 빛은 거룩한 영에 의해 조명되는 계시의 빛을 의미합니다. 등잔대(메노라)의 일곱 개의 불이 의미하는 성령의 빛이 성소 전체를 비추게 하는 것은 우리 내면의 성전이 항상 성령으로 조명되어야 함을 의미합니다. 또한 동시에 그 빛이 맞은편의 말씀의 떡상을 비추도록 하신 것은 하나님의 말씀은 항상 거룩한 영의 빛 가운데서 조명되어지고 계시되어짐을 의미합니다.

2. 하나님의 눈은 온 세상을 다니며 두루 살펴보십니다. 우리의 속사람의 성전에 항상 성령의 빛이 거하시면 그 빛에 의해 우리는 계시를 받고 하나님의 눈으로 세상을 보게 됩니다. 성령의 빛은 우리의 영을 활성화시켜서 하나님과 하나되게 합니다.

3. 빛으로 모든 생명의 시작인 장자를 대신해 구별된 레위인의 삶은 자신의 개인적인 욕구와 만족을 채우는 것이 없는 삶이었지만 그만큼 하나님의 영광과 임재를 누리는 삶이기도 했습니다. 세상의 빛으로 부름받은 그리스도인들의 삶이 레위인의 삶과 같을수록 더 많은 사람들을 비추고 그들을 더러운 것에서 끌어내며 치유하게 할 것입니다.

4. 나팔은 하나님의 백성을 깨우는 소리이며, 하나님의 군대를 소집하여 행진하게 하는 소리이고, 전쟁의 날을 알리는 소리입니다. 전쟁의 날에 큰 나팔 소리가 울릴 때 하나님은 그 소리를 들으시고 자기 백성들을 구원하여 대적에게서 구원하시겠다고 하셨습니다 (민10:9). 그러므로 나팔 소리는 하나님이 그 백성을 향하여 일어나게 하는 소리입니다. 또한 나팔 소리는 하나님이 정하신 모든 약속된 시간을 알리는 소리입니다.

5. 우리 안에 하나님의 자리를 대신해서 들어와 있고 의지하고 있는 것은 무엇이 있습니까? 약속의 땅에 들어가기까지 우리가 의지할 분은 하나님 한 분이십니다. 마지막 때가 가까울 수록 하나님은 더욱 하나님이 있어야 할 자리를 차지하고 있는 것들을 다 흔들어 빼시고 하나님만 의지하게 하실 것입니다.

6. 하나님과의 동행은 마지막 때를 살아가고 있는 우리에게 가장 큰 안전과 보호와 인도하심입니다. 하나님은 자기를 완전히 신뢰하여 모든 것을 맡긴 자들을 여호수아를 앞세워서 에덴-동산의 중앙으로 이끌고 들어가셨듯이 마지막 때에 예슈아께서 앞장서서 우리를 이끌고 에덴-동산의 중앙으로 들어가셔서 예루살렘을 중심으로 온 열방을 공평과 정의로 통치하는 천년왕국 시대를 시작하실 것입니다.

7. 진정한 중보는 하나님의 마음에 집중하는 것이며 하나님의 입장에 서는 것입니다. 그리고 엎드리는 것입니다. 심판을 부르짖는 것이 아니라 자비와 긍휼을 구하는 것입니다.

8. 기름 부음 받은 지도자에 대한 모든 주권은 하나님께 있습니다. 지도자를 세우고 폐하려는 모든 판단은 하나님의 주권을 침범하는 교만입니다. 직접 세우신 지도자를 폐하시기 전까지는 지도자를 위해 중보하는 것이 하나님의 주권을 인정하고 신뢰하는 것입니다. 하나님은 반드시 때가 되면 모든 것에 합당한 상과 벌을 허락하십니다.

9. 예슈아를 믿고 성령으로 거듭난 많은 자들이 그들이 사람 성전임에도 불구하고 성전의 기능이 마비되어 문이 닫히고 기름 공급이 끊어져 불이 꺼지면서 비활성화되었습니다. 사람 성전인 그들이 활성화가 되도록 기름을 공급하고 그들 마음의 성소에 있는 메노라에 불을 밝혀주는 일을 기름 부은 받은 자들이 해야 합니다.

베하알로트카 주간의 선포

1. 성소 안의 등잔대에 항상 불이 켜져 있었던 것처럼 우리의 내면의 성소에 날마다 하나님의 거룩한 영으로 비춰주시기를 간구합니다. 성소 안의 빛이 맞은편의 말씀의 떡상을 비추게 하신 것처럼 우리가 주의 말씀을 열 때 성령의 빛으로 조명하여 주셔서 진리를 깨닫게 하소서.

2. 우리 속사람의 성전에 항상 성령의 빛이 거하게 하시고, 그 빛으로 인하여 우리의 영이 활성화되게 하소서. 그리하여 하나님과 하나되게 하시고 하나님의 눈으로 세상을 보게 하소서.

3. 마지막 때에 나팔 소리와 함께 구름타고 오실 예슈아를 기다립니다. 나팔 소리와 같이 하나님의 백성들을 깨우고 준비시키는 우리들이 되게 하소서.

4. 전적으로 하나님 한 분만 의지하게 하소서. 우리 안에 하나님의 자리를 대신 차지하고 있는 모든 것들을 제거하여 주소서. 이스라엘 백성들이 하나님의 구름 기둥, 불 기둥을 따라갔던 것처럼 우리의 삶이 전적으로 하나님만을 따라가고 하나님과 동행하게 하소서. 그것이 우리의 안전이요, 평안이요, 행복임을 믿습니다.

5. 모세처럼 하나님의 마음에 집중하고, 하나님의 입장에 서는 진정한 중보자가 되길 원합니다. 그가 하나님 앞에 자비와 긍휼을 구하여서 이스라엘을 향한 하나님의 심판을 돌이켰던 것처럼 하나님의 마음으로, 하나님의 입장으로, 하나님의 뜻을 이루는 중보자가 되길 원합니다. 그리하여 이 땅 가운데 하나님의 구원을 이루는 통로가 되게 하소서.

6. 모든 영역에서 하나님의 주권을 인정하게 하소서. 나의 소견에 옳은 대로 판단함으로 하나님의 주권을 침범하는 교만의 죄를 범하지 않도록 지켜주소서. 하나님의 계획을 신뢰하며 하나님이 세우신 지도자들을 위해 중보하는 자가 되게 하소서.

7. 우리를 하나님이 거하시는 성전으로 삼아 주셔서 감사합니다. 예슈아를 믿고 성령으로 거듭난 우리들이 하나님의 거하시는 성전으로 활성화되게 하소서. 또한 그렇지 못한 사람들에게 기름을 공급하여 그들의 성소를 밝혀 활성화시키는 자들이 되게 하소서.

37주간

שְׁלַח לְךָ

SHELACH LECHA

쉘라흐 레카
너를 위해 보내라(정탐꾼을)

파라샤 **민 13:1-15:41**
하프타라 **수 2:1-24**
브리트 하다샤 **히 3:7-4:11 / 마 10:1-14**

DAY 1 민 13:1-20

보냄 받은 자들

백성들의 원망과 불평, 미리암과 아론의 영적 교만으로 모세를 대적한 사건 이후 이스라엘 백성은 약속의 땅을 바라보며 바란 광야에 진을 치게 됩니다. 이 백성을 데리고 에덴-동산의 회복을 시작하겠다고 하신 하나님의 계획은 여전히 변함이 없었으며 하나님은 이들이 그 땅을 차지할 수 있도록 하기 위해 먼저 약속의 땅을 살펴보도록 명하셨습니다. 모세는 각 지파에서 한 사람씩 선별하여 정탐을 보냈고 선별된 자들은 모두 지휘관들이었습니다. 지휘관이라고 번역된 히브리어 나씨אישׂנָ는 '왕자, 우두머리, 대장'이라는 뜻을 가지고 있습니다. 파송된 자들은 모두 각 지파에서 가장 으뜸이었던 사람들이었습니다. 이들은 모두 각 지파의 로쉬אשׁר, 머리였다고 말합니다. 머리였다는 것은 이들이 영향력이 많은 사람들이었음을 나타내 줍니다. 에스겔서에서는 왕이신 메시아를 지칭할 때 나씨라는 단어를 사용했고, 현대 히브리어에서 나씨는 나라를 대표하는 대통령입니다. 나씨는 단순한 지도자가 아닌 한 민족, 나라, 족속을 대표하는 왕의 권위를 가진 존재입니다.

12명의 정탐꾼으로 뽑힌 사람들은 모두 각 지파에서 왕적 권위를 가진 지도자들이었습니다. 지도자들인만큼 그들의 이름에도 하나님의 계획을 성취할 목적이 담겨 있었습니다. 그들의 이름의 뜻은 다음과 같습니다.

삼무아(שׁמּוַע알려진 명성), 사밧(שׁפָט재판과 다스림), 갈렙(כָלֵב충성스러움, 개), 이갈(יִגְאָל그가 속량하리라), 호세아(הוֹשֵׁע구원), 발디(פַלְטִי나의 구출), 갓디엘(גַּדִּיאֵל하나님은 나의 행운), 갓디(גַּדִּי나의 행운), 암미엘(עַמִּיאֵל하나님의 백성), 스둘(סְתוּר숨겨진), 나비(נַחְבִּי비밀스럽게 감춰진), 그우엘(גְּאוּאֵל하나님의 높으심)

예수님은 제자들을 사도로 파송하실 때 둘씩 짝을 지어 다니게 하셨는데, 민수기에는 구체적 언급이 없지만 두 사람이 포도 열매를 가지고 왔다는 말씀과(민13:23) 갈렙과 여호수아가 함께 증언한 것으로 미루어 보아 모세도 2명씩 짝을 지어 정탐꾼을 보냈던 것으로 보입니다. 후에 여호수아는 약속의 땅을 바라보며 다시 정탐꾼을 보낼 때 2명을 보내기도 했습니다.

보냄 받은 자, 사도는 하나님이 주신 명령만을 이행할 사명이 있는 자들입니다. 하나님이 하라고 지시하신 그 일만을 해내면 사도의 역할은 충분히 해낸 것입니다. 그런데 보냄 받은 자가 보낸 이의 뜻을 따르지 않고 자신의 뜻대로 한다면 아무리 열심을 가지고 한들 그는 자신의 사명을 이행하지 못한 것입니다. 하나님이 사도를 보내시는 이유는 하나님의 킹덤을 전하고 확장하기 위해서입니다. 12명의 정탐꾼이 보내진 이유는 약속의 땅을 취하기 전 그 땅의 상태와 사는 민족들이 어떠한지를 알기 위해서였고, 예수님의 12사도가 보내진 이유는 영혼들에게 좋은 소식을 전하여 병들고 약하고 귀신에게 고통당하는 자들을 자유케 하기 위해서입니다. 모두 하나님이 약속하신 그 땅에 하나님의 킹덤을 세우기 위해서 파송된 것이었습니다. 12정탐꾼들은 그 땅을 잘 살펴보고 오면 그것으로 자신들의 사명을 다한 것이고, 12사도들은 이스라엘의 잃어버린 양들에게로 찾아가서 예수님이 전하라고 하신 메시지를 전하면 되는 것이었습니다. 하나님은 당신의 사도들을 보내실 때 명확한 비전과 사명을 전달하십니다.

오늘날 보냄 받은 자들은 전도자들과 선교사들입니다. 전도자들과 선교사들은 하나님의 나라를 전하고 확장하기 위해 하나님이 보내주신 그 땅을 험담하지 말고 사랑하고 그 땅과 그 민족을 향한 하나님의 마음을 전하며 하나님이 지시하신 그 일을 해내면 그것으로 자신의 사명을 다한 충성된 사도가 될 것입니다.

여호수아와 갈렙

여호수아는 에브라임 지파의 대표로, 갈렙은 유다 지파의 대표로 약속의 땅을 정탐할 것을 명받았습니다(민13:6,8). 그들은 각 지파의 나씨נשיא(왕자, 지도자, 대통령)였습니다. 정탐꾼들이 약속의 땅으로 보냄을 받았을 때 민수기 13:2 한국어 번역으로는 그들의 조상의 가문 중 지휘관 된 자 한 사람씩을 보내라고 되어있지만 히브리어 원어에는 이쉬 에하드 이쉬 에하드אחד איש אחד איש라 하여 한 사람씩이라는 말이 두 번 반복해서 기록되어 있습니다. 문자적으로는 각 지파에서 한 사람씩이라는 의미이지만 문학적으로 읽을 때는 이것이 마치 한 사람, 그리고 또 한 사람을 함께 보내는 것으로 읽혀지기도 합니다. 그래서 유대 전승에서는 모세가 각 지파에 한 명씩, 두 명을 짝지어 보냈을 것이며 여호수아와 갈렙이 짝이었을 것이라고 해석하기도 합니다.

여호수아는 에브라임 지파의 나씨(왕자)였고, 갈렙은 유다 지파의 나씨(왕자)였습니다. 유대 전승에서는 이 두 명의 왕자들이 메시아의 두 가지 모습 즉, 요셉 메시아와 다윗 메시아를 의미한다고 말합니다. 요셉 메시아는 고난과 죽음을 통과하는 메시아의 모습을, 다윗 메시아는 적을 이기고 나라를 차지하여 하나님의 킹덤의 왕이 되는 영광의 메시아를 의미합니다. 유대 전승에서는 오랫동안 메시아가 두 가지 모습 즉, 고난의 메시아와 영광의 메시아의 모습을 가지고 있으며 그 각각을 대표하는 자가 요셉 자손 메시아와 다윗 자손 메시아라고 전해왔습니다. 고난의 메시아는 이사야 53장에 나타나 있고, 승리하여 킹덤을 다스리는 영광의 메시아는 다윗의 왕국을 통해 나타나있습니다. 예수님은 요셉 메시아와 다윗 메시아의 원형이시며 죽음을 통과하여 부활의 승리로 세상의 권세를 깨뜨리셨습니다. 요셉 메시아로서의 예수님은 세상 제국에 의해 죽임을 당했지만 다윗 메시아로서의 예수님은 마지막 날에 세상 제국을 무너뜨리시고 회복된 에덴-동산의 시대를 여시어 그 통치와 권세가 무궁하고 그 증가함이 다함이 없는 하나님의 킹덤을 이루실 것입니다.

또한 에브라임은 열방으로 접붙임되어 퍼져나간 지파이고 유다는 이스라엘을 대표하는 지파로써 이 둘은 마지막 날에 이스라엘과 열방이 한 메시아 안에서 짝을 이루어 한 새 사람이 될 것을 보여줍니다(겔37장). 에브라임을 대표하는 여호수아와 유다를 대표하는 갈렙은 메시아와 메시아닉 킹덤을 예표하는 인물로서 마지막 구속을 위해 수행해야 할 메시아적 사명이 무엇인지 보여주고 있습니다. 그들은 약속의 땅으로 들어가서 즉시 그 땅을 취하자고 말했고, 하나님의 말씀을 거역하고 불신한 다른 10명의 정탐꾼들과 달리 결국 약속의 땅에 들어가 그 땅을 차지했던 사람들입니다.

예수님은 하나님의 킹덤에 초대된 자들은 많으나 택함 받은 자들은 적다고 말씀하시며 많은 이들이 하나님의 킹덤의 초대를 거부할 것을 말씀하셨습니다. 10명의 정탐꾼과 이스라엘 백성 중 불신했던 자들은 하나님의 킹덤의 초대를 거부한 자들이었고, 여호수아와 갈렙과 새롭게 일어났던 광야 세대만이 하나님의 킹덤에 들어갈 수 있었습니다. 지금 이 시대에도 이와 같은 일이 계속 일어나고 있습니다. 세상은 여호수아와 갈렙처럼 킹덤의 초대에 응하여 즉시 그것을 취하는 자가 될 것인지, 아니면 하나님의 초대를 거부하여 성 바깥에서 슬피 울며 이를 가는 자들이 될지 선택의 기로에 서 있습니다. 이것은 세상뿐 아니라 이스라엘과 교회에게도 같은 선택권이 주어져 있습니다. 우리는 순종하지 않은 자들의 본에 빠지지 말고 하나님이 예비하신 그 안식(메시아닉 킹덤)에 들어가기를 힘쓰는 자들이 되어야겠습니다(히4:11).

DAY 2 민 13:21-14:10

사명을 다하지 못하게 하는 것 세 가지

각 지파에서 파송된 지도자들의 이름은 모두 하나님을 이야기하고 있으며 그들의 정체성은 모두 하나님을 나타내는 것이었습니다. 그러나 갈렙과 여호수아를 제외하고 나머지 10명의 지도자들은 자기 이름에 담긴 부르심의 소명을 다하지 못했습니다. 그 이유는 다음과 같습니다.

그들은 우리보다 강하니라(민13:31)
우리는 스스로 보기에도 메뚜기 같으니 그들이 보기에도 그와 같았을 것이니라
(민13:33)

하나님이 그들을 보내신 이유는 그 땅을 차지하기 위해서였습니다. 그래서 하나님이 그들에게 보고 오라고 하신 것은 그 땅의 아름다움과 풍성함이었습니다. 그러나 하나님의 군대로서의 정체성이 아닌 이집트의 노예의 눈을 가지고 바라본 그 땅은 그들이 차지하기에는 너무 강하고 두려운 곳이었습니다. 모세는 그들을 보내면서 '담대하라(민13:20)'고 명령했습니다. 그리고 그 땅의 실과를 들고 오라고 했습니다. 그들은 모세의 명령대로 담대하게 40일 동안 그 땅을 정탐하였고 그 땅의 아름다운 실과도 들고 왔습니다. 그리고 그들이 보기에도 그 땅은 하나님이 말씀하신 대로 과연 젖과 꿀이 흐르는 땅이었습니다(민13:27). 그들도 하나님이 말씀하신 것을 똑똑히 보았습니다. 그러나 그들은 하나님의 입장에 서 있

지 않았고 그들의 관점은 하나님의 관점과 달랐습니다. 그들은 그 땅 주민과 자신들을 비교하며 스스로를 하찮게 여겼고 심지어는 '그들이 보기에도 그와 같았을 것이니라'고 그 땅 주민들이 하지도 않은 말로 추측하며 그 땅 주민의 입장을 대변해 주었습니다. 그들은 하나님의 완전한 계획을 보지 않고 자기 자신들의 안전과 유익만 보았습니다. 이들의 관점은 온전하게 사람에게 맞춰져 있었습니다. 사람의 눈에 보기에 어떠한지, 생각이 어떠한지를 더 중요하게 보았습니다.

항상 마음이 미혹되어(히3:10)

히브리서 기자는 광야에 있었던 이 세대를 향해 '항상 마음이 미혹되어 있었다'라고 말합니다. 마음이라고 번역된 헬라어 카르디아**καρδία**는 몸이나 영의 '중심'을 뜻합니다. 미혹이라고 번역된 헬라어 플라나오**πλανάω**는 '방황하다, 잘못된 길로 빠지다, 속다'라는 뜻을 가지고 있습니다. 마음이 미혹된다는 것은 마음의 중심이 정함이 없고 우왕좌왕하며 방황하고 쉽게 잘못된 길로 빠지기도 하고 속기도 하는 상태를 의미합니다. 이들의 마음은 늘 우왕좌왕한 상태, 중심이 없는 상태였습니다. 중심에 정함이 없는 사람은 죄를 향해서도 쉽게 문을 열어줍니다.

믿지 아니하는 악한 마음(히3:12)
그들의 믿지 아니하므로 능히 들어가지 못한 것이라(히3:19)

하나님은 믿지 않는 것을 악한 마음이라고 말씀하십니다. 지파의 머리이자 지휘관인 그들과 그들을 따른 모든 이들은 불신이라는 악한 마음을 가지고 있었습니다. 그들은 하나님을 믿는 입장에 서지 않고 하나님을 대적하는 불신의 입장에 섰습니다. 결국 이들이 자신들의 이름에 부여된 사명뿐 아니라 하나님의 킹덤을 위해 지혜와 전략을 가지고 와서 백성들과 함께 약속의 땅을 차지해야 할 부르심의 사명을 다하지 못한 이유는

첫째, 사람의 관점
둘째, 마음의 중심에 정함이 없는 상태
셋째, 불신 때문이었습니다.

이 세 가지는 사명을 다하지 못하게 할 뿐 아니라 주변에 악평을 전염병처럼 퍼트리게 했습니다. 악평이 전염병처럼 퍼지는 이유는 그것이 사람의 마음과 생각에 합하기 때문입니다. 사람의 마음과 생각은 합리적이고 논리적인 것 같아 보이지만 하나님의 마음과 생각을 대적하며 무엇이 진짜인지 알 수 없게 만듭니다. 사람의 마음과 생각은 자기만 방황하는 것이 아니라 다른 사람도 방황하고 헷갈리게 만듭니다. 우리의 마음의 중심을 잡아주는 것은 하나님의 말씀입니다. 그들이 말씀을 붙잡았다면 그들의 관점이 완전히 바뀌었을 것입니다. 열두 명의 정탐꾼은 똑같이 그 땅의 아름다움을 보았습니다. 그러나 열 명의 정탐꾼은 사람의 관점으로 그 땅을 보며 악평하였고 여호수아와 갈렙은 하나님의 관점으로 그 땅을 보며 올라가서 취하자고 하였습니다. 열 명의 정탐꾼은 우리가 그들이 보기에 메뚜기 같다고 말했지만(민13:33) 여호수아와 갈렙은 그들이 우리의 먹이라고(민14:9) 말했습니다. 사람의 관점과 하나님의 관점은 너무나도 극명하게 갈립니다. 무엇을 붙잡고 있느냐, 무엇을 따르고 있느냐, 무엇을 보고 있느냐에 따라 생명이냐, 죽음이냐의 기로에 서게 됩니다.

하나님은 우리에게 하나님의 나라를 구하라고 하셨습니다. 하나님 나라의 법, 삶의 태도, 성품을 따르라고 하셨습니다. 사람들이 무엇을 구하고 무엇을 따르는지는 중요하지 않습니다. 내가 하나님의 말씀을 따르고 있고 하나님의 입장에 서있는지 하나님의 관점을 가지고 있는지를 살펴보아야 합니다.

불신이라는 전염병

불신은 유출병이고, 전염병입니다. 어두운 생각은 늘 순식간에 퍼집니다. 하물며 지도자의 말의 영향력은 미치는 범위가 큽니다. 열 명의 정탐꾼의 불신과 하나님의 말씀을 거역한 것은 순식간에 백성들 사이로 퍼져갑니다. 이들이 일반 평민이었다면 그렇게 순식간에 퍼지지 않았을지도 모를 일입니다. 그러나 그들은 각 지파의 우두머리였고 우두머리가 말한 것은 검증도 거칠 필요 없이 삽시간에 백성들의 마음을 사로잡았습니다. 그들은 직접 보지도 않았고 경험한 것도 아니면서 밤새 통곡할 뿐 아니라 차라리 광야에서 죽었으면 좋았겠다고 말합니다. 격분한 회중은 심지어 한 지휘관을 세워 이집트로 돌아가자며 대반역을 일으킵니다(민14:4). 이에 모세와 아론은 온 회중 앞에서 엎드립니다(민14:5). 이집트로 돌아가자는 것은 단순히 모세만을 대적하는 반역이 아닌 하나님을 향한 반역이었습니다. 불신이라는 전염병은 그들로 하여금 하나님을 향해 대반역을 일으키게 하였습니다. 그들로 하여금 대반역을 일으키게 한 것은 모세의 부족한 지도력 때문도 아니었고, 전쟁 때문도 아니었고, 주위 상황 때문도 아니었으며 오직 그 땅을 악평한 열 명의 정탐꾼들의 보고 때문이었습니다. 백성들은 철저히 열 명의 정탐꾼들의 말에 좌지우지되었습니다.

그 사람이 어떤 말을 하고 있느냐는 가볍게 여길 문제가 아닙니다. 말은 그 사람 안의 영의 흘러나옴이고 생명에서 흘러나와 생명을 흐르게 하기도 하지만 사망에서 흘러나와 사망을 흐르게도 하기 때문입니다(요6:63). 어떤 말을 했느냐에 따라 축복이 따라올 수도 있고 저주가 따라올 수도 있습니다. 우리는 중심에 있는 것을 말로 내뱉기 때문에 마음에 불신이 가득하면 조금의 부정적인 생각이 스치기만 해도 불신과 하나가 되어 저주와 죽음을 가져옵니다. 백성들이 모세와 아론을 원망하면서 내뱉은 '차라리 광야에서 죽었으면 좋았겠다(민14:2)'는 말은 그대로 이루어지고 말았습니다. 어떤 말을 선택할 것인가를 늘 주의해야 합니다. 말을 내뱉기 전에 신중하게 생각하고 주님께 물어야 합니다. 이 생각이 주님으로부터 온 것인지, 아니면 그냥 나의 생각인지를 살펴보고 나서 주님이 하라고 하신 말을 해야 합니다. 다윗은 "내 행위를 조심하여 내 혀로 범죄하지 아니하리니 악인이 내 앞에 있을 때에 내가 내 입에 재갈을 먹이리라(시39:1)"고 고백했습니다. 다윗은 자신의 입에 지혜와 명철의 말씀, 주님을 향한 찬양으로 채워주시기를 간구했습니다.

나의 말은 나 자신뿐 아니라 주변 모두에게 축복을 가져올 수도 있고, 저주를 가져올 수도 있습니다. 우리에겐 말의 권세가 있습니다. 사람 안에 정도의 차이가 있지만 생명에 속한 것도 사망에 속한 것도 동시에 다 있습니다. 생명과 사망과 복과 저주가 인생 앞에 놓여 있어서 무엇을 선택하느냐 무엇에 힘을 실어주느냐 무엇을 흐르게 하느냐에 따라서 인생의 열매들은 바뀝니다. 그래서 말도 선택해야 합니다. 우리의 말에는 책임이 따릅니다. 그리고 이 책임은 축복을 전해야 할 책임을 가지고 있습니다. 그러므로 축복의 통로가 되는 말의 선포가 우리에게 있기를 바라며 우리가 생명에 속한 것들을 흘려보내기로 선택하기를 소망합니다.

DAY 3 민 14:11-25

중보 – 하나님의 자비와 긍휼을 의지하라

열 명의 정탐꾼이자 각 지파에서 영향력이 있었던 지도자들의 불신으로 인해 순식간에 백성들에게 퍼진 원망과 불평이 가득 차 있는 그 순간에도 여호수아와 갈렙은 그들을 설득합니다.

> 여호와께서 우리를 기뻐하시면 우리를 그 땅으로 인도하여 들이시고
> 그 땅을 우리에게 주시리라 이는 과연 젖과 꿀이 흐르는 땅이니라
> 다만 여호와를 거역하지는 말라 또 그 땅 백성을 두려워하지 말라
> 그들은 우리의 먹이라 그들의 보호자는 그들에게서 떠났고
> 여호와는 우리와 함께 하시느니라 그들을 두려워하지 말라(민14:8-9)

여호수아와 갈렙의 관점은 놀랍고 정확합니다. 하나님이 주겠다고 약속하신 땅이라는 것과 가나안 땅의 신보다 더 놀랍고 위대하신 하나님이 우리와 함께 하기 때문에 그들을 두려워할 필요 없다는 믿음은 가장 정확하고 확신 있는 설득이었습니다. 그러나 이미 불신과 두려움에 사로잡혀있는 백성들은 그들을 향해 돌을 들어 치려 합니다. 이미 하나님을 믿지 않기로 선택한 사람에게 하나님을 이야기할 때 더 강력한 죄의 발악이 일어나는 것을 봅니다. 그러나 그때 하나님의 영광이 이스라엘 모든 자손 앞에서 회막에 나타나십니다.

하나님은 이 백성이 하나님을 멸시하고 있다고 말씀하셨습니다(민14:11). 하나님이 그 많은 이적을 행하였어도 여전히 하나님을 믿지 않음을 보시고 하나님은 결단하십니다. 그들을 모두 치고 모세를 통해 새로 크고 강한 나라를 이루겠다고 말씀하십니다. 그러나 모세는 완강히 거부합니다. 모세는 하나님이 그렇게 하시면 오히려 하나님의 명성과 능력에 흠이 갈까 두려워하며 하나님의 입장에서 중보하였고 또 하나님의 인자하심과 자비하심을 의지하여 이 백성의 죄악을 사하여 주시기를 기도합니다. 모세의 중보는 시나이 산에서 금송아지 우상숭배를 하며 방자히 행했던 이스라엘 백성들을 위해 중보했을 때와 같은 기도였습니다. 그는 하나님의 자비와 긍휼을 의지하여 기도했습니다(출34:6-7). 모세의 기도의 관

점은 정확히 하나님께 고정되어 있습니다. 모세는 자신의 생각과 감정도, 또 백성들의 입장도 보지 않습니다. 오직 하나님의 명성과 성품에 흠이 가지 않도록, 하나님의 언약과 뜻이 성취되도록 기도했습니다. 모세는 이집트에서부터 지금까지 백성을 용서해 주셨던 것처럼 용서해 주시길 간구했고 정확히 하나님의 입장에 선 모세의 기도에 하나님은 마음을 돌이키시고 이스라엘의 죄를 사하시기로 결정하셨습니다.

하나님은 하나님의 입장에서 자비와 긍휼의 하나님을 의지하며 중보했던 모세의 기도에 응답하시면서도 하나님의 영광과 이적을 이집트에서부터 광야까지 보았던 이스라엘 백성이 열 번이나 하나님을 시험하고 하나님의 말씀을 따르지 않았다고 말씀하시며 그들을 향한 죽음의 심판, 하나님의 킹덤에 들어갈 수 없으리라는 명을 내리셨습니다. 그렇게 진노 중에서도 하나님은 모세처럼 하나님의 입장에 섰던 갈렙을 향해 '갈렙은 그 마음이 그들과 달랐고 하나님을 온전히 따랐다(민14:24)'고 평가하십니다. 여기서 마음이라고 번역된 히브리어 단어는 레브לֵב가 아니고 루아흐רוּחַ입니다. '온전하다'는 히브리어는 말레מָלֵא입니다. 루아흐רוּחַ는 '영'이라는 뜻이고 말레מָלֵא는 '가득히, 완전히 차다'는 뜻입니다. 갈렙의 영은 그들과 달랐고 하나님의 영으로 가득 채워져 있었습니다. 그래서 갈렙은 온전하게 하나님을 따를 수 있었습니다. 그의 영이 하나님으로 가득 채워져 있었기에 갈렙은 하나님의 입장에 서서 믿음의 선포를 할 수 있었던 것입니다. 그래서 갈렙은 하나님이 약속하신 땅, 하나님의 킹덤으로 들어가리라는 약속을 받았을 뿐 아니라 그의 자손들이 그 땅을 차지할 것이라는 축복도 받았습니다.

사람의 입장에 서면 당장은 근거가 충분하고 합리적인 것처럼 보여도 그 끝은 죽음이고, 하나님의 입장에 서면 무모해 보이고 비합리적인 것 같지만 그 끝은 생명입니다. 보이는 세계에 매여있는 우리의 시선이 보이지 않는 세계인 하늘과 하나님께 고정되어 있을 때 비로소 우리는 하나님의 입장에 설 수 있습니다. 보이지 않는 세계를 바라본다는 것은 결국 믿음입니다. 믿음은 바라는 것들의 실상이요 보이지 않는 것들의 증거이기 때문입니다(히 11:1). 여호수아와 갈렙이 바라보았던 하나님의 킹덤을 향한 믿음이 그들을 실상으로 이끌었습니다.[12] 예슈아가 온 우주의 왕으로 오실 것과 영원히 하나님이 킹덤을 다스릴 것이며 우리가 그와 함께 영원히 살 것이라는 믿음은 우리를 실상으로 이끌것입니다.

---

12 약속의 땅을 믿고 바라보았던 여호수아와 갈렙은 그곳으로 들어갔지만 같은 믿음을 가지고도 모세가 약속의 땅에 들어가지 못한 이유에 대해 어떤 유대 전승은 모세가 이집트에서 데리고 나왔던 세대들의 죄를 함께 짊어졌기 때문이라고 말하기도 한다. 모세가 악한 세대의 죄를 지고 그들과 같은 운명에 처해지게 되었지만 죽은 자들의 부활이 있을 때 마침내 모세는 영원한 왕국으로 들어가게 될 것이다(Sefatai Kohen in Yalkut Moshiach, Shelach Korach, 5).

DAY 4 민 14:26-45

불신으로 인해 지연된 약속의 땅(에덴-동산)으로의 입성

불신으로 가득 차있던 악한 백성들은 눈 앞에 펼쳐져 있는 약속의 땅인 에덴으로 입성하지 못하고 광야로 다시 길을 돌려야 했습니다. 패역한 이들을 고치시기로 마음을 단단히 먹으신 하나님은 불순종의 세대를 광야에서 다 죽게 하시고 또 그들의 죄를 그들의 자녀들이 지고 사십 년을 광야에서 방황하게 하겠다고 말씀하셨습니다(민14:32-33). 정탐꾼들이 사십 일 동안 보고 돌아온 땅을 하루에 일 년씩 계산하여 그들은 사십 년간을 광야에서 지내게 되었습니다. 그리고 그 땅을 정탐하고 돌아와서 악평하여 온 회중으로 하여금 모세를 원망하게 한 사람들은 모두 재앙으로 죽게 되었습니다(민14:37).

이스라엘 백성들은 하나님의 약속의 땅의 경계에 서있었고 조금만 가면 즉시 하나님이 약속하신 모든 것을 누릴 수 있었습니다. 하지만 그들은 영원한 생명을 누릴 수 있었던 아담과 하와가 스스로 그것을 걷어차버린 것처럼 눈 앞에서 모든 축복을 걷어차버렸습니다. 예수님의 시대에 이스라엘 백성들은 하나님의 킹덤이 가까이 와있음을 보았고 예수님을 통해 그 생명으로 들어갈 수 있었지만 종교에 사로잡혀있던 자들은 그들의 생각과 마음을 돌이키지 않았을 뿐 아니라 예수님을 받아들이지 않았습니다. 그들도 하나님의 킹덤을 걷어차버렸습니다. 지금 우리도 온 인류 역사 가운데 가장 중요한 시점인 메시아닉 킹덤으로 들어가기 바로 직전에 서있습니다. 이스라엘 백성이 매번 직면했던 선택의 순간에 우리도 서있습니다. 그리고 역사 속에서 반복되었던 것과 마찬가지로 하나님의 관점과 사람의 관점이 극명하게 대립하고 싸우고 있습니다. 교회와 신학 안에서 히브리적 세계관과 헬라적 세계관이 부딪치고 있고, 종교의 영과 진리의 영이 격렬하게 부딪치고 있습니다.

이스라엘 백성은 이집트에서부터 광야 생활까지 숱한 기적과 놀라운 일을 경험했지만 하나님을 불신했습니다. 하나님은 그들의 불신이 하나님을 무시한 것이라고 말씀하셨습니다. 우리의 삶에 기적이 없어서 우리가 하나님을 불신하는 것이 아닙니다. 우리의 죄와 악한 본성이 하나님을 불신하는 것입니다. 우리가 하나님을 몰라서 따르지 못하는 것이 아닙니다. 우리의 교만과 거역이 하나님의 말씀을 거절하는 것입니다. 10명의 정탐꾼 중 오직

2명만이, 이집트에서 나온 세대가 아닌 광야에서 태어난 세대만이 약속의 땅으로 들어갔습니다. 역사의 마지막 끝자락, 메시아닉 킹덤의 시작 직전에도 이와 같을 것입니다. 아주 소수의 사람만이 남겨지게 될 것입니다. 사람의 관점을 따르지 않고 하나님의 관점에 선 여호수아와 갈렙만이 약속의 땅에 들어간 것처럼 세상의 다수를 따르지 않고 끝까지 하나님의 입장에 선 사람이 메시아닉 킹덤에 들어가게 될 것입니다. 다수를 따르지 않기로 선택하는 그 길은 좁은 길이지만 또한 영원한 생명의 길입니다.

DAY 5 민 15:1-16 / DAY 6 민 15:17-31

하나님께 지속적으로 드려져야 할 예배

한 차례 휘몰아친 대반역의 폭풍은 하나님의 심판과 모세의 중보로 마무리가 됩니다. 불신과 불순종이 가져온 하나님의 심판은 중보기도와 예물(코르반)을 하나님께 드림으로 사그라듭니다. 백성들의 원망으로 진중에 붙었던 다베라의 불은 모세의 중보로 꺼졌고, 미리암과 아론의 영적 시기와 교만으로 인한 하나님의 진노도 모세의 중보로 중지됩니다. 마찬가지로 열 명의 정탐꾼이 몰고 온 불신이라는 말의 전염병으로 한 순간에 하나님의 진노로 멸망될 뻔한 이스라엘 백성은 모세의 중보로 그 위기를 넘깁니다. 이후 고라 자손의 대반역이(민16장) 한 번 더 휘몰아쳤을 때 아론의 향불 제사로 하나님의 심판이 완화되었고 다윗도 인구 조사로 인해 하나님의 진노를 샀을 때 아라우나의 타작 마당에서 드린 제사로 백성을 구했습니다(삼하24장). 위기 때마다 제사와 중보기도는 하나님의 심판을 중지시킵니다.

정탐꾼들로 인해 대반역을 일으켰던 이스라엘 백성의 광기가 진정되고 하나님의 심판도 멈추었을 때 하나님은 약속의 땅에 대한 이해와 사모함이 부족한 백성을 향해 이미 그 땅에 들어갈 것을 전제로 하여 그 땅에 들어가서 드려져야 할 예배에 대해 가르치십니다. 다 부어 드리는 전제와 불로 태워 드리는 화제, 그 땅의 첫 소산물을 얻게 될 때 거제로 올려드리는 예배를 말씀하시면서 약속의 땅에 거하는 이스라엘 백성이든지 타국인이든지 같은 법도와 규례로 지키도록 명령하십니다(민15:15). 하나님이 정하신 약속의 땅은 거룩한 땅이기에 그 땅에 거하는 모든 자들이 하나님 앞에 드려져야 할 예배를 드리도록 하십니다. 또한 백성들이 하나님의 말씀을 잘 지키지 못하고 부지중에 범죄하였을 때 드릴 예배에 대해서도 가르쳐 주십니다(민15:22-29).

부지중에 범한 죄에 대해 하나님께 예배를 드릴 때 하나님은 그 예배가 여호와께 향기로운 화제로 드리도록 말씀하십니다. 민수기 15장에서 여호와께 향기로운 화제가 되도록 하라는 말씀은 6번 반복됩니다(민15:3, 7, 10, 13, 14, 24). 향기로운 화제라고 번역된 히브리어 레아흐 니호아흐חחיני הרי는 안정시키고 쉬게하는 향기라는 뜻입니다. 예배는 하나님께 나를 태워드리고(번제), 나의 마음과 힘을 다 쏟아부으며(전제), 내 삶을 올려드리고(거제), 나의 자아를 부서뜨려서 곱게 갈아드리는(소제) 것입니다. 이 모든 것이 하나님의 불과 만나 화제로 올려드릴 때 모든 제물이 태워지면서 하나님의 마음을 기쁘시게 하는 감미로운 향기가 됩니다. 죄를 범하였다 할지라도 죄를 고백하고 회개함으로 나아가면 하나님은 부셔진 우리의 마음 그 자체를 받으십니다. 하나님 앞에서 거역하고 불순종하였다 할지라도 예물(코르반)을 가지고 하나님께 나아가면 하나님은 언제나 용납하십니다. 이스라엘 백성이든지, 타국인이든지 이집트에서 광야로 넘어오면서 끊임없이 하나님을 시험하고 거역한 자들 모두가 이미 하나님의 킹덤으로 들어가기 위해 함께 여정을 시작했습니다. 하나님은 끝까지 그들 모두를 데리고 하나님이 약속하신 땅으로 들어가길 원하셨고, 그래서 그들이 죄 가운데 있었을지라도 하나님께 향기로운 예배로 나아올 때 그들을 기쁘게 받아들여주겠다고 말씀하신 것이 예배에 대한 규례를 주신 이유입니다.

그러나 본토인이든 타국인이든 고의로 범죄하였을 때는 그것은 하나님을 비방한 것일 뿐 아니라 하나님의 말씀을 멸시한 것이기 때문에 그런 자들은 백성 중에서 완전히 끊어버리라고 명령하십니다(민15:30-31). 하나님과 지도자를 향한 거역과 불신, 불평은 전염병과 같아서 하나님이 말씀하신 것에 대한 고의적 범죄는 순식간에 하나님의 공동체를 죄에 빠지게 하기 때문에 하나님은 이 영역에 대해서 단호하게 그런 자들을 끊어버리도록 명령하십니다. 하나님은 죄를 회개하는 자들에게는 자비로운 하나님이시지만, 하나님의 영역과 권위를 함부로 침범하는 자들, 경계를 넘어서는 자들을 향해서는 심판으로 대응하시는 하나님입니다.

그러나 진노 중에도 긍휼을 잊지 않으시는 하나님께 죄를 자백하고 모든 것을 올려드리는 예배와 중보기도는 하나님의 진노와 심판을 멈추게 합니다. 하나님은 친히 예배를 가르쳐 주심으로 자신의 백성들이 심판을 받지 않을 수 있도록 길을 열어주셨습니다. 하나님의 인자와 자비는 언제나 우리를 향해 구원의 길을 열어놓고 있으며 기회를 허락하십니다. 하나님을 대적하고 그 말씀을 멸시함으로 하나님을 격동하게 하는 불신과 불의가 온 세계를 덮고 있습니다. 이때 끊임없이 하나님께 올려드리는 예배와 중보기도가 완전한 때가 이르기 전까지 심판을 미루고 구원받을 기회의 문을 계속 열어주고 있습니다. 결국 하나님 입장에 서서 예배와 중보기도를 멈추지 않고 담대하게 믿음의 선포를 한 자들이 승리할 것입니다.

DAY 7 민 15:32-41

샤밭을 깨뜨린 자

하나님의 말씀을 멸시하고 그 명령을 파괴한 자는 백성 중에서 끊어질 것이라는 하나님의 엄중한 명령을 듣고도 어떤 사람이 안식일에 나무를 했습니다(민15:32). 나무를 했다는 것은 나무 가지를 모으고 날랐다는 뜻으로 그는 어떤 종류의 일을 한 것입니다. 이것은 명백하게 알고도 행한 죄였습니다. 하나님은 이집트에서 광야로 나온 이스라엘 백성이 마라의 쓴 물 앞에서 불평하였을 때 시나이 산에서 내려주신 십계명보다도 앞서 한 율례와 한 법도를 미리 가르쳐 주셨습니다. 그것이 안식일을 지키는 것과 부모 공경이었습니다.[13] 이집트에 살면서 아브라함에게 주셨던 토라(창26:5)와 하나님의 시간을 잃어버린 이스라엘 자손에게 하나님의 시간의 기초인 샤밭을 가장 먼저 가르치실 만큼 하나님에게 샤밭이라는 시간은 하나님을 경외함을 배우는 시간이자 하나님 안에 머물면서 온전히 하나님을 신뢰하는 것을 배우는 시간입니다. 하나님은 자신의 백성이 하나님을 경외하고 하나님을 의지하

---

13 예루살렘에서 히브리적 관점으로 읽는 출애굽기 16주간 베쉘라흐 참고

는 백성이 되길 원하셨기에 샤밭 전날 이른 아침에 두 배의 만나를 거두게 함으로 샤밭에는 온전히 하나님이 하실 것을 믿는 믿음의 삶을 훈련하길 원하셨고, 이것을 통해 메시아닉 킹덤에서의 삶을 리허설하기 원하셨습니다. 그런데 어떤 사람이 하나님의 명령과 엄중한 경고를 무시하고 샤밭을 깨뜨린 것입니다. 그래서 하나님은 그 사람을 진영 밖으로 데리고 나가 돌로 치도록 명령하셨습니다.

끊임없는 거역으로 멸절당할 뻔한 위기를 겪고도 하나님의 말씀의 뜻을 깨닫지 못하고 자기 의지대로 행한 어리석고 고집스러운 사람의 죄성이 우리 모두에게 있습니다. 하나님의 말씀 앞에서 자기 의견과 고집을 꺾지 못하는 이유는 하나님이 기준이 아니라 사람이 기준이기 때문입니다. 자기 경험, 자기 의견, 자기 판단은 인본주의의 뿌리이고 이것은 하나님의 마음을 알지 못하게 가립니다. 왜 하나님이 샤밭을 지키길 원하셨는지, 왜 하나님이 단호한 심판을 허락하셨는지를 알지 못하기 때문에 하나님에 대한 원망과 불평을 함으로써 하나님을 거역하게 됩니다.

샤밭은 태초부터 정해진 천년왕국의 예표입니다. 6일 동안 창조하시는 일을 마치시고 천지와 만물을 다 이루신 하나님이 쉼을 가지셨던 제 7일의 샤밭은 지난 6천 년의 기간 동안 땅에서 수고한 택함 받고 의로운 자들에게 안식을 주시는 천년의 회복된 에덴-동산의 삶입니다. 매주 안식일을 지키면서 우리는 하나님 안에서 누리는 안식과 통치를 경험합니다. 샤밭을 깨뜨리는 자가 아닌 샤밭을 지킴으로써 메시아닉 킹덤을 미리 살아보는 자가 되길 소망합니다.

옷단 귀의 술(찌찌트 צִיצִת)

민수기 15:37-41은 약속의 땅에서 이스라엘 백성들이 입게 될 옷에 대한 규정을 담고 있습니다. 고대 사회에서 옷은 소속감, 문화를 식별하는 척도였을 뿐 아니라 신분과 정체성을 나타내는 것이었기에 하나님이 이스라엘 백성에게 옷단의 귀에 술을 붙이라고 말씀하신 것은 그들의 소속이 하나님의 킹덤이고 그들의 문화는 킹덤의 문화이며 그들의 신분과 정체성은 하나님의 백성이라는 것을 명백하게 가르쳐 주시기 위함이었습니다. 옷단 귀에 술을 만들어 그 술을 볼 때 그들을 방종하게 하는 마음과 눈의 욕심을 따라 음행하지 않고 하나님의 말씀을 기억하고 준행하도록 하신 것입니다(민15:39). 그들이 하나님 앞에 거룩함을 지킬 수 있도록 하나님은 눈에 보이는 시청각 교육 자료인 옷단 귀의 술을 통해 하나님의 말씀을 늘 기억하도록 하였습니다.

옷단 귀에 붙은 술들은 그들이 출이집트한 백성들로서 하나님의 계명을 지켜야 할 의무가 있음을 기억나게 해주었습니다. 또한 그 술에 청색 끈을 더하라고 하심은 청색이 하늘을 상징하기에 술을 볼 때마다 땅의 정욕을 따르는 자가 아닌 하늘의 영광을 사모하며 하나님의 말씀에 순종할 것을 상기시키려 하심입니다.

또한 청색은 제사장의 옷에 사용된 색깔로 왕적 위엄과 신성을 나타내었습니다. 성막의 휘장에서도 청색이 사용되었는데 이것은 만왕의 왕이신 하나님의 보좌를 상징합니다. 그래서 청색 끈이 달린 술을 단 옷을 입고 다닌다는 것은 이스라엘 백성들이 왕 같은 제사장의 나라라는 것을 보여주는 것이기도 합니다. 고대 사회에서 옷술이 달린 옷은 지휘관이나 지도자들의 옷이었기에 하나님은 자신의 백성들의 옷에 기품을 더하셨고 그들이 다른 민족들과 구별된 민족이라는 것을 표현하였습니다. 하나님은 이스라엘 백성들이 자신들의 옷에 달린 청색 끈을 보면서 그들이 하나님께 속한 제사장 나라라는 것을 늘 인식하길 원하셨고 그들의 삶의 모든 영역에서 하나님의 거룩함을 나타내길 원하셨습니다. 하나님은 이처럼 자신의 백성들을 위엄과 고귀함으로 친히 꾸며 주시고 입혀 주시며 단장시켜 주시는 분이십니다.

예수님도 토라의 말씀에 따라 찌찌트צִיצִת (옷단 귀의 술)가 달린 옷을 입으셨습니다. 예수님 시대에 유대인들 사이에는 거룩한 사람의 찌찌트에는 특별한 능력이 있다는 말이 있었다고 합니다.[14] 예수님의 옷 가라도 만지면 나으리라는 믿음을 가지고 무리를 뚫고 들어가 땅에 엎드려 예수님의 옷 가를 만졌던 혈루병 여인은 이러한 믿음으로 용기를 내어 손을 내밀었습니다.

말라기 4:2에서 하나님은 하나님을 경외하는 자에게는 공의로운 해가 떠올라서 치료하는 광선이 비출 것이라고 말씀하십니다. 공의로운 해는 메시아를 의미하며, 치료하는 광선이라 번역된 히브리어 원어에는 카나프כָּנָף라는 단어가 들어있는데 이것은 날개, 혹은 가장자리(edge)라는 뜻을 가지고 있습니다. 옷단 귀에서 '귀'라는 히브리어도 카나프כָּנָף로 쓰였고 이것은 찌찌트가 달린 가장자리와 연관되어 있습니다. 혈루병 여인은 메시아이신 이 공의로운 해가 예수님이라고 믿었을 것이고 그래서 그녀는 치료의 광선이 비추는 거룩하신

---

14 Samuel Tobias Lachs, A Rabbinic Commentary on the New Testament (Hoboken, NJ: KTAV Publishing House, 1987), 172

분의 카나프, 옷 가인 찌찌트를 붙잡았을 것입니다. 이 여인은 예수님의 옷 가(찌찌트)를 만졌고, 만진 순간 자신의 몸이 나았다는 것을 느꼈으며, 그 순간 예수님은 자신에게서 능력이 나갔다는 것을 아셨고, 이런 믿음을 가지고 돌진한 여인의 믿음을 칭찬하셨습니다.

혈루병 여인뿐 아니라 예수님이 가시는 마을과 도시마다 병든 자들이 예수님의 옷자락이라도(카나프תַ: 옷 가장자리) 만지기를 요청했습니다(막6:56). 말라기 4:2의 말씀처럼 공의로운 해인 메시아 예수님의 옷 자락(카나프תַ)을 통해 치료의 빛이 병자들에게 비추었고 나은 자들은 기쁨으로 외양간에서 나온 송아지 같이 뛰었습니다.

스가랴 8:22-23에서는 많은 백성과 강대한 나라들이 예루살렘으로 와서 하나님을 찾고 은혜를 구하는 때가 오는데 그때는 말이 다른 이방 백성 열 명이 유다 사람 하나의 옷자락(카나프תַ)을 잡고 하나님이 너희와 함께 하시니 우리가 너희와 함께 가겠다라고 말할 것이라고 예언합니다. 유다 사람 하나의 옷자락은 곧 찌찌트가 달려있는 곳입니다. 찌찌트는 하나님이 이스라엘 백성을 구별하신 제사장 민족으로서의 정체성이자 토라를 따르고자 하는 백성들에게 말씀을 기억하게 하는 것이면서 치유와 축복의 통로입니다. 예수님은 토라의 말씀을 붙잡는 자들, 예수님의 옷자락을 잡는 자들에게 자유와 치유를 주실 것입니다.

하프타라 수 2:1-24

두 명의 정탐꾼

약속의 땅을 마주하고 여호수아는 그 땅을 알아보기 위해 두 명의 정탐꾼을 보냅니다. 그는 모세와 달리 단 두 명만을 정탐꾼으로 보냅니다. 여리고 성은 가난안 땅의 성읍 중에서도 크고 강한 성이었습니다. 그러나 그들은 기생 라합을 통해 그 땅의 주민들의 마음이 이미 하나님과 이스라엘을 향한 두려움으로 가득 차있다는 소식을 듣습니다. 여리고 군사들의 추격을 따돌린 두 명의 정탐꾼은 여호수아에게로 무사히 돌아와 진실로 여호와께서 그 온 땅을 우리 손에 주셨다고 보고합니다(수2:24).

첫 번째 정탐꾼들이 가나안 땅을 들어갔을 때와 달리 40년이 지나는 동안 여호와 하나님과 그가 이끄시는 이스라엘에 대한 소문으로 이미 그 땅은 두려워하고 있었고, 선별된 두 명의 정탐꾼이 그 땅에 들어갔을 때 여호와 하나님을 따르기로 결정한 한 여인 라합을 만나게 하심으로 그들이 보냄 받은 자(샬리아흐)로서의 사명을 완수할 수 있도록 하셨습니다. 정탐꾼은 하나님을 따르기로 선택한 그 성에 남겨진 한 여인을 만나 자신들의 사명을 완수할 수 있었고, 남겨진 그 한 여인은 정탐꾼을 만나 자신의 믿음을 고백하며 자신과 온 가족을 살릴 수 있었습니다.

하나님의 뜻 가운데 있는 일은 반드시 방해와 공격이 있지만 그것을 뚫고 가려는 믿음을 사용한다면 하나님은 또한 반드시 이길 수 있는 은혜를 더하십니다. 보내신 분(하나님)은 보냄 받은 자(샬리아흐, 사도)를 은혜로 호위하시면서 반드시 그 땅에 남겨진 누군가를 만나게 하심으로 하나님의 뜻을 이룰 수 있게 합니다. 낯선 땅으로 갈 때는 그 땅에서 먼저 살았던 사람들의 도움이 필요합니다. 누구를 만나서 어떤 도움을 받는가에 따라 앞으로 더 나아갈 수도 있고, 포기할 수도 있습니다. 사람을 만나는 은혜는 하나님께 있고, 하나님이 주관하십니다. 또한 방해와 공격 앞에서도 하나님이 주신 사명과 약속을 믿음으로 견지할 때 하나님이 주고자 하시는 것을 취할 수 있습니다. 하나님의 사명을 받고 보냄 받은 자가 하나님이 주관하신다는 믿음을 사용할 때 하나님의 주관 아래 하나님이 계획하신 가장 완전한 것이 이뤄집니다. 하나님의 뜻은 우리가 이루는 것이 아닙니다. 하나님이 이루십니다. 그 뜻을 이루는 과정에서 두 명씩 정탐꾼을 파송하고, 두 명씩 제자를 파송하신 것처럼 함께 할 믿음의 동역자를 붙이시고, 또 믿음의 사람을 만나게 하셔서 이기게 하십니다.

히브리어에서 숫자 2는 연합, 균형, 동역자, 그리고 언약을 의미합니다: 두 개의 돌판 (출31장, 34장), 법궤를 감싸고 있는 두 그룹 천사(출25장), 두 감람나무(슥4장), 두 막대기(겔37장), 두 증인(슥4장, 계11장), 두 은 나팔(민10장), 두 정탐꾼(수2장), 두 명씩 파송된 제자(마10장, 막6장, 눅10장)

세상을 창조하실 때부터 하나님은 둘이 하나되는 것을 계획하셨고 남자와 여자의 하나됨이 그 연합의 시작이었습니다. 둘이 함께 동역하여 치우치지 않고 균형을 이룰 수 있게 하셨습니다. 하나님은 이스라엘과 연합하시면서 두 돌판을 통해 언약을 맺으셨습니다. 하나님은 하늘과 땅이 하나되는 것처럼 남자와 여자가 하나되고, 유대인과 이방인이 하나되며, 이스라엘과 교회가 하나되는 것을 계획하셨습니다. 그러나 한 편으로 둘은 선과 악, 빛과 어둠처럼 결코 하나될 수 없는 분리와 분열의 상태를 의미하기도 합니다. 둘의 상태는 완전한 연합이 아니면 분열과 충돌, 갈등의 상태가 될 수 있습니다. 숫자 2는 히브리어의 베트를 의미하는데 이것은 또한 집을 상징합니다. 온전한 연합은 아버지의 집 안에 있을 때, 그분의 날개 아래 있을 때 이뤄집니다. 그래서 하나님은 세상을 창조하실 때 당신의 집으로 들어오도록 우리를 초대하셨습니다.[15] 하나님의 집에서 하나님과 내가 하나되고, 왕의 궁전에서 신랑과 신부가 하나됩니다.

둘이 하나되는 것을 통해 하나님은 축복을 부어주십니다. 축복은 어떤 것이 확장되고 증가되는 것입니다. 하나님은 우리에게 축복을 주시기 위해, 축복을 통해 더 확장되게 하기 위해 둘을 하나로 만드셨습니다. 둘은 증가와 확장을 시작하게 하는 최소 단위입니다. 그러므로 숫자 2는 축복을 의미하기도 합니다. 여호수아와 갈렙, 두 정탐꾼의 보고를 선택했더라면 이스라엘 백성은 하나님의 킹덤을 더 빨리 누릴 수 있었을 것이고, 젖과 꿀이 흐르는 땅의 축복과 풍성함을 더 빨리 취할 수 있었을 것입니다. 이후에 여호수아가 파송한 두 정탐꾼의 보고로 이스라엘 백성은 주저하지 않고 담대하게 요단 강을 건넜습니다. 이제 유대인과 이방인, 이스라엘과 교회가 하나되어 메시아닉 킹덤으로 들어가야 할 때입니다. 메시아닉 킹덤의 중앙 통치는 예루살렘을 중심으로 이뤄질 것입니다. 예슈아 안에서 막힌 담이 헐어지고 둘이 하나되어 함께 만왕의 왕 예슈아를 맞이할 준비가 더 증가되고 확장되길 소망합니다.

브리트 하다샤 히 3:7-4:11 / 마 10:1-14[16]

하나님을 격동케 하는 불신의 세대와
하나님과 함께 영원한 안식으로 들어가는 믿음의 세대

불신이 있는 자들은 마음이 교만합니다. 불신이 있는 이유는 믿지 않겠다고 스스로 결정했기 때문이며 자기의 기준과 자기의 말과 생각을 더 높이 두기 때문에 그렇습니다. 그러

---

15 예루살렘에서 히브리적 관점으로 읽는 창세기 1주간 베레쉬트 참고
16 마태복음 10장 본문은 쉘라흐 레카 주간의 DAY 1 참고

므로 불신 자체가 교만이며 죄입니다. 하나님의 심판의 말을 듣고서야 정신을 차리고 그 땅을 차지하러 가겠다고 하면서 그들은 '여호와께서 허락하신 곳으로(자의적 해석)' 올라가겠다고 합니다(민14:40). 하나님이 이미 허락하지 않겠다고 하셨는데도 자기들이 듣고 싶은 대로 듣고 때에 맞지 않는 자의적인 해석을 하여 '하나님이 허락하신 곳으로 가자'고 합니다. 모세가 또 한 번 경고했음에도 그들은 '그래도(민14:44)' 올라갑니다.

불신은 사람의 마음을 고집스럽게 만듭니다. 듣고 싶은 것만 듣고 자기 기준에 편한 대로 해석하고(편집적 해석) 결국은 자기 뜻대로 움직입니다. 그래서 똑같은 것을 보고도 불신이 있는 자들은 전혀 다른 해석을 만들어 냅니다. 그래서 악한 지도자들의 편집적 해석은 많은 백성들을 불순종과 거역, 죽음의 길로 이끌어 갑니다.

마지막 때에 (예슈아를 예표하는) 여호수아가 약속의 땅으로, 에덴-동산으로 마지막 세대를 이끌고 들어가기 전에 두 종류의 세대가 격돌할 것입니다. 하나는 하나님을 격동케 하고 시험하는 세대이며, 또 하나는 하나님과 함께 안식으로 들어가는 세대입니다(히4:9-10).

하나님의 말씀에 권위를 두지 않고 자신들의 판단과 경험에 더 권위를 두면서 믿지 않는 마음으로 하나님께 증명해 보라는 식의 태도를 가진 세대가 하나님을 격동케 하는 세대입니다. 히브리서 기자는 이런 세대를 향해 하나님을 시험하는 세대라고 표현하기도 합니다(히3:9-10). 마치 '하나님 당신이 옳다면 증명해 보세요'라는 식의 태도로 마음을 완고하게 하는 세대입니다. 완고란 '퇴적물이 쌓이다가 굳어진다'는 의미를 내포하고 있습니다. 이렇게 마음을 딱딱하게 하여 하나님을 자극해서 화나게 하는 것은 사탄이 하나님을 격동케 하려는 것입니다. 격동케 한다는 것은 몹시 화가 나게 하는 것입니다. 이런 세대는 적극적으로 하나님 말씀을 믿지 않으려고 합니다. 고의로 믿지 않음으로 자기뿐 아니라 주변까지 믿지 않게 만듭니다. 자기가 다른 사람을 잘못된 길로 인도하고 있으면서 다른 사람을 잘 이끌고 있다고 생각합니다. 그리고 믿음으로 말하는 사람을 비합리적이라고 하면서 핍박합니다.

그러나 하나님과 함께 안식으로 들어가는 세대는 시작할 때에 확신한 것을 끝까지 견고히 잡는 세대입니다(히3:14). 즉, 하나님이 말씀하신 것을 끝까지 붙들고 있는 세대입니다. 하나님과 함께 영원한 안식으로 들어가는 세대가 가진 것은 오직 한 가지입니다. 그것은 바로 믿음입니다. 믿지 않는 세대는 안식으로 들어가지 못하며(히3:19) 믿는 세대는 그리스도와 함께 영원한 안식에 참여하게 됩니다(히3:19, 4:3). 열 명의 불신이 가득한 지도자들의 말을 따른 세대들은 결국 모두 광야에서 죽게 됩니다. 그들은 하나님이 말씀하신 젖과 꿀이 흐르는 땅을 그들의 관점에 따라 악평하였고 하나님의 약속을 불신하였습니다. 그들은 믿지 않음으로 안식에 들어가지 못했습니다.

사탄은 우리가 영원한 안식, 새 창조에 속한 세계에 들어가지 못하도록 발악합니다. 사탄은 이 안식이 무엇을 의미하는지 알기 때문입니다. 안식에 들어간다는 것은 그리스도와 함께 참여하는 자가 되는 것을 의미하는데 참여란 파트너가 되는 것이고 함께 공유하는 것입니다. 그리스도가 가지신 것을 우리도 함께 누리게 되는 것을 의미합니다. 즉, 그리스도가 하시는 일에 나도 참여하고 그리스도의 영적 권위를 나도 가지는 것이며 그리스도의 영원한 기업을 나도 받는 것입니다. 우리가 참여하는 것은 그리스도의 사역과 직분뿐만 아니라 그리스도의 권위와 신성에도 참여하는 것입니다. 히브리서 기자는 이 모든 것을 가지게 되고 누리게 되고 참여하게 되는 것을 안식에 들어간다고 표현하였습니다.

우리에게는 진정한 안식이 남아 있습니다(히4:9). 그래서 히브리서 기자는 '누구든지 순종하지 아니하는 완고한 자들의 불신과 불순종의 본에 빠지지 말고 안식에 들어가기를 힘쓰라'고 권면합니다(히4:11). 안식에 들어가길 힘쓰는 것 중 하나가 우리에게 주신 부르심의 사명을 다하는 것입니다. 우리는 모두 각자에게 주어진 독특한 하나님의 부르심과 목적이 있습니다. 우리 각 사람의 이름은 하나님의 부르심의 목적을 담고 있기도 합니다. 부르심을 감당하기 위해 하나님은 계명과 사명, 무엇을 해야 할지와 어떻게 해야 할지를 허락하십니다. 주어진 계명에 따라 각자의 사명을 다하는 날, 우리는 착하고 충성된 종이라 칭찬받으며 그리스도와 함께 참여하게 될 것이며 영원한 안식을 누리게 될 것입니다. 부르심의 계명과 사명을 다할 수 있는 것은 한 가지입니다. 불신으로 하나님을 시험하고 격동케 하는 것이 아니라 믿음으로 하나님을 끝까지 따르는 것입니다. 믿음으로 부르심을 성취하고 영원한 안식에 들어가는 세대가 되길 소망합니다.

쉘라흐 레카 주간의 말씀

1. 하나님이 사도를 보내시는 이유는 하나님의 킹덤을 전하고 확장하기 위해서입니다. 12명의 정탐꾼이 보내진 이유는 약속의 땅을 취하기 전 그 땅의 상태와 사는 민족들이 어떠한지를 알기 위해서였고, 예수님의 12사도가 보내진 이유는 영혼들에게 좋은 소식을 전하여 병들고 약하고 귀신에게 고통당하는 자들을 자유케 하기 위해서입니다.

2. 하나님은 믿지 않는 것을 악한 마음이라고 말씀하십니다. 지파의 머리이자 지휘관인 그들과 그들을 따른 모든 이들은 불신이라는 악한 마음을 가지고 있었습니다. 그들은 하나님을 믿는 입장에 서지 않고 하나님을 대적하는 불신의 입장에 섰습니다. 결국 이들이 자신들의 이름에 부여된 사명뿐 아니라 하나님의 킹덤을 위해 지혜와 전략을 가지고 와서 백성들과 함께 약속의 땅을 차지해야 할 부르심의 사명을 다하지 못한 이유는 첫째, 사람의 관점 둘째, 마음의 중심에 정함이 없는 상태, 셋째, 불신 때문이었습니다.

3. 하나님은 우리에게 하나님의 나라를 구하라고 하셨습니다. 하나님 나라의 법, 삶의 태도, 성품을 따르라고 하셨습니다. 사람들이 무엇을 구하고 무엇을 따르는지는 중요하지 않습니다. 내가 하나님의 말씀을 따르고 있고 하나님의 입장에 서있는지 하나님의 관점을 가지고 있는지를 살펴보아야 합니다.

4. 그 사람이 어떤 말을 하고 있느냐는 가볍게 여길 문제가 아닙니다. 말은 그 사람 안의 영의 흘러나옴이고 생명에서 흘러나와 생명을 흐르게 하기도 하지만 사망에서 흘러나와 사망을 흐르게도 하기 때문입니다(요6:63). 어떤 말을 했느냐에 따라 축복이 따라올 수도 있고 저주가 따라올 수도 있습니다.

5. 이스라엘 백성은 이집트에서부터 광야 생활까지 숱한 기적과 놀라운 일을 경험했지만 하나님을 불신했습니다. 하나님은 그들의 불신이 하나님을 무시한 것이라고 말씀하셨습니다. 우리의 삶에 기적이 없어서 우리가 하나님을 불신하는 것이 아닙니다. 우리의 죄와 악한 본성이 하나님을 불신하는 것입니다. 우리가 하나님을 몰라서 따르지 못하는 것이 아닙니다. 우리의 교만과 거역이 하나님의 말씀을 거절하는 것입니다.

6. 사람의 관점을 따르지 않고 하나님의 관점에 선 여호수아와 갈렙만이 약속의 땅에 들어간 것처럼 세상의 다수를 따르지 않고 끝까지 하나님의 입장에 선 사람이 메시아닉 킹덤에 들어가게 될 것입니다. 다수를 따르지 않기로 선택하는 그 길은 좁은 길이지만 또한 영원한 생명의 길입니다.

7. 죄를 범하였다 할지라도 죄를 고백하고 회개함으로 나아가면 하나님은 부셔진 우리의 마음 그 자체를 받으십니다. 하나님 앞에서 거역하고 불순종하였다 할지라도 예물(코르반)을 가지고 하나님께 나아가면 하나님은 언제나 용납하십니다.

8. 하나님은 죄를 회개하는 자들에게는 자비로운 하나님이시지만, 하나님의 영역과 권위를 함부로 침범하는 자들, 경계를 넘어서는 자들을 향해서는 심판으로 대응하시는 하나님입니다. 그러나 진노 중에도 긍휼을 잊지 않으시는 하나님께 죄를 자백하고 모든 것을 올려드리는 예배와 중보기도는 하나님의 진노와 심판을 멈추게 합니다. 하나님은 친히 예배를 가르쳐 주심으로 자신의 백성들이 심판을 받지 않을 수 있도록 길을 열어주셨습니다. 하나님의 인자와 자비는 언제나 우리를 향해 구원의 길을 열어놓고 있으며 기회를 허락하십니다.

9. 하나님의 사명을 받고 보냄 받은 자가 하나님이 주관하신다는 믿음을 사용할 때 하나님의 주관 아래 하나님이 계획하신 가장 완전한 것이 이뤄집니다. 하나님의 뜻은 우리가 이루는 것이 아닙니다. 하나님이 이루십니다.

10. 하나님과 함께 안식으로 들어가는 세대는 시작할 때에 확신한 것을 끝까지 견고히 잡는 세대입니다(히3:14). 즉, 하나님이 말씀하신 것을 끝까지 붙들고 있는 세대입니다. 하나님과 함께 영원한 안식으로 들어가는 세대가 가진 것은 오직 한 가지입니다. 그것은 바로 믿음입니다. 믿지 않는 세대는 안식으로 들어가지 못하며(히3:19) 믿는 세대는 그리스도와 함께 영원한 안식에 참여하게 됩니다(히3:19, 4:3).

쉘라흐 레카 주간의 선포

1. 하나님의 보냄을 받은 우리들이 하나님이 우리에게 주신 권위를 가지고 이 땅에서 하나님의 킹덤을 전하고 확장하는 사명을 잘 감당하게 하소서. 보내신 이의 뜻을 따라 믿음으로 순종하는 자들이 되게 하소서.

2. 먼저 하나님의 나라와 의를 구하기를 원합니다. 하나님의 말씀을 따르고, 하나님의 입장에 서고, 하나님의 관점을 가진 자들이 되기를 원합니다. 그리하여 하나님의 뜻을 이루는 자들이 되기를 원합니다.

3. 우리가 어떤 말을 하고 있는지, 우리 안에서 어떤 영이 흘러나오는지 돌아보게 하소서. 우리의 생각이 하나님께로부터 온 것인지 날마다 체크하게 하소서. 그리하여 하나님이 주신 말의 권세로 축복을 흘려보내고, 사랑을 흘려보내고, 생명을 흘려보내는 통로가 되게 하소서.

4. 이스라엘의 불신으로 인해 약속의 땅으로 들어가는 것이 지연되었던 것을 기억합니다. 우리 안에 있는 불신과 불순종의 영역들을 하나님께서 철저히 다루어 주시기를 간구합니다. 하나님의 약속이 우리에게, 또한 우리를 통하여 이 땅 가운데 온전히 성취되도록 믿음의 삶, 순종의 삶을 살아가게 하소서.

5. 사람의 관점을 따르지 않고 하나님의 관점을 따랐던 갈렙과 여호수아처럼 세상의 다수를 따라가는 것이 아니라 철저하게 하나님의 편에서, 하나님의 입장에 서는 자들이 되기를 원합니다. 그리하여 하나님이 허락하신 그 약속의 땅에 들어가서 차지하는 자들이 되게 하소서.

6. 진노 중에도 긍휼을 잃지 않으시는 하나님, 우리의 죄와 상처와 연약함에도 불구하고 우리가 언제든지 죄를 고백하고 회개함으로 하나님께로 돌이키면 우리를 받아주시고, 용서해 주시고, 회복시켜 주셔서 감사합니다. 언제나 우리를 향한 구원의 길을 열어놓으시고, 우리에게 기회를 주시는 하나님께 감사하며 이 기쁜 소식을 하나님께서 우리를 보내신 그곳에서 전하는 자들이 되게 하소서.

7. 우리가 하나님의 사명을 감당하려고 나아갈 때에 방해와 공격이 있을 수 있지만 그것을 믿음으로 돌파하기 원합니다. 하나님의 뜻을 이루시는 분이 하나님이신 것을 신뢰하며 하나님이 말씀하시는 것에 순종하며 나아가는 자가 되게 하소서. 그러한 여정 가운데 믿음의 동역자들을 붙여 주시고, 믿음의 사람들을 만나게 하셔서 하나님이 주신 사명을 능히 감당하게 하소서.

8. 우리에게 있는 영원한 안식에 들어갈 때까지 하나님께서 우리에게 주신 부르심과 사명을 다하는 자들이 되게 하소서. 하나님이 말씀하신 것을 끝까지 믿음으로 붙들기 원합니다. 불신으로 하나님을 시험하고 격동케 하는 것이 아니라 믿음으로 부르심을 성취하고 하나님이 예비하신 영원한 안식에 들어가는 자들이 되기를 원합니다.

38주간

קֹרַח
KORACH
코라흐, 고라

파라샤 **민 16:1-18:32**
하프타라 **삼상 11:14-12:22**
브리트 하다샤 **행 5:1-11 / 마 26:13-24**

DAY 1 민 16:1-14

멈추지 않는 대반역

열 명의 정탐꾼이 불신이라는 전염병에 전염되어 이집트로 돌아가자며 하나님을 향해 대반역을 일으켰던 이스라엘 회중의 광기가 사그라들고 진정되었지만 더 크고 위험한 반역이 일어났습니다. 이번에는 회중이 아닌 레위 지파의 지도자들과 지파들 가운데 영향력 있는 지도자들이 조직적이고 체계적으로 모세와 아론을 향해 대적하여 일어납니다. 처음에는 진영의 바깥 쪽에서부터 백성들의 궁시렁거리는 원망과 불평으로부터 시작된 반역은 여러 번에 걸쳐 하나님의 진노와 심판을 받았고 그때마다 모세의 중보로 진정되는 것처럼 보였지만 오히려 점점 진의 중심으로 들어와 성막 주변에 둘러서 진을 치고 머물던 레위인들에게까지 이르게 되어 이제는 그들을 중심으로 대반역이 일어나게 됩니다.

고핫 자손은 레위인들 가운데서도 성소의 지성물을 담당하는 자들로 지성물을 직접 그 어깨에 메는 일을 하였기에 수레가 공급되지 않았습니다. 고핫의 자손들은 하나님의 영광과 임재를 자신들의 어깨로 직접 운반하면서 그 거룩한 영광과 임재에 닿아 있었습니다. 고핫 자손 중에서도 고핫의 직계 손자였던 이스할의 아들 고라는 야곱의 장자 르우벤 지파의 자손 엘리압의 아들 다단과 아비람, 벨렛의 아들 온과 함께 당을 짓고 회중 가운데서 이름있고 영향력 있는 지휘관 250명과 함께 모세와 아론의 권위에 도전합니다. 회중 가운데서 이름있고 영향력 있는 지휘관 250명이 합세했다는 것은 거의 온 회중의 잠재적 지지를 받고 있다는 것을 의미하기도 했습니다. 모세와 아론을 향한 그들의 반역은 상당히 노골적이고 거칠었습니다. 고라(코라흐קרח)라는 이름은 '대머리'라는 일차적인 뜻과 함께 '단도직입적인, 노골적인'이라는 뜻을 담고 있습니다. 고라와 반역자들은 아주 담대하게 모세와 아론을 향해 말합니다.

너희가 분수에 지나도다 회중이 다 각각 거룩하고
여호와께서도 그들 중에 계시거늘 너희가 어찌하여
여호와의 총회 위에 스스로 높이느냐(민16:3)

그들의 논지는 두 가지입니다. 첫째, 회중이 다 거룩하고 하나님도 그들 가운데 계시다는 것입니다. 이 말은 언뜻 보면 회중을 대표해서 그들을 높여주고 배려해 주고 있는 말처럼 들립니다. 그러나 사실은 '나도 거룩하다, 나도 하나님의 영광과 임재를 가까이서 모시는 사람이다'라고 말하며 자신의 교만을 나타내고 있습니다. 둘째, 모세와 아론이 스스로 자기들을 높이고 있다는 것입니다. 그들의 눈에는 모세와 아론이 가진 권위가 지나쳐 보였습니다. 그래서 '분수에 지나치다'라고 말하며 그들이 더 많은 권위를 가져서 자기들을 스스로 높이려 하고 있다는 것처럼 말했습니다. '분수에 지나치다'는 히브리어 라브 라켐רב־לכם은 '너희에게 더 많다, 너희를 위해서 더 크다, 너희가 더 풍성하게 가졌다'는 뜻을 가지고 있습니다. 고라와 반역자들은 왜 너희가 더 많고 크고 풍성하고 높은 권세를 누리느냐고, 왜 더 높은 위치에 있냐고 질투하며 질책하는 것이었습니다. 결국 고라와 반역자들의 논지는 모세와 아론이 가지고 있는 권위가 탐나는 것이었고 그것을 빼앗아 차지하고 싶은 것이었습니다. 그들이 이런 마음을 품게 된 동기는 스스로 하나님의 영광과 임재를 아는 자들이라는 교만과 욕심 때문이었습니다. 모세와 아론이 가지고 있는 권위가 그들의 눈에 더 좋아 보였고 그들도 더 크고 높아지고 싶었기 때문입니다.

모세와 아론이 가지고 있는 권위는 무엇이었습니까? 그것은 메시아의 권위, 기름 부음 받은 자의 권위였습니다. 하나님은 하나님의 킹덤을 다스리게 될 메시아가 오셔서 하실 일과 직임을 모세와 아론에게 예표적으로 나누어서 맡기셨습니다. 메시아의 직임은 왕, 제사장, 선지자입니다. 구약 성경에서는 기름 부음을 받을 수 있는 자는 왕, 제사장, 선지자 단 세 그룹뿐이었고 이것이 의미하는 바는 이 직임이 메시아의 역할이라는 것입니다. 모세는 한 민족을 다스리는 왕으로서, 그들을 영적으로 이끄는 선지자로서의 역할을, 아론은 백성이 하나님께 나아가 예배할 수 있도록 인도하는 제사장으로서의 역할을 함으로써 이 두 사람에게 삼중 기름 부음이 있었습니다. 결국 고라가 반역한 것은 메시아를 반역한 것으로 이것은 적그리스도의 영입니다.

모세는 고라와 반역자들이 '스스로 높이느냐'고 질책하는 말 앞에 하나님 앞에 엎드립니다. 정말 자신 안에 그런 마음이 있는 것인지 살펴보고 하나님을 두려워하며 하나님 앞에 지혜를 묻기 위해 엎드립니다. 그리고 나서 향로의 불을 통해 누가 하나님께 속한 거룩한 자인지 하나님 앞에 나아가서 하나님의 선택을 받자고 제안합니다. 이 과정에서 모세는 고라와 그와 함께 반역에 가담한 레위 자손들의 속마음을 꿰뚫어 보게 됩니다.

> 레위 자손들아 너희가 너무 분수에 지나치느니라
> 이스라엘의 하나님이 이스라엘 회중에서
> 너희를 구별하여 자기에게 가까이 하게 하사
> 여호와의 성막에서 봉사하게 하시며 회중 앞에 서서
> 그들을 대신하여 섬기게 하심이 너희에게 작은 일이겠느냐
> 하나님이 너와 네 모든 형제 레위 자손으로 너와 함께 가까이 오게 하셨거늘
> 너희가 오히려 제사장의 직분을 구하느냐
> 이를 위하여 너와 너의 무리가 다 모여서 여호와를 거스르는도다
> 아론이 어떠한 사람이기에 너희가 그를 원망하느냐(민16:7, 9-11)

이 모든 과정에서 모세는 고라와 그 일당들이 원하는 것이 제사장의 직분, 곧 아론의 직분이라는 것을 알았습니다. 하나님이 고라 자손에게 맡기신 일도 결코 작은 일은 아니었습니다. 그들은 이스라엘 회중 가운데서 구별 받았고 하나님께 더 가까이 나아감을 얻었으며 거룩한 성막에서 봉사함으로 회중을 대표하여 세움 받았습니다. 그런데 그들은 그 이상의 것을 구하고 있었습니다. 고라와 반역자들은 모세를 향하여 '너희가 분수에 지나치다(라브 라켐רַב־לָכֶם)'라고 했지만 모세는 분수에 지나친 것은 우리가 아니라 바로 너희라고 하며 '너희가 분수에 지나치다(라브 라켐רַב־לָכֶם)'라고 돌려서 말합니다.

직임과 직분은 하나님의 주권에 따른 것입니다. 이것은 하나님의 선택하심과 정하심입니다. 그런데 중요한 직임이나 직분이 맡겨지면 어느새 스스로 높아져 버리는 사람들을 볼 수 있습니다. 그 직임이나 직분 자체가 자기 자신이 아닌데 그 직임과 직분을 자기 자신과 동일시하여 스스로를 높입니다. 바운더리를 정해주시는 분은 하나님이시만 그 하나님에 대한 인식은 사라지고 스스로 하나님의 영역을 침범하게 됩니다. 고라와 그와 함께한 레위 자손들이 그러했습니다. 성소의 지성물을 다루는 자신들을 아론과 같다고 생각했고 아론뿐 아니라 모세의 권위까지 침범하였습니다. 내가 하고 있는 일이 나 자신이 아닙니다. 그것은 어디까지나 나에게 맡겨진 일일뿐입니다. 내가 하고 있는 일에 따라 나를 높일 필요도 없고, 낮출 필요도 없습니다. 하나님이 주시는 직임과 직분은 크고 작음, 높고 낮음의 문제가 아닙니다. 비교는 불필요한 교만이나 열등감을 가져오고 이것은 결국 반역으로 이어집니다.

하나님의 주권을 인정하고 하나님이 정해주신 그 일을 감당하는 것이 지혜롭고 겸손한 자의 모습입니다.

> 또 자기 지위를 지키지 아니하고 자기 처소를 떠난 천사들을
> 큰 날의 심판까지 영원한 결박으로 흑암에 가두셨으며(유1:6)

하나님이 정하신 경계를 침범함과 하나님의 주권을 인정함

고라는 르우벤 자손들과 당을 지었습니다. '당을 짓다'라고 번역된 히브리어 라카흐 לקח는 '가져가다, 취하다'는 뜻입니다. 그들은 사람들의 마음을 가져가서 자기들 편으로 끌어모았습니다. 또한 영향력이 있는 지도자들 250명의 마음을 끌어모아서 세력을 만들었습니다. 세력을 만드는 이유는 자신들의 목적을 성취하기 위해서입니다. 사탄은 자기 세력을 키워서 크고 많아 보이게 하려고 합니다. 그것이 힘이라고 생각하기 때문입니다. 그리고 이것은 이 세상의 원리에 그대로 적용됩니다.

또한 위치가 높은 곳에 있거나 중요한 직임이 주어질수록 사탄은 그 지도자에게 더 집요하게 파고들어 갑니다. 지도자 한 사람을 넘어뜨리는 것이 더 크고 많은 후속 효과를 가져오기 때문입니다. 정탐꾼들 중 열 명의 정탐꾼들도 지휘관들이었고 고라와 함께 당을 짓고 반역한 모든 사람들도 지도자들이었습니다. 사탄은 그들 안에 숨어 있던 탐욕과 욕망을 자극하여 어둡고 부정적인 말들을 퍼뜨려서 하나님을 향한 불신으로 하나님을 대적하고 스스로 높아지도록 충동질하여 선을 넘어서게 합니다. 지도자 한 사람의 악한 목적과 의도는 공동체를 무너뜨리고 많은 사람들을 어둠과 사망으로 이끌고 갑니다. 그래서 지도자들은 자기에게 주어진 역할과 직임, 직분의 권한과 한계를 더욱 정확하게 알아야 합니다. 지도자가 자기에게 주어진 것 이상을 하려고 하는 순간 야망이 되고 하나님이 정하신 경계를 침범하여 넘어가려는 죄를 저지르게 됩니다. 하나님은 더 많이 맡은 자에게 더 많은 것을 묻겠다고 하셨습니다. 많은 것, 큰 것을 하려고 하는 것이 아니라 내게 맡겨진 일을 하는 것이 중요합니다. 내게 맡겨진 일이 무엇인지 정확히 알고 또 나에게 그 일을 맡기신 분이 하나님이라는 것을 알 때 지도자는 스스로 높아지지 않고 충성되고 겸손하게 자기에게 맡겨진 일을 감당할 수 있습니다. 이것이 하나님의 주권을 인정하는 것입니다.

하나님을 거스르고 권위에 대적하게 되는 이유는 무엇일까요? 그것은 경계를 넘어서

기 때문입니다. 경계는 하나님이 정해주시는 것입니다. 하나님이 정해주신 경계를 넘어 하나님의 영역을 침범하고 다른 사람의 영역을 침범하는 것은 하나님의 주권을 인정하고 있지 않는 것입니다. 그러므로 권위의 침범은 그 경계를 허락하신 하나님의 주권을 침범하는 것입니다. 자기에게 주어진 역할에 충실하는 것이 하나님의 주권을 인정하는 것입니다. 하나님의 주권에 따라 주어진 것에 만족하지 못하고 더 큰 것을 하려는 마음과 인정받으려는 마음은 결국 경계를 넘어 침범하게 합니다.

고라 자손은 하나님이 그들에게 맡기신 것에 만족하지 못하고 제사장의 직분을 넘보았습니다. 고라 자손에게는 게르손 자손이나 므라리 자손보다 더 귀한 직임이 주어졌음에도 그것에 만족하지 못하고 오히려 그것으로 인해 거만해졌습니다. 그들은 제사장의 직임을 넘보았고 모세와 아론을 질투했습니다. 하지만 이런 비교는 사탄적인 것이며 자기 중심적인 관점에서 비롯되는 것입니다. 각각에게 맡겨지는 역할과 직임과 직분은 하나님의 주권 아래서 선택되며 맡겨지는 것입니다. 하나님의 선택과 결정은 언제나 선합니다. 우리는 하나님의 주권에 따른 선택과 결정을 신뢰해야 합니다.

큰 공동체나 작은 공동체는 크기와 역할의 차이만 있을 뿐 하나님의 눈에는 똑같이 귀하고 소중합니다. 하나님이 맡길 만한 자에게 맡기신 것이고 친히 안배하신 것입니다. 그러나 사람들은 크고 작음에 매달리며 크기와 수에 따라 귀하고 천한 것, 높고 낮은 것으로 분류합니다. 이것은 하나님의 측량법이 결코 아닙니다. 다윗은 "내 마음이 교만하지 아니하고 내 눈이 오만하지 아니하오며 내가 큰 일과 감당하지 못할 놀라운 일을 하려고 힘쓰지 아니하나이다(시131:1)"라고 고백하였습니다.

사람은 교만할 때 자기 세력을 과도하게 키우려 하고 자기 위치를 스스로 더 높이려 하며 자기 뜻에 따라 더 큰 일을 하려고 합니다. 그것이 결국 하나님의 권위를 넘어서는 위태로운 경계에 있는 것이라는 것을 다윗은 잘 알고 있었습니다. 우리에게 중요한 것은 크고 놀라운 일이 아니라 하나님이 맡기신 그 일을 충성스럽게 하는 것입니다. 하나님이 내게 맡기신 그 일에 충성하면서 내게 주신 달란트를 적극 활용하면 하나님은 잘 하고 충성된 종이라고 칭찬하십니다.

권위에 침범하는 것은 사탄적인 일입니다. 하나님의 영역을 침범해서 스스로 하나님의 자리에 오르려고 했던 사탄이 하는 모든 일은 경계선을 넘어서서 침범하고 빼앗아 취하여 자기 왕국을 크게 만드는 것에 있습니다. 스스로 자기 왕국을 만들려고 하는 자, 자기 기념비를 세우고 자기 이름을 내려고 하는 자, 하나님의 영광의 영역을 침범하는 자, 하나님이 세우신 권위를 넘어서는 자는 내침을 당하고 쫓겨나게 되어 하나님의 킹덤에 들어갈 수 없습니다. 자기에게 주어진 영역을 지키고 다른 사람의 영역을 존중하고 보호해 주며 그것을 허락하고 맡기신 하나님의 주권을 인정하는 것이 질서이고, 권위에 대한 하나님의 질서와 주권을 따르는 것이 순종입니다.

【주제 #5】 다단과 아비람

레위 지파들의 많은 무리가 고라의 반역에 가담했다. 성막을 섬겼던 그들은 고라처럼 모세와 아론이 가지고 있었던 영적 권위를 그들도 나눠 가지게 되길 바라는 마음이 있었기 때문이다. 레위 지파의 고핫 자손의 지도자 중 한 사람이었던 고라의 반역에 레위 지파가 가담한 것은 어느 정도 납득이 가는데 르우벤 지파의 지도자들이었던 다단과 아비람은 어떻게 이들의 반역에 가담하게 된 것일까?

유대 전승에서는 다담과 아비람을 다음과 같이 소개하고 있다.

두 히브리인들이 서로 싸우고 있었다. 이들은 다담과 아비람이었다. 이후에 그들은 자신들의 싸움을 말리려했던 모세와도 다투었다. 이들은 모세를 향해 "누가 너를 우리를 다스리는 왕자나 재판관으로 삼았느냐?(출2:14)"라고 물었던 사람들이었다. 이들은 만나를 거두라고 한 양보다 더 많이 거둬들여 썩게 만들었던 자들이었고, 이들은 새로운 리더를 세워 다시 이집트로 돌아가자고 선동했던 자들이었다(민14:4). 그들은 악한 자들이었다 (출애굽기 랍바 1:29).

출애굽기 주석서인 출애굽기 랍바에서는 이들이 끊임없이 문제를 일으킨 사람들이었다고 보고하고 있으며, 또 다른 미드라쉬에서는 이들이 모세가 이집트인을 죽였고, 그가 폭도라고 파라오에게 거짓 고발했던 자들이었다고 기록하였다.[17] 이들은 르우벤 지파를 대표하는 지도자들로서 광야 산헤드린이었던 70명의 장로들 중에 하나였을 것이라 추정된다. 왜냐하면 민수기 16:2에서 그들이 이스라엘 자손의 총회에서 택함 받은 자들이었다고 말하고 있기 때문이다.

가말리엘의 제자였으며 토라의 말씀에 능통했던 스데반은 사도행전 7장에서 산헤드린 앞에서 모세를 거역했던 자들의 이야기를 예로 들면서 자신의 조상들이 끊임없이 대들고 거역했던 모세를 하나님이 선지자와 이스라엘의 구원자로 세우셨던 것처럼 이스라엘의 종교 지도자들과

---

17 Yishmach Moshe in Yalkut Moshiach: Shelach Korach, 340

다수의 백성들이 거절하고 거역한 예슈아가 바로 하나님이 보내신 메시아라는 것을 선포하였다. 스데반은 이스라엘을 구원한 선지자 모세를 거역했던 조상들의 완악함처럼 그들이 구원자이자 메시아인 예슈아를 거절했다고 책망하였다(행7:51). 스데반은 모세를 메시아의 예표로 보면서 전통과 전승에 매여있는 산헤드린의 지도자들이 알아듣기 쉽도록 설교한 것이었지만 그들은 여전히 알아듣지 못했다.

예슈아를 거절한 이들의 완악함은 광야 산헤드린의 일원이었던 다단과 아비람의 흐름이었고, 다단과 아비람의 거역은 메시아를 거역한 것으로 그 흐름이 수천 년이 지난 후에도 예슈아 시대 때의 산헤드린까지 이어져 예슈아를 죽였고, 스데반을 죽였다. 지금도 이 흐름은 계속 이어져 있어서 세상은 다시 오실 예슈아를 강력히 거부하며 예슈아를 따르는 자들의 피를 흘리게 할 것이다. 그러나 다단과 아비람을 심판하신 하나님이 예슈아를 따르는 자들을 죽이고 메시아이신 예슈아를 끝까지 거부한 자들을 마지막 날에 심판하실 것이다.

DAY 2 민 16:15-24 / DAY 3 민 16:25-35

심판

모세와 아론의 권위에 침범할 뿐 아니라 하나님의 주권에 도전하는 고라와 반역의 일당들 앞에서 누가 정말 하나님께 속한 자인지를 알기 위해 모세는 향로에 불을 담고 하나님 앞에 모이자고 제안합니다(민16:17). 모세는 고라와 함께 했던 르우벤 지파 엘리압의 아들 다단과 아비람에게도 사람을 보내어 향로를 가지고 나오도록 하지만 그들의 대답은 다음과 같습니다.

우리는 올라가지 않겠노라 네가 우리를 젖과 꿀이 흐르는 땅에서
이끌어 내어 광야에서 죽이려 함이 어찌 작은 일이기에
오히려 스스로 우리 위에 왕이 되려 하느냐 네가 우리를 젖과 꿀이 흐르는

땅으로 인도하여 들이지도 아니하고 밭도 포도원도 우리에게 기업으로
주지 아니하니 네가 이 사람들의 눈을 빼려느냐
(너희가 사람들의 눈을 장님처럼 보고 속이고 있다)
우리는 올라가지 아니하겠노라(민16:12-14)

이 말은 지금까지 이스라엘 백성의 반역 때문에 하나님이 노하시어 광야의 방랑이라는 벌을 허락하신 것을 그들은 모두 모세가 스스로 왕이 되기 위해 꾸민 작전이라고 생각하고 있음을 나타냅니다. 그들은 자신들의 범죄함을 보지 않고 오직 지도자인 모세가 스스로 왕이 되기 위해 백성들을 속이고 있다고 말하면서 출이집트와 광야 생활의 과정에서 거역으로 인해 많은 심판을 거쳤음에도 여전히 완악한 마음을 드러냅니다. 하나님이 벌과 심판을 주시는 것은 그것을 통해 교훈을 얻고 돌이키라는 sign입니다. 그러나 그 과정에서 벌과 심판에만 집중한 나머지 하나님의 마음을 보지 못할 때 사람들의 마음은 더욱 악해지고 강퍅해지는 것을 보게 됩니다. 무엇에 집중할 것인가는 자신의 선택입니다. 돌이킬 수 있는 기회가 주어졌을 때 마음을 돌이키고 생각을 고집스럽게 가지지 않는 것이 구원의 기회를 얻는 방법입니다.

이들의 완악함과 불신에 모세는 크게 노하고 하나님께 자신의 정직함을 호소하며 하나님께 가까이 나아감을 얻도록 하는 코르반의 예물을 그들로부터 받지 않으시기를 요청합니다(민16:15). 그리고 고라와 250명이 지도자들에게 향로를 들고 나오도록 재차 요구하고 고라와 250명은 향로를 들고 회막 앞으로 나아옵니다. 고라는 온 회중의 지지를 받으며 회막 문 앞에 서고 사람들의 지지를 등에 업고 모세와 아론 두 사람을 대적하려고 하지만 그 순간 하나님의 영광이 온 회중 앞에 나타납니다(민16:19). 끝까지 마음을 완악하고 강퍅하게 가진 고라와 다단과 아비람이 처자와 유아들과 함께 자기 장막에 섭니다.

모세는 반역자들이 모세를 향해 말한 스스로 높이려 하며 왕이 되려고 한다는 누명이 거짓말이라는 것을 드러내고 자신을 세우신 분이 하나님이시며 모든 것이 하나님으로부터 온 일이라는 것을 나타내기 위해 하나님께 새 일을 행하셔서 땅이 입을 벌려 그들이 산 채로 스올에 빠지게 하시기를 구합니다(민16:30). 스올은 죽은 자들이 가는 곳입니다. 그런데 모세는 살아있는 자들을 죽은 자들이 가는 곳으로 보내달라는 요청을 하면서 이것이 새 일이라고 말합니다. 한국어로는 '새 일을 행하사'라고만 번역되었지만 히브리어에서 '창조를 창조하실 것이라면'이라는 의미로 '창조'라는 단어가 명사(브리아בְּרִיאָה)와 동사(이브라יִבְרָא)로

두 번 반복하여 사용되었습니다. 다시 말해, 모세는 "하나님이 새 창조를 창조하여 주실 것이라면"이라고 말하며 이전에 한 번도 없었던 일을 일으켜 주시길 요청한 것이었습니다. 단순히 모세와 아론의 권위를 침범한 것이 아니라 하나님의 권위와 주권을 침범한 악함을 보인 자들을 향해 모세는 하나님이 직접 그 땅을 가르셔서 온 우주의 주권자가 하나님이심을 보여주시고, 자신들의 권위가 하나님의 주권 아래 세워진 것임을 온 회중이 알게 하시길 요청한 것이었습니다.

그의 말이 마치자마자 땅이 입을 열고 고라와 그에 속한 모든 것, 다단과 아비람과 그에 속한 모든 것을 삼키고 그들이 산 채로 스올에 빠지면서 하나님의 주권과 능력이 모든 회중 앞에 나타났습니다. 스스로를 높이고 모세와 아론을 대적하였던 자들이 모두 이스라엘 회중 앞에서 심판을 받았을 뿐 아니라, 또한 여호와의 불이 나와 분향하고 있던 250명을 불살라 버렸습니다. 하나님의 심판이 땅의 진동(지진)과 불로 나타났습니다.

고라와 다단과 아비람, 그리고 지도자 250명의 반역과 심판은 메시아의 통치와 왕권을 저지하고 저항하는 적그리스도의 반역과 심판의 예표입니다. 메시아이신 예슈아를 대적하고 예슈아를 따르는 자들, 그리스도인들을 대적하는 적그리스도과 적그리스도의 무리들은 지진과 불로 심판받을 것입니다. 그리고 마지막 때에 이스라엘을 대적하는 나라들도 지진과 불로 심판받을 것입니다. 사탄은 메시아가 오셔서 열방을 통치할 중심으로 삼으실 이스라엘을 없애서 메시아가 오지 못하도록 하기 위해 열방을 충동하여 격렬하게 이스라엘을 없애려고 할 것이고, 사탄의 충동에 넘어가서 이스라엘을 대적하는 나라는 결국 하나님의 심판을 면할 수 없을 것입니다.

> 만군의 여호와께서 우레와 지진과 큰 소리와 회오리바람과
> 폭풍과 맹렬한 불꽃으로 그들을 징벌하실 것인즉
> 아리엘(예루살렘)을 치는 열방의 무리 곧 아리엘과 그 요새를 쳐서
> 그를 곤고하게 하는 모든 자는 꿈 같이, 밤의 환상 같이 되리니(사29:6-7)

DAY 4 민 16:36-50

심판을 멈추게 한 중보와 예배

이런 심판의 과정을 보았음에도 여전히 그 마음이 스올에 삼켜진 반역자들에게 있었던 회중은 스올의 심판이 있었던 그 다음날 다시 모세와 아론을 향해 그들이 여호와의 백성을 죽였다고 원망했습니다(민16:41). 지독하리만큼 사그라들지 않는 반역의 기운을 심판하시고자 하나님은 회중 가운데 염병을 보내셨고 순식간에 사람들이 죽기 시작했습니다. 지진과 불의 심판을 보고도 회개하지 않은 완악한 백성들에게 전염병의 심판이 이어집니다. 아론은 이 때 자신의 제사장적 중보직을 감당하면서 향로에 제단의 불을 담아 죽은 자와 산자 사이에 섭니다. 향로에 담긴 불로 아론이 올려 드린 속죄의 제사는 14,700명의 사망자를 내고 염병을 그치게 합니다.

하나님이 노하셔서 이스라엘 백성을 멸하시겠다고 결정한 순간이 광야에서 4번 있었습니다. 모세가 시나이 산에서 하나님과 이스라엘 백성의 언약의 돌판인 십계명을 받고 있을 때 이스라엘 백성은 하나님을 반역하여 황금 송아지를 향해 예배하고 있었고 그 순간 하나님은 모세를 향해 "내가 그들을 진멸하고 너를 큰 나라가 되게 하리라(출32:10)"고 말씀하셨습니다.

또 한 번은 가나안 땅을 눈 앞에 두고 약속의 땅 에덴-동산의 산지의 아름다움을 보고 돌아오라고 정탐꾼을 보내셨는데 그들이 엉뚱하게 자기들의 시선과 입장에서 하나님의 계획과 반대되는 보고를 하며 하나님이 주신 땅에 대해 악평하였을 때 하나님은 "내가 전염병으로 그들을 쳐서 멸하고 네게 그들보다 크고 강한 나라를 이루게 하리라(민14:12)"고 말씀하셨습니다.

그런데 이와 같은 하나님의 진노가 고라의 반역의 과정에서 2번이나 연이어집니다. 고라가 회중을 모아놓고 모세와 아론을 대적하려는 순간 하나님이 나타나셔서 "너희는 이 회중에게서 떠나라 내가 순식간에 그들을 멸하려 하노라(민16:21)"고 말씀하십니다. 또 고라와 그 무리들의 심판을 보고도 모세와 아론을 향하여 원망을 그치지 않고 여전히 모세와 아론을 대적할 때 하나님이 나타나셔서 같은 말씀을 하십니다. "너희는 이 회중에게서 떠나라 내가 순식간에 그들을 멸하려 하노라(민16:45)"

　길고도 지독한 반역의 과정이 끝났지만 이 과정에서 이스라엘 백성은 한 순간에 멸망 당할 뻔하였습니다. 하나님은 이스라엘 백성을 4번이나 전멸하려고 하셨습니다. 그때마다 하나님의 진노를 잠재운 것은 모세의 엎드림이었습니다. 엎드림은 나를 낮춤으로 왕이신 하나님의 주권을 인정하고 그분을 높이는 것입니다. 엎드림은 하나님과 죄를 지은 백성 사이의 중재의 역할을 하는 예배와 중보의 자세입니다. 모든 것을 멸하실 수 있는 하나님 앞에서 감히 하나님의 주권을 인정하지 않고 몰라보는 방자한 백성들을 대신하여 구원을 호소하며 엎드리는 자세를 가진 그 한 사람을 통해 나라와 민족이 구원됩니다.

　이스라엘 자손의 온 회중이 모세와 아론을 원망하여 "너희가 여호와의 백성을 죽였도다"라고 하며 모세와 아론에게 몰려들어 치려고 할 그 순간 구름이 순식간에 회막을 덮었고 여호와의 영광이 나타났으며 구름 기둥 안에서 내려오신 여호와께서 회막 앞으로 가까이 다가오는 모세와 아론에게 말씀하십니다. "너희는 이 회중에게서 떠나라 내가 순식간에 그들을 멸하려 하노라" 두 사람이 엎드려 있는 중에 모세가 영적으로 감지합니다. "여호와께서 진노하셔서 백성들을 전염병으로 순식간에 멸하시기로 작정하셨구나!" 모세는 함께 엎드려 있던 아론에게 말합니다. "향로를 취하고 제단의 불을 그것에 담아 그 위에 향을 피워서 급히 회중에게로 뛰어가서 그들을 위하여 속죄하라" 아론이 신속하게 향로에 제단 숯불을 담고 향을 피워서 회중 안으로 달려들어가며 "당신의 자비와 긍휼이 이 백성을 향한 당신의 진노를 넘어서는 것이 당신의 뜻이 되게 하소서"라고 중보의 기도를 올려드리면서 죽은 자와 산 자 사이에 섰을 때 전염병이 그 자리에서 멈추고 여호와께서 노여움을 푸셨습니다.

　이 심판의 과정에서 대제사장 아론의 향로의 분향 중보기도는 전염병을 그치게 하였습니다. 그는 죽은 자와 산 자 사이에 서서 속죄의 제사를 올려드리며 제사장적 직분을 감당했습니다. 하나님과 악한 사람들 사이에 서서 중보적인 예배를 올려드리고 엎드려 중보기도하는 자를 통해 하나님이 멸망시키시려던 민족과 나라가 위기를 넘어가게 됩니다. 그리고 지금이 바로 민족과 나라를 구하는 예배와 중보기도가 올려지도록 하나님 앞에 엎드려야 하는 때입니다. 제사장의 의복을 입고 금향로에 제단 숯불을 담아 기도의 향을 올려드리며 급하게 하나님의 백성 안으로 뛰어들어가며 하나님의 자비와 긍휼과 용서를 구하던 아론의 모습과 회막 앞 여호와의 발 앞에 엎드려 주님의 마음을 돌이켰던 모세의 중보기도의 자세가 교회에 필요한 때입니다.

DAY 5 민 17:1-13

메시아의 규

하나님의 주권과 권위를 침범한 반역에 가담했던 자들이 지진과 불의 심판을 받은 것을 보고도 완악한 마음을 돌이키지 않은 이스라엘 백성을 향해 모세는 하나님의 선택을 확실히 하기 위해 각 지파별로 12개의 지팡이를 가져오도록 합니다. 그리고 각 지파의 지팡이에는 지파의 이름을 쓰게 했지만 레위 지파의 지팡이에는 아론의 이름을 쓰도록 함으로써 레위 지파 가운데서도 누구에게 하나님의 권위가 있는지를 증명하고자 했습니다. 반역을 주도했던 고라는 레위 지파였고 그가 레위인들의 마음을 선동하여 아론을 대적했기 때문입니다.

백성들은 지도자에 의해 좌지우지되는 경우가 많습니다. 일반 백성들은 분별력을 갖기 어렵기 때문에 어떤 지도자가 어떻게 말하는가에 따라 영향을 받고, 자신들의 먹고 사는 문제를 잘 해결해주는 지도자를 따르려는 경향이 있습니다. 그래서 지도자에 의해 잘 선동되기도 합니다. 지도자들은 그런 백성들의 심리를 활용하여 자신들에게 유리한대로 나라를 이끌어 가려고 합니다. 지도자가 아주 악하지 않은 이상 백성들은 그냥 순응하며 따르지만, 지도자의 악정이 극에 달하면 그때는 백성들도 반란을 일으킵니다. 백성들이 반란을 일으키는 지경까지 갔다면 그것은 나라가 걷잡을 수 없이 타락했기 때문이라는 것을 역사를 통해서 볼 수 있습니다.

반역은 늘 자신이 권위를 가지고 있다고 생각하는 자들, 리더들 그룹에서 일어납니다. 자신의 권위를 높이고 확장하고자 하는 악한 리더들은 자신을 추종하는 세력을 만들고 그 힘을 키우기 위해 많은 수의 백성들을 선동합니다. 출이집트를 하는 순간부터 백성들을 선동하고 반역을 했던 자들은 대부분이 리더 그룹이었습니다. 리더 그룹의 반역 중에서도 레위 지파인 고라 자손의 반역은 같은 지파이자 가족인 모세와 아론을 향한 반역으로 가족들 사이에서 권력에 대한 탐욕 때문에 일어난 반역으로 볼 수 있고 그렇기 때문에 그 영향력은 엄청났습니다. 백성들이 심판을 보고도 마음을 돌이키지 못한 것은 하나님의 거룩한 성소를 섬기는 영적 권위를 가진 고라와 레위 지파를 따르는 자들이 많았기 때문일 것입니다.

그래서 모세는 12지파를 대표하는 지팡이 가운데서도 레위 지파의 지팡이에는 아론의 이름을 쓰게 했고, 이로써 하나님이 레위 지파만 선택하신 것이 아니라 그 가운데서도 아론을 선택하셨음을 모든 백성들 앞에서 공식적으로 확실하게 하고자 했습니다. 모세는 12개의 지팡이를 증거의 장막, 지성소의 법궤 앞에 두었고 다음날 아론의 지팡이에는 움이 돋고 순이 나고 꽃이 피어서 살구 열매까지 열렸습니다(민17:8). 12개의 지팡이가 각 지파에게 돌아갔고 모든 백성들이 아론의 지팡이에 난 새싹과 꽃과 열매를 보았습니다. 그들이 가져온 죽은 나뭇가지와 같은 지팡이에서 새싹과 꽃과 열매가 맺힌 것은 죽음에서 생명이 일어난 부활을 의미합니다. 이사야는 이새의 줄기에서 한 싹이 나고 그 뿌리에서 한 가지가 나서 결실할 것이라 예언했고(사11:1), 예레미야는 다윗에게서 한 공의로운 가지가 나게 하여 이 땅에 정의(쩨델)와 공의(미쉬하트)를[18] 실행할 것이라 예언했습니다(렘33:15). 두 예언 모두 메시아이신 예슈아를 의미하는 것으로 예슈아는 다윗의 나무에서 나온 한 가지로써 정의와 공의를 실행하실 왕입니다. 싹이 나고 열매를 맺은 아론의 지팡이는 메시아이신 예슈아를 의미하며, 또한 그의 부활을 예표한 것입니다. 이스라엘이 지도자들과 모세와 아론을 거절했듯이, 후에 가룟 유다는 예슈아를 악한 종교인들에게 팔았고 백성들을 선동하여 예슈아를 죽였습니다. 그러나 죽은 나뭇가지와 같은 지팡이에서 열매를 맺게 하셨듯 하나님은 예슈아를 죽음에서 일으키셔서 부활의 첫 열매가 되게 하셨습니다.

지팡이는 통치의 막대기를 상징합니다. 모세가 지파에게 가져오도록 명령한 지팡이들은 지파를 다스리는 통치를 상징하는 것으로 하나님이 누구에게 그 권위를 허락하셨는지를 보여주고자 함이었습니다. 통치의 막대기를 들고 있는 사람은 왕이며, 온 우주의 왕은 메시아이신 예슈아입니다. 예슈아는 권능의 날에 거룩한 백성들과 함께 이 땅에 오셔서 뭇나라들을 심판하시고 만왕의 왕으로서 우리를 왕과 제사장으로 세우셔서 우리와 함께 온 땅을 다스리실 것입니다.

> 여호와께서 시온에서부터 주의 권능의 규를 내보내시리니
> 주는 원수들 중에서 다스리소서(시110:2)

---

[18] 하나님의 킹덤의 보좌의 기초인 쩨델과 미쉬파트에 대한 것은 예루살렘에서 히브리적 관점으로 읽는 출애굽기 16주간 주제#5 참고

DAY 6 민 18:1-7

하나님 앞에서 다시 정렬되는 레위인들

아론의 싹난 지팡이를 본 이스라엘 자손들은 하나님의 확실한 표징 앞에서 두려워하며 모세를 향하여 자신들이 죽게 되었음을 연달아 호소합니다.

이스라엘 자손이 모세에게 말하여 이르되 보소서
우리는 죽게 되었나이다 망하게 되었나이다 다 망하게 되었나이다(민17:12)

이들이 더욱 두려워한 것은 하나님의 성막에 가까이만 나아가도 그들이 죽게 될 것 즉, 백성들이 하나님께 가까이 나아갈 수 없게 되었다는 것이었습니다. 하나님과 백성 사이의 중재자 역할을 해왔던 레위 지파의 다수가 심판을 받았고 자신들의 반역하는 죄가 완전히 드러났기 때문입니다. 하나님은 모세가 아닌 아론을 향해 직접 제사장과 레위인들의 직무에 대해 다시 한번 상기를 시키면서 그들만 성막에 가까이 나아와 제사의 직무를 담당하도록 하라고 하십니다(민18:1).

하나님은 아론과 그의 아들들이 성소의 죄와 제사장 직분에 대한 죄를 담당하라고 말씀하십니다. 제사장은 성소와 예배를 올려드리는 제단을 섬기는 직분으로 거룩한 하나님의 집을 섬기는 것이 제사장의 첫 번째 임무입니다. 제사장은 회중이 하나님께 직접 나아갈 수 없기 때문에 하나님과 백성을 이어주는 중재자입니다. 중재자는 양쪽 모두에 포함되어 있으면서 갈등이 일어나지 않고 하나될 수 있도록 하는 사람입니다. 하나님은 아론과 그의 아들들을 중재자로 세우셨고 그들이 이 직분을 잘 감당할 수 있도록 그의 형제들인 레위인들이 그들을 돕도록 하셨습니다(민18:2). 레위인들은 제사장을 도와서 하나님을 섬기는 사람들입니다. 그러나 레위인들은 성소의 기구와 제단에는 가까이할 수 없었습니다. 그들의 직무는 오직 성막 전체를 관리하는 일과 성소와 제단(예배)을 섬기는 제사장을 돕는 것이었습니다.

하나님은 제사장을 세워 백성들이 죄의 상태에서 하나님께 나오려고 하다가 죽지 않게 보호하셨고, 제사장에게는 같은 형제인 레위인들을 주셔서 함께 직무를 감당할 수 있도록 하셨습니다. 하나님은 레위인을 제사장에게 허락한 것이 하나님의 선물이라고 말씀하셨고(민18:6), 또한 아론과 그 아들들에게 제사장의 직분을 지켜 섬기게 한 것이 하나님의 선물이라고 말씀하셨습니다(민18:7). 하나님은 반역 사건 이후에도 12지파 가운데서 하나님께 가까이 나아갈 수 있는 특별한 직임을 여전히 레위 지파에게 맡기셨고, 제사장의 직분도 아론과 그의 아들에게 맡기시는 선물을 주셨습니다. 하나님은 왜 레위 지파에게 이런 선물을 허락하셨을까요?

카이로 게니자와 쿰란 동굴에서도 발견된 유대 고대 문헌 가운데 하나인 12족장들의 유언은 야곱의 12아들들이 죽으면서 자신들의 후손들의 역사가 어떻게 될 것이고 그들이 어떤 실수를 하게 될 것인지를 바라보면서 예언하고 당부한 책입니다. 이 책 중에 '아람어 레위의 유언'에 레위의 간절한 기도문이 담겨 있습니다.[19] 레위는 자신의 후손들이 어떤 실수를 하면서 어떤 어려움을 겪을지를 바라보며 하나님께 간절히 기도를 올려드렸고, 그런 레위의 기도를 들으시고 하나님은 레위를 하늘 보좌로 직접 올리셔서 그에게 제사장의 직분을 임명하시고 그의 후손들에게 영원히 그 직분을 허락하시겠다고 언약하십니다. 아브라함과 이삭과 야곱과 언약하셨듯이 하나님은 레위와도 언약을 세우셨고 하나님의 변함없는 신실함으로 레위의 후손들은 연약함과 실수 가운데서도 제사장 직분의 축복을 이어가게 됩니다. 그래서 하나님은 레위인들과 제사장 직분이 그들에게 선물이라고 하셨습니다.

> 만군의 여호와가 이르노라 내가 이 명령을 너희에게 내린 것은
> 레위와 세운 나의 언약이 항상 있게 하려 함인 줄을 너희가 알리라
> 레위와 세운 나의 언약은 생명과 평강의 언약이라 내가 이것을 그에게 준 것은
> 그로 경외하게 하려 함이라 그가 나를 경외하고 내 이름을 두려워하였으며
> 그의 입에는 진리의 법이 있었고 그의 입술에는 불의함이 없었으며
> 그가 화평함과 정직함으로 나와 동행하며
> 많은 사람을 돌이켜 죄악에서 떠나게 하였느니라(말2:4-6)

하나님을 가까이에서 섬기는 것은 정말 귀하고 영광스러운 축복이고 선물입니다. 하지만 하나님과 백성 사이의 중재자가 되어 백성의 죄를 하나님께 가져나가고, 이를 위해 자

---

19 예루살렘에서 히브리적 관점으로 읽는 레위기 25주간 짜브 '레위의 기도문' 참고

신을 늘 정결하게 살피는 일은 부담감이 있는 일입니다. 모든 영광에는 책임과 무게가 따르고 대가 지불도 필요합니다. 하지만 대가 지불을 통해서 누군가 생명을 얻고 살 수 있다면, 그리고 하나님이 기뻐하시고 영광을 받으신다면 너무 값지고 아름다운 일입니다. 제사장과 레위인의 일은 백성들의 생명을 보존하고 지키고, 하나님의 임재가 백성과 함께 할 수 있도록 하나님을 섬기고 기쁘시게 하는 일이었습니다. 하나님은 예슈아를 통하여 우리를 왕 같은 제사장으로 부르셨습니다. 메시아닉 킹덤에서 왕이신 예슈아를 섬기고 백성들을 섬겨야 할 왕 같은 제사장이 될 우리 모두가 이 직분을 지금부터 잘 감당할 수 있는 자들로 준비되길 소망합니다.

DAY 7 민 18:8-32

레위인의 몫

고라의 사건 이후 하나님은 제사장의 직임과 레위인의 직임을 다시 한번 정확하게 상기시켜 주시면서 아론과 그의 자손들은 성소와 제사장 직분에 대한 죄를 담당하게 하고, 레위인들은 증거의 장막을 섬길 때 제사장들을 돕는 자들로 서게 하셨습니다(민18:1-2). 그리고 제사장의 몫이 될 것과 레위인의 몫이 될 것을 나누어 주십니다. 이스라엘 자손이 바치는 헌물과 지성물 중에 불사르지 않은 것은 제사장의 몫입니다. 이것은 거룩한 것이기에 제사장만 먹어야 합니다. 하나님은 이스라엘 백성들이 하나님께 드리기 위해 가져오는 첫 소산과 제일 좋은 기름, 제일 좋은 포도주와 곡식, 이스라엘 중에서 특별히 드린 모든 것을 아론과 그의 아들들에게 허락하셨습니다(민18:12-14). 하나님께 바쳐진 가장 좋은 것을 제사장들에게 허락하심으로써 하나님을 섬기는 자들에게 최고의 보상을 주셨습니다.

비록 아론은 이스라엘 자손의 땅에서 아무 기업도 분깃도 없었지만 하나님은 자신이 그의 분깃이고 기업이라 말씀하셨습니다(민18:20). 하나님이 기업이 되고 분깃이 되는 아론과 제사장들은 이 땅에서는 자신들의 소유로 취할 것이 없었지만 하늘의 기업을 받은 자들이었습니다. 제사장들은 이 땅에서 자신들의 것이라고 말할 수 있는 것은 없었지만 땅에서 나는 최고의 것을 누렸습니다. 하나님은 하나님을 섬기는 제사장들과 레위인들에게 그에 합당한 확실한 보상을 약속하셨습니다. 제사장의 영역을 정하시고 그들에게 합당한 것을 돌리셨고 레위인의 영역을 정하시고 그들에게 합당한 것을 돌리셨습니다. 하나님을 섬기는 자들을 하나님은 최고의 것으로 보상하시고 책임지십니다. 하나님이 주신 것에 감사하고 만족하는 것이 하나님의 주권을 인정하고 순종하는 것입니다.

하나님은 자신을 섬기는 자들에게 최고의 기업과 몫이 되어주셔서 하늘의 영광을 누리게 하실 뿐 아니라 땅에서도 아름다운 것을 누리게 해 주시는 분입니다. 땅에서 내 것이라고 말할 수 있는 것이 없다고 하여 가난한 것이 아닙니다. 당장 내 것이라고 말할 수 있는 것이 없다 할지라도 땅의 풍성함을 누리게 하시는 하나님의 은혜가 항상 우리와 함께합니다. 소유가 적은 것에 불평하는 것이 아니라 하나님이 지금 나에게 주신 것을 사랑하고 감사할 때 우리는 평강과 기쁨을 누리며 만족하게 될 것입니다.

이스라엘 자손의 십일조는 레위인의 몫이 됩니다. 레위인에게 기업이 없는 대신 하나님은 이스라엘 자손의 십일조를 그들에게 기업으로 허락하셨습니다. 그리고 레위인의 십일조는 하나님께 거제로 드리고 그 거제물은 아론에게로 돌리도록 하셨습니다. 이스라엘 자손은 레위인에게, 레위인은 제사장에게 십일조와 거룩하고 아름다운 것들을 돌리게 함으로써 하나님은 영적 권위와 질서를 레위 지파에게 확실하게 세워주십니다. 하나님이 정해주신 경계는 정확합니다. 그것을 인정하고 그 안에 거하면 모두가 안전하고 행복합니다. 하나님은 각자의 그릇과 분량에 맞게 허락하시는 하나님입니다.

하프타라 삼상 11:14-12:22 브리트 하다샤 행 5:1-11 / 마 26:13-24

숨겨져 있는 반역의 뿌리 – 인본주의

스탠스Stance는 '입장(立場)'이라는 뜻입니다. 어느 입장에 서있느냐에 따라 관점이 달라집니다. 서있는 자리를 바꾸지 않으면 대화가 합일이 될 수가 없습니다. 고라와 반역자들은 모세와 아론을 향해 너희가 분수에 지나치다고 했지만(민16:3) 모세와 아론은 그들을 향해 너희가 분수에 지나치다고 말했습니다(민16:9). 고라와 반역자들의 눈에 모세와 아론이 분수에 지나치다고 비쳐진 것은 사실 그들이 분수에 지나친 스탠스Stance, 입장에 서있었기 때문에 그렇게 보였던 것입니다. 그들이 교만한 스탠스에 서있었기 때문에 모세와 아론이 스스로 높이고 교만하다고 보인 것입니다. 거기에 회중을 핑계로 명분을 만들었는데 이것은 더 합리적이고 민주적이게 들리게 하기 위해서였습니다. 고라와 반역자들은 회중의 입장을 대변해 주는 척하면서 그들의 지지를 얻고 자신들의 반역을 합리화했지만 하나님의 질서와 통치, 주권에 대해서는 전혀 언급이 없었습니다. 완전히 인본주의적인 입장입니다. 그러므로 하나님의 스탠스에 서서 이야기하는 모세와 사람의 스탠스에 서서 이야기하는 고라와의 대화에서는 전혀 합일점을 찾을 수가 없습니다. 하나님의 입장과 사람의 입장 사이의 격돌이 일어날 때 이것을 해결할 수 있는 분은 오직 하나님뿐입니다.

인본주의적인 생각과 입장은 우리의 본성에 뿌리 깊게 박혀 있어서 언제든지 고개를 들고 하나님을 대적하려고 합니다. 하나님을 대적한다는 것은 하나님을 인정하지 않고 하나님의 자리에 나 자신을 놓는 것을 의미합니다. 사무엘상 12장에서 이스라엘 자손은 왕이신 하나님을 거절하고 사람의 왕을 구합니다. 하나님의 주권과 통치보다 주변 민족들이 하고 있는 것처럼 자신들도 원하는 왕을 세우고 싶었던 이스라엘 백성의 요청은 하나님에 대한 대적이었습니다. 그래서 사무엘은 슬퍼하였고 노하였습니다. 사무엘은 "너희의 하나님 여호와께서는 너희의 왕이 되심에도 불구하고 너희가 내게 이르기를 아니라 우리를 다스릴 왕이 있어야 하겠다(삼상12:12)"고 말하며 그들의 어리석음을 탓하였습니다. 그리고 하나님이 보내신 우레와 비를 통해 그들의 죄악에 대한 하나님의 마음을 보여주었습니다. 백성들은 자신들의 죄를 깨닫고 두려워했지만(삼상12:19) 사무엘은 하나님이 그들을 '자기 백성으로 삼으신 것을 기뻐하였으므로 그의 크신 이름을 위해서라도 자기 백성을 버리지 아니하실 것(삼상12:22)'이라고 말하며 그들을 위해 기도하기를 쉬지 않겠다고 말합니다.

하나님은 모세와 광야에서 이스라엘 백성을 이끄실 때 4번이나 그들을 멸하려 하셨지만 그때마다 모세는 하나님의 입장에 서서 하나님의 크신 이름을 위해서 이 일이 일어나지 않도록 중보했습니다. 한 사람의 중보가 수천 년 역사를 지켜가게 하는 힘이 되었습니다. 그리고 사무엘도 하나님을 대적하는 백성들의 어리석음을 슬퍼하면서도 자기 백성을 버리지 않으시는 하나님을 신뢰하며 그들을 위해 끝까지 기도할 것을 서원합니다. 모세와 사무엘의 스탠스가 하나님 편에 서있었기에 그들은 언제나 하나님의 입장을 대변하였고 하나님의 마음을 돌이키는 중보를 할 수 있었습니다. 진정한 중보는 하나님의 입장에 서서 하는 것입니다. 인본주의적인 입장에 서서 하는 중보가 아닌 자신의 목적을 성취하기 위해 사용되는 선동의 도구가 되어 버리고 맙니다. 중보는 우리의 목적을 위한 도구가 아닌 하나님의 스탠스에 서서 하나님의 뜻이 이루어지게 해달라고 간구하는 것입니다.

사도행전 5장에 나타난 아나니아와 삽비라의 근본적인 문제도 바로 인본주의에 있었습니다. 강력한 성령의 권능으로 이제 막 시작하게 된 초대 교회에서 아나니아와 삽비라는 자신들을 위한 작은 숨김과 속임이 큰 일이라고 생각지 않았습니다. 그래서 교회를 쉽게 속였고 또 계산과 의도를 가진 숨김과 이기심으로 자신들의 몫을 몰래 따로 챙겨 놓고 숨겼습니다. 그들이 자신들의 몫을 챙긴 것은 인간적인 입장에서 보면 합리적인 일일 수 있지만 하나님의 거룩한 성령으로 충만한 공동체의 입장에서는 성령님을 무시하는 일이었으며 사탄이 틈을 타서 공동체를 무너뜨리게 할 수도 있는 일이었습니다. 베드로는 그들이 헌금을 다 드리지 않은 것에 초점을 맞춘 것이 아니라 그들의 마음의 의도에 숨겨져 있는 인본주의와 사탄적인 것을 본 것이었습니다.

아나니아야, 어찌하여 사탄이 네 마음에 가득하여 네가 성령을 속이고(행5:3)

그 당시 초대교회의 거룩한 하나님의 공동체에 작은 어둠도 용납할 수 없었기에 베드로는 그들의 심중을 간파하고 단번에 그 어둠을 잘라내 버림으로 공동체에 사탄적인 것과 작은 속임도 들어오지 못하도록 하였습니다. 숨겨져 있는 의도와 교만, 대적은 인본주의적인 뿌리로부터 시작됩니다. 이것은 하나님의 질서를 무너뜨리고 자신뿐 아니라 공동체 전체에게 죄와 거짓과 속임의 문을 열어주는 것입니다. 교만과 대적은 전염병과 같기 때문입니다.

모세가 연약했기 때문에 공격을 받은 것이 아닙니다. 하나님의 영역을 침범하고 무너뜨리려는 사탄의 공격과 하나님의 스탠스가 아닌 사람의 스탠스에 서려는 교만이 하나님이 세우신 권위자를 공격하게 한 것입니다. 권위에 대한 공격은 공동체 전체 권위 구조에 손상을 입히고 질서의 혼란과 방자함으로 이어집니다.

하나님은 모세가 공격을 받을 때, 그리고 반역자들이 숨겨진 의도를 가지고 하나님의 교회를 속이려 할 때 그것을 하나님 자신을 향해서 한 것으로 인식하셨습니다. 모세를 공격한 것이 아니라 하나님을 공격한 것이고, 교회를 속인 것이 아니라 성령님을 속인 것이었습니다. 하나님을 대신하도록 세우신 사람과 공동체를 하나님 자신으로 인식하신 것이 하나님의 인식입니다. 그렇기 때문에 하나님이 대적자(고라)와 속이는 자(아나니아와 삽비라)를 철저하게 다루신 것입니다.

하나님을 대적하는 근본적인 문제는 인본주의입니다. 하나님 중심이 아니라 사람 중심으로 생각하는 것, 이것이 문제의 근원입니다. '사람 중심'이라는 말은 좋게 들리는 슬로건이지만 하나님 나라의 통치 이념이 아니고 교회가 환영해야 할 슬로건이 아닙니다. 이렇게 듣기에 좋은 슬로건에는 숨은 아젠다가 있음을 간파해야 합니다. 가장 '하나님 중심'적인 것이야말로 인간을 가장 인간답게 살아갈 수 있도록 하고 인간의 가치를 가장 존엄하게 해주는 것입니다. 하나님의 대적자인 '사탄'이 되지 않기 위해서는 철저히 인본주의를 뿌리 뽑아야 합니다. 사람의 마음을 대변하려고 하지 말고 내가 사람을 세워주려고 해서도 안됩니다. 또 내가 사람을 폐하려고 해서도 안됩니다. 사람을 세우시고 폐하시는 모든 주권은 하나님께 있습니다. 예슈아가 온 우주의 왕이십니다. 그분이 곧 오십니다. 그 날이 올 때까지 우리에게 기회를 주시고 기다려 주시는 긍휼과 사랑 앞에 겸손히 다룸 받고 그분 앞에 날마다 엎드릴 때 우리는 하나님의 스탠스Stance, 입장에 서서 하나님의 마음을 대변할 수 있게 될 것입니다. 하나님의 마음을 대변하는 자가 진정한 중보자입니다.

【주제 #6】 살아남은 고라 자손들의 깊은 영성

땅이 그 입을 열어 그들과 그들의 집과 고라에게 속한 모든 사람과 그들의 재물을 삼키매
그들과 그의 모든 재물이 산 채로 스올에 빠지며 땅이 그 위에 덮이니
그들이 회중 가운데서 망하니라 그 주위에 있는 온 이스라엘이
그들의 부르짖음을 듣고 도망하며 이르되 땅이 우리도 삼킬까 두렵다 하였고
여호와께로부터 불이 나와서 분향하는 이백오십 명을 불살랐더라(민16:32-35)

민수기 16장에서는 '땅이 입을 열어 다단과 아비람과 고라에게 속한 모든 사람과 그들의 재물을 삼켜서 그들 모두가 산 채로 스올에 빠졌고 땅이 그 위에 덮였다'라고 기록되었다. 여호와를 멸시한 그들이 회중 가운데서 어떻게 멸망하였는지에 대해서 극적으로 표현하기 위해서 고라의 아들들이 멸망되지 않고 살아남게 된 이야기는 민수기 16장에서는 언급하고 있지 않다. 하지만 민수기 26장에서 모압 평지에서 행한 두 번째 인구조사 명단(민26:9-11) 중에 르우벤 지파의 다단과 아비람이 고라가 반역을 주동할 때 동조하여 모세와 아론을 대적하다가 고라와

함께 땅에 삼켜져서 죽었고 250명의 족장들은 불에 삼켜 본보기가 되게 하셨다고 한 후 민수기 26:11에 특이한 한 문장이 보충 설명되어 있다.

그러나 고라의 아들들은 죽지 아니하였더라(민 26:11)

이 반역의 주동자는 고라였고 처음에는 고라의 아들들이 다 함께 동참했었지만 다단과 아비람의 가족들과 고라가 땅에 삼켜져 죽을 때 사실 고라의 아들들은 그때 고라와 함께 죽지 않고 살아 남게 되었다.

11세기 후반 중세 유럽 프랑스에 살았고 현재까지 영향력 있는 탈무드와 성경 주해가인 랍비 쉴로모 이쯔하키(라쉬)는 아래와 같이 주해하고 있다.

처음에 그들은 그들의 아버지의 편에 서 있었다. 충돌과 갈등이 심화되면서
그들은 아버지 고라와 따로 서려고 했었고 그들 주변의 모든 반역자들이
땅 밑으로 삼켜지고 빨려 내려가고 있을 때 땅은 그 입을 벌리고 있었고
그들이 서 있던 장소는 땅의 벌린 입안에 남겨졌다.
그 곳에서 그들은 찬송을 부르기 시작했다. 거기서 시편 42편 같은 찬양들이 영감을 받아
나오게 되었다. 그때 그들은 거기서부터 올려졌고
거룩한 영의 감동들이 그들을 감싸게 되었다(Rashi on Psalms 42:1)

고라의 아들들은 반역의 초반에 그들의 아버지 편에 함께 서서 모세와 아론을 대적했지만 어느 순간 그들은 멈춰 섰고 그들이 어디로 돌진해가고 있는지를 바라보게 되었다. 그들의 아버지 고라가 땅으로 삼켜질 때 그들도 함께 땅으로 빨려 내려갔다. 땅으로 빨려 내려가면서 땅 아래 깊은 곳에서 그들은 이미 그들의 잘못됨을 깨닫고 인식하였지만 용기 있게 행동으로 옮기지 못했음을 후회하며 회개하였고 하나님을 향한 그들의 간절한 마음을 쏟아 부었다. 그러는 중에 그들은 땅으로부터 올려졌고 그들은 살아남은 자들이 되었다.

시편에는 12개의 고라 자손의 시편이 있다(시편 42-49, 84-85, 87-88). 고라 자손의 시편들에서 우리는 고라 자손들의 후대의 활동을 엿보게 된다. 그들은 예루살렘 성전 시대에 성전에서 예배 찬양을 주관하는 리더들로 그 중에 헤만은 다윗이 세운 288명의 찬송하기를 배워 익숙한 자들을 지도하던 한 리더였으며 하나님의 말씀을 받드는 왕의 선견자였다. 선지자 사무엘도 고라 자손에 속한 자였다.

고라 자손의 시편은 많은 자들에게 사랑받는 잘 알려진 유명한 구절들이 많다. 그 주제들도 심오하고 깊다. 하나님을 향한 간절한 부르짖음, 절대적인 신뢰, 극락의 하나님께 나아가는 찬송의 절정, 하나님의 종말론적인 통치를 내다봄, 절망과 스올에서부터 구원, 깊은 지성소의 예배의 즐거움 등 고라 자손의 시편들은 하나님을 향한 간절하고 깊은 마음을 잘 표현하고 있다.

하나님이여 사슴이 시냇물을 찾기에 갈급함 같이
내 영혼이 주를 찾기에 갈급하니이다
내 영혼이 하나님 곧 살아 계시는 하나님을 갈망하나니
내가 어느 때에 나아가서 하나님의 얼굴을 뵈올까(시42:1-2)

하나님은 우리의 피난처시요 힘이시니 환난 중에 만날 큰 도움이시라
그러므로 땅이 변하든지 산이 흔들려 바다 가운데에 빠지든지 바닷물이 솟아나고 뛰놀든지
그것이 넘침으로 산이 흔들릴지라도 우리는 두려워하지 아니하리로다(시46:1-3)

하나님께서 즐거운 함성 중에 올라가심이여 여호와께서 나팔 소리 중에 올라가시도다
찬송하라 하나님을 찬송하라 찬송하라 우리 왕을 찬송하라(시47:5-6)

여호와는 위대하시니 우리 하나님의 성, 거룩한 산에서 극진히 찬양 받으시리로다
터가 높고 아름다워 온 세계가 즐거워함이여
큰 왕의 성 곧 북방에 있는 시온 산이 그러하도다(시48:1-2)

그러나 하나님은 나를 영접하시리니
이러므로 내 영혼을 스올의 권세에서 건져내시리로다 (셀라)(시49:15)

만군의 여호와여 주의 장막이 어찌 그리 사랑스러운지요
내 영혼이 여호와의 궁정을 사모하여 쇠약함이여
내 마음과 육체가 살아 계시는 하나님께 부르짖나이다(시84:1-2)

주의 궁정에서의 한 날이 다른 곳에서의 천 날보다 나은즉
악인의 장막에 사는 것보다 내 하나님의 성전 문지기로 있는 것이 좋사오니(시84:10)

고라 자손들의 시편을 볼 때 우리는 이러한 심오한 영적 경험들을 한 이 고상한 사람들이 그들의 예배 안에서 영혼의 깊은 곳까지 다루며 끌어내는 영적 에너지를 찬양으로 승화시켰음을 알 수 있다. 고라 자손들은 고라의 아들들의 극적인 구원의 경험으로부터 하나님에 대한 갈망, 하나님을 가까이함에 대한 거룩한 간절함에 대한 깊은 내면의 소리를 시편의 노래로 표현하고 있다.

고라 자손들의 이러한 본보기는 낮은 영적인 단계에서부터 믿을 수 없을 정도로 높이 고양된 영적인 단계까지 오르게 된 사람들의 샘플을 보여주고 있다. 고라 자손들의 극적인 경험은 많은 사람들로 하여금 인간의 깊은 내면과 하나님의 영광의 높음을 그들의 시편 찬송을 통하여 체험하는 길을 열어주었다.

코라흐 주간의 말씀

1. 하나님이 주시는 직임과 직분은 크고 작음, 높고 낮음의 문제가 아닙니다. 비교는 불필요한 교만이나 열등감을 가져오고 이것은 결국 반역으로 이어집니다. 하나님의 주권을 인정하고 하나님이 정해주신 그 일을 감당하는 것이 지혜롭고 겸손한 자의 모습입니다.

2. 경계는 하나님이 정해주시는 것입니다. 하나님이 정해주신 경계를 넘어 하나님의 영역을 침범하고 다른 사람의 영역을 침범하는 것은 하나님의 주권을 인정하고 있지 않는 것입니다. 그러므로 권위의 침범은 그 경계를 허락하신 하나님의 주권을 침범하는 것입니다.

3. 각자에게 맡겨지는 역할과 직임과 직분은 하나님의 주권 아래서 선택되며 맡겨지는 것입니다. 하나님의 선택과 결정은 언제나 선합니다. 우리는 하나님의 주권에 따른 선택과 결정을 신뢰해야 합니다.

4. 자기에게 주어진 영역을 지키고 다른 사람의 영역을 존중하고 보호해 주며 그것을 허락하고 맡기신 하나님의 주권을 인정하는 것이 질서이고, 권위에 대한 하나님의 질서와 주권을 따르는 것이 순종입니다.

5. 고라와 다단과 아비람, 그리고 지도자 250명의 반역과 심판은 메시아의 통치와 왕권을 저지하고 저항하는 적그리스도의 반역과 심판의 예표입니다. 메시아이신 예슈아를 대적하고 예슈아를 따르는 자들, 그리스도인들을 대적하는 적그리스도과 적그리스도의 무리들은 지진과 불로 심판받을 것입니다.

6. 하나님은 이스라엘 백성을 4번이나 전멸하려고 하셨습니다. 그때마다 하나님의 진노를 잠재운 것은 모세의 엎드림이었습니다. 엎드림은 나를 낮춤으로 왕이신 하나님의 주권을 인정하고 그분을 높이는 것입니다. 엎드림은 하나님과 죄를 지은 백성 사이의 중재의 역할을 하는 예배와 중보의 자세입니다.

7. 하나님은 자신을 섬기는 자들에게 최고의 기업과 몫이 되어주셔서 하늘의 영광을 누리게 하실 뿐 아니라 땅에서도 아름다운 것을 누리게 해 주시는 분입니다. 땅에서 내 것이라고 말할 수 있는 것이 없다고 하여 가난한 것이 아닙니다. 당장 내 것이라고 말할 수 있는 것이 없다 할지라도 땅의 풍성함을 누리게 하시는 하나님의 은혜가 항상 우리와 함께 합니다. 소유가 적은 것에 불평하는 것이 아니라 하나님이 지금 나에게 주신 것을 사랑하고 감사할 때 우리는 평강과 기쁨을 누리며 만족하게 될 것입니다.

8. 진정한 중보는 하나님의 입장에 서서 하는 것입니다. 인본주의적인 입장에 서서 하는 중보는 중보가 아닌 자신의 목적을 성취하기 위해 사용되는 선동의 도구가 되어 버리고 맙니다. 중보는 우리의 목적을 위한 도구가 아닌 하나님의 스탠스에 서서 하나님의 뜻이 이루어지게 해달라고 간구하는 것입니다.

9. 숨겨져 있는 의도와 교만, 대적은 인본주의적인 뿌리로부터 시작됩니다. 이것은 하나님의 질서를 무너뜨리고 자신뿐 아니라 공동체 전체가 죄악으로 달려가게 하는 문을 열어주는 것입니다. 교만과 대적은 전염병과 같기 때문입니다.

10. 예슈아가 온 우주의 왕이십니다. 그분이 곧 오십니다. 그 날이 올 때까지 우리에게 기회를 주시고 기다려 주시는 긍휼과 사랑 앞에 겸손히 다룸 받고 그분 앞에 날마다 엎드릴 때 우리는 하나님의 스탠스Stance, 입장에 서서 하나님의 마음을 대변할 수 있게 될 것입니다. 하나님의 마음을 대변하는 자가 진정한 중보자입니다.

코라흐 주간의 선포

1. 모든 직임과 직분이 하나님의 주권에 따른 것입니다. 하나님의 결정은 언제나 선하고 옳다는 것을 믿으며, 다른 사람에게 주신 것과 비교함으로 교만하거나 열등감을 가지지 않게 하시고, 지혜롭고 겸손하게 하나님이 우리에게 주신 직임과 직분을 충성스럽게 감당하는 자가 되게 하소서

2. 경계를 정하시는 분이 하나님이심을 인정합니다. 하나님이 정하신 경계를 침범하여 하나님의 주권을 거스르는 죄로부터 우리를 보호하여 주소서. 하나님이 정하신 경계를 잘 지키고 보호하는 자가 되기를 원합니다. 하나님의 주권을 인정하고 하나님의 질서를 세우는 자가 되게 하소서.

3. 하나님과 하나님이 세우신 지도자의 권위에 반역하는 자들에게 임한 하나님의 심판을 기억합니다. 마음의 완악함과 불신과 교만으로 하나님을 대적하는 편에 서지 않기를 원합니다. 또한 하나님의 사람들을 물어뜯고 끌어내리려고 하는 모든 악한 세력들에게 하나님의 공의를 나타내시고, 하나님의 사람들을 보호해 주소서.

4. 하나님의 진노를 잠재우고 하나님의 심판을 돌이킨 모세처럼 하나님과 사람들 사이에서 중재하는 예배자와 중보자가 되게 하소서. 하나님의 입장에서 하나님의 마음으로 중보할 때 이 땅 가운데 하나님의 뜻이 이루어짐을 믿습니다. 하나님 앞에 겸손하게 엎드리며 열방을 섬기는 예배자들과 중보자들을 세워 주소서.

5. 하나님을 가까이에서 섬기는 것이 참으로 귀하고 영광스러운 축복임을 고백합니다. 하나님을 섬기는 자들에게 하나님께서 최고의 기업이 되어 주셔서 하늘의 영광뿐만 아니라 땅에서도 아름다운 것을 누리게 하시니 감사합니다. 하나님께서 우리에게 허락하신 것들을 사랑하고 감사함으로 날마다 평강과 기쁨을 누리는 삶 살게 하소서.

6. 우리 안에 있는 인본주의적인 뿌리를 완전히 잘라내 주소서. 이것으로부터 오는 교만과 대적을 제거해 주소서. 하나님의 질서를 무너뜨리고 우리뿐만 아니라 공동체에도 죄의 문을 열어주게 하는 일이 없게 하소서. 우리의 마음의 의도를 살피게 하시고, 철저하게 하나님의 입장(스탠스)에 서게 하시고, 하나님 중심으로 살아가게 하소서.

39주간

חֻקַּת
CHUKAT
후카트, 율례

파라샤 **민 19:1-22:1**
하프타라 **삿 11:1-33**
브리트 하다샤 **요 3:1-21 / 요 2:1-12**

DAY 1 민 19:1-10

부정을 씻는 물

거듭된 반역으로 많은 지도자들과 백성들이 죽었습니다. 하나님의 거룩한 군대인 이스라엘의 진영은 계속되는 여러 반역으로 인한 심판으로 초토화되었습니다. 하나님은 반복적인 거역과 불신, 불순종으로 하나님을 대적하는 출이집트 세대를 죽음으로 다루셨습니다. 한 번의 반역이 지나갈 때마다 죽음이라는 심판의 대가가 치러졌지만 인자와 자비가 무궁하신 하나님은 이스라엘 백성들을 정결케 하는 특별 속죄제의 규례들을 가르치심으로 다시 그들을 일으키셨습니다. 출이집트 세대는 죽었지만 광야 세대를 통해 하나님의 언약을 계속 진행해 가셔야 했기 때문입니다. 심판의 과정으로 인해 이스라엘 진영은 사망의 기운이 짙어졌고 많은 사람들의 죽음으로 시체에 닿게 된 사람들도 늘어남에 따라 진영 전체가 거의 다 부정하게 되었습니다. 그래서 하나님은 시체에 닿음으로 부정하게 된 사람들과 또 그로 인해 부정해진 진영을 정결하게 하는 법의 율례(후카트 하토라חֻקַּת הַתּוֹרָה)를 허락하십니다.

토라תּוֹרָה는 법을 의미하고 호크חֹק는 율례를 의미하는데 법은 포괄적인 상위의 개념이고 율례는 그 법 아래서 지켜야 할 세부 법령을 의미합니다. 하나님이 정해주신 토라의 법 가운데서 지켜야 할 하나의 율례는 부정을 씻는 물을 만드는 붉은 암송아지의 재였습니다. 하나님은 온전하여 흠이 없고 멍에를 메지 않아서 사람의 손을 타지 않은 붉은 암송아지를 준비하도록 하십니다. '흠이 없다'라고 번역된 히브리어 뭄מוּם은 '얼룩지거나 더럽혀지거나 손상되지 않아 흠과 결점이 없는'이란 뜻을 가지고 있습니다. 건강하고 온전한 붉은 암송아지의 조건으로 털 하나라도 붉지 않은 색의 털이 있으면 온전하여 흠이 없는 붉은 암송아지로 인정되지 않습니다. '아직 멍에를 메지 않은'의 멍에(올עֹל)는 '심하게 다뤄지다, 함부로 취급받다'라는 뜻의 알랄עָלַל의 수동 동사에서 파생된 명사입니다. 이것은 붉은 암송아지의 조건으로 사탄이나 어둠이나 세상에 붙들려서 휘둘려지고 농락당하고 끌려다니지 않았던 존재가 붉은 암송아지로써 자격 조건이 된다는 의미입니다.

사람과 세상의 멍에에 메여 그 영향력 아래 있지 않았고 전혀 어둠에 붙들려 보지 않았으며 감염되지 않은 흠이 없고 온전한 붉은 암송아지는 예슈아를 예표합니다. 이 암송아지를 데려다가 진영 밖으로 끌고 가서 제사장 엘르아살이 잡게 합니다. 엘르아살은 그 송아지의 피를 손가락에 찍어 회막 앞을 향하여 일곱 번 뿌립니다. 하나님은 여러 번의 반역, 특별히 레위 자손이었던 고라의 반역으로 더럽혀진 회막을 온전하여 흠이 없는 붉은 암송아지의 피로 덮으십니다. 그리고 암송아지를 엘르아살 앞에서 가죽, 고기, 피와 똥까지 불사르는데 불사를 때 백향목과 우슬초, 홍색 실을 가져다가 암송아지를 사르는 불 가운데 던져서 함께 태우게 합니다.[20] 소를 잡고 태우는 과정에 참여했던 제사장과 불사른 자는 물로 몸을 씻고 진영으로 가고 다른 정결한 자가 암송아지의 재를 거두어 진영 밖 깨끗한 곳에 두어 '부정을 씻는 물'을 위해 간직해 두도록 합니다.

부정을 씻는 물은 시체에 접촉했거나 시체가 있었던 곳에 있던 모든 사람들에게 뿌려졌습니다. 하나님은 시체에 접촉한 사람은 7일 동안 부정하다고 하셨고 셋째 날과 일곱째 날에 부정을 씻는 물을 뿌려 정결하게 하라고 하셨습니다. 또 시체가 있었던 곳에 있었던 자들도 부정하기 때문에 셋째 날과 일곱째 날에 부정을 씻는 물을 뿌려 정결하게 하라고 하셨습니다. 만약 이 율례를 따르지 않으면 그들은 모두 백성 가운데 끊어지리라고 말씀하셨습니다. 왜냐하면 시체에 접촉한 자나 시체와 같이 있었던 자들은 모두 사망에 접촉되었던 자들이며 이런 자들이 정결하지 않은 상태로 있는 것은 여호와의 성막과 성소를 더럽히는 것과 같은 것이기 때문입니다.

> 누구든지 죽은 사람의 시체를 만지고 자신을 정결하게 하지 아니하는 자는
> 여호와의 성막을 더럽힘이라 그는 이스라엘에서 끊어질 것은(민19:13)

> 사람이 부정하고도 자신을 정결하게 하지 아니하면 여호와의 성소를 더럽힘이니
> 그러므로 회중 가운데서 끊어질 것이니라 (민19:20)

---

20 백향목, 우슬초, 홍색 실에 대한 의미는 예루살렘에서 히브리적 관점으로 읽는 레위기 28주간 메쪼라(감염된 자)를 참고

하나님은 당신의 백성들이 생명과 거룩으로 충만한 상태를 유지하길 원하십니다. 하나님의 백성들은 하나님과 함께 하는 자들이고 이들이 곧 성막이고 성소이기에 하나님은 백성들이 부정하게 되는 것을 성막과 성소가 부정하게 되는 것과 동일시하십니다. 그래서 부정을 씻는 물의 율례를 중심으로 하나님의 백성들이 사망의 영향력에서 깨끗하게 씻겨지고 생명과 거룩의 상태를 유지할 수 있도록 하셨습니다.

부정을 씻는 물에 사용된 흠이 없고 멍에를 메지 않은 온전한 붉은 암송아지, 그리고 그 붉은 암송아지가 태워질 때 사용된 백향목(굳건함), 우슬초(치유), 그리고 홍색실(피와 구원)은 모두 예슈아를 예표합니다. 암송아지가 태워질 때 진영 밖으로 나가 태워졌듯이 흠이 없이 온전하신 예슈아는 십자가를 지고 성문 밖으로 나가 희생제물로 드려지셨습니다. 암송아지가 완전히 태워져 남겨진 재는 거룩하게 남아 부정한 자들을 정결하게 해 줍니다. 십자가에서 피와 물을 모두 쏟으신 예슈아는 사망에 접촉하여 부정하게 된 모든 이들에게 생명으로 나아갈 길을 열어주셨습니다. 붉은 암송아지의 재로 만들어진 부정을 씻는 물은 구별된 물이라고도 불리는데 이는 우리를 죄와 사망으로부터 구별해 주고 정결하게 하는 물입니다. 죽음에 닿았던 사람을 정결하게 하고 구별하게 해주듯이 예슈아의 피는 우리를 사망으로부터 생명으로 나아갈 수 있도록 구원합니다. 붉은 암송아지의 규례는 죽음 가운데서 소망을 갖게 하시는 하나님의 은혜이고, 붉은 암송아지의 잿물은 다시 오실 메시아가 마지막 날에 이스라엘의 사방으로부터 당신의 백성들을 불러 모으시고 그들을 모든 더러운 것과 우상숭배에서 정결하게 하는 맑은 물이 될 것입니다(겔36:24-25).[21]

반복되는 거역과 불신이 하나님께서 자신의 백성을 정결하게 하셔서 구원하시겠다는 의지를 꺾을 수 없습니다. 변함이 없는 하나님의 인자와 사랑은 확실한 구원을 보장합니다.

---

21 아람어 성경 탈굼에서는 에스겔 36:25의 이스라엘을 정결하게 하기 위해 뿌리게 될 맑은 물이 붉은 암송아지의 잿물이라고 말한다.

DAY 2 민 19:11-22

셋째 날과 일곱째 날

시체를 만진 자는 7일 동안 부정하지만 셋째 날과 일곱째 날에 정결하게 하는 잿물을 뿌려 자신을 정결하게 할 수 있었습니다. 만약 셋째 날과 일곱째 날에 정결하게 하지 않으면 계속 부정한 상태로 있게 되며 그렇게 되면 하나님의 성막을 더럽히게 되고 이스라엘 가운데서 끊어지게 됩니다. 하나님은 왜 셋째 날과 일곱째 날에 정결하게 하는 잿물을 뿌리라고 하셨을까요?

셋째 날은 우리를 찢고 치셨지만 다시 살리시고 일으키시는 부활의 날입니다(호6:1-2). 그러므로 셋째 날은 메시아의 부활을 암시합니다. 일곱째 날은 완성의 숫자로 7,000년째 메시아닉 킹덤에서의 최종적인 구속의 날을 의미합니다. 이 땅에서의 삶은 많은 더러움과 죽음의 영역을 지나가야 하지만 하나님은 우리에게 다시 살리라는 부활에 대한 소망을 주셨고, 그분의 재림과 천년왕국에서 완전한 구속을 이루게 될 것이라는 약속을 주셨습니다. 그러므로 더러운 것과 죽음의 영역에 닿은 자들에게 셋째 날과 일곱째 날에 정결하게 하는 물을 뿌려 깨끗하게 하심은 우리 모두 죽음에 대해 완전히 승리할 것임을 예표한 것입니다.

셋째 날과 일곱째 날에 정결하게 하는 물로 뿌림을 받았던 사람은 일곱째 날에 자신을 옷을 빨고 몸을 깨끗하게 씻은 뒤에 완전히 정결해졌습니다(민19:19). 물로 자신을 완전히 씻는 정결 예식은 침례를 의미합니다. 유대인의 정결 예식과 기독교의 침례는 두 가지 모두 죽음을 지나 부활할 것이라는 믿음과, 우리가 다시 새롭게 태어났다는 것을 의미합니다. 이 땅에서 우리는 어머니가 출산할 때 많은 피를 흘리는 대가 지불을 통해 육신으로 한 번 태어나고, 성령으로 우리의 영이 다시 태어납니다. 그리고 마지막 날에 완전히 새로운 부활의 몸으로 태어날 것입니다.

사랑하는 자들아 우리가 지금은 하나님의 자녀라
장래에 어떻게 될지는 아직 나타나지 아니하였으나
그가 나타나시면 우리가 그와 같을 것이라(요일3:2)

DAY 3 민 20:1-13

하나님의 거룩함을 나타내야 하는 지도자

하나님은 출이집트 세대 가운데서 여호수아와 갈렙을 제외하고는 모두 약속의 땅으로 들어갈 수 없다고 하셨습니다. 그 이유는 그들의 '거역' 때문이었습니다. 모세의 권위에 도전하고 비방했던 미리암은 그 행동이 하나님을 경외하지 않은 것이라는 책망을 듣습니다. 미리암의 도전은 모세를 향한 것만이 아닌 하나님을 향한 것이었기에 출이집트 세대의 한 사람이었던 미리암도 신(צִן) 광야에서 죽음을 맞이합니다(민20:1). 그리고 모세와 아론도 약속의 땅에 들어가지 못하게 됩니다. 그 이유는 그들이 므리바의 물에서 하나님을 거역했기 때문입니다(민20:24).

신 광야(미드바르-מִדְבַּר־צִן)에서 물이 없자 회중은 원망과 불평을 쏟아내며 모세와 아론에게 모여들어 그들과 다투게 됩니다. '다투다'라는 히브리어 립רִיב은 법정에서의 다툼을 다룰 때 쓰여지는 단어입니다. 회중들은 모세와 아론을 재판장에 세워서 재판하듯이 몰아세우면서 그들의 옳고 그름을 따졌을 것입니다. 광야에 물이 없는 상황이 마치 모세와 아론 때문인 것처럼 그들은 과거의 사건까지 끄집어 내면서 원망과 불평을 쏟아내며 반역합니다.

> 우리 형제들이 여호와 앞에서 죽을 때에 우리도 죽었더라면 좋을 뻔 하였도다
> 너희가 어찌하여 여호와의 회중을 이 광야로 인도하여
> 우리와 우리 짐승이 다 여기서 죽게 하느냐 너희가 어찌하여 우리를 애굽에서
> 나오게 하여 이 나쁜 곳으로 인도하였느냐(민20:3-5)

회중은 한결같이 모세와 아론을 지칭하며 '너희가, 너희가'를 반복합니다. 이 말은 '너 때문이야, 너 때문이야'라는 외침으로 들립니다. 자신들이 처한 상황을 모두 지도자의 탓으로만 돌리는 어리석은 회중입니다. 하나님의 인도하심과 공급하심을 날마다 경험하고 있으면서도 여전히 하나님을 찾지 않고 지도자에게 방법을 찾아내라며 심술을 부리는 회중입니다. 모세와 아론은 회중을 떠나 회막 앞에서 엎드리고 하나님은 영광으로 나타나셔서 회중

의 반복적인 불평에 반응하지 않으시고 모세에게 지팡이를 들고 아론과 함께 '그 반석'에게 명령하여 물을 내라고 말씀하십니다(민20:8). 여기서 '그 반석'은 하셀라הַסֶּלַע라고 표현되어 있는데 이것은 주변에 있던 반석 중에 하나가 아니라 하나님이 정하신 '그 반석'을 의미합니다. 보통 반석은 쭈르צוּר라는 표현을 쓰는데 여기서는 셀라를 사용합니다. 이 단어는 고린도전서에서 바울이 그리스도를 표현할 때 쓴 단어입니다. 하나님은 모세에게 그리스도를 예표하는 바로 '그 반석'을 명령하여 물이 나오도록 하라고 하셨습니다.

> 다 같은 신령한 음료를 마셨으니 이는 그들을 따르는
> 신령한 반석으로부터 마셨으매 그 반석은 곧 그리스도시라(고전10:4)

그러나 모세는 상황이 어려울 때마다 모든 탓을 자기에게 돌리며 거역하는 백성을 향해 "반역한 너희여 들으라 우리가 너희를 위하여 이 반석에서 물을 내랴(민20:10)"라고 외치며 '그 반석'을 지팡이로 두 번 내리칩니다.

하나님은 모세에게 지팡이를 잡고 반석을 향하여 말로 명령하라(다바르דָּבַר)고 말씀하셨습니다. 하나님이 지명하신 '그 반석'은 바로 메시야를 예표했고, 메시야는 곧 하나님의 말씀이시기에 반석에서 나와야 할 생명의 물이 하나님의 말씀으로 터져 나오도록 함으로써 하나님의 말씀의 능력과 거룩함을 백성에게 보여주고자 하심이었습니다. 말씀으로 생명의 물이 터져나오게 하는 거룩한 통로로 하나님은 모세와 아론을 세우셨고, 모세는 하나님이 명령하신 대로 지팡이를 들었으나 말로 명령하여 물을 내지 않고 바위를 두 번 세게 내리치는 행위로써 끊임없이 자신을 괴롭히고 하나님을 거역하는 백성들에게 절제되지 못한 자신의 성질을 내보이고 맙니다. 모세가 두 번 반복하여 '그 반석'을 친 행위를 향해 하나님은 '너희가 나를 믿지 않았고 이스라엘 자손의 목전에서 내 거룩함을 나타내지 않았다'라고 말씀하십니다(민20:12).

'믿다'라는 단어로 쓰인 히브리어 아만אָמַן은 '지지하다, 확신하다, 신실하다'라는 뜻을 가집니다. 모세는 하나님의 말씀을 확신하고 지지하는 믿음의 행위로써가 아니라 반복적으로 거역하는 회중을 향한 분노의 생각과 감정의 행위로써 그 반석을 내리친 것입니다. 그래서 하나님은 모세와 아론의 행위가 하나님을 믿는 마음에서 비롯된 것이 아님을 질책하셨고 또 하나는 그들이 성을 냄으로 하나님의 거룩함을 가린 것을 책망하셨습니다. 그러나 하나님의 거룩함을 나타냈어야 할 지도자들의 잘못된 행위에도 불구하고 하나님은 당신의 신

실하심으로 그 반석에서 물이 쏟아져 나오게 하시고 거룩함을 나타내십니다(민20:13).

회중의 거역, 지도자들의 반역, 레위 자손들의 반역에 이어 모세와 아론도 하나님 앞에 반역의 형태인 불순종을 보이게 된 것입니다. 민수기의 전반에 걸쳐 흐른 반역의 흐름은 모세와 아론에게까지 그 영향을 미쳤고 백성들 앞에서 하나님의 말씀을 거역함으로 거룩함을 나타내지 못한 모세와 아론도 약속의 땅으로 들어가지 못하리라는 하나님의 심판을 받게 됩니다(민20:12). 그리고 미리암에 이어 아론도 에돔 땅 변경 호르 산에서 죽음을 맞이하게 됩니다(민20:28). 물론 모세와 아론의 잘못이었지만 한편으로는 끊임없이 반역하는 백성들의 죄를 모세와 아론이 짊어진 것이기도 합니다.

백성들은 언제나 모세를 괴롭혔고 그들은 모세와 자주 다투었습니다. 이 다툼은 모세를 재판정에 세워놓고 심판하는 것과 같은 정죄와 판단과 비방의 말들이었고 이 다툼의 절정은 므리바에서의 '그 반석' 사건이 되었습니다. 므리바는 히브리어 동사 립ריב에서 파생된 것으로 '다툼'이라는 뜻도 있지만 '쓰라림'이라는 뜻도 가지고 있습니다. 이 곳에서의 다툼은 모세에게 가혹한 심판을 가져왔고 모세의 쓴 마음이 드러나는 사건이 되었습니다. 하나님은 므리바에서의 다툼이 백성과 모세와의 다툼이 아니라 하나님과의 다툼이었다고 말씀하셨지만(민20:13) 그럼에도 불구하고 그 과정에서는 모세가 하나님의 거룩함을 나타내주기를 원하셨습니다. 그러나 이런 다툼 가운데서 모세의 행위는 하나님의 거룩함을 나타내지 못했습니다. 그럼에도 하나님의 거룩함은 가려지지 않았고 그 반석에서 물이 터져 나오게 하심으로 백성을 향해 당신의 신실함을 나타내 보이셨습니다.

우리는 하나님을 믿습니다. 그러나 우리의 행위는 하나님을 믿음으로 행하는 것이 아닌 나의 생각과 감정으로 행할 때가 많습니다. 하나님은 나를 통해 하나님의 거룩함을 나타내려 하시는데 나의 행위는 다른 의도를 집어넣거나 추가함으로 하나님의 거룩함을 가릴 때가 많습니다. 하나님이 하라고 하신 것만 하는 것이 믿음입니다. 그 이상으로 하는 것은 그냥 내가 하는 것입니다. 이것은 하나님의 거룩함과 영광을 가립니다. 그러나 사람이 하나님의 거룩함을 드러내지 못할지라도 하나님은 신실하심으로 끝까지 거룩함을 당신의 백성들 가운데 나타내십니다.

DAY 4 민 20:14-21:4

쉽게 상하는 마음

반역과 심판의 반복적인 과정 중에서도 이스라엘 백성은 약속의 땅을 향해 계속 전진하고 있었습니다. 약속의 땅의 입성을 눈 앞에 두고 모세는 에돔 왕에게 사신을 보내어 정중하게 그 길을 지날 수 있게 해 주기를 요청합니다(민20:14). 하나님은 가나안 민족들에게는 자비없이 강하게 대처하라고 하셨지만 요단 동편의 민족들에게는 비교적 신사적으로 대하도록 하십니다. 모압과 암몬은 아브라함의 조카 롯의 후손들이고 에돔은 이스라엘의 형제였기에 하나님은 그들을 향해서 예우를 갖추도록 하십니다. 시간이 흘러도 아브라함과 롯을 기억하시고 또 이스라엘의 형제인 에돔을 기억하시는 하나님의 자비가 느껴집니다. 그래서 모세는 에돔 왕에게 '당신의 형제 이스라엘'이라고 부르며 자신들이 처한 상황을 간결하면서도 마음을 다해 설명합니다. 그러나 에돔 왕은 두 번이나 모세의 요청을 거절합니다.

그 와중에 네게브에 거주하는 가나안 사람 아랏의 왕이 이스라엘을 쳐서 몇 사람을 사로잡게 됩니다. 이스라엘 백성은 하나님께 그들을 넘겨주시면 가차없이 멸하겠다고 헤렘 חֵרֶם의 서원을 합니다. 헤렘 חֵרֶם은 '완전히 파괴하다, 철저하게 바치다'는 뜻으로 전적으로 파멸시켜 하나님께 모든 것을 바치는 행위를 뜻하는 단어입니다. 하나님은 이들의 기도를 들으시고 그들을 이스라엘의 손에 넘기셔서 네게브에 있던 가나안인들의 성읍을 완전히 멸하게 하십니다(민21:3, 호르마חׇרְמׇה, 완전히 바쳐짐). 이스라엘 백성은 형제 에돔으로부터는 거절 받았지만 네게브에 있던 가나안인들을 완전히 멸하는 이 작은 승리를 통해 앞으로 약속의 땅을 정복하고 차지하게 될 큰 승리의 전조를 경험하게 됩니다.

그러나 에돔 때문에 광야에서 길을 우회하게 된 이스라엘 백성은 길로 인해서 마음이 상하게 됩니다(민21:4). 길로 인해 마음이 상하자 백성들은 또 다시 먹을 것과 물이 없는 것에 대해 불평하고 만나를 하찮은 음식이라고 무시하기 시작합니다(민21:5). 이것은 단순히 음식에 대한 불평이 아니라 하나님의 공급과 은혜에 대한 불평이자 그 은혜를 하찮다고 무시하는 것이었습니다. 하나님이 주신 확실한 승리를 경험하고 또 구원의 약속이 주어졌음에도 이스라엘 백성의 쓴 뿌리는 여전히 그들의 마음을 쉽게 상하게 하였고 상한 마음은 또 다시 불평과 거역의 마음을 불러왔습니다.

　　마음을 상하게 할 환경들이 분명히 존재하는 것은 맞지만 문제는 마음이 쉽게 상하는 것입니다. 하나님은 마음을 상하게 하는 것에 집중하지 말고 하나님을 믿으라고 말씀하십니다. 마음이 상할 이유들이 분명히 존재하지만 하나님이 행하신 은혜와 기적들도 분명히 우리의 삶에 존재합니다. 무엇에 집중하느냐에 따라 우리는 마음을 상하지 않게 지킬 수 있습니다. 하나님께 집중하느냐, 상황에 집중하느냐, 혹은 나 자신에게 집중하느냐는 천지차이의 반응과 결과를 가져옵니다. 같은 형제인데도 무시한 에돔, 에돔 때문에 광야를 더 헤매고 다니게 되는 상황은 분명 어려움을 주었지만, 그 과정에서도 신실하게 만나와 물을 공급해 주시는 하나님의 은혜, 구름 기둥과 불 기둥으로 지키시는 보호, 늘 함께 하시는 영광의 임재에 집중한다면 형제의 무시 따위는 아무것도 아닙니다. 하찮은 내 자존심 때문에 하나님의 은혜를 잊어버리고 불평과 불신이라는 죄를 범하는 것은 어리석은 것입니다.

DAY 5 민 21:5-21:9

네쓰ָׁ(장대), 하나님의 Sign(기적)

　　광야에서의 방랑의 시간 동안 수많은 거역과 심판의 과정 가운데서 하나님은 훈육과 징계를 통해 그들을 가르치셨고 매일 내려주시는 만나의 은혜와 가는 곳마다 반석에서 물이 솟게 하시는 기적을 공급해 주셨습니다. 이스라엘 백성은 이 모든 것을 경험하고도 하나님께 집중하지 않고 상황에 집중하여 여전히 거역과 불신으로 반응하였고 그 결과 하나님은 불뱀을 이스라엘 백성 가운데 보내셔서 심판하십니다. 뱀에게 유혹당해 하나님의 말씀을 거역한 하와처럼 거역과 불신을 해결하지 못하는 이스라엘 백성의 상태는 뱀에게 물린 것과 같은 상태였습니다. 하나님의 말씀을 거역하고 하와가 먹은 선악과로 인해 선과 악에 대한 기준이 자기 자신이 되어 버린 상태는 뱀에게 물린 것과 같습니다. 하와는 자기 자신만 뱀에게 물린 것이 아니라 아담을 끌어들여 그도 뱀에게 물리도록 했습니다. 뱀에게 물린 아담과 하와는 인류에 사망을 불러왔고, 하나님은 불뱀을 통해 뱀에게 물린 자들의 종말은 죽음이라는 것을 알게 하셨습니다.

불뱀의 심판이 임하자 끝까지 거역함으로 회개하지 않은 고라와 반역자들의 반응과 달리 이들은 불뱀을 통해 하나님의 심판을 깨닫고 모세에게 원망했던 것을 회개하며 중보해 주기를 요청합니다. 그들의 요청에 모세는 하나님께 중보하였고 하나님은 놋뱀을 만들어 장대 위에 높이 달라고 명하시며 그것을 본 자는 살리라 말씀하셨습니다(민21:8).

장대라고 번역된 히브리어 네쓰▯는 'Sign, 깃대'라는 뜻을 가지고 있습니다. 하나님이 세우라고 명하신 장대(깃발대)는 이스라엘 백성에게 주시는 구원의 Sign이었습니다. 장대에 달린 놋뱀을 바라보는 것은 자신의 마음을 돌이키는 것을 의미합니다. 놋뱀을 바라볼지, 바라보지 않을지는 각자의 생각과 마음, 그리고 결정에 달려있기 때문입니다. 마음을 돌이키는 것은 회개입니다. 비록 뱀에 물려서 생각과 마음, 결정이 어긋나버린 상태이지만 그것을 돌이키기기로 결정하면 하나님의 구원을 경험하게 됩니다. 또한 장대는 높이 올려져 있는 것입니다. 자신의 시선을 자기 자신이나 땅에 고정하지 않고 위를 바라보기로 결정하며 나무에 달린 자를 바라볼 때 살게 됩니다.

네쓰▯의 또 다른 의미는 기적입니다. 하나님이 주신 장대(깃발대)의 놋뱀은 우리의 어그러진 생각과 마음을 치유하시는 하나님의 기적입니다. 사람의 마음은 쉽게 바뀌지 않습니다. 육신의 질병보다 더 고치기 힘든 것이 마음의 병일지도 모릅니다. 그런데 하나님을 바라보기로 결정하는 순간 치유의 기적이 임합니다. 치유는 우리의 병든 몸과 마음을 새롭게 하고 구원으로 인도합니다. 예수님은 하나님이 우리에게 보내주신 치유이며 구원입니다. 예수님을 바라보고 믿겠다고 결정하면 하나님의 치유의 기적이 불뱀에 물려있어서 죽음의 상태가 된 우리를 다시 살릴 것입니다.

하나님은 불뱀을 통해 심판하셨지만 놋뱀을 통해 구원의 길을 여셨습니다. 구원을 위해 하나님이 거신 조건은 단 한 가지, 장대에 달린 뱀을 바라보라는 것이었습니다. 바라볼 때 살리라 말씀하셨습니다. 예슈아는 마지막 날에 심판자로 서시지만 동시에 그분을 바라보고 그 이름을 믿는 자들에게는 구원자가 되십니다. 심판은 하나님의 최종 목적이 아닙니다. 하나님의 최종 목적은 구원이고 구원은 바라봄으로부터 시작되고 바라봄은 믿음으로부터 나옵니다. 하나님이 이스라엘 백성을, 그리고 세상을 너무 사랑하셔서 예슈아를 보내셨습니다. 그러므로 그를 믿으면 영생을 얻습니다(요3:16).

모세가 광야에서 뱀을 든 것 같이 인자도 들려야 하리니
이는 그를 믿는 자마다 영생을 얻게 하려 하심이니라
그를 믿는 자는 심판을 받지 아니하는 것이요,
믿지 아니하는 자는 하나님의 독생자의 이름을 믿지 아니하므로
벌써 심판을 받은 것이니라(요3:14, 15, 18)

DAY 6 민 21:10-20

우물물아 솟아나라

에돔의 거절로 요단 동편으로 길을 우회해서 돌아가야 했기에 약속의 땅에서 멀어지는 듯했지만 사실 이스라엘 백성은 여전히 약속의 땅을 향하여 전진하고 있었습니다. 그 과정에서 이들은 불평과 반역 없이 하나님의 샘물을 공급받습니다. 길로 인해 마음을 상하게 하는 에돔 땅을 우회하는 여정이었지만 그 과정에서 하나님은 브엘בְּאֵר이라는 지역에서 이스라엘 백성에게 풍성한 물을 공급해 주십니다. 브엘בְּאֵר은 '우물'이라는 뜻으로 원래 이곳에 물이 있었던 것은 아니지만 하나님은 지도자들과 백성들 중 귀인들을 통해 이 우물이 나올 수 있도록 도와주셨습니다. 그리고 백성들은 이것을 노래로 불렀습니다.

우물물아 솟아나라 너희는 그것을 노래하라
이 우물은 지휘관들이 팠고
백성의 귀인들이 규와 지팡이로 판 것이로다(민21:17-18)

이전까지 백성의 지도자들과 영향력이 있는 귀인들은 악평을 백성 가운데 퍼트려서 선동하거나 모세와 아론에게 거역함으로 하나님을 대적하는 자들이었습니다. 그런데 약속의 땅을 바라보며 길을 우회하고 있는 이 시점의 지도자들과 귀인들은 우물을 직접 파면서 적극적으로 상황을 개척하며 백성들을 인도하고 있는 모습을 보입니다. 광야의 여정 가운

데서 그만큼 이들이 다루어졌음을 보여줍니다. 이들의 긍정적이고 능동적인 대처에 하나님도 풍성한 물로 그들을 위로하십니다.

우리의 죄의 본성은 늘 하나님을 거역하지만 하나님은 인내로 우리를 다루어 주십니다. 마음을 완악하게 하지 않고 끝까지 다뤄 주시는 하나님 안에 있을 때 결국 생명의 물이 터져서 우리를 노래하게 할 것입니다. 신실하신 하나님을 신뢰함으로 하나님을 따를 때 마침내 터져 나오는 생명의 물이 우리 자신을 회복시키고 주변으로 흘러서 닿는 곳마다 새롭게 할 것입니다. 그리고 그곳에 에덴의 강이 회복될 것입니다.

DAY 7 민 21:21-22:1

하나님의 뜻을 이루기 위해 사용되는 도구들

모세는 다시 아모리 왕 시혼에게 서신을 보내어 정중하게 그 땅을 통과할 수 있도록 요청합니다(민21:21). 그러나 시혼은 용납하지 않고 전쟁으로 응대합니다. 고대 사회에서의 전쟁은 단순히 나라와 나라 간의 전쟁이 아닌 나라를 지키고 있는 신과 신의 전쟁이었습니다. 그래서 아모리 왕 시혼이 이스라엘을 대적하러 나오는 것은 이스라엘과 함께 하는 하나님을 대적하는 것과 같은 것이었습니다. 그러나 이스라엘을 대적하러 오는 아모리 왕 시혼의 강퍅함은 도리어 그 땅을 이스라엘이 차지하게 하는 하나님의 도구가 됩니다. 이미 호르마에서의 완전한 승리를 경험한 이스라엘은 당당하게 아모리 왕 시혼을 격파하고 아르논에서부터 얍복까지의 아름다운 땅을 차지합니다. 이어서 바산 왕 옥이 대적하여 일어나지만 하나님은 그들도 이스라엘에게 넘기셨다고 말씀하십니다(민21:34). 연이은 전쟁의 승리로 이스라엘은 요르단 동편의 땅들을 차지하게 됩니다. 약속의 땅을 향해 가는 여정이 지지부진하고 어렵게만 보였으나 어느새 단련되고 훈련된 이스라엘의 광야 세대들은 강한 군대가 되어 있었고 더 이상 느린 걸음이 아닌 성큼성큼 약속의 땅을 향해 들어가고 있었습니다.

하나님을 대적하는 자들의 강퍅함이 도리어 하나님의 백성들의 축복이 되었습니다.

파라오의 강퍅함이 이집트의 신들을 심판하고 이스라엘 백성을 출이집트하게 했듯이 아모리 왕 시혼과 바산 왕 옥의 강퍅함은 이스라엘 백성이 그 땅을 차지하는 명분이 되어 주었습니다. 우리는 세상의 강퍅함을 보면서 괴로워하지만 하나님은 반드시 반전을 일으키셔서 하나님의 백성에게 선한 것이 되게 하실 것임을 믿어야 합니다. 결국은 좋은 것을 주기 위해 장애를 허락하시는 하나님을 신뢰함이 중요합니다. 지금의 과정이 우리에게 달갑지 않고 큰 괴로움이 되긴 하지만 하나님의 강한 손이 여전히 역사하고 있음을 믿어야 합니다. 반드시 우리에게 큰 축복이 있을 것임을 신뢰해야 합니다.

하프타라 삿 11:1-33

영원한 유업

300년이 지났는데도 암몬은 이스라엘을 향해 빼앗아간 땅을 돌려달라고 억지 요구를 합니다(삿11:13). 사사 입다는 300년 전의 상황을 직접 본 사람처럼 정확하게 진술하면서 그 땅이 암몬 땅이 아니었고 암몬 땅은 건들지도 않았으며 그것이 여호와 하나님이 아모리와 바산으로부터 이스라엘에게 주신 것임을 명확히 합니다(삿11:26-27).

한 번 주신 하나님의 축복과 유업은 사라지지 않고 영원합니다. 우리의 죄로 잠시 잃어버릴 수는 있지만 하나님께는 여전히 남아 있습니다 그래서 오늘까지 유대인들이 예슈아를 믿지 않음에도 불구하고 아브라함, 이삭, 야곱으로 인해 택함 받은 이스라엘 백성은 그들의 아버지들인 아브라함과 이삭과 야곱과 맺으신 하나님의 언약과 다윗의 언약으로 인해 여전히 하나님께 사랑을 받고 있습니다(롬11:28). 하나님의 부르심과 은사에는 후회함이 없습니다(롬11:29). 아모리 왕 시혼과 바산 왕 옥의 강퍅함이 이스라엘에게 땅을 차지하도록 하는 도구가 되었듯이 유대인이 예수님을 믿지 않는 불순종 때문에 도리어 이방인인 우리가 긍휼을 입었습니다(롬11:30). 누군가의 불순종이 누군가에게 긍휼의 은혜가 되기도 합니다. 이방인에게 베푸시는 풍성하게 넘치는 긍휼의 절정은 결국 유대인들도 다시 긍휼 안으로 들어오게 할 것입니다.

> 너희가 전에는 하나님께 순종하지 아니하더니
> 이스라엘이 순종하지 아니함으로 이제 긍휼을 입었는지라
> 이와 같이 이 사람들이 순종하지 아니하니 이는 너희에게 베푸시는 긍휼로 이제
> 그들도 긍휼을 얻게 하려 하심이라(롬11:30-31)

그래서 바울은 하나님의 지혜와 지식의 풍성함에 감탄합니다. 누가 하나님의 마음을 알 수 있으며 누가 감히 하나님의 모사가 될 수 있겠느냐 반문합니다(롬11:34). 모든 것은 하나님의 손에 있습니다. 모든 것은 하나님의 뜻을 이루기 위한 도구입니다. 만물이 주님으로부터 왔으니 완전히 주님께로 돌아가게 될 것입니다(롬11:36).

브리트 하다샤 요 3:1-21 / 요 2:1-12

구원의 길

언제나 하나님은 구원의 길을 준비하십니다. 우리가 죽음이나 시체로 인해 더러워지든, 불평이나 원망으로 인해 죄를 짓든, 하나님은 부정을 씻는 물을 준비하시어 우리를 정결하게 하시고, 놋뱀을 통해 구원의 길을 열어 주십니다. 우리의 부정을 깨끗하게 하는 물이 되시고(붉은 암송아지의 잿물), 그 반석이 되시며(하셀라), 높이 들리신(놋뱀) 예슈아는 우리를 구원하기 위해 하나님이 준비하신 구원의 길입니다. 하나님이 보여주신 모든 싸인과 기적이 구원을 위한 것이었고, 이스라엘 백성의 구원의 여정은 예슈아로 가득차 있습니다.

> 하나님이 그 아들을 세상에 보내신 것은 세상을 심판하려 하심이 아니요
> 그로 말미암아 세상이 구원을 받게 하려 하심이라(요3:17)

하나님의 심판을 보고도 왜 회중들이 깨닫지 못하고 계속 같은 죄를 반복하는가에 의

문을 가질 필요가 없습니다. 우리의 모습이고 지금 이 세상의 모습입니다. 우리가 집중해야 할 것은 그럼에도 불구하고 구원의 길을 열어주시는 하나님의 선하심과 자비입니다. 하나님이 우리에게 법의 율례를 허락하시고, 심판을 허락하시는 이유는 사랑입니다.

하나님을 향한 반역과 심판, 죽음으로 가득찬 이스라엘 백성의 광야 여정은 하나님과 이스라엘 사이의 치열하고 격렬한 다툼과 시험으로 가득차 있지만 그 한 가운데서도 하나님은 오래 참으심으로 그들을 구원하셨고, 그 구원의 예표인 예슈아를 우리에게 보여주셨습니다. 이것은 인류 역사의 여정 가운데서 이스라엘처럼 열방도 하나님을 대적하겠지만 예슈아를 통해 구원하시겠다는 하나님의 마음을 우리에게 알게 해 주신 것입니다.

이러한 일은 우리의 본보기가 되어 우리로 하여금
그들이 악을 즐겨 한 것 같이 즐겨 하는 자가 되지 않게 하려 함이니(고전10:6)

하나님이 인간을 향한 모든 구원의 여정을 스스로 이끌어 가고 계십니다. 우리의 삶에 치열함과 전투만 있는 것이 아닙니다. 이스라엘을 통해 보여주신 하나님의 인자와 자비가 우리의 삶에도 있고, 이스라엘과 맺으신 언약이 우리에게도 적용되고 있습니다.

하나님이 우리에게 주시는 교정의 시간은 우리를 탈진하게 하기 위함이 아닙니다. 더 큰 승리를 얻게 하기 위함입니다. 불을 통해 태워 버리실 때 우리를 없애려고 하신 것이 아니고 주님을 바라봄으로 우리 안에 더러운 것들, 거룩하지 않은 것을 뿌리 뽑고 완전한 구원으로 나아오라고 하시는 것입니다. 그러므로 주님의 교정의 시간은 우리를 소진하게 하는 것이 아니고 더 거룩해짐으로써 강건케 하는 것입니다. 주님을 보고 믿으며 주님이 하라고 한 그 일을 할 때 승리를 얻게 될 것입니다.

후카트 주간의 말씀

1. 하나님은 당신의 백성들이 생명과 거룩으로 충만한 상태를 유지하길 원하십니다. 하나님의 백성들은 하나님과 함께 하는 자들이고 이들이 곧 성막이고 성소이기에 하나님은 백성들이 부정하게 되는 것을 성막과 성소가 부정하게 되는 것과 동일시하십니다. 그래서 부정을 씻는 물의 율례를 주심으로 하나님의 백성들이 사망의 영향력에서 깨끗하게 씻겨지고 생명과 거룩의 상태를 유지할 수 있도록 하셨습니다.

2. 부정을 씻는 물에 사용된 흠이 없고 멍에를 메지 않은 온전한 붉은 암송아지, 그리고 그 붉은 암송아지가 태워질 때 사용된 백향목(굳건함), 우슬초(치유), 그리고 홍색실(피와 구원)은 모두 예슈아를 예표합니다.

3. 하나님은 나를 통해 하나님의 거룩함을 나타내려 하시는데 나의 행위는 다른 의도를 집어넣거나 추가함으로 하나님의 거룩함을 가릴 때가 많습니다. 하나님이 하라고 하신 것만 하는 것이 믿음입니다. 그 이상으로 하는 것은 그냥 내가 하는 것입니다. 이것은 하나님의 거룩함과 영광을 가립니다. 그러나 사람이 하나님의 거룩함을 드러내지 못할지라도 하나님은 신실하심으로 끝까지 거룩함을 당신의 백성들 가운데 나타내십니다.

4. 마음을 상하게 할 환경들이 분명히 존재하는 것은 맞지만 문제는 마음이 쉽게 상하는 것입니다. 하나님은 마음을 상하게 하는 것에 집중하지 말고 하나님을 믿으라고 말씀하십니다. 마음이 상할 이유들이 분명히 존재하지만 하나님이 행하신 은혜와 기적들도 분명히 우리의 삶에 존재합니다. 무엇에 집중하느냐에 따라 우리는 마음을 상하지 않게 지킬 수 있습니다.

5. 장대라고 번역된 히브리어 네쓰므는 '싸인, 깃대'라는 뜻을 가지고 있습니다. 하나님이 세우라고 명하신 장대(깃발대)는 이스라엘 백성에게 주시는 구원의 싸인이었습니다. 장대에 달린 놋뱀을 바라보는 것은 자신의 마음을 돌이키는 것을 의미합니다. 놋뱀을 바라볼지, 바라보지 않을지는 각자의 생각과 마음, 그리고 결정에 달려있기 때문입니다. 마음을 돌이키는 것은 회개입니다. 비록 뱀에 물려서 생각과 마음, 결정이 어긋나버린 상태이지만 그것을 돌이키기기로 결정하면 하나님의 구원을 경험하게 됩니다.

6. 우리의 죄의 본성은 늘 하나님을 거역하지만 하나님은 인내로 우리를 다루어 주십니다. 마음을 완악하게 하지 않고 끝까지 다뤄 주시는 하나님 안에 있을 때 결국 생명의 물이 터져서 우리를 노래하게 할 것입니다. 신실하신 하나님을 신뢰함으로 하나님을 따를 때 마침내 터져 나오는 생명의 물이 우리 자신을 회복시키고 주변으로 흘러서 닿는 곳마다 새롭게 할 것입니다. 그리고 그곳에 에덴이 회복될 것입니다.

7. 하나님을 대적하는 자들의 강퍅함이 도리어 하나님의 백성들의 축복이 되었습니다. 파라오의 강퍅함이 이집트의 신들을 심판하고 이스라엘 백성을 출이집트하게 했듯이 아모리 왕 시혼과 바산 왕 옥의 강퍅함은 이스라엘 백성이 그 땅을 차지하는 명분이 되어 주었습니다. 우리는 세상의 강퍅함을 보면서 괴로워하지만 하나님은 반드시 반전을 일으키셔서 하나님의 백성에게 선한 것이 되게 하실 것임을 믿어야 합니다. 결국은 좋은 것을 주기 위해 장애를 허락하시는 하나님을 신뢰함이 중요합니다.

8. 하나님을 향한 반역과 심판, 죽음으로 가득찬 이스라엘 백성의 광야 여정은 하나님과 이스라엘 사이의 치열하고 격렬한 다툼과 시험으로 가득차 있지만 그 한 가운데서도 하나님은 오래 참으심으로 그들을 구원하셨고, 그 구원의 예표인 예수아를 우리에게 보여 주셨습니다.

후카트 주간의 선포

1. 우리에게 정결하게 하는 법의 율례를 허락하셔서 감사합니다. 흠이 없이 온전하신 예슈아의 피로 우리를 죄와 사망에서 구원하시고 생명으로 나아갈 수 있게 해 주셔서 감사합니다. 우리를 구원하시고 정결케 하시는 하나님의 은혜에 감사하며 날마다 생명과 거룩의 상태를 유지하며 살아가게 하소서.

2. 하나님을 믿는 우리의 모든 행위가 하나님을 믿음으로 행하는 것이 되기를 원합니다. 우리의 생각과 우리의 감정으로 행하지 않게 하시고 하나님이 하라고 하시는 것에 순종하는 믿음을 허락하소서. 그리하여 하나님의 영광과 하나님의 거룩함을 나타내는 자가 되게 하소서.

3. 모든 상황 속에서 우리의 마음을 잘 지키기를 원합니다. 우리의 마음을 상하게 하는 환경들을 만날 때에 그것에 집중하기보다 하나님께 집중하게 하소서. 하나님의 약속의 말씀을 믿고 하나님께서 베푸신 은혜를 생각하며 우리의 마음을 잘 지킬 수 있도록 도와 주소서.

4. 하나님을 거역하려는 우리의 죄의 본성을 사랑과 인내로 다루어 주셔서 감사합니다. 이것이 하나님의 은혜입니다. 하나님 안에 날마다 거하며 하나님과 동행하는 삶을 살기를 원합니다. 그리하여 하나님께서 주시는 생명의 물을 마시고 그로 인해 우리가 회복되고 살아날 뿐 아니라 우리를 통해 흘러서 우리가 가는 곳곳마다 살아나고 새롭게 되는 은혜가 있게 하소서.

5. 하나님의 백성들을 지켜주시고 보호해 주시기를 간구합니다. 하나님을 대적하고 하나님의 백성들을 대적하는 자들의 모든 계획들이 무너지게 하소서. 모든 것을 통해 선을 이루시는 하나님을 찬양합니다. 하나님의 강한 손의 역사로 하나님의 백성들을 구원하소서.

6. 언제나 우리에게 구원의 길을 열어주신 하나님께 감사합니다. 이 모든 구원의 여정에 함께 하시고 이끌어 주셔서 감사합니다. 그리하여 우리에게 완전한 구원과 승리를 허락하시는 하나님을 찬양합니다.

40주간

בָּלָק
BALAK
발라크, 발락

파라샤 **민 22:2-25:9**
하프타라 **미 5:7-6:8**
브리트 하다샤 **롬 11:25-32 / 마 21:1-11**

DAY 1 민 22:2-14

자기를 기만하는 자

아모리 왕 시혼과 바산 왕 옥이 이스라엘 앞에서 한 순간에 무너졌다는 소식이 주변 나라들에 퍼졌고 이스라엘이 승리하고 잘 되는 것을 지켜보았던 요르단 동편의 나라 중 하나였던 모압 왕 발락은 심히 두려워하게 됩니다(민22:3). 이집트에서 나온 노예 출신의 민족인 줄만 알았던 이스라엘은 그 수가 많았고 땅도 없는 민족이 가는 곳마다 승승장구하였으며 여호와 하나님의 인도를 받는 그들은 생각보다 너무 강한 민족이었음에 모압 왕 발락은 번민하게 됩니다. 발락은 이스라엘 백성의 수가 자기 나라의 자원을 모두 탕진할 수 있을 만큼 중다함에 위협을 느끼고 동맹국인 미디안의 장로들과 함께 대책 마련에 나섭니다.

모압이 미디안 장로들과 함께 이스라엘을 저주하는 일에 힘을 모으자고 하면서 그들이 주장한 명분은 '이제 이 무리가 소가 밭의 풀을 뜯어 먹음 같이 우리 사면에 있는 것을 다 뜯어먹으리로다(민22:4)'라는 것이었습니다. 발락은 자신들의 삶의 터전에 경제적, 환경적인 큰 손해가 있을 것을 명분으로 하여 그들을 저주해야 한다고 여론을 조성했습니다.

사실 하나님은 모압이 롯의 후손들이었기에 모세를 통해 모압 땅은 건들지 말라고 하셨지만 이를 알 턱이 없는 발락은 그저 이 위협적인 존재인 이스라엘을 어떤 방법으로든 제거하고 싶었습니다. 발락은 전쟁으로는 그들을 이길 수 없을 것을 알고 물리적인 세계를 주관하는 영의 세계의 힘을 빌려 이들을 파멸시킬 전략을 세웠습니다. 그 전략의 핵심은 바로 선지자 발람이었습니다. 발람은 영의 세계의 힘을 빌려 쓰는 주술사로서 발람이 복을 비는 자는 복을 받고 저주하는 자는 저주를 받는다고 발락은 믿었습니다(민22:6).

모압 왕 발락은 주술사 발람에게 이집트에서 나와서 광야를 방랑하는 이 희한한 민족을 저주해 달라고 요청합니다. 모압과 미디안 두 나라의 높은 장로들이 복술의 예물(복채)을 가지고 찾아와서 발람을 높이며 부탁하니 발람은 어깨가 으쓱해졌을지도 모르겠습니다. 그러나 그는 여호와께 물어야 한다며 그들을 하루 유숙하게 하고 여호와 하나님 앞에 나아갑니다. 발람은 축복과 저주의 주권이 여호와 하나님께 있음을 알고 있었습니다. 그래서 그들의 저주를 위한 요청에 여호와께 먼저 물어야 한다고 답합니다. 그리고 하나님 앞에 나아간 발람에게 하나님은 이들이 누구인지를 물으십니다(민22:9). 하나님은 발람이 하나님을 아는 선지자로서 하나님께 정직하게 보고하는지 살펴보셨던 것 같습니다. 발람은 그들이 이집트에서 나온 한 민족을 저주해 달라고 요청한다며 간결하게 설명합니다. 발람의 설명에 하나님도 간결하고 명확하게 답하십니다.

> 너는 그들과 함께 가지도 말고 그 백성을 저주하지도 말라
> 그들은 복을 받은 자들이니라(민22:12)

하나님은 그들이 복을 받은 자들이라고 명확하게 답하셨습니다. 이스라엘은 복을 받은 자들입니다. 이것이 이스라엘의 정체성입니다. 아무리 다른 민족들이 이스라엘을 저주하고 없애려고 해도 이미 복을 허락하신 하나님의 계획을 바꿀 수는 없습니다. 복의 근원이신 여호와 하나님이 복을 주셨다면 발람에게 있어서는 더 이상 자신의 축복과 저주가 의미가 없는 것이었습니다. 그런데 그는 모압과 미디안의 장로들에게 하나님의 말씀을 정확하게 전달하지 않고 그저 여호와께서 허락하시지 않는다고만 답합니다. 발람은 하나님이 축복하신 민족이라 자기가 저주할 수 없다고 말해야 했지만 두 나라의 지도자들이 찾아와서 발람을 높여주며 요청하는 것을 거절하지 못하고 뭔가 미련을 남겨 두었습니다. 이 음흉한 선지자는 하나님의 음성은 형식적으로 들은 것이고 자신의 마음에는 이미 계산이 되어 있었던 것입니다. 이것은 자기 기만입니다.

자기의 마음 안에 간절히 원하는 것이 있으면 사람은 스스로를 속이고 마음에 간절히 원하고 바라는 그것에 아주 쉽게 미혹됩니다. 만약 마음에 돈에 대한 간절함이 있을 때 누군가가 돈을 가지고 오면 그것을 묻지도 않고 돈이 궁한 나에게 하나님이 돈을 주셨다고 생각하고 냉큼 그것을 받게 됩니다. 하나님의 음성을 먼저 들어야 한다는 마음의 소리로 인해 하나님께 형식적으로 물을 수는 있겠지만 이미 마음에는 결정을 한 상태로 하나님께 묻기 때문에 하나님의 음성이 명확하게 들리지 않거나, 하나님이 내가 원하는 말씀을 하지 않으

시면 어쩌나 하는 걱정 때문에 음성 듣기를 두려워합니다.

이런 실수는 사역자들에게 빈번히 일어납니다. 사역에 필요한 인적 자원이나 재정에 대해 쉽게 하나님의 싸인이라고 생각하고 덥썩 받아들였다가 나중에 올무에 걸리는 경우가 많습니다. 마음에 하나님보다 사역이 더 우선순위이거나, 명예가 더 우선순위이거나, 돈, 혹은 사람을 얻으려는 마음이 우선순위가 되면 사탄은 그 기회를 놓치지 않고 올무에 걸리게 합니다. 그러나 이미 스스로를 속이고 하나님의 싸인이라고 믿었던 사역자들은 왜 하나님이 나에게 이런 시련을 주시는가라고 말하며 하나님을 원망합니다.

사람에게 인정받는 자리, 명예, 부귀와 힘을 맛본 사역자나 성도는 그것이 하나님의 축복이고 하나님께 영광을 올려드리는 것이라고 믿기 때문에 계속 그 방향을 향해서 나아가려고 합니다. 스스로를 속이고 가다가 결국엔 하나님도 속이고, 사람들도 속이면서 타락의 길을 걷게 됩니다. 엄밀하게 말해 미혹은 자기 자신에게서 시작되는 것입니다. 은근히 덮어주고 힘을 실어주었던 음란, 탐욕, 거짓말, 비방, 형제보다 더 높아지고 인정받고 싶은 마음, 내가 듣는 하나님의 음성이 정확하다는 교만이 있었기 때문에 미혹 당하는 것입니다. 자기 기만에 빠지지 않으려면 거룩해야 합니다. 거룩은 하나님을 사랑할 때 하나님을 알고자 하는 간절한 소망으로부터 시작되며, 하나님을 알고자 하는 소망은 진리를 향한 갈망으로 이어지며 진리의 말씀을 통해 자기 자신을 찌르고 쪼개고 마음의 생각과 뜻을 스스로 체크하고 판단하면서 지혜와 분별을 얻게 됩니다. 지혜와 분별을 통해 하나님과의 쩨덱과 미쉬파트가 견고히 세워지고 하나님이 기뻐하시는 것을 선택하게 되므로 자연히 구별된 삶을 살게 됩니다.

> 자기 두루마기를 빠는 자들은(그분의 계명들을 지키는 자들은)
> 복이 있으니 이는 그들이 생명나무에 나아가며
> 문들을 통하여 성에 들어갈 권세를 받으려 함이로다(계22:14)

DAY 2 민 22:15-20 / DAY 3 민 22:21-35

돈과 부귀 영화에 넘어간 선지자

발람의 첫 번째 거절에 역시 발락은 더 높은 고관들을 보내어 발람을 부귀영화로 설득합니다. 발람은 입으로는 하나님의 말씀을 어길 수 없다고 말하면서 그들을 하루 더 유숙하게 함으로 그들의 제안에 무게를 실어줍니다. 하나님은 발람이 돈과 부귀영화에 대한 유혹을 떨쳐내지 못했다는 것과 그의 마음에는 이미 가고 싶은 것을 결정했고 하나님께 묻는 것은 형식적이라는 것을 아시고 그가 가도록 허락하십니다.

발람בִּלְעָם이라는 이름은 블리בְּלִי(without)와 암עַם(백성)이라는 두 단어가 합쳐진 단어입니다. 그 백성에게 속하지 않은 자(그 백성이 아닌 자)라는 뜻입니다. 즉, 발람은 주술사로서 영적인 세계를 접촉하는 능력이 주어진 자였고, 여호와께 물어야 한다는 그 세계의 질서도 알았으며, 영적인 세계와 소통하는 특별한 기능적인 능력은 받았지만 그는 하나님의 백성에 속하지 않은 사람이었습니다. 그는 자기가 듣고 싶은 것을 듣고, 자기가 하고 싶은 것을 따라가고 싶어했습니다.

발람은 모압과 미디안의 장로들이 복술의 예물(복채)을 보여주며 이스라엘을 저주해달라고 하는 부탁을 들었을 때 저주하러 가야 할지, 가지 말아야 할지 이스라엘의 하나님 여호와께 물어보겠다고 했습니다. 하나님께 속한 일이 아님에도 불구하고 그 문제를 주님께 가져가서 묻고 인도하심을 구하려는 생각 안에는 이미 그 마음의 어떤 의도가 깔려 있기 때문이며 이러한 경우는 이미 마음이 유혹되어 겉으로 하는 말과 행위와 속으로 하는 마음과 생각이 다르게 되고 그러한 충돌과 갈등의 과정 가운데서 자기 기만으로 빠지게 됩니다. 발락의 신하들은 복술의 두툼한 예물을 보여주고(민22:7), 더 높은 귀족들을 많이 보내면서(민22:15) '그대를 높여 크게 존귀케 해주겠고 그대가 내게 말하는 것은 무엇이든지 시행하리라(민22:17)'고 발람을 띄워줍니다. 발람은 '발락 왕의 궁궐을 내게 주고 그 궁궐에 은, 금 가득히 채워서 줄 지라도'라며 겉으로는 말했지만 속으로는 물질과 명예에 유혹되어 '그러나 이제 당신들에게 청하노니 당신들도 이 밤에 여기서 묵으십시오. 여호와께서 내게 무슨 말씀을 더하실는지 알아보리라'고 말하며 그들을 붙들었습니다. 그는 이미 하나님께로부터 '너는 그들과 함께 가지도 말고 그 백성을 저주하지도 말라 그들은 복을 받은 자니라'는 응답을 받았지만 또 들으려고 하고 더 들으려고 합니다. 사실 하나님의 말씀을 더 정확히 들으려는 것이 아니라 자기가 듣고 싶은 것을 얻어내려는 것이었습니다.

베드로후서 2:15에서는 발람이 불의의 삯(복술의 두툼한 예물)을 사랑하였다고 말하고 있으며 민수기 22:32에서 여호와의 사자는 발람을 그 마음에 탐욕과 숨은 아젠다가 있었던 패역한 길을 걷는 자라고 평가합니다. 패역함(야라트יָרַט)이란 '발생을 재촉하다. 촉진하다. 결국은 그렇게 가도록 몰고 가다'라는 동사로 '고집 세고 완고하여 결국은 비뚤어진 대로 행하는 것'을 의미합니다. 그 사람 속에 숨은 아젠다와 탐욕을 본 여호와의 사자는 그 안에 어떤 driving force(몰고가는 힘)가 있는지 훤히 내다보았던 것입니다.

더 높은 귀족들을 더 많이 보내주면서(민22:15), '그대를 높여 크게 존귀케 해주겠다'는 유혹은 명예욕입니다. 더 높아지고, 더 존경받고, 더 인정받고 싶은 욕구는 '내가 높은 자들과 교제하는 그런 사람이다'라고 말하며 자랑하고 싶어하게 합니다. 내 안에 이미 유혹받은 갈망이 있는 채 주님께 뜻을 구한다는 것은 자기 기만입니다. 일단 내려 놓아야 합니다. 그리고 '나의 유일한 갈망은 당신의 뜻을 알고 그것을 행하는 것입니다'라고 말해야 합니다.

사람이 하나님의 뜻을 행하려 하면 이 교훈이 하나님께로부터 왔는지
내가 스스로 말함인지 알리라(요7:17)

선지자는 추측과 가정으로 움직이는 사람이 아닙니다. 또한 돈과 부귀영화를 위해 자신의 은사를 사용해서도 안됩니다. 하나님이 주신 예언의 은사는 사람들을 깨우고 그들이 하나님의 뜻 가운데 살 수 있도록 돕는데 사용되어져야 합니다. 그러나 사람들은 예언의 은사를 가진 자들을 하나님처럼 생각하며 높이는 경향이 있기에 선지자는 사람들의 칭찬에 쉽게 자기를 높이는 유혹을 받게 됩니다. 선지자가 사람들의 칭찬과 반응에 자신의 마음을 두면 자신을 의지하는 사람들의 마음을 이용해서 자기의 세력을 만들어 사람을 조종하게 됩니다. 선지자는 자기 말을 하는 사람이 아니라 하나님의 말씀에 따라 온전히 하나님의 마음과 계획을 대언하도록 부름받은 사람입니다.

발람은 그 중심에 돈과 권력과 명예에 대한 탐욕으로 인해 결국 하나님의 말씀에 순

종하지 못했습니다. 하나님은 발람의 마음의 탐욕을 아셨기에 그가 가도록 허락은 하셨지만 그것은 하나님의 뜻이 아니었습니다. 그래서 하나님은 여호와의 사자를 보내어 그를 죽이려 하셨지만 충성스러운 나귀가 그를 살려냅니다. 여호와의 사자는 발람의 길이 사악하다고 말합니다. 자기의 의지와 욕구가 너무 강한 나머지 이미 들었음에도 하나님의 뜻을 모르는 척하며 자기 자신을 따라간 발람을 여호와의 사자는 책망했지만 발람에게 하나님의 음성만 전할 것을 당부하며 그를 살려줍니다. 하나님은 발람이 이스라엘에게 큰 해가 될 것을 아셨음에도 그에게 하나님이 선택하시고 동행하실 뿐 아니라 너무나도 사랑하시는 이스라엘을 축복할 수 있는 기회를 주셨습니다.

하나님은 한 번 주신 것은 철회하지 않으십니다(롬11:29). 한 번 하신 언약도 철회하지 않으십니다. 그분은 에노쉬אֱנוֹשׁ(깨어지기 쉬운 존재)가 아니시고 아담אָדָם(사람)이 아니시기 때문에 말씀하신 바를 반드시 행하십니다(민23:19). 발람이 자신에게 주어진 권세를 잘못 사용할 것을 아셨지만 언제나 정확하신 하나님은 자신의 성품대로 주신 은사도 철회하지 않으시면서 동시에 영원히 축복하시겠다고 하신 이스라엘 백성을 향한 언약도 지키셨습니다. 놀랍도록 정확하시며 그분의 성품에 전혀 흠이 없게 완벽하신 하나님이십니다.

깊도다 하나님의 지혜와 지식의 풍성함이여! (롬11:33)

DAY 4 민 22:36-40

하나님이 내 입에 주시는 말씀

하나님의 허락을 받고 움직인 발람이었지만 사실 그의 마음에 숨겨진 의도를 꿰뚫어 보신 하나님은 발람에게 두 번이나 반복해서 '내가 네게 이르는 말만 준행하라'고 명령하십니다(민22:20, 35). 히브리어의 하다바르 아쉐르 아다베르הַדָּבָר אֲשֶׁר־אֲדַבֵּר는 '내가 일러줄 바로 그 말만' 전하라는 뜻입니다. 이스라엘을 저주해 달라는 요청을 받고 떠난 길이었지만 하나님으로부터 이미 두 번이나 '그 말씀(하다바르)'을 전하라는 명령을 받은 발람이었기에 발락 앞에서 '하나님이 내 입에 주시는 (그) 말씀'만 전할 수 있다고 말합니다(민22:38). 하나님이 두 번이나 '그 말씀'을 전하라고 하신 것은 발람이 아무리 다른 의도를 가지고 있다 할지라도 하나님이 이미 그가 어떤 말을 전해야 할지를 결정하셨기 때문에 그가 다른 말을 할 수 없다는 것을 의미합니다.

하나님이 정하신 '그 말씀'은 이스라엘을 향한 축복이었습니다. 이스라엘은 복을 받은 백성입니다(민22:12). 발람의 입술을 사용하셔서 하나님은 모압 왕 발락과 그의 민족에게 이스라엘이 어떤 민족인지 확실히 알게 하시길 원하셨고, 이스라엘을 통한 인류 역사의 종말과 메시아에 대한 예언까지 하게 하심으로 모든 역사가 하나님의 주권 아래 있다는 것을 보일 계획을 가지고 계셨습니다. 발락이 아무리 자신이 저주하는 자는 저주를 받고 축복을 하는 자는 축복을 받게 하는 선지자였다 할지라도(민22:6) 하나님이 인류 역사를 향해 정해 놓으신 것은 바꿀 수 없었습니다.

'그 말씀'은 곧 예슈아에 대한 계시입니다. 하나님은 이후에 발람의 입술을 통해 메시아이신 예슈아가 이스라엘을 통해 오셔서(민23:21, 24:17, 19) 하나님을 대적하는 열국을 멸하시고(민24:7-8, 17-18) 이스라엘을 높이실 것과, 역사의 마지막에는 이스라엘을 괴롭혔던 모든 나라들이 멸망할 것까지(민24:24) 예언하게 하십니다. 하나님은 사악한 선지자 발람의 입술을 통해 역사의 장엄한 마지막까지 보여주심으로 약속의 땅을 향해 힘차게 전진하는 이스라엘 민족을 축복하셨습니다. 결국 발람은 인류 역사의 마지막에 대해 하나님이 정해 놓으신 계획을 예언하였습니다. 그는 이스라엘을 통해 오실 메시아(그 말씀, 예슈아)를 거부할 수 없었습니다.

케뎀קֶדֶם의 에덴-동산עֵדֶן־גַּן을 향한 이스라엘의 전진(카디마קָדִימָה)을 통해 예슈아가 오셨고, 이제 이스라엘과 하나된 열방의 남은 자들이 함께 에덴-동산עֵדֶן־גַּן을 향해 전진함으로 다시 오실 만왕의 왕 예슈아를 맞이하게 될 것입니다. 약속의 땅이 눈 앞에 바라보이는 여리고 맞은편 요단 동편의 싯딤에 있던 이스라엘을 저주하려고 했던 거짓 선지자의 입술을 하나님이 축복으로 바꾸셨습니다. 이스라엘 백성은 누군가가 산 꼭대기에서 그들을 바라보며 저주하려고 하였다는 것을 눈치채지 못하고 있었을 것입니다. 우리의 마지막 여정에서도 우리가 인식하지도 못하고 있지만 누군가가 우리를 저주하려고 시도할지도 모릅니다. 하지만 그때 그들이 우리를 저주하려고 바라보는 그 순간 그들은 우리와 함께 하시는 하나님의 임재와 구름 기둥과 우리 안에서 그리스도의 십자가를 바라보게 될 것이며 하나님은 저주를 축복으로 바꿔주실 것입니다.

DAY 5 민 22:41-23:26

발람의 첫 번째, 두 번째 예언 - 왕의 큰 나팔 소리

발람이 오자 발락은 그를 바알의 산당으로 안내합니다. 바알의 산당에서 이스라엘을 저주하게 함으로 자기들의 신이 이스라엘을 저지하길 바랬을 것입니다. 발람은 그곳에서 이스라엘 백성의 진 끝까지 보게 됩니다. 바알의 산당이었지만 발람은 철저히 하나님의 통제 아래 있었습니다. 이스라엘의 진이 끝까지 다 보이는 그 곳 산당에서 발람은 첫 번째 예언을 합니다.

> 이 백성은 홀로 살 것이라 그를 여러 민족 중의 하나로 여기지 않으리로다(민23:9)
> 야곱의 티끌을 누가 능히 세며 이스라엘 사분의 일을 누가 능히 셀고(민23:10)

발람은 하나님이 저주하지 않으시고 꾸짖지 않으신 자를 저주할 수 없다고 말하며 이스라엘의 구별됨을 알게 됩니다. 발람은 그곳에서 이스라엘 백성이 그냥 여러 민족들 중의 평범한 한 민족이 아니라 오직 하나님께 속한 한 특별한 백성이라는 것을 알게 되었고 이스라엘이 그들 스스로 이집트에서 탈출한 것이 아니라 하나님이 친히 이끌고 나오신 민족이라는 것도 알게 됩니다. 발락이 저주를 부탁한 이 백성은 하나님이 축복하신 민족이기에 자신이 어떻게 할 수 없다는 것도 알게 됩니다. 그래서 하나님의 엄청난 축복을 받은 이 민족이 창대할 것을 예언합니다.

발람의 첫 번째 예언에 당황한 발락은 이스라엘이 잘 보이지 않는 비스가 산 꼭대기로 발람을 데리고 갑니다. 이번에도 발람은 하나님의 하신 말씀이 반드시 실행될 것임을 선포하며 이 민족이 들소와 같은 힘을 가졌고 암사자와 수사자처럼 움킨 것을 놓지 않으리라 말하며 이들이 하는 일마다 승승장구하게 될 것이라고 예언합니다. 그래서 어떤 점괘나 복술도 이들을 해할 수 없다고 말합니다. 이 예언을 통해 발람은 하나님이 이스라엘을 어떤 마음으로 보는지 알게 됩니다.

여호와는 야곱의 허물을 보지 아니하시며
이스라엘의 반역을 보지 아니하시는도다
여호와 그들의 하나님이 그들과 함께 계시니
왕을 부르는 소리가 그 중에 있도다(민23:21)

발람은 이스라엘 백성이 그 어떤 잘못을 해도 하나님이 그들의 허물과 반역을 보지 않으시리라 결정하셨다는 것을 알게 됩니다. 그들의 부족함을 보지 않고 아끼실 뿐 아니라 하나님이 그들과 함께 계시며 그들 중에서 왕을 일으키시리라는 것을 알게 된 발람은 점점 이스라엘 백성을 향한 하나님의 축복하시고자 하는 마음을 읽게 됩니다. '왕을 부르는 소리'라고 번역된 히브리어는 트루아תְּרוּעָה입니다. 트루아는 큰 나팔 소리를 의미합니다. 그래서 이 본문은 다음과 같이 번역될 수 있습니다.

여호와 그들의 하나님이 그들과 함께 계시니
왕의 큰 나팔 소리가 그들 중에 있도다(민23:21, 진리의 집 직역)

발람이 예언한 왕의 큰 나팔 소리는 예슈아가 다시 오실 때 만왕의 왕으로 그분을 영접하기 위하여 불려지는 바로 그 나팔 소리와 백성들의 환호하는 외침의 소리입니다. 이스라엘을 저주하려고 하였던 그 순간 발람은 나팔 소리 가운데 만왕의 왕 만주의 주로 오시는 메시아의 즉위식을 본 것입니다.[22] 이스라엘을 향한 발람의 예언이 점점 강해지자 발락은 급기야 축복도 저주도 하지 말라고 요청합니다. 발람은 첫 번째 예언이 끝났을 때도, 두 번째 예언이 끝났을 때도 하나님이 내 입에 주신 말씀, 여호와께서 말씀하신 것은 그대로 말할 수밖에 없다고 말합니다(민23:12, 26). 하나님은 원수가 주의 백성에게 품은 저주를 결코 발설되지도 못하게 개입하시며 오히려 축복으로 바꿔주십니다.

---

22 아람어 성경 탈굼은 민수기 23:21을 왕 메시아의 나팔 소리가 그들 중에 울린다고 기록하였고, 유대 주석서(Toledot Yitschak ben Levi)에서는 발람이 마지막 구속의 날에 메시아가 오실 때 불릴 이삭의 숫양의 뿔나팔을 언급하였다고 하였다.

DAY 6 민 23:27-24:25

발람의 세 번째, 네 번째 예언

그럼에도 이스라엘을 향한 저주를 포기하지 못한 발락은 발람을 광야가 내려다 보이는 브올 산 꼭대기로 데리고 갑니다(민23:28). 이곳에서 발람은 자신이 이스라엘을 축복하는 것을 하나님이 선하게 여기신다는 것을 느끼고 점술을 쓰지 않고 그의 눈을 광야로 향하여 들어 이스라엘이 지파대로 장막을 친 것을 보게 됩니다. 그 순간 하나님의 영이 임하면서 그의 입술에서는 이스라엘 민족에 대한 축복의 예언들이 터져 나오기 시작합니다(민 24:1-2).

발람의 눈은 하나님의 영 안에서 이스라엘을 바라보며 야곱의 장막이 강 가의 동산 같고 침향목 같으며 물 가의 백향목 같다고 노래합니다(민24:5-6). 발람은 이스라엘을 향한 하나님의 계획이 완전하기에 이 민족이 들소와 같은 힘으로 적국을 삼키고 그들의 뼈를 꺾으며 화살로 쏘아 꿰뚫을 것이라고 예언합니다(민24:8). 그리고 이스라엘의 정체성이자 유업인 하나님과 아브라함이 맺었던 언약을 입술로 선포합니다.

> 너를 축복하는 자마다 복을 받을 것이요
> 너를 저주하는 자마다 저주를 받을지로다(민24:9)

발람은 이스라엘이 법궤를 모신 성막을 중심으로 둘러 진 친 장면을 보면서 그것이 마치 신랑과 신부가 거하는 아름다운 장막인 것처럼 느꼈습니다. 발람은 신랑이 신부를 향해 아름다운 고백을 하듯이 하나님이 이스라엘 백성을 얼마나 아름답게 보고 계시는지를 노래합니다.

מַה-טֹּבוּ אֹהָלֶיךָ יַעֲקֹב מִשְׁכְּנֹתֶיךָ יִשְׂרָאֵל

마-토부 오할레이카 야아콥 미쉬케노테이카 이스라엘[23]
야곱이여 네 장막들이, 이스라엘이여 네 거처들이 어찌 그리 아름다운고(민24:5)

---

23 민수기 24:5은 유대인들이 매주 샤밧 오전 회당 예배 때 부르는 찬양이다. 이스라엘을 저주하려던 원수의 입에서 도리어 이스라엘을 축복하는 예언들이 나왔는데, 유대인들은 거짓 선지자의 입에서 하나님의 개입하심으로 터져 나온 이 축복을 매주 샤밧 아침에 회당에 모여서 수천 년 동안 불러오고 있다. "야곱이여 네 장막들이, 이스라엘이여 네 거처들이 어찌 그리 아름다운고"

장막이라는 히브리어 오헬אהל의 동사인 아할אהל은 '깨끗하여 빛나다'는 뜻을 가지고 있습니다. 야곱의 장막들은 정결하여 아름다운 빛이 있었습니다. 그리고 이스라엘의 진영에는 하나님이 거하시는 처소인 미쉬칸(성막משכן)이 있어 하늘로부터 하늘에 속한 선함과 아름다움과 밝음과 기쁨과 즐거움과 행복을 비추고 있었습니다. 발람은 그 아름다운 장막들과 성막 가운데 하나님이 친히 함께 거하시는 모습을 바라보았습니다.

이스라엘은 하나님의 신부입니다. 시나이 산에서 그렇게 혼인 언약을 맺으셨습니다(출19:5). 사랑받는 신부는 당당하고 용맹하며 왕의 위엄과 권세를 가지고 있습니다(민23:21-24). 온 우주 만물의 영원한 왕이신 하나님과 함께 서는 신부의 모습은 당당하고 용맹합니다(민24:8-9, 발람의 세 번째 예언). 아름다운 신부, 당당한 신부, 왕의 권세를 가진 신부, 그래서 결국 만왕의 왕이신 그분과 함께 온 땅을 다스릴 왕과 제사장이 될 신부, 바로 그런 존재가 이스라엘이며 또한 우리가 곧 '하나님의 이스라엘'입니다.[24]

발람의 세 번째 예언에 격노한 발락은 손뼉을 치며 발람을 야단치지만 발람은 여호와 하나님의 마음에 완전히 사로잡혀 이스라엘 백성이 후일에 모압 백성에게 어떻게 할 것인지를 인식하며 모압 왕 발락이 듣도록 네 번째 예언을 하게 됩니다. 발락(발락בלק)은 '전멸시키다, 완전히 없애버리다'는 동사에서 나온 명사로 '파괴자'라는 뜻입니다. 이 사건은 약속의 땅에 들어가기 직전에 요단 강 건너편 곧 여리고 맞은편, 약속의 땅이 바로 눈 앞에 바라보이는 모압 평지에서 이스라엘의 40년 광야 여정에서 마지막 관문이었던 파괴란 이름의 한 왕(발락)과 악한 선지자(발람)가 이스라엘을 파괴하고 멸망시키려고 했던 사건이었습니다.

발람의 마지막 네 번째 예언은 이스라엘을 향한 예언을 넘어서서 초림 메시아에 대한 예언뿐 아니라 메시아의 재림과 메시아 왕국 통치까지 예언하고 이스라엘을 전멸시키려는 원수들에 대한 심판을 예언합니다(민24:17-24). 발람의 예언은 모두 야곱의 자손인 이스라엘이 얼마나 강할 것인지, 그들이 얼마나 흥왕할 것인지, 더 나아가 그들에게 어떤 왕의 권세와 주권이 주어지게 될 것인지에 대한 것이었습니다. 발람은 하나님이 선택하시고 사랑하시는 이스라엘을 아무도 감히 건드릴 수 없을 것이라는 것을 명백하게 알게 되었습니다.

돈과 부귀영화에 자신의 점술과 예언을 팔려고 한 발람이었지만 이스라엘을 강력하게

---

24 【갈6:16】 무릇 이 규례를 행하는 자에게와 하나님의 이스라엘에게 평강과 긍휼이 있을지어다

보호하시는 하나님은 모든 것을 축복으로 바꾸셨습니다. 사탄은 철저하게 이 민족을 저주하려고 하였지만 하늘의 통치자이신 하나님은 그것을 허락하지 않으셨습니다. 발람의 축복의 핵심은 아브라함과 맺으신 하나님의 언약에 있습니다. 발람의 얄팍한 점술은 하나님의 거룩한 언약 앞에 아무런 힘을 가지지 못했습니다. 이스라엘 백성은 하나님과 시나이 산에서 맺은 '말씀을 온전히 지키면 축복을 받을 것이지만 말씀에서 떠나면 저주를 받을 것이다'라는 조건 계약 앞에서는 번번이 넘어지고 실패하였지만 그럼에도 불구하고 약속의 땅을 향하여 전진할 수 있었던 것은 하나님께서 자신의 사랑과 의지로 아브라함과 맺은 무조건적인 언약 때문이었습니다. 그래서 발락과 발람이 이것을 깨뜨릴 수 없었던 것입니다. 하나님과 아브라함과 맺은 언약이 이스라엘 백성을 지켜주었고, 지켜주고 있으며, 끝까지 지켜주실 것입니다.

공중의 권세 잡은 자인 사탄은 지금도 이스라엘을 저주하려 하고 하나님을 믿음으로 따르는 거룩한 성도들과 교회를 저주로 묶으려고 합니다. 그러나 아브라함과 언약을 맺으신 하나님은 이것을 허락하지 않으십니다. 하나님의 축복은 자신의 사랑하는 백성들에게 영원합니다. 이방인이었던 우리는 믿음으로 아브라함의 자손이 되어 아브라함과 함께 아브라함의 복을 받은 자가 되었고 이스라엘과 함께 영원한 축복을 약속으로 받았습니다. 그래서 아무리 공중의 권세 잡은 사탄에 의한 저주과 공격이 있다 할지라도 이것은 결코 우리를 묶을 수 없습니다. 왜냐하면 믿음으로 아브라함의 자손이 된 우리에게도 아브라함과 맺으신 하나님의 무조건적인 언약이 영원불변하도록 적용되며 모든 역사를 하나님이 주관하고 계시기 때문입니다.

이스라엘 백성들이 알지 못하고 인식하지도 못하는 사이에 발람과 발락은 그들을 저주로 묶으려 했지만 하나님은 그것을 막으셨으며 저주를 축복으로 바꿔놓으셨습니다. 사탄이 메시아의 신부인 이스라엘과 그리스도의 신부인 예슈아의 몸된 교회를 저주로 묶으려고 하지만 하나님은 이것을 허락하지 않으십니다. 단, 사탄이 우리를 묶을 수 있는 빌미를 주지 말아야 합니다. 그 빌미는 하나님보다 더 사랑하는 우상숭배와 음란입니다. 우상에게 마음을 빼앗기는 것은 하나님의 권위가 아닌 이 세상의 어둠의 주관자인 사탄의 권위 아래로 들어가는 것입니다. 하나님의 권위는 우리를 자유함 안에서 보호하시는 것이지만 사탄은 우리를 속박하고 묶어서 억압합니다. 또한 두려움과 걱정으로 하나님을 불신하는 것 역시 사탄의 권위 아래로 들어가는 것과 같습니다. 하나님이 우리에게 주시는 마음은 두려움이 아닙니다. 우상숭배, 두려움과 걱정을 받아들여서 스스로 사탄에게 자리를 내어주지 않는 이상 사탄은 절대 이스라엘과 교회를 저주할 수 없습니다. 그러므로 아브라함의 언약을 믿음으로 취하고 하나님의 권위 아래서 세상을 두려워하지 않으며 오직 하나님을 경외하는 마음으로 따를 때 하나님은 하늘의 악한 세력들을 묶으시고 우리를 더욱 축복하실 것입니다.

【주제 #7】 전쟁의 메시아

발람의 마지막 예언에는 많은 전쟁들이 묘사되어 있다. 이 전쟁들은 모두 메시아가 오게 될 때 일어날 전쟁을 예표한 것이다. 토라와 예언서들은 메시아가 오시기 직전 이스라엘을 중심으로 여러 번의 큰 전쟁이 있을 것을 예언하였고, 사도 요한도 예수님이 오시기 직전 역사의 마지막에 있을 전쟁을 예언자들의 예언과 동일한 맥락에서 구체적으로 보았다.

민수기 24:17-24까지에는 다양한 민족들이 언급되어 있는데 모두 이스라엘을 대적했거나, 앞으로 대적하여 일어나게 될 나라들의 이름이 기록되어 있다. 발람은 이스라엘을 대적하는 나라들의 운명을 예언하면서 이 일이 지금이 아니고 또한 가까운 일이 아니라고 말한다.

> 내가 그(메시아)를 보아도 이 때의 일이 아니며
> 내가 그(메시아)를 바라보아도 가까운 일이 아니로다(민24:17)

발람은 '그'라고 지칭하며 메시아를 정확하게 보았고 메시아를 '한 별'과 '한 규'라고 묘사한다. 발람은 야곱에게서 일어나는 한 별과 한 규가 모압을 이쪽에서 저쪽까지 쳐서 무찌르고, 또 셋의 자식들을 멸하며, 그의 원수 에돔과 세일은 이스라엘의 유산이 될 것이고 남은 자들은 완전히 멸절될 것이라고 예언함으로 이스라엘을 대적하는 나라들이 반드시 멸망할 것을 예언한다(민24:17-19). 아람어 성경 탈굼은 발람의 예언을 메시아가 오기 직전의 마지막 전쟁으로 바라보면서 이 전쟁이 곡과 마곡의 전쟁이라고 해석하였다.

> 나는 그를 볼 것이지만 지금은 아니다. 나는 그를 바라볼 것이지만 가깝지는 않다.
> 야곱의 집에서 강한 왕이 다스리실 것이고, 이스라엘의 강력한 규인 메시아가 기름 부음을
> 받을 것이며, 그는 모압의 왕자들을 죽일 것이고 모든 셋의 자녀들(인간의 자녀들)에게
> 아무것도 남지 않게 할 것이다. 이스라엘을 대적하여 싸울 곡의 군대들과
> 그들의 모든 시체들이 그(메시아) 앞에서 떨어질 것이다
>
> (민24:17-18, Targum Pseudo-Yonatan)

유대 전승에서는 메시아가 오기 직전에 일어나게 될 전쟁들에 대해 "메시아의 전쟁들"이라고 부른다. 메시아의 전쟁들은 궁극적으로 곡과 마곡의 전쟁이 그 절정이 될 것이다. 유대 전승에는 메시아에 대한 두 가지 컨셉이 있는데 하나는 고통받는 메시아의 모습을 대변하는 요셉의 자손 메시아, 다른 하나는 승리하여 왕국을 다스리는 메시아의 모습을 대변하는 다윗의 자손 메시아이다. 그래서 유대 전승에서는 발람이 예언한 메시아의 두 모습인 '한 별과 한 규'에서 '한 별'은 11개의 별 꿈을 꾸었던 요셉 메시아로, '한 규'는 유다 지파를 통해서 오는 다윗 메시아로 해석하기도 한다. 또한 발람이 '나는 그를 볼 것이지만 지금은 아니라'라고 했을 때의 메시아는 요셉 메시아로, '나는 그를 볼 것이지만 가깝지는 않다'라고 했을 때는 다윗 메시아였을 것이라고 말한다.

뿐만 아니라 유대 고대 문헌 중 하나인 '12족장들의 유언' [25] 중에서 유다는 자신의 자녀들을 불러놓고 유언을 남기면서 오실 메시아에 대해 '별과 규'라고 예언하였다.

> 이 일 후에 너희를 위해 샬롬 가운데 야곱으로부터 한 별이 일어날 것이다. 한 사람이
> 의로운 태양처럼 나의 후세로부터 일어날 것이다. 그는 온유함과 의로움 안에서 사람들의
> 아들들과 함께 걷고, 그에게는 어떤 죄도 발견되지 않을 것이다. 하늘들이 그의 위에 열릴
> 것이고 거룩하신 아버지의 축복처럼 영이 부어질 것이다. 이 사람은 지극히 높으신
> 하나님의 형상이고, 모든 인류의 생명의 샘이다. 그때 그는 나의 킹덤의 규를
> 비출 것이고, 너의 뿌리로부터 그 형상이 일어날 것이다.
> 그의 규를 통해 열방을 위한 의로운 막대기가 일어날 것이고 주님을 부르는
> 모든 자들을 구원하고 다스릴 것이다(유다의 유언 24:1-6).

야곱으로부터 규가 유다를 떠나지 않고 통치자의 지팡이가 그 발 사이에서 떠나지 않을 것이라는(창49:10) 예언을 받은 유다는 죽기 직전 그 자신도 자신의 후세에 오게 될 메시아가 별처럼, 그리고 의로운 자의 통치의 지팡이(규)를 들고 세상을 다스리게 될 것임을 보았다. 마지막 날에 다윗 메시아는 모든 전쟁에서 승리하실 것이다.

> 여호와께서 시온에서부터 주의 권능의 규를 내보내시리니
> 주는 원수들 중에서 다스리소서(시110:2)

---

25 유대 고대 문헌 중 쿰란 동굴과 이집트의 게니자에서도 발견된 '12족장들의 유언'의 일부분은 고고학적, 역사적으로 신빙성이 있는 아주 중요한 문헌으로 여겨지고 있다. 이 문헌은 이집트로 내려간 12족장이 죽기 직전 각자 자신의 자녀들을 향해 앞으로 그들이 어떻게 타락하여 하나님을 떠나게 될 것인지, 그래서 무엇을 조심해야 하는지, 그러나 결국 하나님이 어떻게 이끄실 것인지에 대한 예언과 당부의 말들이 기록되어 있다. 이 문헌을 통해 성경의 배경이 되는 세계관과 히브리적이고 종말론적인 관점을 더 깊이 들여다볼 수 있다.

DAY 7 민 25:1-25:9 / 하프타라 미 5:7-6:8

마지막 시대 마지막 세대가 겪게 될 음란과 우상숭배 그리고 거룩한 신부들의 세대

발람의 네 번째 예언(민24:15-24) 이후 발락과 발람은 각자의 길로 헤어집니다. 이들의 계략이 완전히 실패한 듯 보입니다. 그러나 공중 권세 잡은 자의 어둠의 힘을 통해 저주함으로 이스라엘을 무너뜨리려고 했던 이들은 이제 전략을 바꾸어 다른 방법으로 이스라엘 백성을 무너뜨리려 합니다. 이들이 사용한 다른 전략은 직접 이스라엘 백성 안으로 들어가 그들의 마음을 하나님으로부터 떨어뜨려 놓는 것이었습니다. 그리고 모압과 미디안의 여인들이 주도 세력이 되어 이스라엘 남자들을 유혹하는 데 성공합니다. 모압 여인들은 자기들의 신인 바알브올에게 제사할 때 이스라엘 남자들, 특히 지도자들을 청하여 함께 먹고 마시자고 합니다. 그 과정에서 이스라엘 백성의 지도자들이 바알브올에게 부속되면서 하나님이 진노하시게 됩니다.

우상숭배의 음행으로 이스라엘의 거룩한 진영을 더럽히고 하나님과 이스라엘 사이를 이간질하려는 이 전략은 발람으로부터 나온 계략이었습니다(민31:16). 그는 잠시 잠깐 하나님의 주권 아래서 하나님의 영에 사로잡혀 있을 때는 하나님의 마음을 대언하였지만 현실로 돌아왔을 때는 탐욕에 가득 차 발락의 협조자가 되었습니다. 발람은 하나님의 신부로 선택된 이스라엘을 망가뜨릴 방법을 정확히 알고 있었습니다. 그것은 하나님의 아름다운 신부가 거룩하신 하나님 곁에 있을 수 없도록 음탕하게 만드는 것이었습니다. 사랑하는 사이에 음행 만한 배신은 없습니다. 이것은 죽음보다도 더한 상실입니다. 그래서 버가모 교회를 향해 하나님은 그들이 발람의 교훈을 따른 것 즉, 우상과 행음한 것을 크게 책망하십니다 (계2:14). 하나님은 이스라엘 백성에게 말합니다.

> 내 백성아 내가 무엇을 네게 행하였으며 무슨 일로 너를 괴롭게 하였느냐
> 너는 내게 대답해보아라 내가 너를 애굽 땅에서 인도해 내어 종 노릇 하는 집에서
> 속량하였고 모세와 아론과 미리암을 네 앞에 보냈느니라

내 백성아 너는 모압 왕 발락이 꾀한 것과
브올의 아들 발람이 그에게 대답한 것을 기억하며
싯딤에서부터 길갈까지의 일을 기억하라
그리하면 나 여호와가 공의롭게 행한 일을 알리라(미6:3-5)

하나님은 신실하지 못하게 행한 이스라엘 백성을 향해 늘 한결같이 의롭게, 그리고 진실되게 행하셨습니다. 그러나 그들은 번번이 하나님의 사랑을 배반합니다. 그래서 미가는 외칩니다.

사람아 주께서 선한 것이 무엇임을 네게 보이셨나니
여호와께서 네게 구하시는 것은
오직 공의를 행함과 (아쏫 미쉬파트טפֶּשְׁמ עֲשׂות)
인자를 사랑함과 (아하밭 헤쎄드חֶסֶד אַהֲבַת)
네 하나님과 함께 걷는 겸손함이
(하쯔네아 레켙 임-엘로헤이카וְהַצְנֵעַ לֶכֶת עִם-אֱלֹהֶיךָ) 아니냐[26](미6:8)

하나님의 이스라엘을 향한 사랑은 철저합니다. 그래서 이스라엘이 하나님이 차지하게 하신 가나안의 모든 땅에서 우상으로 행음하였을 때 발람을 통해 내가 어떻게 너희들을 지켜주었는지, 어떻게 공의롭게 행해주었는지 기억하고 알라고 말씀하십니다(미6:5). 그리고 이스라엘을 향해 가식적인 예배로 하나님을 향한 책임을 다하고 있는 것처럼 하지 말고 미쉬파트טפֶּשְׁמ를 행함과 헤쎄드חֶסֶד를 사랑함과 하나님과 동행하는 겸손함을 갖추라고 권합니다(미6:8). 하나님은 사랑하는 신부에게 신랑과의 바른 관계(쩨덱קֶדֶצ) 안에서 바른 분별과 결정(미쉬파트טפֶּשְׁמ)을 하며 신앙의 헤세드חֶסֶד를 즐겨하고 그분과 함께 걸을 수 있는 겸손함을 원하십니다. 그것이 전부입니다.

하나님이 얼마만큼 우리를 향한 사랑을 표현하시는지 우리는 잘 모릅니다. 모르면서 불평하고 잘 알지도 못하면서 하나님의 사랑을 평가합니다. 하나님의 진짜 마음이 무엇인지도 모르면서 하나님을 향한 잘못된 이미지를 전하기도 합니다. 제한된 단어들로 표현된

---

26 한글 성경에는 '겸손하게 네 하나님과 함께 행하는 것'이라고 번역했지만 '하쯔네아 레켙 임-엘로헤이카וְהַצְנֵעַ לֶכֶת עִם-אֱלֹהֶיךָ'는 '네 하나님과 함께 걷는(걷기 위한) 겸손함'이라고 되어있다. 전자는 겸손하게 동행하는 것을 후자는 동행하기 위해서 겸손함이 있어야 한다는 것을 의미하며, 하나님은 자신과 동행하기 위해 겸손함을 가지라고 말씀하고 있다.

말씀을 가지고 더 깊이 그 마음을 들여다보려 하기보다는 표면적 사실들을 개인적으로, 자기 맘대로 해석하는 경우가 많습니다. 발람과 발락의 모의를 통해 하나님이 얼마나 이스라엘을 감싸고 축복하길 원하셨는지, 하물며 악한 주술사에게조차 그 순간 하나님의 영을 강권적으로 부어 그 마음을 보여주셨던 하나님이심을 기억해야 합니다. 당장 우리에게 벌어지고 있는 상황들로 하나님의 마음을 가려서는 안 됩니다. 그분은 우리에게 책임을 요구하시는 분이 아니고 공의와 사랑과 겸손을 원하시는 하나님입니다. 그분이 우리에게 사랑으로, 공의로, 품위 있게 행하시듯 하나님의 사랑과 공의를 알면 그분의 마음과 계획을 더 선명히 알게 되고, 그러면 믿음의 순종은 따라오게 됩니다. 하나님의 마음은 우리를 향해 끊을 수 없는 죽음보다 강한 사랑입니다(아8:6).

출이집트한 세대는 미리암과 아론을 비롯하여 거의 모든 사람이 광야에서 죽었고, 이집트를 알지 못하는 다음 세대가 광야에서 훈련받으며 자라왔습니다. 그런데 이스라엘은 이제 곧 마주할 약속의 땅이 바로 눈 앞에 펼쳐져 보이는 요단 동편의 싯딤에서 한 순간 음행으로 넘어지고 맙니다. 그리고 싯딤에서의 이 음행으로 인해 일어난 전염병으로 출이집트한 세대는 여호수아와 갈렙을 제외하고 다 죽게 됩니다.

남은 새로운 세대가 약속의 땅에 들어가 에덴-동산을 되찾고 회복하여 하나님의 킹덤을 그 땅에 세우리라는 것을 안 사탄은 그들을 가만두지 않고 음행으로 더럽힙니다. 지금의 세대에게도 사탄은 똑같은 전략을 사용하고 있습니다. 예슈아가 재림하시도록 그분이 오실 길을 예비하는 세대, 온 세상 나라가 그리스도의 나라가 되어 그분을 중심으로 전 지구가 의와 공평으로 통치되는 천년왕국인 메시아닉 킹덤을 오게 할 거룩한 세대가 일어나지 못하도록 우상숭배와 음행의 파도로 지금의 세대를 덮치고 있습니다. 그래서 우리는 더더욱 지금의 이 마지막 세대를 지켜야 합니다. 비느하스와 같은 하나님이 가지신 거룩한 질투와 의분을 가지고 음행하게 하는 우상숭배를 이 세대로부터 끊어내야 합니다. 그들에게 하나님이 이 세대를 얼마나 사랑하시는지 그들의 거룩한 신부로서의 정체성을 확실히 새겨주어야 합니다. 사도 요한은 요한일서 마지막 장 마지막 절에서 요한일서를 이렇게 마무리합니다.

자녀들아 너희 자신을 지켜 우상에게서 멀리하라(요일5:21)

우상은 우리와 하나님 사이를 멀어지게 하여 하나님의 자녀로서 아버지의 권위 아래 있던 우리의 정체성을 우상의 권위 아래로 들어가게 하여 우리의 정체성을 강등시키고 잃어버리게 합니다. 그래서 우리는 이 세대가 죄의 본성을 따라 자신을 우상숭배로 내어주지 않도록 필사적으로 지켜야 합니다. 우상숭배에게 자신을 내어주지 않고 세상을 이기는 방법은 하나님을 사랑하여 그 계명을 지키는 것입니다(요일5:3). 그리고 예수님께서 하나님의 아들이심을 믿는 것입니다(요일5:5). 하나님을 사랑하여 그 계명을 지킴으로 서로 사랑하고 그 아들 예슈아를 믿음으로 하나님의 자녀된 권세를 얻어 그 권세를 사용하는 자가 아니면 누가 세상을 이기는 자이겠습니까?

> 무릇 하나님께로부터 난 자마다 세상을 이기느니라 세상을 이기는 승리는
> 이것이니 우리의 믿음이니라 예수께서 하나님의 아들이심을 믿는
> 자가 아니면 세상을 이기는 자가 누구냐(요일5:4-5)

브리트 하다샤 롬 11:25-32 / 마 21:1-11

그리하여 온 이스라엘이 구원을 받으리라

하나님이 발람을 통해 이스라엘을 축복하신 이유는 하나님이 이스라엘과 '너희가 나에게 제사장들의 왕국이 되며 거룩한 민족이 되리라'고 언약을 맺으셨고 하나님이 아브라함과 맺은 언약이 이스라엘 자손들에게 있음을 기억하셨기 때문입니다. 발람의 불순종으로 그를 죽이실 수도 있었지만 그럼에도 그를 살려 두신 이유는 이스라엘 때문이었습니다. 그가 점술을 쓰는 악한 예언자였지만 그의 입술을 통해서 이스라엘을 향한 하나님의 계획과 마음을 선포하게 하신 이유 또한 그것이 이스라엘이었기 때문입니다. 조금이라도 발람에게 어떤 가능성이 있어서 그를 사용하신 것이 아니었습니다. 하나님은 저주를 하려는 자의 입술을 통해서도 자신이 선택하신 백성을 끝까지 보호하고 축복하시는 하나님임을 똑똑히 알게 하려 하셨습니다. 발람은 이스라엘 백성을 보기만 해도 이스라엘 백성 안에서 그리스도가 보이기 때문에 저주할 수가 없었습니

다. 그는 그리스도 안에 있는 이스라엘 백성을 보았습니다. 비록 거역과 불순종의 죄를 반복하며 광야 생활을 하고 있었지만 그럼에도 이스라엘 백성 안에는 그리스도의 충만함이 계속 증가하고 있는 상태였습니다.

그들이 죄를 지으면 지을수록 하나님은 그리스도를 예표하는 구원의 길을 예비하셨고(붉은 암송아지, 그 반석, 놋뱀) 이스라엘은 넘치는 은혜를 받고 더욱 정결한 상태로 나아가고 있었습니다. 하나님은 야곱의 허물을 보지 아니하시며 이스라엘의 패역을 보지 아니하시는 분이시며 크고 놀라운 일을 야곱과 이스라엘을 위하여 행하시는 하나님이라는 고백이 발람의 입에서 터져 나옵니다(민23:21-24). 발람은 구름 기둥 가운데 그들과 함께 계시는 성육신 이전의 그리스도께서 이스라엘의 진영 중에 함께 계심을 바라보며 얼마나 아름다운지를 고백합니다(민24:5). 가깝지 않은 먼 미래를 내다보며 약 1500년 후의 메시아의 초림과 약 3천 500년 후에 있게 될 메시아의 통치와 원수에 대한 심판과 멸망에 대한 계시가 이스라엘을 축복하는 중에 터져 나옵니다(민24:17-19).

예슈아를 받아들이고 있지 않은 이스라엘의 상태와 그들이 이후에 예슈아를 받아들이고 복음 안으로 들어오게 될 것에 대해서 사도 바울은 로마서 11장에서 설명하면서 이방인의 충만한 수가 차게 되면 즉, 이방인 중에서 구원 안으로 들어오게 될 수가 가득 차게 되는 그 시점이 되면 온 이스라엘이 예슈아를 받아들이게 되고 구원을 얻으리라는 것을 반드시 교회가 알고 있어야 한다고 설파합니다. 그들이 현재 복음의 관점에서 보면 이방인인 우리들 때문에 복음의 원수가 된 자들이지만 하나님이 이스라엘을 택하셨다는 관점에서 볼 때 하나님이 그들의 믿음의 조상들과 맺은 언약이 아직도 유효하여 그들은 여전히 하나님의 사랑을 입고 있는 자라는 것입니다.

복음으로 하면 그들이 너희로 말미암아 원수 된 자요 택하심으로 하면
조상들로 말미암아 사랑을 입은 자라(롬11:28)

복음의 원수인데도 여전히 하나님의 사랑을 입고 있다!

모순되어 보이는 이러한 상태로써 존재하며 살아가게 되는 이유는 더 많은 이방인들이 복음 안으로 들어와서 하나님의 자녀가 되고 영생을 누리게 되도록 하기 위해서 하나님이 이스라엘에게 허락하신 상태라고 바울은 설명합니다. 우리는 유대인들이 예슈아를 믿지 않고 완고하게 하고 있는 것에 대해서 그들이 고집 세고 하나님께 불순종하며 하나님을 불신한다고 나무라

듯이 이야기하지만 로마서 11장에서 바울은 돌감람나무인 우리가 참감람나무에 접붙임 되어 참 감람나무 뿌리의 진액을 함께 받아 누리는 자가 되게 하려고 참감람나무의 일부가 꺾여져 나갔고 그 자리에 돌감람나무인 우리가 접붙임 받게 되었음을 설명하며 이방인 가운데 예수님을 믿고 구원받은 자들이 이렇게 말해야 되는 것이 마땅하다고 설명합니다.

원가지가 잘려 나간 이유는, 그 자리에 내가 접붙임 받게 하시려는 것이었다
(롬11:19, 진리의 집 직역)

지금은 우리 이방인의 구원 때문에 복음의 원수 노릇을 하고 있지만 조상들과 맺은 언약이 그들에게 유효하여 그들은 여전히 하나님의 사랑을 입고 있습니다. 하나님이 그들에게 맡겨 주신 은사와 그들을 부르신 부르심은 철회되지 않았습니다. 하나님의 정한 기한이 차면 그들도 구원 안으로 들어와 유대인의 충만한 수가 차게 될 것입니다.

하나님의 은사와 부르심에는 후회하심이 없느니라(롬11:29)
그리하여 온 이스라엘이 구원을 받으리라(롬11:26)

우리가 꺾여져 나간 원가지로 인해 접붙임 받아 '복음으로 말미암아 그리스도 예수 안에서 함께 상속자가 되고 함께 지체가 되고 함께 약속에 참여하는 자'가 되었습니다(엡3:6). 접붙여진 생명은 신성한 생명에 연합된 생명입니다. 우리가 구원받은 그 날, 우리는 그리스도와 함께 연합을 시작했습니다. 그리고 세례(침례)받은 그 날, 우리는 신랑이신 그리스도와 약혼을 했습니다. 그리고 신랑이신 그리스도께서 다시 오실 때 우리는 영원한 연합을 상징하는 혼인 잔치에 참여하여 영생을 누리게 될 것입니다. 이스라엘의 역사의 과정 안에 우리의 구원을 위해 포석을 깔아 놓으신 하나님의 섭리는 놀랍습니다.

발락 주간의 말씀

1. 자기의 마음 안에 간절히 원하는 것이 있으면 사람은 스스로를 속이고 마음에 간절히 원하고 바라는 그것에 아주 쉽게 미혹됩니다. 엄밀하게 말해 미혹은 자기 자신에게서 시작되는 것입니다. 은근히 덮어주고 힘을 실어주었던 음란, 탐욕, 거짓말, 비방, 형제보다 더 높아지고 인정받고 싶은 마음, 내가 듣는 하나님의 음성이 정확하다는 교만이 있었기 때문에 미혹 당하는 것입니다.

2. 자기 기만에 빠지지 않으려면 거룩해야 합니다. 거룩은 하나님을 사랑할 때 하나님을 알고자 하는 간절한 소망으로부터 시작되며, 하나님을 알고자 하는 소망은 진리를 향한 갈망으로 이어지며 진리의 말씀을 통해 자기 자신을 찌르고 쪼개고 마음의 생각과 뜻을 스스로 체크하고 판단하면서 지혜와 분별을 얻게 됩니다. 지혜와 분별을 통해 하나님과의 쩨덱과 미쉬파트가 견고히 세워지고 하나님이 기뻐하시는 것을 선택하게 되므로 자연히 구별된 삶을 살게 됩니다.

3. 발람이 자신에게 주어진 권세를 잘못 사용할 것을 아셨지만 언제나 정확하신 하나님은 자신의 성품대로 주신 은사도 철회하지 않으시면서 동시에 영원히 축복하시겠다고 하신 이스라엘 백성을 향한 언약도 지키셨습니다. 놀랍도록 정확하시며 그분의 성품에 전혀 흠이 없게 완벽하신 하나님이십니다.

4. 케뎀קֶדֶם의 에덴-동산גַּן־עֵדֶן을 향한 이스라엘의 전진(카디마קָדִימָה)을 통해 예슈아가 오셨고, 이제 이스라엘과 하나된 열방의 남은 자들이 함께 에덴-동산גַּן־עֵדֶן을 향해 전진함으로 다시 오실 만왕의 왕 예슈아를 맞이하게 될 것입니다.

5. 장막이라는 히브리어 오헬אֹהֶל의 동사인 아할אָהַל은 '깨끗하여 빛나다'는 뜻을 가지고 있습니다. 야곱의 장막들은 정결하여 아름다운 빛이 있었습니다. 그리고 이스라엘의 진영에는 하나님이 거하시는 처소인 미쉬칸이 있어 하늘로부터 하늘에 속한 선함과 아름다움과 밝음과 기쁨과 즐거움과 행복을 비추고 있었습니다. 발람은 그 아름다운 장막들과 성막 가운데 하나님이 친히 함께 거하시는 모습을 바라보았습니다.

6. 이스라엘은 하나님의 신부입니다. 시나이 산에서 그렇게 혼인 언약을 맺으셨습니다 (출19:5). 사랑받는 신부는 당당하고 용맹하며 왕의 위엄과 권세를 가지고 있습니다(민 23:21-24). 온 우주 만물의 영원한 왕이신 하나님과 함께 서는 신부의 모습은 당당하고 용맹합니다(민24:8-9, 발람의 세 번째 예언). 아름다운 신부, 당당한 신부, 왕의 권세를 가진 신부, 그래서 결국 만왕의 왕이신 그분과 함께 온 땅을 다스릴 왕과 제사장이 될 신부, 바로 그런 존재가 이스라엘이며 또한 우리가 곧 '하나님의 이스라엘'입니다.

7. 이스라엘 백성들이 알지 못하는 사이에 발람과 발락은 그들을 저주로 묶으려 했지만 하나님은 그것을 허락하지 않으셨습니다. 사탄이 이스라엘과 예슈아의 몸된 교회를 묶으려고 하지만 하나님은 이것을 허락하지 않으십니다.

8. 하나님은 사랑하는 신부에게 신랑과의 바른 관계(쩨덱צֶדֶק) 안에서 바른 분별과 결정 (미쉬파트מִשְׁפָּט)을 하며 신랑의 헤세드חֶסֶד를 사랑하고 그분과 함께 걸을 수 있는 겸손함을 원하십니다. 그것이 전부입니다.

9. 우상은 우리와 하나님 사이를 멀어지게 하여 하나님의 자녀로서 아버지의 권위 아래 있던 우리의 정체성을 우상의 권위 아래로 들어가게 하여 우리의 정체성을 강등시키고 잃어버리게 합니다. 그래서 우리는 이 세대가 죄의 본성을 따라 자신을 우상숭배로 내어주지 않도록 필사적으로 지켜야 합니다. 우상숭배에게 자신을 내어주지 않고 세상을 이기는 방법은 하나님을 사랑하여 그 계명을 지키는 것입니다(요일5:3). 그리고 예수님께서 하나님의 아들이심을 믿는 것입니다(요일5:5).

발락 주간의 선포

1. 우리를 미혹에 빠지지 않도록 지켜주소서. 자기 기만에 빠지지 않도록 지켜주소서. 사역, 명예, 재정, 사람을 얻는 것에 우선순위를 두지 않게 하시고 오직 하나님께 우선순위를 두게 하소서. 하나님의 진리의 말씀으로 우리의 생각과 마음을 돌아보게 하시고 지혜와 분별을 얻게 하소서. 그리하여 하나님의 쩨덱과 미쉬파트가 견고하게 세워지게 하소서.

2. 하나님께서 우리에게 허락하신 권세를 바르게 사용하여서 하나님의 말씀에 순종하고 하나님의 뜻을 이루는 자가 되게 하소서.

3. 하나님께서 주신 사명을 따라 끝까지 카디마(전진)할 수 있도록 하나님의 도우심을 구합니다. 때로는 내부의 적에 의해, 때로는 외부의 적에 의해 우리의 전진이 멈춰있는 것 같은 순간들도 있지만 여전히 함께하시는 하나님을 신뢰하며 하나님을 바라봅니다. 결국 에덴-동산을 향한 이스라엘의 전진을 통해 예슈아께서 오신 것처럼 우리의 전진을 통해 다시 오실 만왕의 왕 예슈아를 맞이하게 하소서.

4. 이스라엘이 하나님의 신부인 것처럼 우리의 정체성도 하나님의 사랑받는 신부임을 고백합니다. 우리를 당당하고 용맹하며 왕의 위엄과 권세를 가진 신부로, 만왕의 왕이신 신랑과 함께 온 땅을 다스릴 왕과 제사장으로 삼아주셔서 감사합니다. 하나님께서 우리에게 주신 정체성과 사명대로 살아가게 하소서.

5. 원수의 목전에서 상을 베푸시는 하나님께 감사합니다. 발람이 이스라엘을 저주하려고 했지만 하나님은 그것을 바꾸셔서 축복이 되게 하셨습니다. 우리의 삶 가운데 있는 많은 위기 가운데 하나님의 개입하심으로 치유와 생명을, 기쁨과 평안을, 승리를 경험하게 하소서.

6. 우리가 하나님의 사랑하는 신부로서 신랑과의 바른 관계(쩨덱) 안에서 바른 분별과 결정(미쉬파트)를 하게 하소서. 하나님의 헤세드(인자)를 사랑하고 하나님과 겸손하게 동행하게 하소서.

7. 우리를 하나님께로부터 멀어지게 하는 모든 우상들을 버리게 하소서. 죄의 본성을 따라 자신을 우상숭배에 내어주지 않도록 우리 자신을 지키기 원합니다. 하나님을 사랑하고 하나님의 계명을 지킴으로 세상을 이기는 자가 되게 하소서.

41주간

פִּינְחָס
PINCHAS
피느하스, 비느하스

파라샤 **민 25:10-29:40**
하프타라 **왕상 18:46-19:21**
브리트 하다샤 **계 19:11-21 / 요 2:13-22**

DAY 1 민 25:10-25:18

하나님의 거룩한 열정, 킨아קִנְאָה

　　이스라엘 백성은 광야 여정의 막바지에 요단 강 건너편 약속의 땅의 산지가 눈 앞에 바라보이는 모압 평지에 머물게 되었습니다. 발람은 발락의 청탁을 받고 이스라엘을 저주 하려고 하였지만 하나님은 치밀하게 간섭하여 주심으로 저주를 축복으로 바꾸어 놓으셨습 니다. 하나님은 이스라엘이 인식할 수도 없는 순간에 그들을 저주하려던 악한 점술가 발람 의 입술까지 하나님의 거룩한 영으로 개입하셔서 이스라엘을 축복하도록 바꾸어 놓으신 것 은 이스라엘을 향한 하나님의 열정적인 사랑 때문이었습니다.

　　일순간 잠시 하나님의 영의 개입으로 이스라엘을 향한 하나님의 계획을 본 발람이었 지만 결국 그의 탐욕은 물고 들어온 청탁에 말려들어 발락과 악한 모의를 통해 이스라엘과 하나님 사이를 갈라놓는데 성공합니다. 발람은 하나님의 이스라엘을 향한 불타는 사랑을 이 용합니다. 그가 사용한 방법은 사랑에 대한 배신이었습니다. 그리고 이스라엘 백성 가운데 서 미련하고 방종한 자들은 그들의 작전에 걸려들어 음행과 우상숭배로 어리석게도 하나님 의 사랑을 배신합니다.

　　하나님의 질투(킨아קִנְאָה)와 진노가 이스라엘에게 머물고 수많은 백성들이 전염병으로 죽게 됩니다. 질투라고 번역된 히브리어 킨아קִנְאָה는 동사 카나קָנָא에서 파생된 명사형태로 카나קָנָא는 '질투하다'는 뜻이고 킨아קִנְאָה는 '질투, 열정'이라는 뜻을 가집니다. 하나님의 질 투로 인한 진노가 전염병으로 이스라엘 백성에게 임하던 그때 음란에 눈이 멀어 상황파악 이 안되던 유흥에 빠진 시므온 지파의 족장 시므리(지므리זִמְרִי, 음악에 뛰어난, 악기 연주를 잘 하는)는 미디안의 권위있는 우두머리의 딸 고스비(코즈비כָּזְבִּי, 거짓말에 뛰어난, 속이기를 잘하 는)에 유혹되어 수만 명이 전염병으로 죽어가고 있고 온 회중은 회막 문에 모여 울고 있는 중에도 보란듯이 대담하게 그녀를 데리고 천장이 높고 넓은 대형 천막(하쿠바הַקֻּבָּה)[27]으로 들어갔습니다.

이 때, 울고 있던 회중 가운데서 이를 본 비느하스는 하나님의 불타는 질투심(킨아קִנְאָה)을 가지고 일어나 손에 창을 들고 그 대형 천막(하쿠바הַקֻּבָּה)으로 따라 들어가 이미 포개어 있는 두 사람을 찔러 그 여인의 배까지 꿰뚫어 죽였습니다. 하나님을 향한 비느하스의 사랑과 열정은 그 순간 하나님이 이스라엘 백성을 향해 가지셨던 열정과 하나되어 한 지파의 족장으로서 영향력을 가진 시므리의 더러운 배신을 용납할 수 없었습니다. 하나님과 이스라엘의 사랑을 방해하는 모든 것을 그냥 둘 수 없었고 또한 이 배신으로 다시 사망의 기운이 이스라엘 진영을 덮기 시작하자 그는 이 치욕스러운 상황이 종료되게 하기 위해 과감히 창을 들었습니다. 하나님의 질투로 비느하스는 우상숭배와 음행의 추악함을 종식시키고 하나님의 심판과 진노도 거둬지게 합니다.

> 제사장 아론의 손자 엘르아살의 아들 비느하스가 내 질투심으로 질투하여 이스라엘
> 자손 중에서 내 노를 돌이켜서 내 질투심으로 그들을 소멸하지 않게 하였도다
> (민25:11)

하나님은 비느하스의 행동이 하나님의 킨아(질투심, 열정)로 행한 것이라 하셨고 그로 인해 하나님의 진노가 돌이켜져서 이스라엘 백성이 소멸되지 않았을 뿐 아니라 그것이 이스라엘 자손을 속죄하였다고 말씀하셨습니다(민25:13). 하나님의 진노로 이스라엘 백성이 소멸되지 않고 그들을 속죄하여 하나님 앞에 있을 수 있도록 한 비느하스의 행동은 제사장이라는 사명에 충실한 것이었습니다. 제사장은 하나님과 백성 사이의 중재자로서 중재자는 양쪽 모두에 속해있으면서 두 관계가 잘 유지될 수 있도록 힘쓰는 자입니다. 비느하스는 죄악에 대한 분노로만 행한 것이 아닌 이스라엘 백성이 하나님 앞에 있을 수 있도록, 하나님의 자비와 긍휼이 이스라엘 백성을 향하도록 제사장으로서의 직임을 감당한 것이었습니다. 이로 인해 하나님은 비느하스에게 평화의 언약을 주시며 영원한 제사장 직분을 약속하십니다(민25:12-13, 말2:4-5).

아브라함과 맺으신 언약이 이삭과 야곱에게 이어진 것처럼 레위와 맺으신 언약은 고

---

27 하쿠바הַקֻּבָּה는 민수기 25:8에서 한 번만 사용된 단어로 일반적으로 가족들이 치고 살던 장막, 텐트(오헬אֹהֶל)와는 달리 공공 회관으로 사용되던 천장이 높고 넓은 대형 천막을 의미한다.

핫과 아므람과 아론과 엘르아살과 비스하스에게까지 이어졌습니다. 하나님은 홍수 이후 노아와 영원한 언약을 맺으셨고, 아브라함과 야곱에게도 그렇게 말씀하셨으며, 비느하스와 맺은 영원한 제사장 언약처럼 다윗에게는 영원한 왕좌를 허락하시는 언약을 맺으셨습니다. 비느하스로 인해 레위 지파는 영원한 제사장의 직분을 확증받았고, 하나님의 마음에 합했던 다윗은 영원한 왕권을 약속 받았습니다. 예슈아는 다윗의 후손으로 오셨고, 하나님의 킹덤에서 그 왕권을 영원히 이어가실 것입니다.

비느하스의 질투(킨아)는 엘리야의 열심(킨아)으로 엘리야의 하나님을 향한 열심(킨아)은 세례 요한에게로, 세례 요한은 엘리야의 영으로 일평생 예슈아를 위한 길을 예비하였습니다. 예슈아의 열심(킨아)은 하나님의 성전을 사모하는 열심으로써 아버지의 성전을 사모하는 그 질투(킨아)가 그분을 삼켰습니다. 그분은 다시 오셔서 하나님의 성전과 킹덤을 영원히 세울 것입니다.

DAY 2 민 26:1-51

군대의 재정렬

비느하스의 사건 이후 이스라엘 군대는 재정렬에 들어갑니다. 약속의 땅으로 들어가기 위해 광야를 지나는 동안 이들이 다른 민족들로부터의 공격을 쳐내고, 약속의 땅에 이미 살고 있는 악한 족속들을 척결해낼 수 있도록 성막 완공 이후 하나님은 먼저 이스라엘의 군대를 정렬시키기 위해 그들을 계수하도록 하셨습니다(민1:2). 그러나 거듭된 반역, 권위에 대한 불순종, 불평, 이집트를 향한 사랑과 옛 습관들로 인해 많은 백성이 광야에서 죽게 됩니다. 그리고 하나님이 말씀하신대로 이집트에 매여있는 세대는 죽고 새로운 세대가 광야에서 일어나게 됩니다. 거쳐야 할 불의 시험이 지나갔고 이제 곧 약속한 땅으로 들어가기 위해 하나님은 다시 군대를 정렬하라고 명하십니다(민26:2).

이집트에서 유월절 밤에 죽음을 지나 큰 구원을 경험한 세대, 무교절 마지막 날 홍해를 건너면서 다시 한번 큰 구원을 경험한 세대는 놀라운 하나님의 기적을 경험했지만 결국은 하나님의 킹덤으로 들어가는 초대를 버리고 멸망의 길을 선택하였으며 하나님의 말씀대로 모두 광야에서 죽게 되었습니다(민26:65). 출이집트 세대는 시나이 산에서 언약을 맺은 세대였지만 그들은 그것을 거절하였고, 하나님은 광야에서 새로운 세대를 준비시키셨습니다. 광야 세대는 이집트를 경험해 보지 않은 세대였고, 그들은 광야에서 하나님이 주시는 하늘 양식 만나를 먹으며, 모세로부터 토라의 말씀으로 가르침을 받았고, 광야에서 전쟁을 겪으면서 전쟁에서 싸울 수 있는 자들로 훈련되었고, 하나님의 시간인 샤밭을 지키면서 약속의 땅에 들어가 하나님의 킹덤의 질서대로 살 준비를 했습니다.

천년왕국이 시작되기 직전인 지금 하나님은 종교의 영으로 가득차 있는 세대, 인본주의에 물들어 있는 세대가 아닌 토라의 말씀으로 재정렬되고 하나님의 시간을 회복한 새로운 세대를 일으키고 계십니다. 걷잡을 수 없이 타락한 중세 카톨릭 교회로 인해 말씀이 성도들의 손에 들려지면서 오직 말씀, 오직 믿음을 외치며 종교 개혁으로 갱신되었었던 교회가 다시금 타락의 길로 빠졌지만, 하나님이 마지막 때와 이스라엘을 향한 하나님의 마음을 열어주시면서 진리에 대해 새롭게 눈을 뜬 자들을 통해 하나님의 군대들을 일으키시고 재정렬 시키셔서 하나님의 나라로 들어가게 하실 것을 바라봅니다.

DAY 3 민 26:52-27:5

나흘라נַחֲלָה, 기업

첫 번째 인구조사와 두 번째 인구조사의 목적에는 차이가 있었습니다. 첫 번째 계수의 목적은 싸움에 나갈 자, 군대를 편성하여 광야 길을 가기 위한 계수였습니다. 그러나 두 번째 계수의 목적에는 이 명수대로 약속한 땅에 들어가 그 땅을 나누어주어 기업을 삼게 하기 위한 목적이 포함되었습니다(민26:53). 기업이라는 히브리어는 나흘라נַחֲלָה입니다. 나흘라נַחֲלָה의 동사형인 나할נָחַל은 '흘러가다'는 뜻입니다. 아버지의 축복과 소유가 자녀에게 이어지고 또 다음 세대에게 흘러가게 하여 받아 누리게 하는 것이 나흘라(נַחֲלָה), '기업, 유업'입니다.

하나님은 두 번째 계수를 통해 이제 곧 들어갈 땅의 기업을 이스라엘 백성에게 그 수대로 가지도록 하셨습니다. 하나님은 기업을 얻게 할 때 두 가지 원칙을 따르도록 명하셨습니다. 첫 번째는 제비를 뽑도록 하셨습니다(민26:55). 제비 뽑는 것은 하나님의 주권, 하나님의 선택에 맡기는 것을 말합니다. 분배의 결정은 하나님이 하시겠다는 것입니다.

두 번째는 수가 많으면 많이, 적으면 적게 주도록 하셨습니다. 이것이 하나님의 평등의 원리입니다. 더 많이 맡은 자에게 많이 주고, 더 적게 맡은 자에게는 적게 주시며, 많이 맡은 자에게 많은 것을 요구하시고 적게 맡은 자에게는 적은 것을 요구하십니다(눅12:48). 맡겨진 양과 역할에 따라 해야 할 것을 요청하시고, 또 그것에 합당하게 주실 것을 채워주시는 하나님입니다. 얼만큼 맡길지는 하나님의 주권에 있습니다. 그것은 우리의 권한이 아닙니다. 더 많이 준 사람과 비교하면서 왜 내 것은 적습니까라고 말할 권리는 우리에게 없습니다. 하나님의 주권은 하나님의 영역이며 그것에 대적하고 불평하는 것은 죄입니다. 나에게 맡겨주신 양과 역할을 정확히 이해하고 그것에 충실한 것이 곧 하나님의 주권을 인정하고 신뢰하는 것입니다. 더 많이 주신 자를 존중하는 것이 그것을 허락하신 하나님의 주권을 인정하는 것입니다.

이스라엘의 12지파 군대의 계수와 재정렬이 끝나고 각 지파들이 얻게 될 기업에 대한 하나님의 명령이 끝난 뒤에 레위 지파의 수가 계수됩니다. 지파들을 계수할 때 그 지파의 족장들의 명단이 먼저 기록되고 계수된 사람들의 숫자를 기록했는데 레위 지파의 족장과 계수된 사람들의 숫자를 기록할 때는 고핫 자손의 아므람과 요게벳, 그 둘 사이에서 태어난 아론과 모세와 미리암, 그리고 아론의 네 아들 중 나답과 아비후가 죽은 이야기가 삽입되어 기록됩니다. 이것은 이스라엘의 12지파를 이끌었던 세 명의 지도자이자 선지자의 계보를 기록함으로써 하나님이 이들을 선택하셔서 권위를 주셨고, 이집트에서의 구속을 이끄셨으며, 이들을 통해 약속의 땅으로 들어갈 수 있도록 하신 것에 대한 하나님의 주권을 기억하게 한 것입니다. 앞서 이들의 권위를 대적하고 반역하는 범죄들이 계속 일어났기 때문에 이스라엘 지파들을 재정렬하는 때에 하나님이 이 지도자들을 선택하셔서 세우셨음을 백성으로 하여금 확실하게 알게 한 것입니다.

12지파들은 싸움에 나갈 20세 이상의 남자들이 계수되었지만 레위 지파는 이스라엘의 장자를 대신하여 일 개월 이상된 남자가 계수되었고, 레위 지파의 수는 이스라엘 12지파의 계수에 들어가지 않았고 땅의 기업도 주어지지 않았습니다. 그들은 이미 하나님께 바쳐진 자들이기 때문입니다. 하나님은 자신이 친히 레위 지파의 기업이 되어주시겠다고 약속하셨습니다. 12지파가 가지게 될 기업, 레위 지파의 기업 모두 하나님의 것입니다. 하나님의 것을 하나님이 정하시는 것은 마땅합니다. 그리고 하나님은 언제나 옳으십니다. 지금은 인류 역사의 마지막 때를 향해 가면서 이해할 수 없는 일들이 급속도로 증가하고 있지만 우리가 메시아닉 킹덤 직전에 서 있음을 인식하면서 그 나라에서 우리가 받게 될 기업을 기대함으로 거룩한 하나님의 군대로 잘 정렬되어 있어야 할 때입니다.

DAY 4 민 27:6-23

슬로브핫의 딸들

두 번째 인구 조사를 통해 이스라엘 백성은 이제 곧 들어가게 될 약속의 땅의 기업의 분배를 각 지파와 가문별로 받게 될 것을 약속 받습니다. 그런데 므낫세 지파 중 슬로브핫의 딸들은 그 아버지가 아들이 없음으로 땅을 분배 받지 못할 상황에 처하게 됩니다. 슬로브핫의 딸들은 모세를 찾아와 아버지가 반역한 고라의 무리에 들지 않았음을 강조하며 아들이 없는 자기들의 가문에도 땅을 분배해 줄 것을 요청합니다. 이들의 요청을 하나님은 합당하게 보시고 아들이 없는 가문도 딸들을 통해서 기업이 이어지도록 허락하십니다.

만약 슬로브핫의 딸들이 고대 사회의 인식의 틀에 갇혀져서 딸이라는 이유로 기업을 받지 못하는 상황을 그냥 받아들였다면, 그래서 요청해보지도 않았다면 그들은 기업도 못받았을 뿐만 아니라 그 가문의 대도 끊겼을 것입니다. 그러나 그들은 하나님 나라의 통치 아래에서는 다른 민족들과 구별된 법이 적용된다는 것을 알고 있었고 아버지의 이름이 가문에서 사라지지 않고 기업이 그들의 자녀들에게로 흘러가게 하기 위해 딸들일지라도 담대하게 기업을 이어받기를 요청합니다.

이것은 기도의 원리 중 하나입니다. 사회적 인식의 프레임에 갇혀 있지 않고 하나님 나라의 통치 원리 아래 우리의 삶을 적용할 때 우리는 통상적으로 안될 것이라 여겨지는 것도 가능하게 할 수 있습니다. 그리고 이런 대범한 행동은 하나님이 어떤 분이신지 아는 믿음으로부터 나옵니다. 예슈아는 하나님의 나라는 침노하는 자의 것이라고 말씀하셨습니다. 적극적으로 찾고 구하는 자가 하나님의 킹덤을 취할 것입니다.

그 안에 영이 머무는 자

하나님의 기업과 축복은 세대에서 세대로 강물같이 흘러가는 것입니다. 하나님은 이 축복이 막히길 원하지 않으십니다. 모든 축복의 근원이신 하나님 아버지는 좋은 것들로 상 주시길 원하시는 아버지이십니다. 가장 좋은 것을 자녀들에게 주시는 아버지이십니다. 그 아버지의 마음으로 우리의 자녀들에게도 하나님의 축복과 신앙의 유업이 흘러갈 수 있도록 통로가 되는 아비 세대가 되어야 합니다.

하나님은 이제 모세가 아론처럼 그들의 조상에게로 돌아가야 할 것을 말씀하십니다 (민27:13). 모세는 자신의 죽음을 앞두고 하나님께 이스라엘 백성을 이끌수 있는 한 사람을 세워주시길 요청합니다(민27:16). 모세가 하나님이 맡겨주신 사명으로만 이스라엘 백성을 이끈 것이 아니라 얼만큼 이 백성을 사랑했는지를 느낄 수 있습니다. 그는 자신의 죽음이 아쉬운 것이 아니라 하나님의 뜻이 이뤄지기까지 이 백성이 앞으로 자신들의 역사를 잘 이루어 갈 수 있길 바라는 소망이 간절했습니다. 이집트에서 나올 때부터 얼마나 모세를 오해하고, 권위를 깎아내리고, 무리한 요구를 해대면서 힘들게 했던 백성이었습니까? 그럼에도 모세는 매번 하나님께 긍휼을 구했고, 그가 그렇게 긍휼을 구할 수 있었던 것은 양을 돌보는 목자였던 모세의 마음 안에 하나님의 양떼들인 이스라엘 백성을 향한 긍휼이 있었기 때문이었습니다.

미디안 광야에서 양떼를 치던 모세가 잃어버린 양 한 마리를 찾으며 그 양이 목마름을 해결할 때까지 기다려주었다가 집으로 데리고 온 순간 하나님은 그가 하나님의 양떼인 이스라엘을 돌볼 준비가 되었다고 생각하시며 그를 부르셨습니다.[28] 이제 모세는 자신처럼 하나님의 양떼를 잘 이끌 한 사람을 요청하면서 여호와의 회중이 목자 없는 양 같이 되

---

28 예루살렘에서 히브리적 관점으로 읽는 출애굽기 13주간 쉐모트 양떼의 목자 참고

지 않기를 간구합니다(민27:17).

　　모세는 하나님께 모든 육체의 생명의 하나님이라고 부르면서 기도를 시작합니다(민 27:16). 육체라는 히브리어 바싸르בָּשָׂר는 우리의 몸, 육신을 의미합니다. 부활의 몸을 입기 전까지 지금 우리가 입고 있는 육신은 썩어질 것이고 부활의 몸이 될 때 우리는 육신의 주도가 아닌 거룩한 영의 주도로 살아가게 될 것입니다. 그러나 그 전까지 썩어질 육신에 집착하는 인간의 연약함과 영을 거역하는 지독한 죄성을 수없이 직면했던 모세는 이스라엘 백성의 연약한 육신(바싸르בָּשָׂר)도 주관하시는 하나님께 이 연약한 자들을 이끌 한 사람을 요청한 것입니다. 그리고 모세는 이 지도자가 해야 할 역할에 대해 하나님께 요청합니다.

그로 그들 앞에 출입(나가고 들어오게)하며
그들을 인도하여 출입(나가고 들어오게)하게 하사
여호와의 회중이 목자 없는 양과 같이 되지 않게 하옵소서(민27:17)

　　모세는 하나님이 선택해 주시는 그 한 사람이 이스라엘 백성 앞에 들어가고 나오게 해 달라고 요청합니다. 이스라엘의 백성은 곧 하나님의 군대입니다. 모세는 자신의 뒤를 이을 지도자가 하나님의 군대를 통솔할 지도력을 가지고 약속의 땅을 취하기 위해 치러야 할 전쟁에서 하나님의 군대를 이끌고 나가서 전쟁하고 전쟁에서 안전하게 돌아올 수 있도록 요청하였습니다. 또한 이 지도자가 이스라엘 백성을 인도하여 들어오고 나갈 수 있도록 요청하는데 이것은 이스라엘 백성이 이집트와 같이 압제하는 세상으로부터 나오고 하나님이 약속하신 땅, 킹덤을 향해서는 들어갈 수 있도록 인도해 달라는 요청이었습니다. 그리고 회중이 목자 없는 양과 같이 되지 않게 해 달라고 간구하며 앞으로의 역사 가운데 이스라엘이 숱한 어려움을 겪을 것을[29] 예견한 모세는 그때마다 이들을 인도해 줄 목자의 마음을 가진 지도자를 하나님께 구합니다. 모세의 모든 간구는 앞으로 오셔서 온 땅을 통치하기 위해 전쟁하는 메시아, 자기 백성을 구원하시는 구속자로서의 메시아, 양 떼를 돌보는 사랑과 자비의 메시아를 바라보며 자신의 뒤를 이을 지도자가 메시아를 예표하는 자가 되길 요청한 것이었습니다.

---

[29] 모세는 이스라엘 백성이 약속의 땅으로 들어가기 직전에 그들이 하나님의 토라를 버리고 겪게 될 재앙과 심판의 과정 중에 그들이 적들에게 사로잡혀 약속의 땅에서 흩어지게 될 것까지 이미 예견하고 있었다. 그래서 신명기를 통해 율법과 언약의 재갱신을 선포하면서 이스라엘이 바른 선택을 할 것을 거듭 당부하였다.

모세의 간구를 들으신 하나님이 뽑으신 새 지도자는 여호수아였습니다. 여호수아는 예슈아와 같은 어근을 가진 이름으로 예슈아가 '구원'이라는 뜻이라면 여호수아는 '하나님이 구원하신다'는 뜻입니다. 여호수아는 이집트에서 이제 막 나온 연약한 이스라엘 백성을 비겁하게 뒤에서 공격한 아말렉과의 첫 번째 전쟁을 승리로 이끈 장군이었고, 언제나 모세의 곁에서 수종을 들면서 모세가 시나이 산으로 올라갈 때도 함께 했으며, 모세가 회막을 떠나더라도 회막을 떠나지 않고 홀로 하나님의 임재 앞에 머물며 그분의 얼굴을 구하였습니다. 하나님은 그런 여호수아를 '그 안에 영이 있는 자'라고 인정해주셨습니다.

אִישׁ אֲשֶׁר־רוּחַ בּוֹ

이쉬 아쉐르-루아흐 보
그 안에 영이 머무는 자(민27:18)

하나님은 모세에게 여호수아에게 안수하여 모세의 존귀와 목자로서의 정체성과 사명을 그에게 위임하도록 명령하십니다. 모세는 하나님의 명령대로 대제사장 엘르아살과 회중 앞에서 그에게 안수하고 위탁하여 그를 약속의 땅으로 들어갈 새로운 세대의 지도자로 세웁니다. 하나님은 모세에게 모세의 존귀를 여호수아에게 돌리라고 말씀하십니다(민27:20). 존귀라고 번역된 히브리어 호드הוד는 '광채, 위엄'이라는 뜻을 가지고 있습니다. 모세가 시나이 산에서 하나님을 뵙고 내려왔을 때 그 얼굴에서 빛이 났는데 유대 전승에서는 하나님이 여호수아에게 모세의 존귀를 주라고 하신 것은 바로 하나님이 모세의 얼굴을 빛나게 하신 그 영광과 존귀함을 여호수아에게도 허락하여 모든 회중들이 그의 영적 권위 앞에 복종하게 한 것이라고 설명합니다. 모세의 존귀함, 영광의 광채가 여호수아에게로 전달되면서 모세의 영적 권위가 여호수아에게 계승되었습니다.

모세(건져냄)를 통해 이집트에서 이스라엘 백성을 건져 내신 하나님이 그들을 약속의 땅으로 데리고 들어가실 때에는 여호수아(구원)를 통해 완전한 구원을 성취하십니다. 이스라엘의 지도자인 모세와 여호수아의 이름은 이스라엘이 걸어가고 있는 길을 예언적으로 설명해 주고 있습니다. 이름은 한 사람의 정체성이자 곧 하나님의 계획입니다. 하나님은 정확한 시간에 정확한 계획으로 이끌어 주시며, 하나님이 이끄실 때 하나님이 세우신 사람을 통해 일하십니다.

여호수아는 이스라엘 민족이 약속의 땅을 취하러 들어가는 역사의 다음 스텝으로 나아가는 시점에 군대의 정렬과 함께 세워졌습니다. 하나님의 시즌과 타이밍이 다가오기 전부터 여호수아는 하나님의 눈에 '그 안에 영이 있는 자 אִישׁ אֲשֶׁר־רוּחַ בּוֹ'라고 인정받을 만큼 성실한 과거를 쌓아갔습니다. 한 시대가 마감하면서 영도력을 가진 새 목자를 필요로 할 때 우리가 '그 안에 하나님의 영이 있는 자', '하나님의 영에 감동된 자'라고 하나님으로부터 인정받고 역사의 남은 과업을 이어받는 지도자가 되길, 그래서 약속의 땅을 취하며 새 시대를 열어갈 수 있기를 소망합니다.

DAY 5 민 28:1-15

하나님의 킹덤을 리허설하는 시간, 모아딤 מוֹעֲדִים

출애굽 세대가 모두 죽고, 광야 세대를 새롭게 하나님께 계수하여 올려드린 후 모세의 뒤를 이을 한 사람, 하나님의 영이 머물러 있는 여호수아를 다음 세대의 지도자로 세우신 뒤 하나님이 다시 한번 가르쳐 주신 것은 하나님이 정한 시간과 그 정한 시간에 하나님께 나아감을 얻기 위하여 드리는 예물(코르반), 그리고 하나님이 받을 양식과 하나님의 만족을 위해 올려드리는 향기로운 화제에 대한 것이었습니다. 하나님은 매일 아침과 저녁에 드리는 상번제, 일주일 중 안식일, 한 달 중 초하루의 시간을 향기로운 제사와 함께 하나님께 올려드리라고 말씀하셨습니다. 그리고 일년 중 7번의 약속된 절기(모아딤 מוֹעֲדִים)의 시간마다 성회로 하나님 앞에 모여서 하나님께서 약속하신 것을 누리라고 하셨습니다.

절기 때마다 하나님께 드릴 음식과 제물과 예물에 대한 세부적인 지침들을 통해서 우리는 첫째로, 이 모든 제물이 되신 그리스도께서 하나님께 드려지셨음을 체험하게 됩니다. 둘째로, 우리가 그리스도를 하나님께서 우리에게 주신 양식으로 누림을 체험하게 됩니다. 하나님은 이러한 잔치에 우리를 초대하십니다. 하나님은 하나님이 정한 시간, 약속된 절기(모아딤 מוֹעֲדִים)에 어떤 다른 일에 매여서 일하지 말라고 하십니다. 일하지 말라고 하심은 '이 날은 모든 것을 하나님 쪽에서 다 하시는 날이니 이 날에는 너희 사람의 노력과 수고를 내려 놓으라'는 의미입니다. 이 날에는 우리가 무엇을 더한다고 더해지지도 않고 우리가 무엇을 덜한다고 덜해지지 않는다는 것을 의미합니다. 그리고 거룩한 집회(미크라-코데쉬מִקְרָא־)로 모이라고 하십니다. 성회로 번역된 미크라-코데쉬מִקְרָא־קֹדֶשׁ의 미크라מִקְרָא는 '다함께 불러모아서 읽으며 리허설(예행연습)한다'는 의미입니다. 하나님이 정한 시간인 약속된 절기(모아딤)에 우리 쪽에서 해야 할 일은 모두 소집하여 다 모여서 하나님께서 하신 약속을 읽으며 그 구원에 우리가 동참하는 예행연습(리허설)을 하는 것입니다. 세상을 창조하시고 가장 먼저 시간을 구별하신 하나님께서 약속의 땅 입성 직전의 백성들에게 하나님의 시간 사이클 안에 들어와 살아갈 것을 당부하십니다. 왜냐하면 시간을 다스리는 자가 물질과 땅을 다스릴 수 있기 때문입니다.

일반적으로 우리는 공간이나 물질에 더 집착하는 경향이 있습니다. 어떤 공간이나 물질을 더 많이 소유하면 안정감을 느끼는 경향도 있습니다. 그러나 시간을 잘 다스리고 소유하지 못하면 공간과 물질도 우리에게 들어올 수 없습니다. 하나님은 영원이라는 시간 속에 유한한 시간을 창조하시고 유한한 시간 속에 역사의 시작과 끝을 정해 두셨습니다. 시작과 끝을 정해 두신 이유는 정해진 시간 속에서 하나님이 주신 공간과 물질을 잘 다스려 보라는 뜻이 담겨 있습니다. 그래서 공간과 물질을 잘 다스리기 위해 어떤 특별한 시간을 정하시고 그 시간을 통해 지금까지 되어 왔던 일에 대해 기억하고 앞으로 일어날 일을 예측하여 준비함으로써 우리에게 주어진 시간과 물질과 기회를 더 잘 활용할 수 있도록 하셨습니다. 바로 이 시간이 모아딤מוֹעֲדִים, 절기입니다. 일 년 중 7번의 절기는 과거에 하나님이 행하신 일과 앞으로 행하실 일을 기억하고 현재의 삶에서 미래를 준비할 수 있게 하는 시간입니다. 그래서 모아딤은 과거와 현재와 미래를 연결하여 시세를 알게 하고 시세를 아는 자는 결국 땅의 것을 취하게 됩니다.

그래서 가나안 땅을 차지하기 전에 하나님은 먼저 하나님이 정해두신 시간의 사이클과 그 시간을 어떻게 지켜야 할지 가르쳐 주십니다. 사람은 물질과 공간을 채우는데 시간을 소비합니다. 그러나 하나님은 시간이 가장 거룩하다고 말씀하십니다. 유대인들의 가치관도 시간을 더 소중히 여깁니다. 수천 년간 나라 없이 방황한 그들을 지켜준 것은 땅이 아니라 사실 샤밭과 모아딤이라는 시간이었습니다. 그들은 이 시간을 통해 시세를 알았고 결국 자기들이 머물러 있는 낯선 땅에서 물권을 누리고 다스렸습니다. 진정한 가치는 공간과 물질이 아니라 시간에 있습니다. 쉬운 예로 죽기 직전의 사람은 자기의 재산을 늘리거나 더 많이 소유하는데 집착하지 않습니다. 어떻게 시간을 보내느냐에 더 가치를 둡니다. 영적인 사람은 물건이 쌓이는 것에 관심이 없고 성스러운 순간들, 거룩한 순간들을 어떻게 지내느냐에 더 가치를 둡니다.

예레미야 8:7에서 '공중의 학은 자신의 정한 시기를(모아딤מוֹעֲדִים) 알고, 산비둘기와 제비와 두루미도 정확한 시간에(에트עֵת: 시간의 흐름) 돌아오는데 하나님의 백성은 무지하다'고 말합니다. 잇사갈 자손 중에 200명의 우두머리는 시세를 잘 아는 것으로 인해 인정을 받아 형제들을 통솔하는 자들이 되었습니다(대상12:32). 시간을 알고 때를 분별하는 사람은 지혜롭게 행동합니다.

천년왕국에 들어가기 직전의 시간, 회복된 에덴-동산의 중앙으로 행군하며 들어가기 직전의 시간에 우리는 서 있습니다. 무엇을 소유할 것인가가 아니라 이 시간을 어떻게 준비할 것인가에 더 집중해야 할 때입니다. 때가 악합니다. 그래서 세월, 시간을 아껴야 합니다. 바울은 지혜 없는 자 같이 하지 말고 지혜 있는 자 같이 행동하라고 하면서 세월을 아끼라고 권면하였습니다(엡5:15-16). 그리고 어리석은 자가 되지 말라고 하였습니다. 먼저 시간의 사용에 대해 권고한 바울은 그 다음으로 하나님께 드리는 예배와 사람 사이의 관계, 질서에 대한 것들에 대해 이야기하였습니다.

이스라엘 백성을 데리고 약속의 땅으로 들어가기 전에 하나님은 시간, 예배, 그리고 지도자를 세우심으로 질서를 세우시는 일을 하셨습니다. 인자가 다시 오셔서 다스리는 메시아 왕국이 오기 직전인 지금 우리는 하나님의 시간 사이클 안으로, 샤밭으로, 초하루의 시간으로, 여호와의 절기인 모아딤의 시간들을 회복하고 하나님이 정하신 시간으로 들어가 예배와 질서와 영적 권위를 세워야 할 때입니다.

하나님의 시간 사이클 안으로 들어간다는 것은 결국 영원으로 들어가는 것과 같습니다. 그래서 하나님이 정한 시간 안으로 들어간다는 것은 하나님의 생명으로 영원히, 하나님이 누리고 계시는 것을 우리도 함께 누리게 되는 시간으로 들어가는 것입니다. 하나님은 이 영원을 누리는 시간을 샤밭과 초하루와 절기들의 사이클에 담아 두시고 매주, 매달, 매년 일곱 번의 시간의 사이클을 통해 우리가 미리 누리고 영원이라는 시간에 들어갈 때 어떻게 해야 할지를 리허설해 보라고 하셨습니다. 그래서 우리는 비록 제한된 시간인 이 땅에 속해 있지만 매주, 매달, 매년 일곱 번의 모아딤을 통해 영원의 시간을 미리 맛보고 누릴 수 있습니다. 이 시간들 속에서 우리는 하늘과 땅의 연합을 누리고 에덴을 경험하게 됩니다. 하나님은 태초에 하늘들과 땅을 창조하실 때 하나님의 시간 사이클 안에서 모든 것이 이뤄지도록 창조하셨습니다. 하나님의 시간으로 들어가는 것은, 창조의 시간으로 들어가는 것이고 영원을 맛보는 것입니다.

상번제

하나님이 정한 시간(모아딤)으로 가장 먼저 말씀하신 것은 절기나, 샤밭이 아닌 매일 정해진 시간에 드려지는 상번제의 시간이었습니다. 상번제는 항상 올려드리는 예배라는 뜻으로 이 예배는 제단의 불이 꺼지지 않고 항상 타오르게 하기 위한 예배입니다. 성막이 완공되던 날 하늘에서 떨어진 불이 꺼지지 않도록 하나님은 하루 중 정한 시간에 두 마리의 어린 숫양을 예물로 드리는 예배를 올려드리라 명하셨습니다(민28:3).

제단의 불이 꺼지지 않고 항상 하나님께 올라가는 예배를 위해 양 한마리는 아침 시간에, 다른 한 마리는 해 질 때에 드려지는데 아침 예배는 이른 아침 6-9시에 드려지며 이는 샤하리트חֲרִית라고 불렸습니다. 두 번째로 드려지는 양은 해 질 때에 올려드리라 했는데 해 질 때라고 번역된 히브리어는 저녁 사이에라는 의미를 가지고 있고 유대인의 시간에서 이는 오후를 의미합니다. 성전 시대에 제사장들의 저녁 상번제는 오후 2-3시 사이에 드려졌고 해가 진 후부터 자정 사이에는 양의 번제를 드리지는 않았지만 저녁 기도라 불리는 기도 시간을 보냈습니다. 성전이 무너지고 바벨론으로 포로로 잡혀갔던 유대인들은 상번제로 올려드리는 예배를 하루 세 번의 기도 시간으로 올려드렸고(단6:10) 이것은 2차 성전시대에도 계속되었습니다(행3:1). 다시 2차 성전이 무너지고 전 세계로 흩어진 유대인은 성전이 회복될 것을 소망하며 하루 세 번의 기도를 올려드리고 있습니다.

상번제의 아침 예배와 오후 예배는 하나님이 정해 주신 모아딤의 첫 번째 시간으로 마가복음 15장에서는 예수님이 십자가에 박히셨던 시간이 오전 상번제 시간이었고(오전 9시), 숨을 거두신 시간은 오후 상번제 시간이었다고(오후 3시) 증언합니다(막15:25, 34). 예수님이 부활하셔서 승천하신 뒤에 제자들에게 있어서 주님이 십자가에 달리시고 돌아가신 시간이었던 오전 상번제와 오후 상번제의 시간은 상번제 이상의 훨씬 더 큰 의미로 다가왔을 것이고 그래서 그들은 더욱 기도에 매진하였을 것입니다. 하나님이 우리에게 주신 하루라는 시간 속에서 정해주신 상번제의 시간을 통해 우리의 기도의 제단에 불이 꺼지지 않게 되길 소망합니다.

샤밭

하나님이 정해주신 두 번째 모아딤은 7일의 사이클 중 7번째 날인 샤밭שַׁבָּת입니다. 제사장은 샤밭의 아침과 저녁에 드리는 상번제에 각각 두 마리의 양을 제물로 올려드렸습니다(민28:10). 샤밭이 되기 전 이스라엘 백성들은 모든 음식을 두 배로 준비했고, 하나님께 드리는 예물도 두 배로 드렸습니다. 샤밭은 두 배의 축복이 있는 날입니다. 사도 바울은 샤밭과 모든 하나님의 절기들이 앞으로 올 세상(올람 하바)을 의미하며, 이 시간들은 모두 메시아를 예표한다고 했습니다(골2:16-17).

　　샤밭은 메시아가 오셔서 통치를 시작하는 천년왕국을 의미하며, 히브리서 4장에서는 샤밭을 우리가 들어가기를 힘써야 하는 '저 안식'이라고 표현하였습니다(히4:11). 샤밭은 모든 것이 멈추는 시간입니다. 걱정과 스트레스와 모든 종류의 걱정을 예슈아의 발 앞에 내려놓고 그분의 평강 안으로 들어가는 시간이 샤밭입니다. 금요일 해 질 무렵에 샤밭이 시작되면 모든 것이 다시 새롭게 시작됩니다. 예슈아도 이 땅에 계시는 동안 항상 샤밭을 지키셨고 샤밭에 제자들과 빵과 포도주를 나누셨습니다. 그리고 예슈아는 샤밭에 회당에서 제자들과 사람들을 가르치셨고, 병든 자들을 치료하셨습니다. 예슈아에게 있어서 샤밭은 아버지의 날이었고, 아버지는 아픈 자들이 생명을 얻고 구원받기 위해 예슈아를 보내셨기 때문에 예슈아는 종교적인 행동을 거부하시고 자신의 백성들을 고치시고 만지셨습니다. 이로써 모든 것이 다시 시작하고 새롭게 되는 샤밭의 참 의미를 사람들이 깨닫게 하셨고, 자신을 샤밭의 주인으로 나타내셨습니다. 샤밭에 하나님의 만지심을 경험하는 것보다 더 좋은 것은 없습니다. 모든 것이 다시 시작되고 회복하는 시간, 두 배의 축복이 흐르는 시간인 샤밭은 가장 아름다운 시간입니다.

월삭

　　월삭은 히브리어로 로쉬 호데쉬(רֹאשׁ חֹדֶשׁ)라고 불리는데 이는 '달의 머리'라는 뜻으로 그 달의 첫 날을 의미합니다. 새로운 달이 시작할 때 초승달이 보이는지 여부에 따라 월삭(로쉬 호데쉬)을 결정했고, 새로운 달의 시작을 영적으로 새로운 시작, 탄생으로 간주했습니다. 월삭은 샤밭이 아니었기에 쉬는 날은 아니었지만 달의 특별한 관측을 통해 새로운 달의 시작을 알리는 나팔을 불어서 백성들이 영적인 각성을 할 수 있도록 하였습니다. 사울 왕은 달의 시작에 이틀 동안 월삭의 잔치를 열었고 이 시간에 중요한 정부 각료들이 참석하여 국정에 대해 보고하면서 새로운 달에 대한 영적인 기류를 돌아보는 왕의 회의 시간을 보냈습니다(삼상20:5), 선지자들은 월삭에 백성들을 가르치는 시간으로 사용했으며(왕하4:23), 시편 기자들은 월삭에 나팔을 불어 올려드렸음을 기록하고 있습니다(시81:3). 민수기 10장에서는 월삭에 은 나팔을 불어 회중들에게 알리라고 했으며, 후대에 유대인들은 월삭에 특별한 식사 시간을 보내면서 새로운 한 달의 시작을 서로 축하하기도 했습니다. 이 날 여인들은 집안 일로부터 쉬는 시간을 보냈고 아이들은 선생님에게 선물을 주곤 하였다고 합니다.

매달은 이스라엘 12지파, 12보석 그리고 각각 연결된 히브리어 문자들이 있어서 그 달에 하나님이 예비하신 영적 기류가 있음을 알려줍니다. 요한계시록 22장에서는 새 하늘과 새 땅이 시작되면 생명의 강이 하나님과 어린 양의 보좌로부터 흘러나오고 강 좌우에 있는 생명나무가 달마다 열매를 맺고 만국을 치료한다고 말합니다(계22:1-2). 7일의 주기로 우리를 회복하시는 하나님은 한 달의 주기로 우리로 하여금 다시 시작할 수 있는 은혜를 주십니다.

DAY 6 민 28:16-29:11 / DAY 7 민 29:12-40

여호와의 7 절기[30]

민수기 28-29장에서 소개되는 여호와의 7절기는 절기마다 드려질 예물에 대해 더 집중적으로 설명하고 있습니다. 하나님은 하나님이 정한 시간에 올려드리는 예배와 예물에 대한 규례를 가르쳐 주시면서 올려드리는 예물이 하나님의 음식이며 하나님께 향기로운 것이라고 말씀하셨습니다(민28:2).

이집트에서 그들의 어린 양을 죽였던 이스라엘 백성에게 유월절은 그 해의 첫 번째 절기이자 어린 양을 죽인 것을 기념하는 날이었고, 예수아의 제자들에게 유월절은 예수아의 죽음을 기념하는 날이었습니다. 유월절은 너무나도 생생하게 하나님이 자신의 백성을 구원하신다는 것을 보여줍니다. 유월절 다음 날부터 시작되는 무교절은 모든 가정으로부터 누룩과 곰팡이를 제거함으로 우리의 영적인 감염과 오염 상태를 제거하고 죄를 제거하는 것

---

30 여호와의 7 절기에 대한 자세한 설명은 '예루살렘에서 히브리적 관점으로 읽는 레위기' 31주간 '에모르'와 이 책의 부록 '모아딤, 여호와의 절기 이해하기' 참고

을 보여줍니다. 하나님은 무교절 7일 동안 상번제 외에 수송아지 두 마리, 숫양 한 마리, 일 년 된 숫양 일곱 마리를 하나님께 향기로운 화제의 음식을 올려드리라 말씀하셨습니다.

무교절 이후 시작되는 보리의 첫 열매를 올려드린 초실절부터 7주를 계수하고 7주째, 49일이 지난 다음 날이 50번째 날을 칠칠절, 오순절로 지키면서 이때도 무교절 때와 같은 예물들을 상번제 외에 올려드리라 말씀하십니다. 7번째 달 초하루는 나팔절로, 같은 달 10 일은 대속죄일로 지키고 유월절, 무교절, 오순절에 드렸던 것과 같은 예물을 하나님께 올려 드리도록 말씀하십니다. 그리고 천년왕국을 의미하는 장막절 7일 동안은 매일 특별한 예물 을 올려드리는데 숫양 두 마리와 일 년 된 숫양 열네 마리는 매일 똑같이 드리지만 수송아 지는 첫째 날은 13마리, 둘째 날은 12마리, 셋째 날은 11마리, 넷째 날은 10마리, 다섯째 날은 9마리, 여섯째 날은 8마리, 일곱째 날은 7마리를 올려드리라 명하십니다. 각각의 날 들에 올려드린 수송아지를 모두 합하면 70마리가 되는데 이는 열방을 의미하는 숫자로 하 나님은 천년 왕국에 모든 열방이 예루살렘으로 올라와 한 하나님을 섬기며 예배하게 될 그 날을 미리 계획하시고 장막절에 드려지는 예물이 열방을 대표하여 올려드리는 예물이 되게 하셨습니다.

스가랴 14:16-20에는 모든 나라들이 예루살렘으로 올라가 함께 장막절을 지키는 장 면이 예언되어 있습니다. 장막절을 통해 우리는 하나님의 공급의 풍성함을 누리고 즐기면 서 이 땅에서 앞으로 오는 세상(올람 하바)을 미리 맛보고 경험하게 됩니다. 메시아닉 킹덤 의 넘치는 기쁨이 오고 있습니다. 그 날이 멀지 않았습니다.

하프타라 왕상 18:46-19:21 / 브리트 하다샤 계 19:11-21 / 요 2:13-22

불 타오르는 사랑

커다란 영적 전쟁 후 이세벨로부터 죽음의 위협을 느끼고 도망간 엘리야는 네게브의 한 로뎀나무 아래에서 죽기를 구하며 지쳐 쓰러져 자고 있었습니다. 한 천사가 만지며 그를 깨우고 숯불에 구운 떡과 물 한 병을 먹으라고 하니 먹고 마시고는 다시 누웠습니다. 이번에는 여호와의 사자가 와서 다시 그를 만지며 깨우고 '너가 가야할 길이 너에게 너무 머니 먹고 마시고 힘을 내서 그 길을 가라'고 힘을 줍니다. 엘리야가 일어나 먹고 마시고 그 음식의 힘을 의지하여 밤낮 40일을 가서 이른 곳은 하나님의 산 호렙이었습니다. 그곳에 있는 동굴에 들어가서 밤을 지내는데 여호와의 말씀이 "네가 여기서 무엇을 하느냐(왕상19:9)"고 물으십니다. 엘리야는 대답합니다.

내가 만군의 하나님께 열심이 유별하오니

(칸노 킨네티 קַנֹּא קִנֵּאתִי)(왕상19:10)

엘리야가 하나님을 향해 '열심이 유별하다'라고 표현한 히브리어는 카나קָנָא라는 동사가 두 번 반복되어 강조용법으로 사용됨으로써 이 말은 '하나님을 위해 내가 질투하고 질투했습니다'라는 의미가 됩니다. 이것은 다른 말로 하면 '나는 하나님을 위한 열정으로 불타올랐습니다'라는 뜻이 되기도 합니다. 이방 땅 시돈의 사르밧(짜르팥צָרְפַת)에서 약 3년의 기근 동안 엘리야는 매일 공급하시는 기적을 통해 믿음을 단련하였고 하나님에 대한 신뢰와 하나님의 열정으로 가득 채워졌습니다. 그래서 엘리야는 갈멜산에서 하늘의 불도 내리게 하고 3년 6개월 동안 가뭄으로 메마른 땅에 비도 내리게 함으로써 홍수 이후 이스라엘 역사 가운데 가장 능력있는 선지자로 나타날 수 있었습니다.

예슈아는 성전에서 돈과 종교적 타락으로 아버지의 집을 더럽히고 있는 장사꾼들을 향해 분노하시며 그 모든 것을 뒤엎어 버리셨습니다. 제자들은 그런 예슈아의 모습을 보며 시편 69:9에서 "주의 전을 사모하는 열심이(킨아קִנְאַת) 나를 삼키리라" 한 말씀을 기억하게 됩니다. 주의 전을 사모하는 열심, 열정이 내 안에 있음과 동시에 나를 사랑하는 하나님의 열정이 내 안에 채워져 양방향으로 마주쳐 울리면서 그 사랑의 열정이 불타오르면 우리는 거룩하지 않은 모든 더러운 것들을 소멸해 버리고 싶어하게 됩니다. 또한 아버지의 집이 이 땅에 합당한 거룩과 영광 가운데 있게 하기 위한 열정, 그래서 아버지의 집이 이 땅에 거룩과 영광 가운데 있을 수 없도록 방해하는 모든 것을 없애 버리려는 열정이 예슈아로 하여금 뒤엎어버리게 하였습니다. 사탄의 목적은 이러한 하나님의 목적을 훼방하는 것인데 하나님 그분 자체를 훼방할 수 없으므로 하나님의 일을 훼방하는 것이며 이것을 위해 거짓말과 속임, 온갖 술수로 사람들의 마음을 선동하여 갖은 방법으로 하나님의 성전됨이 이뤄질 수 없도록 훼방합니다.

비느하스의 킨아הַקִנְאָה, 엘리야의 킨아, 예슈아의 킨아는 모두 하나님의 질투, 아버지의 사랑의 열정입니다. 이것은 불타오르는 사랑입니다. 나를 향한 하나님의 열정, 하나님을 향한 나의 열정이 만나 거룩한 불이 되면 이 불은 모든 악한 것을 삼켜버립니다. 비느하스는 하나님의 사랑을 배신한 이스라엘 백성의 행음을 삼켜버렸고, 엘리야는 하나님과의 언약을 버리고 제단을 허물어 버린 바알 제사장과 아세라 선지자 850명을 삼켜버렸으며, 예슈아는 아버지의 집을 더럽히는 모든 성전 팔이 장사꾼들을 삼켜 버리셨습니다. 조금의 악한 것과 불의를 용납할 수 없는 것이 킨아이며 킨아는 외부적인 악한 것만 태워버리는 것이 아니라 내 안의 악한 것도 삼켜서 완전히 하나님으로만 채워지게 합니다.

네 하나님 여호와는 소멸하는 불이시요
질투하시는 하나님이시니라(신4:24)

그 마음에 하나님을 향한 열정 외에 다른 아무것도 없는 사람은 사람의 눈치를 보지 않고 하나님을 위해 해야 할 마땅한 일을 과감하게 행할 것입니다. 하나님 외에 다른 뜻, 다른 것이 함께 섞여 있는 자는 결정적인 순간에 사람을 따르는 실수를 하게 될 것입니다. 하나님을 사랑하지만 사람과 세상을 다 만족시키며 따르려는 교묘한 양다리는 결국 하나님으로부터 우리의 마음을 돌아서게 할 것입니다. 그러나 하나님의 킨아로 내 자아가 삼켜지면 내 자아는 그분의 열정으로 채워질 것이며 나는 어느 순간 아버지의 열정으로 미친 듯이 달려나가게 될 것입니다. 하나님의 열정은 이 땅에 아버지의 집(성전)을 세우는 것, 하나님이 거하시는 처소를 거룩과 영광으로 지켜 나가는 것입니다. 아버지의 집을 향한 예수님의 그 열정과 질투가 결국 예수님을 삼켜버렸습니다. 우리 한 사람 한 사람을 아버지의 집으로 세우시려는 그분의 열심과 질투는 결국 십자가의 죽으심으로 그 절정에 이르게 되었습니다.

예수님는 당시 헤롯 성전이 솔로몬의 성전에 비하면 보잘것없고 드려지는 제사도 온전하지 못하며 영적으로도 순전하지 못하게 관리되어지고 있는 성전이었음에도 불구하고 그 건물 성전을 '내 아버지의 집'으로 인식하며 아끼셨습니다. 그리고 또한 예슈아는 자기 육체를 성전으로 인식하심으로 건물 성전과 사람 성전이신 예슈아의 몸 성전을 동일시하셨고 둘 다 아버지의 집으로서 인식하시며 중요하게 여기셨습니다. 그리고 아버지의 집을 사모하는 그 열심이 교회시대 2천년을 지내오면서 한 사람 또 한 사람을 성령의 전으로, 사람 성전으로, 아버지의 집으로 세우고자 쏟아 부어졌고 사람 성전을 거룩과 영광으로 채우시기를 카나^{קנא} 하시며 그것을 훼방하는 외부의 요소들과 내부의 요소들을 향하여서는 소멸하는 불로 태우십니다.

비느하스도, 엘리야도, 예수아도 하나님과 성전을 향한 거룩을 향한 열정을 가지고 있었기에 그 열정으로 모든 우상을 파쇄할 수 있었습니다. 결국 우리가 하나님의 열정으로 채워진다는 것은 하나님이 열정과 질투와 사랑으로 쏟으시는 그 일, 성전을 거룩과 영광으로 세워 나가는 그 일에 나도 열정과 사랑을 쏟게 된다는 것을 의미합니다.

그러나 이런 열정 뒤에는 격렬한 사탄의 훼방과 압력이 뒤따르기 마련입니다. 다윗은 자신이 무고하게 계속 미움을 받는 것에 대해 호소하며 '주님을 비방하는 원수들의 비방과 훼방이 나에게도 미쳤다'고 고백하였습니다(시69:4,9). 갈멜산에서 무너진 제단을 다시 세우고 하늘에서 그 제단에 불이 떨어진 사건 이후 이세벨은 격렬하게 엘리야를 죽이려고 했고(왕상19:2) 예수님은 사람들이 이유 없이 자신을 미워한다고 말씀하셨습니다(요15:25). 사탄은 하나님이 가지신 킨아로 불타오르는 사람을 철저히 죽이려고 합니다. 그러나 사탄이 이렇게 발악하는 것은 오히려 그가 하나님의 킨아를 가진 자들로 인해 실패할 것이라는 것을 반증하는 것이며 우리가 완전히 하나님께 속해 있음을 증명하는 것입니다.

마지막 때 사탄의 맹공으로부터 견딜 수 있을 뿐 아니라 이기는 자들이 될 수 있는 힘은 많은 물도 끄지 못할 사랑입니다. 사랑이 무슨 대수겠냐고 비웃을 수 있겠지만 마지막 때 하나님의 킨아, 열정으로 가득 찬 불타는 사랑은 많은 재력과도 바꿀 수 없을 정도로 강력한 힘이 될 것입니다.

> 너는 나를 도장같이 마음에 새기고 도장같이 팔에 새기라
> 사랑은 죽음 같이 강하고 질투는 스올 같이 잔인하며 불길 같이 일어나니
> 그 기세가 여호와의 불과 같으니라
> 많은 물도 이 사랑을 끄지 못하겠고 홍수라도 삼키지 못하나니
> 사람이 그의 온 가산을 다 주고 사랑과 바꾸려 할지라도 오히려 멸시를 받으리라
> (아8:6-7)

피느하스 주간의 말씀

1. 하나님은 비느하스의 행동이 하나님의 질투심, 열정(킨아)이라고 하셨고 그로 인해 하나님의 진노가 돌이켜져서 이스라엘 백성이 소멸되지 않았을 뿐 아니라 그것이 이스라엘 자손을 속죄하였다고 말씀하셨습니다(민25:13). 하나님의 진노로 이스라엘 백성이 소멸되지 않고 그들을 속죄하여 하나님 앞에 있을 수 있도록 한 비느하스의 행동은 제사장이라는 사명에 충실한 것이었습니다.

2. 메시아닉 킹덤이 시작되기 직전인 지금 하나님은 종교의 영으로 가득차 있는 세대, 인본주의에 물들어 있는 세대가 아닌 토라의 말씀으로 재정렬되고 하나님의 시간을 회복한 새로운 세대를 일으키고 계십니다.

3. 기업이라는 히브리어는 나흘라נַחֲלָה입니다. 나흘라נַחֲלָה의 동사형인 나할נָחַל은 '흘러가다'는 뜻입니다. 아버지의 축복과 소유가 자녀에게 이어지고 또 다음 세대에게 흘러가게 하여 받아 누리게 하는 것이 나흘라נַחֲלָה '기업, 유업'입니다.

4. 사회적 인식의 프레임에 갇혀 있지 않고 하나님 나라의 통치 원리 아래 우리의 삶을 적용할 때 우리는 통상적으로 안될 것이라 여겨지는 것도 가능하게 할 수 있습니다. 그리고 이런 대범한 행동은 하나님이 어떤 분이신지 아는 믿음으로부터 나옵니다. 예수아는 하나님의 나라는 침노하는 자의 것이라고 말씀하셨습니다. 적극적으로 찾고 구하는 자가 하나님의 킹덤을 취할 것입니다.

5. 하나님의 기업과 축복은 세대에서 세대로 강물같이 흘러가는 것입니다. 하나님은 이 축복이 막히길 원하지 않으십니다. 모든 축복의 근원이신 하나님 아버지는 좋은 것들로 상주시길 원하시는 아버지이십니다. 가장 좋은 것을 자녀들에게 주시는 아버지이십니다. 그 아버지의 마음으로 우리의 자녀들에게도 하나님의 축복과 신앙의 유업이 흘러갈 수 있도록 통로가 되는 아비 세대가 되어야 합니다.

6. 모세(건져냄)를 통해 이집트에서 이스라엘 백성을 건져 내신 하나님이 그들을 약속의 땅으로 데리고 들어가실 때에는 여호수아(구원)를 통해 완전한 구원을 성취하십니다.

7. 절기 때마다 하나님께 드릴 음식과 제물과 예물에 대한 세부적인 지침들을 통해서 우리는 첫째로, 이 모든 제물이 되신 그리스도께서 하나님께 드려지셨음을 체험하게 됩니다. 둘째로, 우리가 그리스도를 하나님께서 우리에게 주신 양식으로 누림을 체험하게 됩니다. 하나님은 이러한 잔치에 우리를 초대하십니다.

8. 세상을 창조하시고 가장 먼저 시간을 구별하신 하나님께서 약속의 땅 입성 직전의 백성들에게 하나님의 시간 사이클 안에 들어와 살아갈 것을 당부하십니다. 왜냐하면 시간을 다스리는 자가 물질과 땅을 다스릴 수 있기 때문입니다.

9. 시작과 끝을 정해 두신 이유는 정해진 시간 속에 하나님이 주신 공간과 물질을 잘 다스려 보라는 뜻이 담겨 있습니다. 그래서 공간과 물질을 잘 다스리기 위해 어떤 특별한 시간을 정하시고 그 시간을 통해 지금까지 되어 왔던 일에 대해 기억하고 앞으로 일어날 일을 예측하여 준비함으로써 우리에게 주어진 시간과 물질과 기회를 더 잘 활용할 수 있도록 하셨습니다. 바로 이 시간이 모아딤מוֹעֲדִים 절기입니다.

10. 진정한 가치는 공간과 물질이 아니라 시간에 있습니다. 쉬운 예로 죽기 직전의 사람은 자기의 재산을 늘리거나 더 많이 소유하는데 집착하지 않습니다. 어떻게 시간을 보내느냐에 더 가치를 둡니다. 영적인 사람은 물건이 쌓이는 것에 관심이 없고 성스러운 순간들, 거룩한 순간들을 어떻게 지내느냐에 더 가치를 둡니다.

11. 하나님의 시간 사이클 안으로 들어간다는 것은 결국 영원으로 들어가는 것과 같습니다. 그래서 하나님이 정한 시간 안으로 들어간다는 것은 하나님의 생명으로 영원히, 하나님이 누리고 계시는 것을 우리도 함께 누리게 되는 시간으로 들어가는 것입니다.

12. 비느하스의 킨아קִנְאָה 엘리야의 킨아, 예슈아의 킨아는 모두 하나님의 질투, 아버지의 사랑의 열정입니다. 이것은 불타오르는 사랑입니다. 나를 향한 하나님의 열정, 하나님을 향한 나의 열정이 만나 거룩한 불이 되면 이 불은 모든 악한 것을 삼켜버립니다.

피느하스 주간의 선포

1. 하나님의 질투(킨아)로 인한 진노가 이스라엘에게 임했을 때에 하나님의 불타는 질투심(킨아)을 가지고 우상숭배와 음행을 하던 자들을 처리함으로 하나님의 심판과 진노를 돌이키게 하였던 비느하스처럼 우리도 하나님의 거룩한 열정(킨아)을 가지고 우리의 사명을 충실하게 감당하게 하소서. 그리하여 이 땅 가운데 하나님의 자비와 긍휼을 가져오게 하소서.

2. 종교의 영이 가득차 있고, 인본주의로 물들어 있는 이 시대에 하나님을 경험하고, 하나님의 말씀으로 준비된 세대를 일으키시고 하나님의 킹덤의 질서대로 살아가게 하소서. 그리하여 전쟁의 날에 능히 싸워 이기는 자들이 되게 하소서.

3. 우리로 약속의 땅에 들어가서 차지하게 하시고, 기업을 허락하여 주셔서 감사합니다. 하나님께서 허락하신 기업이 다음 세대에게 잘 흘러갈 수 있도록 지키고 보전하기를 원합니다. 무엇보다 하나님께서 우리의 기업이 되어 주셔서 감사하고, 이 신앙의 유업을 다음 세대에게 잘 전수하게 하소서.

4. 이 세상의 시스템으로 살아가는 것이 아니라 하나님 나라의 시스템으로 살아가게 하소서. 적극적으로 찾고 구하여서 하나님의 킹덤을 취하는 자들이 되게 하소서.

5. 모세와 여호수아를 통해서 이스라엘 백성을 건져내시고 구원하시고 약속의 땅으로 들어가게 하신 하나님을 찬양합니다. 친구처럼 하나님과 대면하여 이야기하였던 모세처럼, 그 안에 영이 머무는 자였던 여호수아처럼 하나님과 친밀하고 하나님의 영으로 충만한 리더들을 일으키소서.

6. 하나님의 킹덤을 리허설하는 모아딤을 우리에게 허락해 주셔서 감사합니다. 하나님의 시간 사이클 안에서 살아가는 것을 훈련하게 하시고 그것을 통해 하나님과 함께 영원을 누리는 삶을 살게 하소서. 또한 시간을 다스리는 것을 통하여 하나님이 주신 공간과 물질을 잘 다스리게 하소서.

7. 우리를 향하신 하나님의 사랑의 열정으로 인하여 감사합니다. 그 사랑의 거룩한 불로 모든 악한 것을 태워 주소서. 하나님을 향한 사랑의 열정으로 불타오르게 하시고 오직 하나님으로만 채워지게 하소서. 그리고 그 열정과 사랑으로 하나님의 집을 세우는 자가 되게 하소서.

42주간

מַטּוֹת
MATTOT
마토트, 지파들

파라샤 **민 30:1-32:42**
하프타라 **렘 1:1-2:3**
브리트 하다샤 **행 9:1-22 / 막 11:12-25**

DAY 1 민 30:1-16

권위와 질서의 하나님

광야의 모든 여정을 마무리할 즈음에 하나님은 지파의 수령들에게 또 하나의 명령을 하십니다. 그것은 서원에 대한 것입니다. 나다르ךדֶר는 하나님을 위해서 무엇인가를 하기로, 또는 드리기로 한 약속입니다. 하나님은 하나님께 한 서원은 반드시 다 이행하라고 하십니다. 그런데 특별히 여자의 서원의 경우는 예외를 두십니다. 여자는 미혼일 때는 아버지의 권위 아래, 기혼일 때는 남편의 권위 아래 있게 됩니다. 하나님은 한 가정에서 하나님의 권위를 아버지와 남편에게 허락하셨습니다. 가정에서 최종 결정을 하는 아버지와 남편은 하나님 아버지와 예수 그리스도의 권위를 대표합니다. 요단 강을 건너서 약속의 땅으로 들어가며 안식으로 들어가는 우리의 구원 문제에 있어서 모든 최종 결정권은 하나님 아버지와 아들 예수 그리스도께 있습니다.

여자는 하나님께 직접 서원하였다 할지라도 권위와 질서 아래서 아버지, 혹은 남편의 허락 아래 이행하도록 하십니다. 하나님은 서원을 반드시 이행하라고 하셨지만 여자의 경우 예외를 두신 이유는 권위와 질서 아래서 서원이 이행될 뿐 아니라 서원의 남발을 막기 위해서였습니다. 서원하였다가 지키지 못함으로 하나님 앞에 범죄하지 않도록 하나님은 권위자를 통해 서원이 지켜질 수 있는 것인지 혹은 너무 지나친 서원이 아닌지 살펴보게 하셨습니다. 그래서 그 권위자의 판단과 결정 아래서 서원을 이행할 수 있도록 하셨고 서원이 아버지나 남편의 판단 아래 옳지 않거나 지나치다고 보였을 때 아버지나 남편은 딸이나 아내의 서원을 무효할 수 있었습니다.

욤 키푸르(대속죄일)의 시작 시점에 유대인들이 하는 기도 중 하나는 일 년 중 이행하지 못했던 서원들에 대해서 용서를 구하고 회개하면서 끊어내고 무효화시키는 기도입니다. 이를 콜 니드레이כָּל נִדְרֵי라고 하는데 아람어로 '모든 서원들'이라는 뜻입니다. 이 기도문은 새로운 일 년이 시작되기 전 또는 희년의 나팔이 불리면서 희년이 시작되기 전 지난 일 년 동안 경솔하게 또는 강요에 의해서 하나님께 서원하였지만 이행하지 못한 모든 맹세에 대해서 용서와 자비를 구하는 기도문이면서 무효화시키는 선언문입니다. 과거의 잘못된 맹세나 이행하지 못한 서원이 새로운 한 해와 함께 시작되는 새로운 시대에 계속 영향을 미치며 매이게 되지 않기 위해서 맹세와 서원을 파기하고 무효화시킴으로 자유를 선포해주는 것입니다.

그리고 하나님은 이날 여호와를 위하여 제비 뽑힌 염소를 속죄제물로 드려 지성소 시은좌 위와 앞에 일곱 번 뿌리게 함으로 이스라엘 백성의 죄를 덮어주십니다. 그리고 이스라엘의 모든 불의와 죄악을 아자젤을 위하여 제비 뽑힌 염소에게 안수하여 고백함으로 전가시키고 무인지경 광야로 보냄으로 불의와 죄악을 그 백성으로부터 완전하게 분리시켜 주십니다.

하나님은 권위와 질서를 중요하게 여기십니다. 하나님이 세상 가운데 정해 놓으신 질서 아래서 모든 것이 이뤄지도록 하셨습니다. 권위나 질서를 벗어나서 스스로 하려는 것은 그것이 아무리 하나님을 향한 것이라 할지라도 하나님은 교만으로 간주하십니다. 이것은 하나님이 정하신 것입니다. 하나님이 정하신 질서를 우리가 바꿀 수 없습니다. 하나님이 정하신 권위와 질서는 보호와 안전, 그리고 그 안에서 누리는 사랑과 자유입니다. 이것은 속박이 아닙니다. 하나님의 권위와 질서 아래 있을 때 그 사람은 보호받고 안전하며 그 안에서 사랑과 자유를 누립니다. 사탄은 권위를 거부할 때 더 자유로울 것이라고 속이지만 사실은 하나님이 정하신 권위를 벗어나면 사탄의 속박 아래로 옮겨지는 것일 뿐입니다. 하나님의 권위와 질서를 떠나는 것은 자유가 아니라 사탄의 속박, 죄의 속박 아래로 들어가는 것임을 기억해야 합니다. 나에 대한 최종 권위를 가지고 최종 결정권을 가지신 분은 하나님 아버지와 그 아들 예수 그리스도이십니다.

DAY 2 민 31:1-12

미디안과의 전쟁

하나님은 이스라엘 백성들이 권위와 질서 아래서 움직이길 원하셨습니다. 지도자들은 철저히 하나님의 음성을 따르고 또 백성들은 지도자들을 신뢰하며 그들의 말을 따르는 것이 질서입니다. 그러나 방자한 지도자들은 미디안 여인과 행음하면서 바알브올을 숭배함으로 하나님의 권위와 질서를 벗어났고 어리석은 백성들은 방자한 지도자를 따라갔습니다(민 25:2-4). 그래서 40년 광야 여정의 끝부분에 모세가 조상들에게로 돌아가기 직전에 모세가 해야 할 마지막 과업으로(민31:2) 하나님은 미디안에게 원수를 갚으라고 명령하십니다.

하나님은 미디안에게 원수를 갚으라고 명령하시면서 이것이 이스라엘 자손의 원수 갚음이라고 말씀하셨지만(민31:2) 모세는 이것이 여호와의 원수 갚음이라고 말합니다(민31:3). 하나님의 백성을 건드린 것이 곧 하나님을 건드린 것과 같고 그 백성의 원수는 곧 하나님의 원수이기 때문입니다. 이집트에서 나와 아직은 연약한 상태였던 이스라엘을 뒤에서 공격했던 아말렉을 향해서도 하나님은 그들이 하나님의 보좌를 건드렸다고 말씀하시며 아말렉과 대대로 싸울 것을 선포하시고 그들을 영원히 이 땅에서 지워버리시겠다고 말씀하셨습니다. 마찬가지로 거룩한 하나님의 진영을 음행으로 더럽혀서 하나님과 이스라엘 백성의 거룩한 연합을 깨뜨린 미디안의 악함을 모세는 하나님을 위한 보복이라 말하며 전쟁을 준비합니다.

모세는 전쟁을 위해 각 지파에서 천 명씩을 선출합니다(민31:5). 선출된 천 명은 이스라엘 백만 명 중에서 뽑힌 자들이었습니다. 전쟁을 위해 특별하게 선출된 12,000명의 무장된 군인들 앞에는 제사장 비느하스가 앞장섰습니다. 모세는 비느하스에게 성소의 기구와 신호 나팔을 들려서 그들과 함께 전쟁에 보냈습니다(민31:6). 아람어 성경 탈굼에서는 비느하스가 우림과 둠밈이 있는 흉패를 매고 나갔고, 우림과 둠밈을 통해 전쟁터에서 군인들이 전능하신 하나님의 전략을 받았다고 기록했습니다(Targum Yonatan Numbers 31:6). 탈무드는 비느하스가 들고 간 성소의 기구가 법궤였다고 말하며, 이스라엘의 군인들은 전쟁터에서 여호와의 임재의 호위를 받으며 전쟁했다고 말합니다. 법궤가 이스라엘 군인들 앞에 섰을 때 모세는 "여호와여 일어나사 주의 대적들을 흩으시고 주를 미워하는 자가 주 앞에서 도망하게 하소서(민10:35)"라고 외쳤습니다. 법궤는 전쟁터에서 초자연적인 무기였습니다. 미디안과의 전쟁에서 미디안의 모든 남자들은 완전히 전멸되었지만 이스라엘의 군인들은 단 한 명도 다치거나 죽지 않았습니다(민31:49). 미디안과의 전쟁을 통해 이스라엘의 군인들은 초자연적인 승리를 경험합니다.

또한 비느하스는 신호 나팔을 가지고 나갔는데 이것은 민수기 10장에서 하나님이 불라고 명하신 은 나팔로 그는 전쟁을 알리는 나팔을 불어 미디안과의 전쟁을 시작했습니다. 비느하스의 나팔은 마지막 날 메시아가 오실 때 불려지는 나팔 소리를 예표합니다.

31장의 미디안과의 전쟁은 종말 때의 전쟁을 예표합니다. 미디안은 모압 왕 발락과 함께 이스라엘을 없애 버리기 위해 저주하려고 했던 자들이었습니다. 그 계략이 실패하자 이스라엘을 음행하게 함으로 하나님의 진노가 이스라엘 백성에게 임하도록 한 민족입니다. 마지막 때 사탄이 가진 계략이자 가장 치열한 전쟁은 음녀와의 전쟁이 될 것입니다. 마지막 때 음녀는 음란으로 세상을 완전히 장악해 버리고 사람들과 지도자들의 분별력을 상실시켜 버릴 것입니다. 우리는 이러한 것을 전세계적인 현상으로 목도하고 있습니다. 음녀는 하나님의 백성들이 합리성이라는 명분 아래 세상과 타협하게 할 것이며 타협한 후에는 지켜줄 것이라고 미끼를 던져주며 자기 안으로 들어오도록 만들 것입니다. 그리고 많은 하나님의 백성들이 하나님을 떠나는 순간 여러 우상, 곧 사탄의 권위 아래로 들어가 버리고 말 것입니다. 사탄은 음란과 경제적인 두려움을 사용하여 하나님의 백성들을 사로잡을 것입니다. 그러나 하나님은 자신의 백성들을 타협하게 하여 하나님을 대적하게 하고 음란으로 하나님을 떠나게 만든 적그리스도와 거짓 선지자를 심판하실 것입니다. 그리고 적그리스도와의 치열한 전쟁 가운데서 살아남은 남은 자가 약속의 땅 에덴-동산으로 입성하게 될 것입니다.

DAY 3 민 31:13-24

결산하시는 하나님

하나님은 전쟁에서 돌아온 자들에게 셋째 날과 일곱째 날에 몸을 깨끗하게 하고 진영으로 돌아오도록 하십니다(민31:19). 그들이 죽음의 현장에 있으면서 시체들을 접촉했기 때문입니다. 그리고 전리품 가운데서 금, 은, 동, 철과 주석과 납 등과 같이 불을 지났을 때 견딜 만한 모든 물건은 불을 지나게 하며 불을 지나지 못하는 것은 물을 지나게 해서 깨끗하게 하도록 명령하십니다(민31:22-23). 하나님은 예슈아의 재림의 과정 가운데서도 치열한 전쟁 때문에 부정하게 된 것들을 깨끗하게 하신 뒤 새로운 시대로 들어가게 하실 것입니다. 부정을 처리하는 시간은 완전함으로 들어갈 수 있도록 하기 위한 은혜의 시간입니다. 또한 전리품이 불과 물을 견디고 통과해야 하듯이 그리스도의 심판대에서 우리들에게도 이와 같은 정화의 과정이 있을 것입니다.

이 닦아 놓은 기초 외에 능히 다른 터를 놓을 수 없으니
이 터는 곧 예수 그리스도라 만일 누구든지 금이나 은이나 보석이나 나무나 풀이나
짚으로 이 터 위에 세우면 각각 공적이 나타날 터인데 그 날이 공적을 밝히리니
이는 불로 나타내고 그 불이 각 사람의 공적이 어떠한 것을 시험할 것임이니라
만일 누구든지 그 위에 세운 공적이 그대로 있으면 상을 받고
누구든지 공적이 불타면 손해를 당하리라
그러나 자기는 구원을 얻되 불 가운데서 얻은 것 같으리라(고전3:11-15)

하나님은 모든 것을 결산하시는 하나님입니다. 반드시 갚으시는 하나님입니다. 잘한 것은 잘한 대로 상 주시고, 잘못한 것은 반드시 벌주시는 하나님입니다. 발락의 달콤한 부귀영화의 유혹에 결국 넘어가버린 발람은 당장 명성과 부를 얻은 듯했지만 결국 이스라엘에 의해 죽임을 당했습니다(수13:22). 악인의 형통은 잠시뿐이며 그것을 부러워하지 말아야 할 이유입니다(시37:7-9). 하나님에게는 모든 것이 계획되어 있습니다. 그래서 사탄이 아무리 방해하려고 해도 절대 사탄의 뜻대로 이뤄지지 않습니다. 사탄은 하나님과 이스라엘 사

이를 방해해서 이스라엘이 하나님의 권위와 질서를 떠나도록 하려 했지만 끝까지 개입하시는 하나님의 은혜로 그 뜻은 이뤄지지 않았고 도리어 파괴자(발락)의 뜻을 따랐던 민족이 심판을 받았습니다. 이 시대의 끝에는 끊임없이 하나님과 하나님의 백성 사이를 방해하고 저주하며 끌어내리려 했던 아자젤이 심판을 받게 될 것입니다.

【주제 #8】 발람의 죽음(수3:21-22)

이스라엘 군대는 미디안의 다섯 왕을 죽이고 악한 선지자 브올의 아들 발람을 죽임으로 그의 저주가 완전히 끝이 나게 하였다. 아람어 성경 탈굼에서는 발람의 죽음에 대해 유대인들 사이에서 전해 내려오던 이야기를 삽입하였다.

죄인 발람이 자신을 쫓아오고 있는 제사장 비느하스를 보고 그를 향해 마술과 저주의 말들을 쏟아내었다. 그때 비느하스는 위대하고 거룩하신 이름을 말하면서 그를 쫓아갔고, 마침내 발람을 사로잡았다. 비느하스는 발람의 머리카락을 잡아 땅으로 끌어내렸다. 비느하스가 칼을 뽑아 발람을 죽이려 하자 발람은 비느하스에게 간청하며 말했다. "만약 너가 나의 생명을 살려만 준다면, 내가 살아있는 한 절대로 이스라엘을 향해서 저주하지 않겠다." 그러자 비느하스가 대답했다. "너는 우리 아버지 야곱을 죽이려했던 아람 사람 라반과 같고, 이집트로 내려갔던 야곱의 아들들을 죽이려했던 파라오의 마술사들과 같지 않느냐? 그리고 우리들이 이집트에서 나왔을 때 너는 우리들을 대적하여 악한 아말렉들을 보내지 않았었느냐? 하지만 너는 성공하지 못했고, 말씀이신 하나님(מימרא메므라)은 너의 이야기를 듣지 않았다. 그럼에도 너는 너의 악한 모략을 발락에게 주어 그의 딸들이 이스라엘의 남자들을 음행으로 이끌어 24,000명이 죽게 하였다. 그러므로 나는 너의 생명을 살려 둘 수 없다." 그리고 비느하스는 칼을 빼어 한 번에 그를 죽였다(Targum Yonatan numbers 31:8).

이 이야기는 발람을 라반, 파라오의 마술사들, 그리고 아말렉과 같은 사람으로 보고 있다는 것을 알려준다. 분명히 발람과 라반은 다른 사람이지만 그 의미로 봤을 때 이들은 모두 이스라엘을 죽이려했던 안티 세미티즘의 악한 영을 예표하고 있다. 라반, 파라오, 파라오의 마술사들, 아말렉, 그리고 발람은 모두 이스라엘을 미워하였고, 이것은 곧 적그리스도의 영이라고 볼 수 있다.

예수님이 오시기 전에 세상을 속이는 자, 적그리스도의 영이 일어날 것이다. 적그리스도는 불법의 사람, 곧 멸망의 아들로 그는 대적하는 자로서 신이라고 불리는 모든 것과 숭배함을 받는 것에 대항하여 자기를 높이고 하나님의 성전에 앉아 자기를 하나님이라고 할 것이다(살후 2:3-4). 그는 이스라엘과 교회를 죽이고 멸망시키고 전멸시키려 할 것이지만 최후의 전쟁에서 메시아는 그의 입에서 나오는 기운으로 적그리스도를 죽이고 그의 통치를 완전히 끝내실 것이다(살후2:8).

DAY 4 민 31:25-41 / DAY 5 민 31:42-54

승리와 전리품을 주시는 하나님

하나님의 명령대로 미디안에게 원수를 갚은 이스라엘 백성은 어마어마한 전리품을 취하게 됩니다. 전리품은 직접 전장에 나가 싸운 군인들도, 백성들도, 그리고 레위인도 나눠 가지게 됩니다. 전쟁할 때 최전방에 나가 싸우는 군인이 있는가 하면, 전쟁에 군인들을 내어준 가족들이 있고, 그들이 잘 싸울 수 있도록 군수 물품을 대는 사람들이 있고, 그들을 위해 기도하는 중보자들이 있습니다. 전쟁에서의 승리를 위해 모두가 각자의 자리에서 전쟁을 위해 싸우고 있는 것입니다. 하나님은 이스라엘에 큰 승리를 안겨주시면서 승리 후에 남겨진 전리품들을 싸움에 나갔던 사람들뿐 아니라 모든 회중이 함께 나눠 갖게 하심으로 승리를 함께 누리도록 하십니다.

전리품은 대적의 문을 취한 승리의 상징입니다. 전리품은 하나님을 대적하고 하나님의 백성을 모욕한 원수들이 차지하고 있던 것을 되찾아와서 하나님께로 귀속시키고 그 백성에게로 돌려주는 것입니다. 이스라엘 군대의 지휘관들과 천부장, 백부장들은 자기들 중에서 전쟁에 나갔던 자들이 단 한 사람도 죽거나 다치지 않은 것에 대해 그들의 생명을 대신하여 전쟁에서 승리하고 얻게 된 전리품들 가운데 보석들을 하나님께 헌물로 바칩니다 (민31:49-50). 마지막 날에 메시아는 당신의 나라를 창성하게 하시면서 즐거움을 더하게 하실 때에 추수의 즐거움과 탈취물을 나눌 때의 즐거움으로 하나님 앞에서 기쁨을 누리게 하실 것입니다(사9:3). 이사야 선지자는 이 기쁨이 그 압제자의 막대기를 꺾으신 미디안의 날과 같다고 비유하였습니다(사9:4). 미디안과의 전쟁에서의 승리는 마지막 날에 하나님이 남겨진 거룩하고 의로운 자들을 다치지 않게 보호하시며 원수를 완전히 멸하실 것을 미리 보여주고 있습니다. 우리는 그 날에 원수에게 빼앗겼던 것을 찾고 하나님께 영광을 올려드리며 영원한 기쁨을 누릴 것입니다.

DAY 6 민 32:1-19 / DAY 7 민 32:20-42

요단 동편

많은 가축을 가졌던 르우벤과 갓 지파는 목축하기에 좋은 요단 강 동쪽 땅을 요청하였고 하나님은 모세를 통하여 그들이 그 땅을 취할 수 있도록 허락하십니다(민32:1). 단, 나머지 지파들이 약속의 땅을 다 차지할 수 있을 때까지 무장하고 함께 싸워줘야 한다는 조건을 명하십니다. 왜냐하면 하나님의 약속은 12지파 모두를 향한 것이었기 때문에 그들이 먼저 땅을 차지했다고 다른 형제들을 모른 척하지 않도록 하십니다.

처음에 르우벤과 갓 지파가 아모리 왕 시혼과 바산 왕 옥의 땅을 요청했을 때 모세는 엄중하게 비판합니다. 모세는 가데스 바네아에서 일어났던 약속의 땅 정복을 두고 지도자들의 악평으로 그 땅에 대한 의지가 꺾였던 사건을 기억했습니다. 그래서 이 지파들이 요단 동편 땅에 먼저 정착함으로써 약속의 땅에 들어가야 하는 백성들의 열정과 의지가 사그라들지도 모른다는 염려를 가지고 있었습니다. 그러나 그들이 형제들을 잊지 않고 함께 싸우러 가겠다고 했을 때 모세는 그들의 정착을 허락합니다. 사실 하나님이 이스라엘 백성에게 약속하신 땅의 지경 안에는 요단 동편은 없었습니다. 그러나 하나님의 계획상으로는 없었다 하더라도 마치 슬로브핫의 딸들이 합당한 권리를 요청함으로 얻어낸 것처럼 우리가 적극적으로 요청하고 취할 때 그 영역이 더 확장될 수 있습니다. 우리에게 알려지지 않았던 계획을 요청하고 합당하게 싸우겠다고 했을 때 오히려 더 많은 것들을 취하게 됩니다. 때로는 하나님 안에서의 선한 열정으로 인해 하나님이 약속하지 않았던 영역까지도 확장하고 더 하나님께 드릴 수 있게 됩니다.

다른 지파들보다 앞서 요단 동편 땅을 유업으로 미리 취한 르우벤과 갓 지파는 형제들이 약속의 땅에 들어가서 정복하는 과정 가운데서 가장 앞장서겠다고 약속합니다(민 32:17)[31]. 그리고 르우벤과 갓, 므낫세 반 지파는 요단 동편을 할당 받고 가족들을 위한 정착을 준비한 뒤 모든 지파들이 요단을 건널 때 앞장서서 그들과 함께 합니다. 이스라엘 백성이 요단 강을 건너 약속의 땅으로 들어가는 과정은 예슈아의 재림의 과정이 요단 동편에서부터 약속의 땅의 중앙인 예루살렘으로 들어가는 방향으로 진행될 것을 보여주는 그림입니다.

> 에돔에서 오는 이 누구며 붉은 옷을 입고 보스라에서 오는 이 누구냐
> 그의 화려한 의복 큰 능력으로 걷는(행군하는) 이가 누구냐
> 그는 나이니 공의를 말하는 이요 구원하는 능력을 가진 이니라
> 어찌하여 네 의복이 붉으며 네 옷이 포도즙틀을 밟는 자 같으냐
> 만민 가운데 나와 함께 한 자가 없이 내가 홀로 포도즙틀을 밟았는데
> 내가 노함으로 말미암아 무리를 밟았고 분함으로 말미암아 짓밟았으므로
> 그들의 선혈이 내 옷에 튀어 내 의복을 다 더럽혔음이니
> 이는 내 원수 갚는 날이 내 마음에 있고 내가 구속할 해가 왔으나
> 내가 본즉 도와 주는 자도 없고 붙들어 주는 자도 없으므로 이상하게 여겨
> 내 팔이 나를 구원하며 내 분이 나를 붙들었음이라
> 내가 노함으로 말미암아 만민을 밟았으며 내가 분함으로 말미암아
> 그들을 취하게 하고 그들의 선혈이 땅에 쏟아지게 하였느니라(사63:1-6)

이사야 63:1-6은 메시아의 재림의 과정의 일부분을 잘 그려주고 있습니다. 예수님께서 재림하시는 여정은 하늘 보좌에서부터 많은 군대들과 함께 내려와 시나이 산을 밟으시면서 시작합니다.

---

31 요단 동편 땅을 받기 위해 모세와 의견을 조율하는 과정에서 처음에는 르우벤과 갓 지파가 적극적으로 나섰고 이후에 므낫세 반 지파가 뒤늦게 참여함으로 요단 동편 땅을 두 지파와 반 지파가 할당 받게 되었다.

거룩하시고 위대하신 분이 그분의 처소에서 나올 것이다.
영원하신 하나님이 그분의 처소로부터 내려와 시나이 산을 밟으실 것이다.
그분은 그분의 군대와 함께 나타나실 것이고 그분의 능력의 강함으로
하늘들의 하늘로부터 나타나실 것이다(에녹1서 1:3-4)

여호와께서 시내 산에서 오시고 세일 산에서 일어나시고
바란 산에서 비추시고 일만 성도 가운데 강림하셨고
그의 오른손에는 그들을 위해 번쩍이는 불이 있도다
여호와께서 백성을 사랑하시나니 모든 성도가 그의 수중에 있으며
주의 발 아래에 앉아서 주의 말씀을 받는도다(신33:2-3)

메시아의 재림의 최종 목적지는 예루살렘입니다. 공중에서 흰옷 입은 무리와 함께 그분은 에돔 땅을 지나실 것이며 요르단 산지에서 요단 강을 지나 감람산 위에 도착하셔서 그분의 발이 감람산 위에 서실 것입니다(슥14:4). 그리고 예루살렘의 동문으로 입성하셔서 예루살렘의 보좌에 좌정하실 것입니다. 이 과정에서 그분은 하나님의 백성들의 원수들을 밟으시며 원수를 갚으실 것이고 완전한 구속을 이루실 것입니다.

그분의 옷이 붉은 이유는 그분이 포도주틀을 밟는 자 같기 때문입니다. 요한계시록 14:14-20에서 메시아의 재림 과정에서 두 가지 모습이 대비되어 나타나는데 먼저는 잘 익은 곡식을 낫을 휘둘러 하늘에 모으는 그림으로 이것은 대추수와 휴거를 보여주고 있고, 이후에 땅에 남은 익은 포도송이에 낫을 휘둘러 진노의 포도주 틀에 던져 밟을 때 피가 흘러나오는 그림은 악한 자들의 심판을 그려주고 있습니다.

요한계시록 19:11-16에서도 빛나고 깨끗한 세마포를 입은 성도들과 함께 공중에서 땅으로 내려오시는 메시아가 백마를 타고 공의로 심판하시며 싸우며 내려오실 때 자신의 입에서 나오는 예리한 검으로 만국을 치시고 철장으로 다스리시며 친히 하나님 곧 전능하신 이의 맹렬한 진노의 포도주 틀을 밟는 그림으로 재림하시는 메시아를 그려주고 있습니다.

초림 때 어린 양으로 오셨던 예슈아는 재림 때는 유다의 사자로 에덴-동산의 중앙으로 오셔서 예루살렘에 있는 그분의 보좌에 좌정하실 것입니다. 그 과정에서 원수와 대적자들을 심판하시고 그 후에 성도들에게 영원한 승리를 안겨주시며 칭찬과 명성을 얻게 하시고 유업과 상급을 주실 것입니다.

말일에 여호와의 전의 산이 모든 산 꼭대기에 굳게 설 것이요
모든 작은 산 위에 뛰어나리니 만방이 그리로 모여들 것이라
많은 백성이 가며 이르기를 오라 우리가 여호와의 산에 오르며
야곱의 하나님의 전에 이르자 그가 그의 길을 우리에게 가르치실 것이라
우리가 그 길로 행하리라 하리니 이는 율법이 시온에서부터 나올 것이요
여호와의 말씀이 예루살렘에서부터 나올 것임이니라(사2:2-3)

하프타라 렘 1:1-2:3

견고한 성읍, 쇠기둥, 놋성벽

예레미야 1장에서 하나님은 예레미야에게 살구나무와 북에서부터 기울어진 끓는 가마의 환상을 통해서 모든 것을 지켜보고 계신 하나님께서 바벨론을 사용해서 남유다의 죄악을 반드시 징계하시겠다라는 의지를 보여주십니다. 하나님은 그 과정 가운데 예레미야가 직면해야 할 영적인 충돌을 두려워하지 말라고 말씀하십니다. 너희가 두려워하면 두려움을 당하게 되지만, 두려워하지 않으면 두려움을 당하지 않을 것이라 말씀하십니다(렘1:17). 하나님이 우리의 입에 권세를 두었다 하더라도 우리가 두려워하면 두려워하는 것이 우리에게 임하게 됩니다. 이 원리는 믿음의 원리와 같습니다. 영적인 세계는 믿으면 내게 오는 것입니다. 우리가 어둠을 믿으면 어둠과 두려움이 오지만, 하나님을 믿으면 두려움이 아닌 담대함이 일어납니다. 사탄은 두려움과 걱정을 통해 우리의 생각과 감정과 의지를 마비시켜서 굳어지게 만들려고 합니다. 이것은 자유를 빼앗기는 것입니다.

나의 두려워하는 그것이 내게 임하고
나의 무서워하는 그것이 내 몸에 미쳤구나(욥3:25)

하나님은 예레미야에게 두려워하지 말 것을 당부하시고 하나님의 말씀을 대언하는 입술의 권세를 주셨습니다. 하나님은 예레미야가 사명을 감당하기 위해서 하나님의 말씀을 대

언하는 과정에서 마주치게 될 영적인 저항감과 충돌, 그리고 받게 될 여러 공격들을 거뜬히 이겨 내도록 예레미야를 대적들 앞에서 견고한 성읍, 쇠기둥, 놋성벽이 되게 하겠다고 말씀하셨습니다(렘1:18). 마지막 때의 영적 전쟁은 진리로 싸워 이기는 전쟁입니다. 이 전쟁에서 중요한 것은 두려워하지 않고 강하고 담대해야 하는 것입니다.

견고한 성읍(이르 미브짜르יר מִבְצָר)의 견고한(미브짜르מִבְצָר)은 '강화됨, 무장됨, 요새, 견고한 진'이라는 뜻을, 성읍(이르עִיר)은 '깨어서 지키고 방어하는 성'을 뜻하며 쇠기둥(아무드 바르젤עַמּוּד בַּרְזֶל)은 '위로 곧게 세워진 높은 쇠기둥'을 뜻합니다.

> 보라 내가 오늘 너를 그 온 땅과 유다 왕들과 그 지도자들과 그 제사장들과
> 그 땅 백성 앞에 견고한 성읍, 쇠기둥, 놋성벽이 되게 하였은즉 그들이 너를 치나
> 너를 이기지 못하리니 이는 내가 너와 함께 하여 너를 구원할 것임이니라
> 여호와의 말이니라(렘1:18-19)

그러나 예레미야의 주변은 모두 예레미야의 적이었습니다. 예레미야는 열방의 왕들과 지도자들, 제사장들, 백성들에게까지 하나님의 말씀을 대언하며 심판과 멸망의 예언을 선포하면서 회개를 촉구였습니다. 그러나 그들은 모두 예레미야를 위협하고 두렵게 하였습니다. 이 모든 것을 미리 아신 하나님은 그들을 두려워하지 말고 담대하라고, 내가 너를 이미 강하게 하였다고 미리 말씀하십니다. 하나님이 함께 하시며 예레미야를 구원하실 것이라 약속하십니다(렘1:19).

남유다의 멸망의 과정 가운데 살았고, 또 멸망을 지켜보았던 예레미야를 부르시며 하신 하나님의 말씀은 마지막 시대를 살아가는 자들을 향해서도 동일하게 하시는 말씀입니다. 치열한 전쟁 가운데 전리품을 얻어 약속의 땅에 들어가는 과정에는 심판이 동시에 있을 것입니다. 하나님은 치열한 전쟁 가운데서 우리를 대적들 앞에서 '견고한 성읍, 쇠기둥, 놋성벽'이 되게 하시고 그들이 우리를 치겠으나 이기지 못하게 하시며 우리를 높여 주실 것입니다.

하나님의 입장에 서지 않으면 우리에게 쉽게 두려움이 오게 됩니다. 우리가 견고하게 될 수 있는 방법은 하나님의 입장에 서는 것입니다. 그리고 하나님의 입장에 서는 것은 곧 믿음을 취하는 것입니다. 믿음은 하나님의 스탠스stance, 입장에 서는 것입니다. 반면 우상 숭배는 나의 입장, 사람의 입장에 서는 것입니다. 내가 보기 좋은 것, 사람들이 보편적으로 원하는 입장에 서는 것은 언제나 하나님의 입장과 대치되며 결국은 하나님으로부터 돌아서

게 합니다. 하나님의 입장에 서 있는 사람들은 심판자, 혹은 입법자가 되어서는 안 됩니다. 무엇인가 보고 알게 되었을 때 판단하지 말고 중보해야 합니다. 그리고 사랑 안에서 권면해야 합니다. 비방과 판단은 하나님으로부터 온 것이 아닙니다. 어떤 영으로 말하고 행하는지가 중요합니다.

> 네 악이 너를 징계하겠고 네 반역이 너를 책망할 것이라
> 그런즉 네 하나님 여호와를 버림과 네 속에 나를 경외함이 없는 것이
> 악이요 고통인 줄 알라(렘2:19)

이스라엘이 가장 수치를 경험했을 때는 바로 성전에서 하나님의 영광이 떠났을 때입니다. 하나님의 영광의 임재를 교회가 잃어버리면 수치를 경험하게 될 것입니다. 세상이 악하다고 외치기보다는 하나님의 영광을 잃어버린 것에 대해 회개하고 돌아와야 합니다. 하나님의 백성들과 교회에 있어서 가장 큰 고통은 하나님을 경외함이 없음으로 하나님을 두려워하지 않고 세상을 두려워하면서 하나님과의 친밀함이 없는 것, 그 결과 하나님의 영광이 떠난 것입니다. 하나님으로부터 더 멀어지기 전에, 그래서 돌이킬 수 없는 심판이 임하기 전에 회개함으로 하나님을 경외하는 마음을 회복할 뿐 아니라 새로운 세대에게도 하나님을 경외하는 마음을 가르쳐야 할 때입니다.

브리트 하다샤 행 9:1-22 / 막 11:12-25

누구든지 주의 이름을 부르는 자는 구원을 얻으리라(욜2:32, 행2:21, 롬10:13)

예수아를 믿는 사람들을 핍박하고 죽이기 위해 다메섹으로 가던 사울이 길에서 예수아를 빛 가운데 만나고 눈이 멀었을 때 하나님은 아나니아를 통해 사울에게 가서 기도해 주라 말씀하십니다(행9:12). 그러나 아나니아는 하나님께 '그가 주의 이름을 부르는 모든 사람

을 결박할 권한(행9:14)'을 가졌다고 하며 사울에게 가기를 두려워합니다. 그러나 하나님은 사울을 부르시면서 '이 사람은 내 이름을 이방인과 임금들과 이스라엘 자손들에게 전하기 위하여 택한 나의 그릇(행9:15)'이라고 말씀하십니다. 아나니아의 기도로 눈에서 비늘 같은 것이 벗어져 다시 보게 된 사울은 힘을 얻은 후에 즉시 나가서 예슈아가 하나님의 아들임을 전파하기 시작합니다(행9:20). 그러나 듣는 사람들이 놀라면서 '이 사람이 예루살렘에서 이 이름을 부르는 사람을 멸하려던 자가 아니냐(행9:21)'고 말하며 두려워합니다.

아나니아와 변화된 사울의 말씀을 듣던 사람들은 모두 예슈아를 믿고 따르는 사람들을 '주의 이름을 부르는 사람(행9:14), 이 이름을 부르는 사람(행9:21)' 이라고 표현합니다. 이 구절은 초대교회 시대에서 여호와의 이름을 부르는 것이 곧 '예슈아'를 부르는 것과 같은 것으로 여겨졌다는 것을 증거합니다. 그들은 '예슈아' 또는 '예호슈아' 즉 여호와의 이름을 큰 소리로 부른 자들이었습니다. 주의 이름을 부르는 자들이 곧 예슈아를 믿는 자들이었습니다. 요엘 선지자는 여호와의 크고 두려운 날 마지막 때에 '누구든지 주의 이름을 부르는 자는 구원을 얻으리라(욜2:32)'고 말했습니다. 예슈아의 이름이 여호와의 크고 두려운 날에 교회와 성도들을 구원할 것이며, 유대인들 가운데 남은 자들이 '바룩 하바 베쉠 아도나이'라고 외치며 예슈아를 맞이할 것입니다. 예슈아의 이름은 마지막 때 믿음으로 끝까지 남겨진 자들에게 견고한 성읍, 쇠기둥, 놋성벽이 되어 주실 것입니다.

마토트 주간의 말씀

1. 나다르ㄲ는 하나님을 위해서 무엇인가를 하기로, 또는 드리기로 한 약속입니다. 하나님은 하나님께 한 서원은 반드시 다 이행하라고 하십니다.

2. 가정에서 최종 결정을 하는 아버지와 남편은 하나님 아버지와 예수 그리스도의 권위를 대표합니다. 요단 강을 건너서 약속의 땅으로 들어가며 안식으로 들어가는 우리의 구원문제에 있어서 모든 최종 결정권은 하나님 아버지와 아들 예수 그리스도께 있습니다.

3. 하나님은 권위와 질서를 중요하게 여기십니다. 하나님이 세상 가운데 정해 놓으신 질서 아래서 모든 것이 이뤄지도록 하셨습니다. 권위나 질서를 벗어나서 스스로 하려는 것은 그것이 아무리 하나님을 향한 것이라 할지라도 하나님은 교만으로 간주하십니다. 하나님이 정하신 권위와 질서는 보호와 안전, 그리고 그 안에서 누리는 사랑과 자유입니다.

4. 사탄은 음란과 경제적인 두려움을 사용하여 하나님의 백성들을 사로잡을 것입니다. 그러나 하나님은 자신의 백성들을 타협하게 하여 하나님을 대적하게 하고 음란으로 하나님을 떠나게 만든 적그리스도와 거짓 선지자를 심판하실 것입니다. 그리고 적그리스도와의 치열한 전쟁 가운데서 살아남은 남은 자가 약속의 땅 에덴-동산으로 입성하게 될 것입니다.

5. 하나님은 예슈아의 재림의 과정 가운데서도 치열한 전쟁 때문에 부정하게 된 것들을 깨끗하게 하신 뒤 새로운 시대로 들어가게 하실 것입니다. 부정을 처리하는 시간은 완전함으로 들어갈 수 있도록 하기 위한 은혜의 시간입니다. 또한 전리품이 불과 물을 견디고 통과해야 하듯이 그리스도의 심판대에서 우리들에게도 이와 같은 정화의 과정이 있을 것입니다.

6. 하나님은 모든 것을 결산하시는 하나님입니다. 반드시 갚으시는 하나님입니다. 잘한 것은 잘한대로 상 주시고, 잘못한 것은 반드시 벌주시는 하나님입니다.

7. 마지막 때의 영적 전쟁은 진리로 싸워 이기는 전쟁입니다. 이 전쟁에서 중요한 것은 두려워하지 않고 강하고 담대해야 하는 것입니다.

8. 하나님이 우리의 입에 권세를 두었다 하더라도 우리가 두려워하면 두려워하는 것이 우리에게 임하게 됩니다. 이 원리는 믿음의 원리와 같습니다. 영적인 세계는 믿으면 내게 오는 것입니다. 우리가 어둠을 믿으면 어둠과 두려움이 오지만, 하나님을 믿으면 두려움이 아닌 담대함이 일어납니다.

9. 하나님의 입장에 서지 않으면 우리에게 쉽게 두려움이 오게 됩니다. 우리가 견고하게 될 수 있는 방법은 하나님의 입장에 서는 것입니다. 그리고 하나님의 입장에 서는 것은 곧 믿음을 취하는 것입니다. 믿음은 하나님의 스탠스stance, 입장에 서는 것입니다.

10. 하나님의 백성들과 교회에 있어서 가장 큰 고통은 하나님을 경외함이 없음으로 하나님을 두려워하지 않고 세상을 두려워하면서 하나님과의 친밀함이 없는 것, 그 결과 하나님의 영광이 떠난 것입니다. 하나님으로부터 더 멀어지기 전에, 그래서 돌이킬 수 없는 심판이 임하기 전에 회개함으로 하나님을 경외하는 마음을 회복할 뿐 아니라 새로운 세대에게도 하나님을 경외하는 마음을 가르쳐야 할 때입니다.

마토트 주간의 선포

1. 신실하신 하나님을 찬양합니다. 우리를 향하신 하나님의 약속을 지키시고 이루시는 하나님께 감사합니다. 우리를 향하여 언제나 신실하심으로 함께하시는 것처럼 우리도 하나님을 향해 올려드린 약속과 고백을 신실하게 이행하는 자들이 되기 원합니다. 이 모든 것들을 하나님께서 세우신 권위와 질서 안에서 하나님의 뜻을 따라 행하게 하소서.

2. 하나님이 정하신 권위와 질서 안에서 살아가게 하셔서 우리를 안전하게 지켜 주시고 그 안에서 자유와 평안을 누리게 하시니 감사합니다. 나의 주권이 하나님과 예슈아께 있음을 날마다 인정하며, 그 주권 안에서 살아가게 하소서.

3. 하나님은 모든 것을 결산하시고 반드시 갚아주시는 분이십니다. 불과 물을 지나가게 하셔서 헛된 것들을 태우시고, 부정한 것들을 깨끗케 하심으로 모든 정화의 과정들을 통과하고 하나님 앞에 서게 되는 그 날을 기대합니다. 끝까지 믿음으로 살아가게 하소서.

4. 우리에게 주어진 전쟁들이 있습니다. 두려워하지 않고 강하고 담대하게 하시고, 진리로 싸워 이기게 하소서. 대적의 문을 차지하고 승리를 선포하게 하시고, 기쁨으로 전리품을 나누게 하소서. 그리고 이 모든 것을 통해 하나님께 영광을 돌리게 하소서.

5. 하나님의 백성으로서 하나님을 경외하고 하나님과의 친밀함을 누리며 살아가게 하소서. 그리고 이것을 다음 세대에게 잘 가르치고 전수하게 하소서.

43주간

מַסְעֵי
MASSEI
마쎄이, 노정

파라샤 **민 33:1-36:13**
하프타라 **렘 2:4-28, 3:4, 4:1-2**
브리트 하다샤 **약 4:1-10**

DAY 1 민 33:1-4 / DAY 2 민 33:5-49

광야 여정 회고

이집트의 노예 근성에서 쉽게 벗어나지 못하여 하나님의 마음과 지도자 모세의 마음을 아프게 한 연약하고 완고한 이스라엘 백성이지만 하나님은 여전히 그들의 여정을 군대의 행진이라 말씀하시며 모세에게 그들이 걸어온 여정을 기록하도록 명하십니다(민33:2).

이들의 여정은 크게 세 부분으로 나뉘어집니다.

첫째, 이집트 라암셋에서 출발하여 시내 광야까지의 여정(민33:5-15)
둘째, 시내 광야에서 가데스바네아까지의 여정(민33:16-36)
셋째, 가네스바네아에서 모압 평지까지의 여정(민33:37-49)입니다.

첫 유월절을 지키고 이집트 라암셋에서 출발하던 그 날은 이집트인들이 자신들의 죽은 장자들을 장사할 때였습니다(민33:3-4). 하나님은 크신 권능으로 이집트 사람들이 보는 앞에서 '높이 들린 손'으로 당신의 백성들을 이끌고 나오셨고 그들의 신들에게도 벌을 주셨습니다. 이 담대한 출발이 얼마가지 않아 그들 앞에는 큰 바다요, 뒤에는 이집트 군대의 추격을 받는 진퇴양난, 절체절명의 순간을 맞이하지만 하나님의 높으신 손이 그들을 바다 가운데로 지나게 하셨고 그들은 이집트 군대의 완전한 심판을 목도하게 됩니다. 그리고 이스라엘 백성을 거룩한 시나이 산에 이르게 하시고 그곳에서 그들과 혼인 서약을 맺으시며 연합하십니다. 이집트에서 나온 이스라엘 백성의 첫 여정은 여호와 하나님이 자신의 백성을 이집트로부터 되찾으시고 그들 가운데 영원히 거하겠다고 언약하신 약혼과 혼인의 과정이었습니다. 마치 신랑이 신부를 데리고 언약의 장소로 들어가는 것 같습니다. 그러나 여전히 하나님의 군대로서, 신부로서의 정체성을 갖지 못한 이스라엘 백성은 번번이 하나님께 도전하고 거역합니다.

두 번째 여정은 이들이 약속의 땅으로 바로 들어가지 못하고 38년을 광야에서 방랑한 과정을 보여줍니다. 그러나 끝까지 이스라엘 백성을 놓지 않은 모세의 중보기도와 하나님의 끈질긴 사랑과 무한한 자비로 그들은 멈추지 않고 이 여정을 계속하여 마침내 요단 동편의 모압 평지에 이르러 약속의 땅 직전까지 서게 되는데 이 과정이 세 번째 여정입니다. 광야에서의 방랑의 시간 동안 이들은 참혹한 심판을 여러 번 겪게 되는데 그 과정에서 잘려 나가야 할 것들이 잘려 나가고 다뤄지면서 어느 새 하나님을 두려워하지 않는 이방 왕들을 제압하는 하나님의 강한 군대로 성장하게 됩니다.

광야의 여정은 겉으로 보기에는 어디로 가야할지 모르는 방황처럼 보였지만 사실 하나님의 영광과 임재의 인도하심을 받은 가장 안전한 여정이었습니다. 먹을 것과 입을 것, 마실 것을 걱정하지 않아도 되었으며 하나님은 적으로부터 늘 보호하여 주셨습니다. 하나님의 관심은 광야의 여정을 통해 이들이 하나님의 백성으로 확실히 서는 것이었으며 그래서 약속의 땅에 들어가 하나님이 통치하시는 왕국을 세우고 열방의 제사장 나라가 되는 것이었기에 그들을 더 깊이 다루시고 단련하였습니다.

자기 백성들을 엄하고 억압적으로 다뤄서 꺾어버리려는 것이 하나님의 마음이 아닙니다. 하나님은 그들이 가지지 말아야 할 것을 가지고 있고, 매이지 말아야 할 것에 매여 있음으로 하나님을 보지 못하게 하는 얽매이기 쉬운 모든 죄를 벗어버리고 하나님만 바라볼 수 있는 곳으로 광야를 택하셨습니다. 그래서 광야는 아무것도 없는 곳이지만 전적으로 하나님의 공급을 통해서 신뢰를 쌓아가며 훈련되어지는 곳입니다. 광야에서 우리는 여호와 이레(창22:14), 라파(출15:26), 닛시(출17:15)의 하나님을 경험하게 됩니다. 그 어느 곳에서보다 하나님을 가장 친밀하게 경험하는 곳, 그곳이 광야입니다.

【주제 #9】 42지점, 42대, 42개월

민수기 33장에는 출이집트하여 약속의 땅으로 들어가기까지 이스라엘이 행군하며 텐트를 치고 다시 텐트를 거두며 출발했던 42지점의 지명이 기록되어 있다. 이스라엘 자손들은 하나님께서 약속하신 젖과 꿀이 흐르는 아름다운 땅으로, 안식 안으로 들어가기 위해서 42번의 정거장을 통과했다. 제사장 나라이며 거룩한 백성으로 하나님께서 택하신 백성들이 여호와의 군대로서 행군하며 한 걸음씩 전진해 나아갔다. 광야를 지나며 42지점의 노정의 매 순간마다 배우고 훈련되고 다듬어지고 제거되어지고 갖추어지고 깨달아가면서 여호수아와 함께 요단 강을 건너 약속의 땅에 들어가 하나님과 함께 하나님을 위하여 여호와의 전쟁을 싸워 낼 수 있는 자격이 갖추어지게 되었다.

이스라엘은 안식의 땅에 들어가기 위해서 42지점을 통과했다. 42는 시험과 시련과 유혹을 통과한 후 안식 안으로 들어가는 것을 나타내주는 숫자이다. 42지점을 통과한 후 요단 강을 건너서 그들은 안식의 땅으로 들어갔다. 마태복음 1장의 족보에서는 아브라함부터 시작해서 다윗을 거쳐서 그리스도의 오심까지 42세대를 지난다. 그리고 42번째 세대이신 예수 그리스도는 그를 믿는 모든 자들을 이끌고 안식으로 들어가시는 분이시며 예수 그리스도는 우리의 안식이시다. 마태복음의 족보는 다윗의 숫자 14로 42세대를 3부분으로 나누었다.

이스라엘의 역사 가운데 있었던 광야 여정 42지점과 아브라함과 예수 그리스도까지의 42세대는 가까운 장래에도 한 번 더 42패턴이 있게 될 것을 예표한다. 그것은 이제 능력과 큰 영광 중에 다시 오실 예수 그리스도를 맞이하기 위한 42개월이다. 교회와 이스라엘은 42개월 동안 극심한 광야를 즉, 전지구적으로 진행되는 대환란 기간을 통과할 것이고 마침내 메시아는 파괴자 짐승과 거짓 선지자와 음녀를 뒤엎으시고 우리를 이끌고 영원한 안식으로 들어갈 것이다.

용이 짐승에게 권세를 주므로 용에게 경배하며 짐승에게 경배하여 이르되
누가 이 짐승과 같으냐 누가 능히 이와 더불어 싸우리요 하더라 또 짐승이 과장되고 신성
모독을 말하는 입을 받고 또 마흔 두 달 동안 일할 권세를 받으니라(계13:4-5)

또 내가 보매 그 짐승과 땅의 임금들과 그들의 군대들이 모여 그 말 탄 자와
그의 군대와 더불어 전쟁을 일으키다가 짐승이 잡히고 그 앞에서 표적을
행하던 거짓 선지자도 함께 잡혔으니 이는 짐승의 표를 받고 그의 우상에게 경배하던
자들을 표적으로 미혹하던 자라 이 둘이 산 채로 유황불 붙는 못에 던져지고(계19:19-20)

이스라엘이 출이집트 후 약속의 땅에 들어가기까지 광야에서 장막 친 42지점의 지명과 그 의미를 정리하면 아래와 같다.

1 라암쎄스רַעְמְסֵס - 태양신의 아들
2 숙콜סֻכֹּת - 초막들, 장막들, 간이 텐트들
3 에탐אֵתָם - 그들과 함께, 쟁기의 날
4 피하히롤פִּי הַחִירֹת - 여신 히트르의 신전, 새들의 무리가 자라는 곳들
5 마라מָרָה - 쓴맛
6 엘림אֵילִם - 종려나무들

7 홍해, 얌쑾 יַם־סוּף - 갈대의 바다

8 씬광야 בְּמִדְבַּר־סִין - 가시 또는 진흙

9 돞카 דָּפְקָה - 심하게 몰고가다, 혹사하다

10 알루쉬 אֲלוּשׁ - 내가 반죽할 것이다

11 르피딤 רְפִידִם - 쉬는 장소들, 지지하고 받쳐주는 장소들

12 씨나이 광야 מִדְבַּר סִינַי – 가시가 많고 무성한

13 키브롤 할타아봐 קִבְרֹת הַתַּאֲוָה - 욕망의 무덤

14 하쩨롤 חֲצֵרֹת – 정착하기 좋은 정원의 뜰

15 릳마 רִתְמָה – 꽃피는 식물

16 림몬 페레쯔 רִמֹּן פָּרֶץ – 터뜨려진 석류

17 리브나 לִבְנָה – 유향, 우유 빛깔 수지가 스며나오는 나무

18 릿사 רִסָּה – 떨어져서 산산조각난 폐허

19 케헬라타 קְהֵלָתָה –불러 모으다

20 쎄페르 산 הַר־שֶׁפֶר - 아름다움, 우아함

21 하라다 חֲרָדָה - 두려움, 공포, 떨림

22 마크헬롤 מַקְהֵלֹת - 회중들의 모임

23 타핫 תַּחַת - 아래 내려놓고 주둔하다

24 테라아흐 תָּרַח - 지체하다

25 미트카 מִתְקָה - 달콤함, 단물샘

26 하쉬모나 חַשְׁמֹנָה - 윤택함, 살찜, 기름진, 비옥한

27 모세롤 מֹסֵרוֹת - 교정, 처벌, 징계

28 브네이 야아칸 בְּנֵי יַעֲקָן - 뒤틀리고 꼬인 자손들

29 호르 하기드갇 חֹר הַגִּדְגָּד - 통렬하게 갈라진 큰 구멍

30 요트바타 יָטְבָתָה - 쾌적함, 즐거움

31 아브로나 עַבְרֹנָה - 통로, 통과함

32 에찌온 게베르 עֶצְיוֹן גָּבֶר - 용사의 등뼈

33 찐광야의 카데쉬 מִדְבַּר צִן קָדֵשׁ - 평평한 광야의 거룩함

34 호르 하하르 הֹר הָהָר – 그 산의 산

35 짤모나 צַלְמֹנָה – 그늘진

36 푸논 פּוּנֹן - 어둑어둑한

37 오봍 אֹבֹת – 물 가죽부대

38 이예 하아바림 עִיֵּי הָעֲבָרִים - 지나가는 자들의 폐허들

39 디본-갇 דִּיבֹן גָּד - 황폐해가는 무리

40 알몬 디블라타임 עַלְמֹן דִּבְלָתָיְמָה - 감춰진 무화과 반죽으로 만든 빵 두개

41 아바림 산 הָרֵי הָעֲבָרִים– 넘어서 건너가는 산

42 모압평지 מוֹאָב - 그의 아버지

DAY 3 민 33:50-34:15 / DAY 4 민 34:16-29

산당을 파쇄하라

약속의 땅을 바라보며 모압 평지에 선 모세와 이스라엘 백성을 향해 하나님은 그 땅에 들어가서 반드시 그들이 해야 할 일을 명령하십니다.

첫째, 가나안 일곱 족속을 몰아내고 반드시 모든 우상과 산당을 다 헐고 거주하라(민 33:52-53).

하나님은 당신에게 특별하게 속한 땅이며 셈과 셈의 후손들에게 주어진 몫이었던 에덴-동산의 땅 이스라엘 중앙 산지를 폭동과 난동으로 빼앗아 들어와 살고 있던[32] 가나안 거주민들이 땅이 그들을 토해낼 정도로 그 땅을 더럽히고 악으로 채워왔던 것을 보셨고 그 모든 것을 하나님의 백성들이 완전히 파쇄하길 원하셨습니다. 그렇게 하여 하나님의 백성들이 그 땅을 거룩하게 하길 원하셨습니다. 그 땅의 죄악을 파쇄하지 않고 오히려 그 악과 타협하고 따라가는 것은 하나님의 이름을 모욕하고 영광을 짓밟는 일이 됩니다. 우리가 하나님을 알게 되고 그분의 소유가 되면 반드시 해야 하는 일이 이전에 우리를 차지했던 습관들과 하나님보다 더 사랑했던 것들을 반드시 잘라내고 처리해야 합니다. 그리고 그 자리를 하나님의 통치로 채워야 합니다. 그렇게 세상으로부터 구별된 자들을 통해 하나님이 영광 받으십니다.

둘째, 점령한 땅을 제비 뽑아 수가 많은 자에게는 많은 기업을 주고 수가 적은 자에게는 적은 기업을 주어 지파를 따라 기업을 받게 하라(민34:54).

하나님은 공평하게 분배하라고 말씀하십니다. 하나님에게 있어서 공평이란 모두에게 똑같은 것을 주는 것이 아닙니다. 수가 많은 자에게는 많이, 적은 자에게는 적게 줌으로써

---

32 주제 #10 "가나안 땅이라 불려지게 된 이유" 참고.
"희서서에서는 에덴-동산이라 불리는 이스라엘 중앙 산지의 땅이 셈과 셈의 아들들에게 할당된 땅이었지만, 아프리카 북서 지역을 분배받았던 가나안이 아라랏 산에서 레바논을 지나 아프리카 대륙으로 이동하던 중 에덴-동산 산지의 땅을 탐내어 셈의 자손들을 강제로 몰아내고 그 땅을 차지하게 됨으로 그때부터 그 땅을 가나안 땅이라 불렀다라고 감춰졌던 역사를 드러내주고 있다."

각자에게 맞는 분량을 주는 것이 하나님의 공평입니다. 인본주의는 남성, 여성의 역할의 차이를 두지 않는 것이 평등이라 말하고, 수와 능력에 관계없이 똑같이 나눠 갖는 것이 공평이라 말합니다. 이것은 듣기에는 합리적인 것 같지만 완벽한 속임입니다. 각자가 가지고 있는 모습, 특징, 분량이 다 다릅니다. 하나님이 그렇게 만드셨고 하나님이 만드시고 계획하심에 맞게 살아가는 것이 가장 아름다운 것입니다. 사탄은 미묘한 어감으로 사람들을 속이고 거역의 마음을 자극합니다. 마지막 때 사람들은 바른 교훈을 받지 않고 귀가 가려워서 자기의 욕심을 따를 스승을 많이 두고 진리에서 돌이켜 허탄한 이야기를 따른다고 하였습니다(딤후4:3-4). 하나님의 말씀은 진리이고 하나님이 옳다고 말씀하신 것이 옳은 것입니다. 그러므로 내가 따르고 있는 생각과 감정과 사상이 어디로부터 온 것인지 늘 점검해 보아야 합니다. 또한 우리의 지적 욕구를 채워주고 감성을 자극하는 말씀이 아니라 들을 때 마음이 따갑더라도 진리를 계시해 주는 말씀을 들어야 합니다. 지적 욕구나 감성을 채워주는 말씀을 들을 때는 달콤하지만 세상과 섞이게 만들어 하나님을 알지 못하게 하고 결국 하나님으로부터 멀어지게 합니다.

하나님은 불의와 죄악으로 땅을 더럽히고 있는 그 땅의 가나안 거민을 반드시 몰아내라고 하셨고 그렇지 않으면 남겨 둔 자들이 너희 눈과 옆구리에 가시가 되어 괴롭게 할 것이라고 경고하셨습니다(민33:55). 더 나아가 하나님이 아끼시는 땅을 더럽힌 민족들에게 행하기로 생각하셨던 것을 이스라엘 백성에게 행하실 것이라고 엄중하게 경고하십니다(민33:56).

하나님께서 이 땅을 다른 어느 곳보다 더 중요하게 여기시며 이 땅에 살아가는 자들이 누구든 그들에게 높은 기준을 제시하시면서 이 땅을 거룩하게 하라고 하시는 이유는 이 땅이 하늘에서 내려올 새 예루살렘을 받을 터가 되는 땅이기 때문입니다. 온 우주를 통치하시는 하나님께서 이 땅을 우주의 중심으로 삼으시고 하늘에 있던 여호와의 보좌를 이 땅의 중앙인 예루살렘에 두셔서 온 우주의 통치 중심 수도로 삼으실 것입니다.

이 일을 위해서 세상과는 조금의 타협도 있을 수 없습니다. 작은 타협이 큰 올무가 되고 가시가 된다고 하나님은 분명히 경고하셨습니다. 사람과의 관계와 정 때문에 하나님이 하지 말라고 하신 것, 혹은 하라고 하신 것을 놓치는 것도 타협의 한 부분입니다. 깨끗하고 순수하면서 동시에 냉철한 분별력과 지혜를 가진 자들이 마지막 때 하늘의 뜻이 땅에서 이뤄지도록 행군하는 하나님의 거룩한 군대가 될 것입니다.

땅의 경계

하나님은 이스라엘 백성들이 차지하게 될 땅의 경계를 가르쳐 주십니다. 남쪽 경계는 사해부터 아카바 오르막길을 거쳐 가데스바네아의 남쪽 지역인 신광야를 거쳐 지중해까지입니다(민34:1-5). 서쪽의 경계는 지중해이고(민34:6), 북쪽의 경계는 지중해에서부터 호르산, 호르 산에서 하맛(시리아 남쪽)에 이르러 스닷(제다드, 다메섹 북동쪽 100km지점)에 이르고, 시브론에서 하살에난(다메섹 북동쪽 130km지점)까지입니다(민34:7-9). 동쪽 경계는 하살에난(다메섹 북동쪽 130km지점)에서 스밤(십마)을 지나 갈릴리 호수 동쪽 해변을 지나 요단까지 내려가 사해에 이르는 곳입니다(민34:10-12). 땅의 경계들은 지파들의 땅 분배를 위해 하나님이 정하신 것입니다. 땅 분배는 대제사장 엘르아살과 지도자 여호수아를 중심으로 이루어졌습니다.

경계는 울타리와 같습니다. 보호와 안전 장치이자 영역을 표시해 주는 것입니다. 하나님은 이스라엘이 차지할 땅의 경계를 가르쳐 주심으로 그들이 하나님의 킹덤을 이뤄야 할 영역을 표시해 주셨고 다른 이방 나라들이 탐내거나 빼앗지 못할 명분을 주셨습니다. 또 그 안에서 지파들이 각자의 기업을 분량만큼 가져갈 수 있도록 하심으로 그들이 서로의 영역을 탐내며 욕심내지 않도록 보호와 안전 장치를 주셨습니다. 경계는 선을 그어 나누는 것이 아니라 각자의 영역을 존중해 주는 것입니다. 우리는 모두 각자의 영역이 있습니다. 이것은 서로 존중되고 보호되어야 합니다. 누군가가 나의 경계를 넘어 침범할 때 나는 억압당하거나 빼앗길 수 있습니다. 반대로 내가 누군가의 경계를 넘어 침범할 때 나는 누군가의 것을 빼앗는 것일 수 있습니다. 하나님은 경계를 잘 지키라고 하셨고 또 넘지 말라고 하셨습니다(신19:14). 우리는 쉽게 사랑한다고 하면서 상대방의 영역을 침범할 때가 있고, 또 시기와 욕심으로 빼앗으려고 할 때가 있습니다. 모두 하나님의 질서에서 어긋나는 것입니다. 하나님은 모든 것에 분명한 영역을 허락하셨습니다. 허락된 영역을 잘 관리하고 누리는 것이 지혜이고 축복입니다.

DAY 5 민 35:1-8

레위인의 성읍

레위인들은 약속의 땅에 들어가더라도 다른 지파들이 기업을 분배할 때 땅을 나눠 받지 못합니다. 그러나 하나님의 계획은 레위인들이 12지파에 분산되어 각 지파의 영토 안에서 그들과 함께 살아가는 방법으로 레위지파가 12지파를 섬기게 하는 것이었습니다. 하나님은 각 지파가 자기들이 받은 기업에서 성읍을 두르고 있는 목초지를 레위인에게 주어 레위인의 재산인 가축과 짐승들을 둘 수 있도록 하라고 명하십니다(민35:2-3). 성을 중앙으로 두고 동서남북 사방으로 각각 이천 규빗씩 되는 곳에 레위인들은 자신들의 성읍을 가질 수 있었습니다.

레위인들은 하나님께 올려드리는 제사를 위해서 많은 백성들이 가지고 오는 예물들을 관리해야 했고, 또 그 중에 그들의 몫으로 받게 되는 짐승들이 있었기 때문에 목초지가 필요했습니다. 레위인에게 주어진 땅의 기업은 없었지만 하나님은 백성들이 하나님께 정성스럽게 바치는 곡식과 짐승들 중 일부를 레위인들에게 주심으로 그들이 가장 좋은 것을 누릴 수 있도록 하셨습니다. 하나님은 레위인이 무엇을 입고, 무엇을 먹어야 할지 걱정하지 않고 성전과 예배를 섬기는 것에 전무할 수 있도록 모든 것을 공급해 주셨습니다.

예수님은 먼저 하나님의 나라와 의를 구하면 다른 모든 것을 하늘 아버지께서 주실 것이라고 말씀하셨고(마6:33), 내일 무엇을 입을지, 무엇을 마실지도 염려하지 말라고 하셨습니다. 하늘의 새와 들의 꽃과 풀도 돌보시는 하나님이 우리를 돌보시기 때문입니다. 마지막 때가 진행될수록 세상은 하나님을 따르는 자들을 더욱 미워하고 모든 것을 빼앗아서 하나님으로부터 떨어지게 만들려고 할 것입니다. 그때 하나님은 하나님과 그의 나라를 섬기는 자들에게 하나님의 공급하심으로 돌보실 것입니다. 하나님은 우리의 공급자이시고 기업이십니다

DAY 6 민 35:9-34

도피성과 피의 복수(고엘 하담 הַדָּם גֹּאֵל)

레위인들은 이스라엘의 모든 장자를 대신해 하나님 가까이에서 하나님을 섬기도록 그 삶이 드려진 자들로서 이들에게는 기업이 주어지지 않았지만 하나님은 하나님 자신이 그들의 기업이라고 말씀하셨습니다. 레위인들 전체가 성전 봉사를 매일 하는 것이 아니었기 때문에 레위인들도 살 거주지가 필요하였고 그래서 하나님은 각 지파들로 하여금 레위인들을 위한 성읍을 할당하여 주도록 하였습니다. 또한 부지중에 살인을 저지른 사람들을 위한 도피성을 레위인에게 주어 관리하도록 하였습니다.

그래서 레위인은 자신들에게 할당된 42성읍과 도피성 6성읍[33]을 맡아 모두 48성읍과 그에 딸린 목초지를 갖게 되었습니다. 48은 4와 12라는 숫자의 곱하기인데 4는 동서남북 사방을 의미하며 12는 열두 지파를 의미합니다. 하나님은 레위인들을 열두 지파가 있는 모든 곳에 흩어져서 살도록 하셨습니다. 제사를 통해 하늘과 땅을 연결하는 자의 삶과 하나님께 드려진 삶을 사는 레위인들이 열두 지파가 있는 모든 곳에 흩어져 살게 하신 이유는 레위인들이 각 지파 안에서 하나님의 말씀을 가르치며 하나님께 나아갈 수도 있도록 섬기는 좋은 모델이 되라는 것이었습니다. 레위인들은 일반 지파들의 축복의 통로가 되었고 일반 지파들은 레위인을 통해 하나님의 축복을 경험함으로써 상호 의존적으로 함께 하였습니다.

예배자는 축복의 통로입니다. 예배자를 통해 하늘 에덴의 생명의 강이 하나님의 자녀들에게로 흘러갑니다. 레위인들이 모든 지역에서 하나님의 백성들과 함께 했듯이 예배자는 열방 곳곳에서 하나님의 자녀들에게 축복의 통로로 서야 합니다. 한 명의 거룩한 예배자가 공동체와 지역을 바꿀 수 있습니다. 열방 곳곳에 거룩한 예배자, 시온을 향해 하나님의 자녀들의 마음이 열리게 하는 축복의 통로가 되는 예배자가 세워지길 소망합니다.

---

33 요단 동편 산지의 베셀, 길르앗 라못, 바산 골란 그리고 요단 서편 산지의 갈릴리 가데스, 세겜, 헤브론. 각 도피성은 이스라엘 어느 곳에서도 하루 길이 되는 거리(약 30km)에 위치하도록 자리를 잡고 있다. 살인자가 도피성까지 도망 가는 길이 너무 멀어 도중에 보복당하지 않기 위함이다.

도피성 제도는 살인자가 회중 앞에 서서 판결을 받기 전까지 피의 보복자에 의해서 죽지 않게 하기 위한 제도입니다. 재판을 통해 고의로 살인한 것이 드러난 자는 도피성에 들어왔더라도 피의 복수자에게 넘겨져 반드시 죽임을 당했지만, 재판 결과 부지중에 살인한 사실로 인정된 자는 도피성에서 지내며 보호를 받을 수 있었습니다. 그러나 살인자가 대제사장의 죽음 전에 도피성의 보호 그늘을 벗어나 피의 복수자(고엘 하담גֹּאֵל הַדָּם)에게 죽으면 그 핏값은 자신이 받아야 했습니다. 하나님이 살인한 자들을 모아서 한 곳에 두는 도피성을 두신 이유는 멈추지 않을 복수와 보복의 피흘림으로 땅을 더럽히지 않게 하기 위함이었습니다. 하나님은 '너희가 거주하는 땅 곧 내가 거주하는 땅(민35:34)'이라 말씀하시며 그 땅이 거룩해야 할 것을 당부하십니다.

미쉬나 Makkot 2:5에서는 누구든지 도피성으로 피해야 할 경우가 생겼을 때 그 사람이 도피성으로 쉽게 접근할 수 있도록 도피성으로 접근하는 넓은 도로를 만들고 교차로에 길 안내 표시를 잘 알아 볼 수 있게 두었으며 매년 유지 보수되도록 했다고 합니다. 그리고 타국인을 포함한 모든 거류민을 위해서도 도피성은 항상 열려있었습니다. 죄 가운데 있는 죽을 죄인은 서둘러 도피성을 향해 달려 들어가 피해야 했습니다. 하나님을 섬기며 진리의 말씀을 맡은 자인 레위인들이 관리하는 도피성의 보호 그늘을 벗어나지 말고 그 권위 아래 머물며 레위인들과 함께 하나님을 가까이하는 예배의 삶을 살아야 했습니다. 이 땅에 살아가는 동안 발생할 수 있는 많은 실수와 실족하게 하는 일들로 도피성으로 피해야할 누군가가 있다면 우리가 그 사람에게 도피성을 제공해 줄 수 있어야 할 것입니다.

도피성에 갇혀 있던 자들이 완전히 사면받고 놓임 받아 자기 고향으로 되돌아갈 수 있는 유일한 해결 방안은 거룩한 기름 부음 받은 대제사장의 죽음뿐이었습니다. 대제사장의 죽음 후에 그 살인자는 사면을 받고 자기의 원래 기업의 땅으로 돌아갈 수 있었습니다. 이것은 대제사장이신 예슈아께서 우릴 위해 죽으심으로 우리에게 자유가 선포되고 우리가 결국 하늘 본향으로 돌아갈 수 있게 하셨음을 예표합니다.

도피성에서 보호는 받고 있지만 죄의 사면 없이 제한되고 갇힌 삶을 살던 자들이 들어야할 가장 큰 기쁜 소식이 있습니다. 그것은 "대제사장이 죽었다. 그분의 죽음으로 너의 죄가 사면을 받게 되었으니 너는 이제 자유다. 그리고 이제 너는 네 진정한 본향으로 되돌아 갈 수 있게 되었다"는 소식을 전해 듣는 것이었습니다.

하나님은 우리에게 피할 도피성들을 마련해 주셨습니다. 그리고 우리도 누군가를 위한 도피성이 되어주어라고 하십니다. 예슈아는 죽음으로 우리의 죄를 사면해 주시고 자유를 선포해 주시는 우리의 대제사장이십니다.

DAY 7 민 36:1-13

여인들이 땅을 상속 권리

비록 딸들이었지만 아버지의 기업을 찾아 지키기 위해 슬로브핫의 딸들은 하나님께 아버지의 기업을 요청하였고 하나님은 그들의 요청을 들어주셨습니다. 다만 그들이 다른 지파와 결혼하여 그 기업이 다른 지파에게로 흘러가지 않도록 같은 지파 안에서만 결혼할 것을 전제로 하였습니다(민36:6). 그렇게 하여 자신들에게 주어진 땅의 경계를 지키라고 하셨습니다. 슬로브핫 딸들의 도전적이고 적극적인 자세로 그들은 아버지의 기업을 취하고 그것을 자녀들에게 흘려보내 줄 수 있게 되었습니다.

광야 여정을 마무리하고 약속의 땅을 바라보면서 땅의 경계와 분배를 정하는 과정 가운데 슬로브핫 딸들의 이야기를 마지막에 넣은 이유는 하나님이 주신 것을 적극적으로 야라쉬ירש하여 차지하라는 말씀처럼 들립니다. 자신의 삶을 창의적이고 주체적으로 이뤄 나가는 것이 하나님이 자신의 백성들에게 요구하시는 삶의 모습입니다. 하나님은 제한이 없으시며 관용의 마음을 가지신 분이십니다. 그러므로 우리는 스스로 세상이 정한 한계와 관습에 매일 필요가 없습니다. 날마다 새로우신 하나님이 오늘의 새로운 기름을 우리에게 부으시며 내가 차지할 지경과 영역을 더 넓혀 주실 것을 믿기에 아버지의 자녀된 권리를 사용하여서 하나님께 적극적으로 담대하게 요청함으로 하나님 나라의 영역을 침노하는 자가 되길 소망합니다.

.

하프타라 렘 2:4-28, 3:4, 4:1-2

하나님의 땅을 더럽힌 하나님의 백성들

하나님은 '너희가 거주하는 땅 곧 내가 거주하는 땅(민35:34)'이라 말씀하시며 그 땅을 거룩하게 지키라고 명령하셨습니다. 사람도 땅도 하나님은 거룩한 하늘에 속한 것처럼 거룩하게 하길 원하셨습니다. 거룩한 사람은 거룩한 하늘과 하나되어 그 땅을 거룩하게 하고 하나님의 킹덤의 영역을 확장해 갈 것입니다. 그 첫 무대가 되는 땅은 에덴-동산이었고 첫 주인공은 이스라엘 백성이었습니다. 그러나 그들의 대부분은 하나님의 땅과 거룩한 백성으로서의 자신들의 정체성을 지키지 못했습니다.

> 너희가 이리로 들어와서는 내 땅을 더럽히고 내 기업을 역겨운 것으로 만들었으며(렘2:7)

제사장들은 여호와께서 어디 계시냐고 하면서 하나님을 무시했고 율법을 다루는 자들은 하나님을 알지 못했으며 관리들은 하나님을 거역했고 선지자들은 바알의 이름으로 예언하고 무익한 것들을 좇아갔습니다(렘2:8). 거기에 하나님의 백성들은 두 가지 악을 행하였는데 그것은 생수의 근원이 되시는 하나님을 버린 것과 물을 가두지 못할 터진 웅덩이를 판 것입니다(렘2:13). 그래서 하나님은 그들을 심판하실 것인데 도둑이 붙들리면 수치를 당하는 것처럼 이스라엘의 집 곧 그들의 왕들과 지도자들과 제사장들과 선지자들이 수치를 당할 것이라 경고하셨습니다(렘2:26). 자신의 성읍 수만큼 신들을 세워놓고는 죄를 범하지 않았다고 뻔뻔하게 나오는 이스라엘을 향해 앗수르로 말미암아, 또한 이집트로 말미암아 수치를 당할 것이라고 말씀하십니다(렘2:28,35,36).

이들의 뻔뻔한 우상숭배와 거역, 음란과 행악은 어디로부터 온 것일까요? 그것은 하나님이 몰아내라고 한 음란하고 우상숭배하는 가나안 주민을 몰아내지 않고 세상과 벗하였기 때문입니다. 세상과 벗된 것은 하나님과 원수 되는 것이고 이것이 곧 간음입니다(약4:4). 타협, 그것은 세상과 벗하도록 미혹하는 것이며 결국은 하나님을 대적하게 합니다. 하나님은 우리 속에 거하시면서 성령이 시기하기까지 사모하신다고 하셨습니다(약4:5). 우리와의 하나됨을 열망하시는 하나님을 버리고 세상과 벗하는 것은 교만으로부터 비롯됩니다.

하나님의 백성들이 하나님이 거하시는 곳, 땅과 성전, 그리고 자기 자신을 더럽히면 결국은 수치를 당하게 될 것입니다. 세상은 하나님의 백성들을 처음에는 달콤하고 친절하게 받아주는 것 같지만 세상과 벗하는 하나님의 백성들을 결국에는 손가락질하고 모욕합니다. 그리고 정죄하고 참소합니다. 우리가 세상과 벗하지 않고 하나님이 거하시는 곳을 거룩하게 지킬 수 있는 방법은 하나님 앞에서 우리 자신을 겸손하게 낮추는 것입니다. 겸손한 자들은 늘 하나님을 찾게 되며 하나님께 더 가까이 가기를 열망합니다. 가까이하고자 하는 열망은 하나님의 것이기도 합니다. 하나님을 가까이하고 마음을 성결하게 하는 자를 하나님은 높이실 것입니다. 하나님이 거하시는 곳을 거룩하게 지키는 자를 통해 하나님은 영광받으실 것입니다.

하나님은 이스라엘의 음란과 행악에 대해 분노하시지만 여전히 진실(에메트אמת)과 공의(미쉬파트משפט)와 정의(쩨덱צדק)로 돌라오라고 하십니다(렘4:1-2). 진실, 에메트אמת는 진리이며 공의(미쉬파트משפט)와 정의(쩨덱צדק)는 하나님의 킹덤의 보좌의 두 기초입니다(시89:14). 그리고 이 모든 것은 곧 예슈아입니다. 예슈아는 우리를 자유케 하시는 진리이시며 하나님의 킹덤을 공의(미쉬파트משפט)와 의(쩨덱צדק)로 세우시고 영원히 통치하실 것입니다.

광야의 여정에서 끝까지 붙드시고 결국은 약속의 땅으로 인도하신 하나님의 무한한 자비와 은혜로 마지막 때를 살아가는 남은 자들과 함께 하셔서 요단 강을 건너 약속의 땅으로, 안식으로, 천년왕국으로, 회복된 에덴-동산으로 당신의 백성들과 함께 입성하실 만왕의 왕 예슈아를 찬양합니다.

【주제 #10】 가나안 땅이라 불리게 된 이유와 에덴-동산의 정체성

희년서 10장에서는 에덴-동산이라 불리는 이스라엘 중앙 산지의 땅이 원래 셈과 셈의 아들들에게 할당된 땅이었지만, 아프리카 북서 지역을 몫으로 받았던 함의 아들 가나안이 바벨탑 사건 이후 시날 땅에서 레바논을 지나 아프리카 대륙으로 이동하던 중 에덴-동산 산지의 땅을 탐내어 이미 정착하여 살고 있던 셈의 자손들을 강제로 몰아내어 그 땅을 차지하게 됨으로 그때부터 그 땅이 가나안 땅이라 불리게 되었다고 감춰졌던 역사를 드러내주고 있다.

아래에 고대 히브리관점 연구소 AHPI가 번역하고 진리의 집 출판사가 곧 출판하게 될 희년서 10장의 일부를 소개한다.

셈의 땅인 이스라엘 산지를 불법으로 점령한 가나안

27 34번째 희년 넷째 주간의 첫 해의 그 시작에 그들은 시날 땅에서 흩어졌다.

28 함과 그의 아들들은 그의 소유인 땅, 곧 그가 남쪽 땅에서 그의 몫으로 얻은 땅으로 들어갔다.

29 가나안이 레바논의 땅을 이집트의 강에 이르기까지 보니, 그 땅이 매우 좋아 보였다. 그는 바다가 있는 서쪽을 향한 그의 상속받은 땅으로 들어가지 않았고, 레바논의 땅과 요르단의 경계와 바다의 경계의 동편과 서편에 정착하였다.

30 그의 아버지 함과 그의 형제 구스와 미쯔라임(이집트)이 가나안에게 말했다. "네가 너의 소유가 아닌 땅, 곧 제비 뽑기로 우리에게 주어지지 아니한 땅에 정착하였다. 그렇게 하지 마라. 만일 네가 그렇게 한다면 너와 네 아들들이 그 땅에서 몰락하고 폭동[34]으로 인해 저주를 받게 될 것이다. 이는 네가 폭동을 일으켜 정착했으니 폭동으로 너의 자녀들은 몰락할 것이며 너는 영원히 뿌리가 뽑히게 될 것이기 때문이다.

31 셈의 거처에 거하지 말라. 그 땅은 셈과 그의 아들들에게 그들의 몫으로 주어졌기 때문이다.

32 너는 저주를 받으리니, 노아의 모든 아들들보다 더 저주를 받을 것이다. 우리가 거룩한 재판관 앞에서 맹세하고 우리 아버지 노아 앞에서 맹세한 저주로 너는 저주를 받게 될 것이다."

33 그러나 그는 그들의 말에 귀를 기울이지 않았고, 하맛에서부터 이집트의 입구까지 레바논의 땅에 거주하였으며 그와 그의 아들들은 오늘날까지 거주하고 있다.[35]

34 이러한 이유로 그 땅은 가나안이라고 불리게 되었다.[36]

---

34 게에즈어의 hakak은 동사로는 'quarrel 논쟁과 갈등을 일으켜 싸우다, cause insurrection 폭동 봉기 반란을 일으키다, agitate 휘저어 소란을 일으키며 선동하다, trouble 문제를 일으키다', 명사로는 'tumult 폭동, sedition 난동, riot 혼란케하는 소동, revolt 반란, trouble 괴롭힘, turmoil 대소동, terror 테러 큰 공포, alarm 협박, uproar 소란, quarrel 다툼과 시비, discord 불화, dissension 분쟁'을 의미한다. 이 단어들은 가나안의 영 spirit이 어떠한지 대변해준다. 하나님은 에덴-동산의 땅을 셈에게 주었지만 가나안은 셈의 자손들을 침범하고 몰아내어 그 땅을 강탈하였으며, 그 후 이 땅은 가나안 땅이라 불리게 되었다. 이 후 약속의 땅으로 들어와 차지한 여호수아의 군대들은 이 땅을 이스라엘이라 불렀다. 이 후 로마에 의해 이스라엘은 역사에서 한동안 사라지고 후에 로마의 하드리안 황제에 의해 이 땅은 '블레셋의 땅' 즉, '팔레스티나'라 명명되어 불리게 되었다. 1948년 다시 이 땅에 이스라엘이 재건되어 이스라엘이라 불리게 되었지만 팔레스틴이라는 명칭이 국제 정치적 입장에서는 여전히 사용되고 있다.

35 가나안 문명의 중심지는 레바논 해상무역도시였던 페니키아였다. 12세기에 페니키아가 갑자기 멸망하기 전까지 페니키아는 가나안 땅에서 가장 강력한 도시문명을 가졌던 도시로 발굴된다. 그들의 화려했던 도시문명으로 인해 남겨진 자료들이 발굴되었고 고고학적 발굴로 Proto 가나안어가 서부 셈어의 모계어로 학자들 사이에서 인식되기 시작하였으며, 그로 인해 히브리어 문자도 페니키아어의 줄기에서 발생하게 되었다고 학자들이 추론하게 되는 오류가 생기게 되었다.

36 여호수아 시대에 이스라엘이 가나안을 몰아내고 그 땅에 들어가기 약 492년 전에 가나안이 셈의 자손을 그 땅에서 테러로 몰아내었기 때문에 그 땅이 그때로부터 가나안 땅이라고 불리게 되었던 것이다.

이스라엘은 아담 이후 인류 역사를 지내오면서 각 시대마다 다른 여러가지 이름으로 불리게 된다.

(땅에 속한)에덴-동산, 그 동산, 가나안 땅, 모리아 땅, 히브리 땅, 약속의 땅, 아름답고 광대
한 땅, 젖과 꿀이 흐르는 땅, 이스라엘, 유대인의 땅, 팔레스타인(블레셋의 땅),
내가 택한 자들의 땅(에녹1서 56:6), 뿔라 בְּעוּלָה, 새 예루살렘

예루살렘도 몇 가지 다른 이름으로 불린다.

동산의 중앙, 아후잔(에녹2서 68:6, 69:3), 모리아 산, 살렘, 여부스, 예루살렘,
시온, 다윗 성, 성전 산, 여호와의 산, 거룩한 산, 위대한 왕의 성(시48:2),
아리엘(사29:1-2, 7), 여호와의 성읍, 이스라엘의 거룩한 자의 시온(사60:14),
내 의로운 자들의 성(에녹1서 56:7), 여호와의 보좌(렘3:17),
땅의 중앙 곧 땅의 배꼽(겔38:12), 헵시바חֶפְצִי-בָהּ (사62:4), 새 예루살렘

이스라엘 중앙 산지는 좁은 의미로써 에덴-동산의 땅이다. 넓은 의미로써 에덴-동산의 땅은
나일 강 하수에서부터 큰 강 유브라데까지로서 하나님께서 아브라함에게 약속하신 땅의 범위
이며 창세기 2장에서 네 강이 흐르는 면적과 같고 요한계시록에서 새 예루살렘의 면적과도 상
응한다. 에덴-동산의 중앙은 예루살렘이다.

이스라엘 땅은 한 때 가나안 땅이라 불렸으며, 또한 AD 135년 이후 하드리안 황제가 이스라
엘을 역사 속에 지우기 위한 목적으로 블레셋의 땅이라는 의미인 팔레스티나로 명명한 후 약
1800년 동안 팔레스타인이라 불려 오고 있었으나, 1948년 이스라엘이 다시 이 땅에 재건되었
다. 예수님께서 재림하셔서 예루살렘의 보좌에 앉아 통치하실 천년왕국이 되면 이 땅은 결혼한
바된 땅이라는 의미로 뿔라 불리게 될 것이다. 즉, 하늘 에덴과 땅 동산이 다시 연합된 에덴-동
산의 상태가 회복될 것이며 신랑이 신부를 기뻐함 같이 이스라엘 땅이 다시는 버림받은 황무지
라 불리지 아니하고 뿔라(베울라בְּעוּלָה)라 불리게 될 것이며, 예루살렘은 버림받은 여자라 불리
지 아니하고 헵시바라 불리게 될 것이다.

그때가 되면 우리 모두가 다 이스라엘이며, 우리 모두가 예루살렘이고, 우리 각자가 새 예루
살렘을 이루게 될 지성소임을 완전하게 인식하고 알게 될 것이다. 이스라엘에 대한 이야기와 예
루살렘에 대한 모든 이야기가 나에 대한 이야기이며, 예슈아에 대한 이야기이고, 신부와 신랑
이 하나됨 같이 우리 모두의 영원한 연합에 대한 이야기라는 것을 알게 될 것이다.

> 우리가 지금은 거울로 보는 것 같이 희미하나 그 때에는 얼굴과 얼굴을
> 대하여 볼 것이요 지금은 내가 부분적으로 아나 그 때에는
> 주께서 나를 아신 것 같이 내가 온전히 알리라(고전13:12)
>
> 이제 이 세 가지 믿음, 소망, 사랑은 언제까지나 남아 존재하게 될 것인데,
> 그 중에 가장 큰 것은 사랑이다(고전13:13)

브리트 하다샤 약 4:1-10 / 눅 13:1-9

하나님과 원수되는 것

하나님은 이스라엘 백성 중에 거하셨습니다. 하나님이 그들 중에 함께 하셨기 때문에 이스라엘 백성이 거하는 곳은 거룩한 곳이 되었습니다. 그래서 이스라엘의 진영에는 하나님의 거룩함을 훼손시키는 어떤 것도 존재하지 말아야 했기에 하나님은 광야 여정 중에서 그들에게 거룩을 지킬 수 있는 것을 매우 상세하게 가르치셨을 뿐 아니라 반복 강조하여 훈련시키셨습니다. 그럼에도 끈질기게 이스라엘 백성을 따라다니며 결정적인 순간에 하나님이 말씀하신 것을 거스르게 하는 것이 있었으니 그것은 바로 이집트 즉, 세상을 사랑하는 마음이었습니다. 세상이 주는 미끼를 끊지 못하는 마음, 세상이 주는 육신의 쾌락, 세상의 가치관과 세상의 입장, 하나님의 임재가 구름 기둥과 불 기둥으로 함께 하고 계심에도 눈에 보이는 우상을 만들어 놓아야 하는 어리석음, 더 나아가 하나님이 세우신 지도자들의 권위를 침범하여 하나님을 대적하는 교만이 이스라엘로 하여금 끊임없이 거역하고 불순종하게 했습니다.

사도 야고보는 싸움과 다툼은 정욕, 육신의 욕구로부터 나온다 하였고(약4:1) 이것은

결국 하나님의 사랑을 버리고 세상을 선택하게 하여 하나님과 원수되게 한다고 하였습니다 (약4:4). 한글 성경으로 '간음한 여인들아'라고 번역된 헬라어 원어는 '간음한 자들과 간음한 여자들'이라고 쓰여있어서 남성과 여성 모두를 포함하고 있습니다.[37] 여자들을 향해서만 말한 것이 아니라 간음을 하는 모든 자들을 향한 말로 간음은 곧 하나님을 사랑한다고 말하면서도 세상과 섞여 있는 상태를 의미하는 것입니다. 사도 야고보는 세상과 벗하고자 하는 자는 스스로 하나님과 원수 되는 것이라고 말하면서 하나님과 세상을 동시에 사랑할 수 없음을 말하고 있습니다.

이스라엘 백성이 약속의 땅에 들어가기 전에 하나님의 보호와 공급하심 아래 배운 것은 이집트(세상 정욕과 견고한 진)를 버리고 철저히 하나님의 말씀을 따르는 삶입니다. 하나님의 시간, 하나님의 말씀, 하나님께 드리는 예배를 성막을 중심으로 배우면서 우상과 세상을 버리는 것을 훈련함으로써 약속의 땅에 들어갈 준비를 하였습니다. 마찬가지로 메시아닉 킹덤으로 들어가기 직전 하나님은 우리들이 거룩한 삶, 말씀에 순종하는 삶을 살도록 강도높게 훈련하십니다. 우리 안에 들어와 있는 우상의 산당을 파쇄하고 악한 영이 거하지 못하도록 깨끗하게 하라고 명하십니다. 세상과 벗하면서 하나님의 킹덤에 들어갈 수 없기 때문입니다. 예수님은 열매 맺지 못한 무화과 나무는 찍어 버리라고 하셨습니다(눅13:7). 열매 맺지 않는 나무는 땅을 못쓰게 할 뿐이기 때문입니다. 자기 마음의 부패함과 더러움에서 돌이키는 회개가 없으면 우리는 좋은 열매를 맺을 수가 없습니다. 좋은 열매를 맺지 못하면 우리는 하나님이 초대하신 그분의 잔치에 참여하지 못하고 오히려 찍혀 불에 던지우게 될 것입니다.

하나님은 이스라엘 백성이 거주하는 땅은 곧 '내가 거하는 땅'이므로 그 땅을 더럽히지 말라고 명하셨습니다(민35:34). 하나님이 이스라엘 백성 중에 거하시기 때문입니다. 우리 안에는 성령님이 계십니다. 성령님이 계시는 곳에 세상의 영이 있을 수 없습니다. 첫째 부활에 참여하기를 소망하고, 천년왕국 동안 부활의 자녀로서 왕과 제사장으로 이 땅을 다스리고 섬기길 원한다면 더욱 거룩하기를 힘쓰고 온 맘과 힘과 뜻을 다해 하나님을 사랑하고 형제 사랑하기를 내 몸같이 함으로 왕이신 예슈아를 맞이할 수 있길 소망해야 합니다.

하나님을 가까이하라 그리하면 너희를 가까이하시리라
죄인들아 손을 깨끗이 하라 두 마음을 품은 자들아 마음을 성결하게 하라(약4:8)

---

37 μοιχος και μοιχαλις(Moichos kai Moichalis, adulterers and adulteresses)

마쎄이 주간의 말씀

1. 광야는 아무것도 없는 곳이지만 전적으로 하나님의 공급을 통해서 신뢰를 쌓아가며 훈련되어지는 곳입니다. 광야에서 우리는 여호와 이레(창22:14), 라파(출15:26), 닛시(출 17:15)의 하나님을 경험하게 됩니다. 그 어느 곳에서보다 하나님을 가장 친밀하게 경험하는 곳, 그곳이 광야입니다.

2. 세상과는 조금의 타협도 있을 수 없습니다. 작은 타협이 큰 올무가 되고 가시가 된다고 하나님은 분명히 경고하셨습니다. 사람과의 관계와 정 때문에 하나님이 하지 말라고 하신 것, 혹은 하라고 하신 것을 놓치는 것도 타협의 한 부분입니다. 깨끗하고 순수하면서 동시에 냉철한 분별력과 지혜를 가진 자들이 마지막 때 거룩한 하나님의 군대가 될 것입니다.

3. 경계는 울타리와 같습니다. 보호와 안전 장치이자 영역을 표시해 주는 것입니다. 하나님은 이스라엘이 차지할 땅의 경계를 가르쳐 주심으로 그들이 하나님의 킹덤을 이뤄야 할 영역을 표시해 주셨고 다른 이방 나라들이 탐내거나 빼앗지 못할 명분을 주셨습니다. 또 그 안에서 지파들이 각자의 기업을 분량만큼 가져갈 수 있도록 하심으로 그들이 서로의 영역을 탐내며 욕심내지 않도록 보호와 안전 장치를 주셨습니다.

4. 하나님은 레위인들을 열두 지파가 있는 모든 곳에 흩어져 살도록 하셨습니다. 하나님께 드려졌으며 제사를 통해 하늘과 땅을 연결하는 자의 삶을 사는 레위인들이 열두 지파가 있는 모든 곳에 흩어져 살게 하신 이유는 레위인들이 각 지파 안에서 하나님의 말씀을 가르치며 하나님께 나아갈 수도 있도록 섬기는 좋은 모델이 되라는 것이었습니다.

5. 예배자는 축복의 통로입니다. 예배자를 통해 하늘 에덴의 생명의 강이 하나님의 자녀들에게로 흘러갑니다. 레위인들이 모든 지역에서 하나님의 백성들과 함께 했듯이 예배자는 열방 곳곳에서 하나님의 자녀들에게 축복의 통로로 서야 합니다. 한 명의 거룩한 예배자가 공동체와 지역을 바꿀 수 있습니다.

6. 광야 여정을 마무리하고 약속의 땅을 바라보면서 땅의 경계와 분배를 정하는 과정 가운데 슬로브핫 딸들의 이야기를 마지막으로 넣은 이유는 하나님이 주신 것을 적극적으로 야라쉬שׁרַ하여 차지하라는 말씀처럼 들립니다. 자신의 삶을 창의적이고 주체적으로 이뤄 나가는 것이 하나님이 자신의 백성들에게 요구하시는 삶의 모습입니다.

7. 우리가 세상과 벗하지 않고 하나님이 거하시는 곳을 거룩하게 지킬 수 있는 방법은 하나님 앞에서 우리 자신을 겸손하게 낮추는 것입니다. 겸손한 자들은 늘 하나님을 찾게 되며 하나님께 더 가까이 가기를 열망합니다. 가까이하고자 하는 열망은 하나님의 것이기도 합니다. 하나님을 가까이하고 마음을 성결하게 하는 자를 하나님은 높이실 것입니다. 하나님이 거하시는 곳을 거룩하게 지키는 자를 통해 하나님은 영광을 받으실 것입니다.

8. 하나님은 이스라엘의 음란과 행악에 대해 분노하시지만 여전히 진실(에메트אֱמֶת)과 공의(미쉬파트מִשְׁפָּט)와 정의(쩨덱צֶדֶק)로 돌아오라고 하십니다(렘4:1-2). 진실, 에메트אֱמֶת는 진리이며 공의(미쉬파트מִשְׁפָּט)와 정의(쩨덱צֶדֶק)는 하나님의 킹덤의 보좌의 두 기초입니다(시89:14). 그리고 이 모든 것은 곧 예슈아입니다. 예슈아는 우리를 자유케 하시는 진리이시며 하나님의 킹덤을 공의(미쉬파트מִשְׁפָּט)와 의(쩨덱צֶדֶק)로 세우시고 영원히 통치하실 것입니다.

마쎄이 주간의 선포

1. 우리에게 광야를 허락하셔서 감사합니다. 하나님께서 다루시고 단련시키시는 이 광야의 여정을 통해 하나님만을 바라보고, 하나님을 친밀하게 경험하게 하소서. 그리하여 하나님의 백성으로 확실히 서게 하소서.

2. 우리에게 있는 산당을 파쇄하기 원합니다. 이전에 우리를 차지하고 있었던 습관들과 하나님보다 더 사랑했던 것들을 잘라내고 처리하게 하소서. 세상과 타협하지 않고 오직 하나님의 진리의 말씀을 듣고 따라가게 하소서. 하나님의 통치를 받으며 살아가게 하시고, 순결하고 지혜로운 하나님의 백성으로 살아가게 하소서.

3. 경계를 허락하셔서 우리를 보호해 주시고 그 안에서 안전하게 살아가게 하시니 감사합니다. 하나님께서 정하신 영역을 잘 지키고 보호하여서 하나님의 질서를 세우는 자들이 되게 하소서.

4. 레위인과 같은 예배자들이 일어나게 하소서. 예배를 통해 하늘과 땅을 연결하고, 하늘 에덴의 생명의 강을 하나님의 자녀들에게 흘러가게 하는 통로가 되게 하소서. 열방 곳곳에 거룩한 예배자, 시온을 향해 하나님의 자녀들의 마음이 열리게 하는 축복의 통로가 되는 예배자들이 세워지길 소망합니다.

5. 하나님께서 우리에게 약속으로 주신 것들을 하나님의 말씀대로 야라쉬하는 자가 되기를 원합니다. 날마다 하나님께서 새로운 기름을 부어주시고 우리가 차지할 지경과 영역을 더 넓혀 주실 것을 믿습니다. 하나님의 자녀된 권리로 담대하게 하나님의 약속을 취하는 자가 되게 하소서.

6. 겸손하게 하나님을 찾고 하나님께로 더 가까이 가기를 원합니다. 우리의 마음이 청결하여 하나님을 보기를 원합니다. 또한 하나님께서 거하시는 곳인 땅과 성전을, 그리고 우리 자신을 깨끗하고 거룩하게 지켜 하나님의 영광을 보게 하소서.

민수기를 나가며

신랑과 신부가 하나 되어 가는 곳, 광야

하나님은 불타오르는 킨아קנאה, 열정으로 사랑하시는 당신의 신부들을 깨끗하고 아름답게 단장시킬 뿐 아니라 하늘의 권세를 가진 위엄있고 당당한 자들로 회복시키기 원하십니다. 그리고 단장과 회복의 장소로 광야를 선택하십니다. 히브리어로 광야는 미드바르מִדְבַּר라고 하는데 이것은 다바르דָּבַר라는 동사에서 파생되었습니다. 다바르דָּבַר는 '말하다'라는 뜻의 동사이고 앞에 '~으로부터'라는 전치사 미מ가 붙어 미드바르מִדְבַּר, 광야라는 단어가 되었습니다. 미드바르מִדְבַּר를 직역하면 '말하는 것으로부터, 혹은 말씀으로부터'라고 번역할 수 있습니다. 광야는 하나님의 말씀이 시작되는 곳, 하나님의 말씀을 듣는 곳입니다. 하나님의 말씀은 모든 것을 창조하신 능력이며 하나님 자신입니다.

> 태초에 말씀이 계시니라 이 말씀이 하나님과 함께 계셨으니
> 이 말씀은 곧 하나님이시니라(요1:1)

이집트의 삶 가운데 잃어버린 하나님의 음성을 듣고 하나님의 존재를 당신의 신부들에게 확실하게 알게 하시고자 택하신 광야는 하나님에게 있어 신부들과 언약을 맺은 혼인의 장소요, 세상과 다른 사람들을 신경 쓰지 않고 신랑과 신부가 단 둘이 지낸 신혼의 장소입니다. 그러나 하나님의 거룩한 사랑과 신부의 마음을 채우고 있었던 세상에 대한 미련은 서로 격돌하고 부딪치면서 신혼의 장소는 달콤하기만 하지 않고 거친 전쟁터와 같았습니다. 하나님은 자신의 신부인 사람과 하나되려 하였지만 하나님과 사람은 그 동안 너무 멀

어져 있었고 사람은 하나님을 잊어버린 채 사탄의 어둠의 권세 아래 황량해져 버렸습니다. 그러나 하나님은 여전히 신부된 자신의 사람을 사랑하고 있었고, 사람은 태초부터 하나님이 심어 놓으신 영원을 사모하는 마음으로 인해 자신도 모르게 깊은 곳에서부터 하늘과 영원, 생명을 갈망하고 있었습니다. 이것을 아신 하나님이 먼저 사람을 향해 내려오셨습니다. 자신의 크고 강한 손으로 신부를 세상에서 빼내시고 당신이 신부를 구원할 수 있고 사랑하는 유일한 존재임을 말씀하시며 하나되자고 청하셨습니다. 그리고 주변에 아무도 없는 광야에서 신부와의 새로운 삶을 시작하고 더 아름다운 삶을 약속하시지만 자신의 신랑이 어떤 분인지 알지 못하고 자신의 정체성도 온전히 깨닫지 못하는 신부는 끊임없이 신랑을 거절하고 거역하면서 세상으로 돌아가려고 합니다. 그 과정 가운데 하나님은 과감한 결단으로 죽음까지 허락하시며 그들의 어둠과 악함을 잘라내시고 결국은 끝까지 붙들고 계심으로 무한한 인내와 사랑을 보여주시며 기다려 주십니다. 그렇게 신부는 자신의 더러움이 제거되고 세상을 사랑하는 자아가 죽어지면서 신랑을 알아가게 됩니다.

우리 안의 세상적인 자아가 죽어지는 장소인 광야는 로마서 6-7장의 죄성으로 인한 두 마음과 분투하며 싸우는 그리스도인의 삶의 과정을 보여주기도 합니다. 토라 포션(파라샤) 가운데 민수기를 읽기 시작하는 시점은 유월절을 지나 오순절을 향해 가는 오멜 카운트의 시간을 지나는 시간이 겹칩니다. 오멜 카운트는 거룩한 하나님의 영으로 가득 채워주시기 위해 인간의 자아 속에 잘못 뿌리내린 근성들을 뽑으시고 하나님의 성품을 가르쳐 주시고 그 성품으로 채워주시는 시간입니다. 시간적으로는 오멜 카운트의 시간이며 공간적으로는 민수기의 광야의 삶을 읽으면서 우리는 우리 자신을 더 깊고 냉철하게 들여다보게 됩니다. 이스라엘 백성들의 지루할 정도로 반복되는 불신과 반역의 이야기들을 읽으면서 하나님의 무한하신 인자와 자비, 긍휼의 성품에 감탄하고 또 우리 자신을 더 겸허하게 낮추게 됩니다. 자신의 신부를 정결하고 강하게 다듬으시기 위해 과감하게 결단하시는 하나님의 모습 속에서 감당할 수 없는 두려움과 엄위하심을 보지만 또 다시 당신의 신부를 치유하시고 공급하시며 기다려 주시는 모습 속에서 꺼지지 않는 사랑을 느끼게 됩니다(롬11:22).

하나님과 이스라엘 백성과의 사랑과 연합의 과정 가운데 있었던 지독한 다툼과 전쟁 속에서 모세라는 한 사람은 철저하게 자신의 삶을 내려놓고 중간에 서서 화해의 역할을 합니다. 이 모습 속에서 아버지와 자녀를 하나되게 하시는 예슈아의 모습을 발견합니다. 중보자는 자신의 입장을 완전히 내려 놓고 하나님의 입장에 서야 하며 하나님의 입장에서 그 마음을 대변할 때 화해자가 될 수 있음을 깨닫습니다. 하나님은 자신과 백성들 사이의 중보자로 모세를 세우셨고 제사장과, 레위인을 세우셨습니다. 중보자와 예배자는 하나님과 신부, 아버지와 자녀들 사이의 다리이며 화해자입니다. 마지막 때 중보자와 예배자는 신부를 향해 예루살렘의 산들을 넘어 달려오시는 신랑을 사모하는 신부들을 일으킬 것이며, 아버지의 마음과 자녀의 마음이 서로를 향해 돌아서게 할 것입니다. 단, 하나님의 스탠스Stance, 입장에 서 있어서 하나님의 마음을 대변하는 중보자와 예배자들이 그렇게 할 것입니다. 기도와 예배를 자신의 계획을 성취하는 도구로 사용하는 자들은 자신의 계획이 성취되지 않았을 때 하나님을 불신하고 원망하며 부인하는 자들로 돌아설 것입니다. 하나님의 입장에 서기 위해서는 모세처럼 엎드려야 합니다.

물질적으로는 아무것도 없는 광야이지만 하늘의 양식과 생명의 물이 공급되는 광야는 하늘을 향해 열려 있는 곳입니다. 어디로 가야 할지 방향을 알 수 없고 가야할 방향을 내가 정할 수 없는 광야이지만 자신의 미쉬칸을 광야에 세우시고 영광과 임재 가운데 친히 방향을 안내해 주시는 하나님이 신부와 함께 동행하는 곳입니다. 자아를 죽이는 분투하는 삶의 과정은 더러움이 드러나는 수치스럽고 치열한 시간이지만 그 마지막은 찬란하고 아름답게 빛날 것입니다.

지금은 신부된 정체성을 찾고 신랑과 하나된 신부가 또 다른 어린 신부들을 찾아 일으켜야 하는 시즌입니다. 하나님의 입장에 서는 것을 광야에서 철저히 훈련한 중보자와 예배자들, 그렇게 성숙한 신부들이 된 자들이 하나님의 킹덤을 향해 재정렬되어 어린 신부들을 찾아 세우기 위해 전진하고 있습니다. 거친 들인 광야에서의 시간을 지낸 신부된 우리는 아름답고 위엄 있고 당당한 모습으로 신랑을 맞이할 것입니다.

아침 빛 같이 뚜렷하고 달 같이 아름답고 해 같이 맑고
깃발을 세운 군대 같이 당당한 여자가 누구인가(아6:10)

그의 사랑하는 자를 의지하고 거친 들에서 올라오는 여자가 누구인가(아8:5)

Torah Portion

부록

#1. 모아딤, 여호와의 절기 이해하기
#2. 누구나 쉽게 히브리어 읽기

[1장] 여호와의 절기와 콘스탄티누스의 절기

1.1 유월절(부활절) 논쟁

현재 교회가 지키고 있는 부활절은 후기 로마제국의 콘스탄티누스 황제가 주후 325년 니케아에서 동서방 교회의 리더들을 모아 놓고[38] 제1차 에큐메니컬 종교회의를 개최했을 때, 이 회의에서 '춘분이 지난 후 만월 다음에 오는 첫번째 주일'로 모든 교회가 통일해서 한 날 한 믿음으로 고백하자는 결정에서부터 시작하였다. 이 부활절(유월절) 논쟁은 예루살렘과 소아시아 그리고 페르시아와 이집트 지역을 중심으로 한 동방교회와 로마를 중심으로 한 서방교회 사이에서 이미 오랫동안 있어 왔던 논쟁이었으며, 325년 니케아 공의회 이후에도 787년 7차 에큐메니컬 종교회의까지 동방교회와 서방교회는 신학적 견해 차이와 정치적인 힘 겨루기로 서로를 이단으로 정죄하고 추방하기를 반복하면서 결국 분리되어 서로 다른 길을 가게 만든 주제이기도 하였다.[39]

예루살렘과 소아시아, 페르시아 그리고 이집트 교회는 아빕 월(니싼 월) 14일에 유월절을 지키는 전통을 지켜오고 있었다. 로마를 중심으로 한 서방교회에 비해서 예루살렘을 중심으로 한 동방교회는 초대교회의 전통을 더 잘 이어받아서 지켜 내려오고 있다고 자부

---

[38] 당시 동방 교회의 주교가 1천명, 서방 교회가 800명 정도였던 것으로 추산된다.
[39] 결국 1054년 교회가 교리적이고 정치적인 이슈로 동서로 분열되어 상호 파문한 후 동방교회는 스스로를 '정교회'(Orthodox: 정통)라고 불렀고 서방교회는 '카톨릭교회'(Catholic:보편적인)라고 자처하였다.

했고 2세기 중반까지는 예루살렘에 있던 교회 공동체가 흩어진 모든 교회들 위에 권위를 가지고 있었기 때문에 그때까지는 그리스도인들은 레위기 23:11에 근거해서 히브리력에 따라 아빕 월 14일에 유월절을 지키면서 그리스도의 고난과 부활(초실절)을 기념해왔다. 그들은 유월절 날짜에 맞춰서 초실절(부활절)을 지켰기 때문에 그들은 이 절기를 지키는데 있어서 아빕 월 14일을 중요하게 여기는 'Quartodoecimanism', '14일주의자'라 불렸다. 하지만 시간이 지나면서 2세기 후반 이후 다수가 된 이방인 그리스도인들이 교회의 중심적인 역할을 하면서 로마를 중심으로 한 서방교회들이 더 큰 영향력을 가지게 되었고 그들은 유월절이 아닌 일요일 부활절을 지켜야 한다고 주장하였다.

기독교인들과는 달리 유대인들은 네로 황제의 재위기간 동안(A.D. 54-68)에는 로마제국 내에서 잠시 유리한 입지에 있었다. 하지만 네로 황제가 죽은 후 유대인들에 대한 평판이 나빠지게 되었고 베스파시아누스(A.D. 69-79) 황제 때는 티투스 장군의 지휘 아래서 주후 70년에 예루살렘이 멸망하게 된다. 첫 번째 유대 전쟁(A.D. 66-70년)과 두 번째 유대 전쟁(A.D. 132-135년) 사이의 기간은 나라를 잃은 유대인들이 이스라엘을 되찾고 예루살렘을 탈환하기 위하여 로마제국의 식민지 전역에서 독립운동을 하였던 기간이며 이로 인하여 유대인에 대한 반감이 로마제국 안에 점차 증가되던 기간이었다.

유대인들은 이스라엘의 독립과 예루살렘의 회복을 위해서 총 궐기하여 예루살렘을 잠시 탈환했지만 주후 135년 하드리아누스 황제는 이 바르코크바 반란을 진압 후 이스라엘이라는 나라 이름을 지우고 '블레셋의 땅'이라는 이름 즉, '팔레스티나'로 부르게 하였고, 예루살렘이라는 수도 이름을 사용하지 못하도록 하였으며, 무너진 예루살렘 위에 로마의 신도시를 세워 일리아 카피톨리나 Aelia Capitolina로 부르게 하였다. 이후 유대인들은 나라를 완전히 잃어버렸으며, 종교를 가진 유랑 민족으로 여러 지역으로 흩어져서 살게 되었다.

베스파시아누스에 의해 도입된 유대인에 대한 차별적인 과세가 도미티아누스(A.D. 81-96)와 하드리아누스(A.D. 117-138) 때 더 강화되었고 로마제국의 수도에 있던 로마교회는 제국의 유대인에 대한 탄압 정책의 강도가 계속 높아지는 과정에서 그리스도인들은 유대인과 같은 부류라고 분류되어 희생을 당하기도 했었다. 그래서 로마교회를 중심으로 한 서방교회는 기독교가 유대인과 같게 보이거나 비슷하게 보이면 안 되었기 때문에 유대인과 기독교는 같은 부류가 아니며 서로 다르다는 것을 적극적으로 피력했어야 했다.

이 시기의 몇몇 로마인 저자들의 작품에 풍자된 것처럼 그리스도인들이 "유대인들의" 안식일 준수를 대신해 일요일 예배를 채택한 것은 자신들이 유대교로부터 단절된 것을 증명해야 했기 때문이고 그렇게 하여 차별적인 과세 지불 의무를 피하기 위한 조처로 로마 교회의 지도자들에 의해 채택된 것이었음을 보여준다. 동방교회에서는 안식일과 주일이 둘 다 준수되어 왔지만, 위와 같은 정치적, 경제적 배경 하에서 로마교회에서는 일요일 예배가 강력하게 추진되었을 뿐만 아니라 그리스도인들로 하여금 안식일에 예배모임을 하지 못하도록 하기 위한 구체적인 조처들이 취해졌다. 소아시아의 이그나티우스(A.D. 110년경)와 알렉산 드리아의 바르나바스(A.D. 135년경)가 안식일 준수에 대해 노골적으로 비판하기도 했지만 가장 통렬하고도 조직적으로 안식일을 비판하면서 가장 먼저 그리스도인들의 일요일 예배를 명확하게 설명한 사람은 유스티노스이다. 유스티노스(순교자 저스틴Justin Martyr, A.D. 100-165년경)는 안식일을 모세로부터 유래된 일시적인 의례로 여겼다. 그에 따르면 하나님은 안식일에도 우주의 운행을 멈추지 않고 계속 움직이도록 하셨기 때문에 안식일이 문자 그대로 모든 것을 멈추는 날은 아니라는 것이었다. 그는 안식일이란 "불의로 인해 자초한 형벌을 받을 자들로 그들을 구별해 내기 위한 표"로써 하나님께서 오로지 유대인들에게만 강요한 것이라고 주장했다.[40]

2세기 중후반부터 로마제국의 수도에 있던 로마교회가 교회들 사이에서 영향력을 가지게 되면서 로마교회를 중심으로 한 서방교회는 '유대인의 절기'에 따라서 절기를 지키는 동방교회를 중심으로 한 '14일주의자'들을 이단으로 정죄하였다. 그래서 처음 한동안은 아빕 월 14일을 기준으로 잡을 것이냐 아니면 날짜보다는 요일을 중요하게 여겨서 일요일 부활절을 지킬 것이냐로 논쟁하다가 시간이 지나면서 유월절, 무교절, 초실절을 지키지 않고 부활절을 지키는 것으로 발전하였다. 부활절을 중요하게 여기는 생각들은 기독교가 "유대적인" 안식일 예배를 완전히 버리고 일요일 예배로 정착하게 하는 데에도 주요한 영향을 미쳤다.

기독교가 313년 밀라노 칙령으로 공인되면서 핍박의 시대가 끝났고 로마 교회의 영향력은 더 커졌다. 기독교를 공인한 콘스탄티누스 황제는 제국의 통일을 위해 국가 종교를 통일시키기를 원했고, 325년 니케아 공의회를 소집하여 동서방 교회의 지도자들을 모아 동서방 교회가 같은 믿음으로 같은 날짜에 부활절을 지키자고 선언하였다

---

40 Samuele Bacchiocchi, Pontificia Università gregoriana, and Facoltà di storia ecclesiastica, From Sabbath to Sunday: A Historical Investigation of the Rise of Sunday Observance in Early Christianity (Rome; Berrien Springs, Mich.: Pontifical Gregorian University Press ; Distributed in the USA by the author, 2000), 168, 174

1.2 콘스탄티누스 황제가 모든 교회들에게
Easter(부활절) 날짜에 대해서 보낸 서한

주후 325년 6월에 콘스탄티누스 황제가 니케아 종교회의를 통해서 동서방의 모든 교회들에게 발표한 내용을 번역하여 아래에 소개한다. 이 서한을 읽으면 당시 시대적 분위기 속에서 '반유대주의'적인 분위기와 생각과 감정들을 충분히 읽어 낼 수 있다. 공식 서한임에도 불구하고 유대인에 대해 혐오하고 저주하는 감정을 여과없이 그대로 표출하고 있고 그렇게 함으로써 주후 4세기 교회 안에서 이미 만연해 있던 '반유대주의'로 동서방 교회가 정서적으로 서로 동질감을 느끼게 될 것을 기대했음을 엿볼 수 있다.

에큐메니컬ecumenical(온 세상의, 온 천하의)이라는 단어는 교회들 사이의 하나됨을 진척시키기 위한 목적으로 전세계 기독교의 대표들이 모두 모인다는 개념을 나타내는 단어이다. 현대에는 '교회의 일치' 또는 '종교의 일치'라는 멋있고 아름다운 단어로 사용하고 있지만 '누가, 어떻게, 무슨 목적으로' 이것을 사용하고 있는지 반드시 먼저 확인해 보고 배후의 숨은 아젠다와 어떤 영들이 있는지를 분별해야 한다.

예루살렘에서 있었던 교회의 첫 공의회인 예루살렘 공의회는 유대인 가운데 믿는 지도자들이 모여서 예수님을 믿는 이방인들도 그들과 같이 메시아의 한 몸이 된 것으로 인정하고 이방인 그리스도인들을 폭넓게 받아주기를 결정한 회의였다면(행15장), 니케아에서 로마의 황제 콘스탄티누스의 권위 아래 모였던 이방인 교회의 첫 에큐메니컬 공의회는 이방인 그리스도인의 지도자들이 기독교에서 유대적인 것을 제거함으로써 믿는 유대인들까지도 그리스도의 몸이 아님을 선포하며 유대적이지만 성경적이기도 한 모든 것을 교회로부터 거절하겠다고 결정한 회의였다.

황제 콘스탄티누스가 모든 교회들에게

'Easter'(부활절) 날짜에 대해서[41]

(1) 하나님의 능력의 그 큰 은혜는 제국의 전반적인 번영 안에 명백히 드러난 것처럼 끊임없이 증가해오고 있습니다. 그러므로 나는 다른 어떤 것보다 가장 축복받은 카톨릭 교회의 총회 가운데 전능자 하나님에 대한 하나의 믿음, 진실된 사랑, 변함없는 헌신이 지속되는 것을 나의

---

41 Nicene and Post-Nicene Fathers, Series II, Vol. II. 14-16.

목표로 삼기로 결정했습니다.

(2) 그러나 나는 이 목표가 우리의 가장 위대한 구성원인 모든 주교들이 우리의 거룩한 종교의 모든 사항을 논의할 수 있도록 한 장소에서 공의회를 개최하여 회합할 때만이 하나의 뜻을 확고히 하고 영구적으로 확정 지을 수 있다고 파악했습니다. 그래서 우리는 가능한 많이 모였으며 나 자신 또한 당신들 중 하나로 참석했습니다. 내가 당신들의 동료 종(fellow-servant)인 것을 특히 기쁘게 여김을 부인하지 않겠습니다. 모든 사항들은 결정이 나기까지 상세히 조사되었고 모든 것을 감독하는 자인 그에게 받아들여졌으며 통일된 합의를 가져왔고 믿음의 문제에 있어서 불화나 논란이 될 수 있는 것들은 남겨두지 않았습니다.

(3) 공의회에서 우리는 또한 우리의 가장 거룩한 날인 부활절(Easter)에 관한 사안에 대해서 검토했습니다. 그리고 모든 이들이 모든 곳에서 하루에 같은 날에 [42] 기념해야 한다고 공동의 합의에 의해서 결정하였습니다. 우리가 영원불멸의 소망을 받은 이 축제를 변형 없이 모두가 같은 순서와 명확한 준비를 통해 지켜지는 것 보다 더 엄숙한 것이 무엇이 있겠습니까? 먼저 가장 신성한 이 축제를, 가장 끔찍하고 잔인무도한 행위로 그들의 손을 더럽혔고[43] 그들의 영혼을 부정하게 했으며 그리고 지금은 당연히 눈이 먼 민족인 유대인들의 관습[44] 에 따라 지키는 것이 우리에게는 매우 가치 없게 여겨집니다. 우리가 이 축제의 날을 계산하는 그들의 방법을 버렸기 때문에 우리는 미래 세대들이 그리스도의 수난의 첫 번째 날부터 오늘날에 이르기까지 지켜왔

---

42 '하루에 같은 날에' 3회 등장하는 이 문구에서 '하루'는 유대인들이 유월절을 일 년에 두 번 아빕 월과 그 다음 달인 이야르 월에 지키는 것이 옳지 못하다는 생각 때문에 강조되었다. '같은 날'은 교회 안에서 조차도 히브리력을 따라서 아빕 월 14일을 유월절로 지키고 안식일 다음날 초실절(부활절)을 지키느냐 아니면 '유대적'이라고 생각되는 유월절의 절기보다는 일요일을 부활절로 삼고 Easter를 지키느냐 어떤 달력을 기준으로 삼을 것인가에 따라서 동서방 교회가 각자 다른 날을 지키고 있었기 때문에 강조된 단어이다.

43 콘스탄티누스 황제는 기독교인이 사랑하는 예수님을 죽인 민족이 유대인이고 유대 민족 전체가 예수님을 끔찍하고 잔인 무도하게 죽였기 때문에 모든 유대인은 눈먼 봉사 같은 민족이라고 생각하였다. 그래서 그들의 지키는 날짜와 방법을 따라서 유월절을 지킨다는 것이 옳지 못하다고 생각하였다. 그러나 예수님도, 12제자도, 신약 성경의 저자들도 유대인이었고 사도행전 6:7에서는 '하나님의 말씀이 점점 왕성하여 예루살렘에 있는 제자의 수가 더 심히 많아지고 허다한 제사장의 무리도 이 도에 복종하니라'라고 하며 예루살렘 초대교회 때 예수님을 믿는 허다한 무리가 다 유대인이었다고 기록하고 있다. 유대인의 일부 관원들과 흥분한 군중들이 '십자가에 못박게 하소서'라고 외쳤지만 끔찍하고 잔인무도한 십자가 사형은 로마의 관원과 군인들이 집행했다.

44 유월절은 유대인의 절기가 아니라 여호와의 절기이다. 그리고 히브리 성경에서 유월절(초실절, 무교절)은 히브리력으로 그 날짜가 정해져 있다. 그러나 콘스탄티누스와 공의회에 참석했던 주교들은 유대인에 대한 혐오 때문에 그들과 아무런 공통점을 가지지 않기를 원했다. 그래서 그들은 유대인을 따라하는 것처럼 혹은 유대인과 비슷하게 보여지는 것처럼 되기를 원치 않는다는 이유로 로마의 달력에 맞춘 '춘분 지난 만월 이후 첫 일요일'로 부활절 날짜를 정했고 동방교회와는 달리 서방교회인 로마 카톨릭은 지금까지도 '콘스탄티누스의 Easter'를 지키고 있다. 종교개혁으로 로마 카톨릭으로부터 나온 개신교들도 이 부분에서는 '교회의 전통'이라는 명분 아래 그 틀을 벗어나는 것에 대해서 공식적으로 입 밖으로 꺼내기를 두려워한다.

던 더 정확한 시간에 이 절기를 축하할 수 있을 것이라고 보증할 수 있습니다. [45]

(4) 그러므로 가장 잔인한 민족인 유대인들과는 아무런 공통점도 가지지 마십시오. 우리는 구세주로부터 다른 방법을 받았습니다. 우리의 거룩한 종교 안에 우리는 법적으로 유효하고도 정밀한 방침을 우리 앞에 세워놓았습니다. 우리가 이것을 만장일치로 추진하게 해주십시오. 가장 명예스러운 형제들인 우리가 우리 자신을 그 혐오스러운 협회로부터 떨어져 나오게 해주십시오. [46]

(5) 우리가 그들의 가르침이 없이는 이러한 것들을 올바르게 지키지 못한다는 그들의 호언은 진실로 가장 터무니없는 것입니다.[47] 어떠한 주제에 대해 그들이 바른 판단을 내릴 자격이 있습니까? 그들은 그들의 주님을 살해한 후 그들의 감각을 잃어버렸고 어떠한 이성적인 이유가 아닌 통제할 수 없는 충동성으로 그들의 타고난 분노가 몰고 가는 데로 이끌립니다. 이것이 이 문제에서도 그들이 진리를 인식하지 못하는 이유입니다. 그래서 그들은 극도의 오류를 지속적으로 범하면서 알맞은 교정을 하지 않은 채 유월절의 축제를 같은 해에 두 번씩이나 기념하는 것입니다.

(6) 그렇다면 왜 우리는 심각한 오류로 감염되었다고 인정된 그들의 본을 따라야 합니까? 확실하게 우리는 부활절(Easter)이 같은 한 해에 두 번씩이나 지켜지는 것을 허락해서는 안 됩니다. [48] 그러나 만약 이러한 고려사항들이 당신 앞에 놓여있지 않더라도 당신은 근면과 기도로 당

---

45 콘스탄티누스가 확신하고 보증할 수 있다고 했던 것처럼 현재까지 대부분의 교회들이 콘스탄티누스가 정해준 부활절 날짜를 따라 부활절을 지키면서 유월절과 무교절의 풍성한 의미들은 간소화하였다.

46 당시 비잔틴 로마 제국 시대에는 제국 전반에 깔려 있던 유대인에 대한 혐오감 때문에 유대인과는 어떤 것도 공통점을 가지지 않을 뿐 아니라 비슷하게도 보여지지 않도록 하기 위한 노력들이 있었고 이것은 교회가 히브리적 뿌리로부터 잘려 나가거나 멀어지게 한 요인이 되었다.

47 당시에 동방교회를 중심으로 한 여러 이방 교회들은 여전히 히브리력에 따른 유월절을 지키고 있었다. 그들은 히브리력에 따른 유월절을 지키기 위해서 다소 그들에게는 낯설 수 있는 날짜 계산법과 유월절 식탁의 복잡하고 긴 순서들을 유대인들이나 랍비나 회당에 자문을 구하며 도움을 받기도 했었다. 로마제국의 로마교회는 유월절에 대해서 그들에게 지도를 받아야하는 부분이 있다는 것이 못마땅하게 여겨졌고 그래서 그들과의 이러한 모든 연결고리들을 끊어내고 독자적인 날짜와 방법으로 그들을 의지하지 않고 그들처럼 보이지 않는 부활절을 제정하였다.

48 '유대인들이 유월절을 한 해에 두 번 기념하는 것은 예수님을 죽인 그들이 진리에 대한 바른 감각을 잃어버렸고 이성적인 이유가 아닌 통제할 수 없는 충동으로 분노가 몰고 가는 데로 이끌리기 때문에 심각한 오류를 범하는 것이며 이러한 잘못된 오류를 교정 받으려고 하지 않는 이유는 그들이 진리를 인식 못하기 때문'이라고 콘스탄티누스는 자신의 논지를 설파하고 있다. 하지만 성경에서는 아빕 월 14일에 유월절을 몇 가지 사정으로 지킬 수 없었던 자들을 위해서(주검에 몸이 닿아 부정하게 되거나 먼 여행 중에 있어서 당

신들의 정결한 영혼들이 전적으로 타락된 사람들의 전통들과는 어떤 공통점도 가지지 말아야 하거나 그렇게 보이지 않도록 여전히 주의 깊게 살펴보아야 합니다.

(7) 또한 이것도 고려되어져야 합니다. 이와 같이 매우 중요하며 이렇게 종교적으로 중대한 문제를 다룸에 있어서 최소의 의견차이가 있는 것도 불경스러운 것입니다.

(8) 우리의 구세주는 우리의 구원을 기억하며 기념하라고 오직 하루만을 우리에게 남기고 가셨으며, 그 날은 그분의 가장 거룩한 고난의 날입니다. 그분은 또한 그들이 다 각자의 지역으로 흩어진다 하더라도 하나님의 뜻에 의해서 여전히 한 영으로 돌봄을 받고 있는 구성원들인 그분의 카톨릭 교회가 하나가 되길 바라셨습니다.

(9) 당신의 성스러운 성품과 일관된 좋은 감각이 동일한 날들에 어떤 이들은 금식을 준수해야 하고 다른 이들은 축제를 벌이고 있으며, 또 어떤 이들은 부활절 후에 축제의 기분으로 즐거움을 누리는 동안 다른 이들은 정해진 금식에 복종하는 이런 비통하고 부적절한 것을 분별할 수 있기를 바랍니다. 당신 모두가 인식하고 있듯이 이러한 이유로 인해 신의 섭리는 우리가 타당한 수정을 실행에 옮기고 예배 의식의 통일성을 설립하도록 지도하였습니다.

(10) 그래서 먼저 그들의 주님을 살해한 자들의 조상의 민족과는 어떤 공통점도 전혀 없도록 상황을 전환시키는 것이 바람직합니다.

두 번째로 서부, 남부, 북부 지역들의 모든 교회와 동부의 일부 교회들에 의해서 지켜지고 있는 제도는[49] 매우 합당합니다. 그러므로 지금 시점에서 우리 모두는 로마의 도시 안과 이탈리아 전역과 아프리카와 모든 이집트, 스페인, 프랑스, 영국, 리비아, 그리스 전체 그리고 아시아와 폰투스와 실리시아의 주교들 안에서 이처럼 전반적인 정서적 만장일치로 지켜지고 있는 것을

유월절에 참여할 수 없었던 자들-민9:10-11) 두번째 달 14일에 두 번째 유월절(페싸아흐 쉐니פסח שני)을 지키라고 지침을 주고 있다. 성경을 알고 성경대로 지키려던 자들에게 성경을 모르던 자가 '진리에 대한 바른 감각을 잃어버렸기 때문에 심각한 오류를 범하고 있다' 또한 '교정을 받아들이려고 하지도 않고 있다'고 말하고 있었던 것이다. 유대인들에게 '이성적인 이유가 아닌 통제할 수 없는 충동으로 분노가 몰고 가는 데로 이끌리기 때문에 심각한 오류를 범하는 것'이라고 몰아 부쳤지만 사실 콘스탄티누스가 '이성적인 이유가 아닌 통제할 수 없는 충동으로 분노가 몰고 가는 데로 이끌리기 때문에 심각한 오류를 범하고 있는' 중이었는지도 모르겠다.

49 주후 4세기 즈음에는 비잔틴을 기준으로 서부, 남부, 북부 지역들의 거의 모든 교회는 이미 로마교회를 중심으로 유월절 초실절이 아닌 독자적인 부활절을 지키는 분위기였고, 동방교회가 유월절을 지키고 있는 것을 비정통으로 간주하고 파면하기를 반복하니 동서방 교회는 관계가 매우 불편해졌다. 이러한 이유로 콘스탄티누스는 본인이 황제로서 직접 나서서 반유대적인 감정을 앞세워 유월절(부활절) 논쟁을 마무리하고 제국의 통치 이념으로써 기독교를 강화하려고 모두 만족할 만한 해결책을 마련하고자 했다.

현명한 당신도 기꺼이 받아들이는 것이 맞다고 생각합니다.

저는 특히 방금 언급한 지역들에 위치한 대부분의 공동체들뿐만 아니라 유대인들의 위증과는 관계없이 상식이 요구하는 것처럼 보이는 어떤 것이든 갈망하면서 연합하는 것을 가장 성스러운 의무로 가지고 있는 우리 모두를 특별히 고려하였기에 당신이 이 사안을 신중하게 검토한다면 이 해결책이 당신을 만족시킬 것이라고 저 스스로 확신했습니다.

(11) 그러므로 문제들을 간략하게 요약하자면, 부활절(Easter)의 가장 거룩한 축제가 하루에 같은 날에 장엄하게 거행되어야 한다는 것이 공동의 일치된 합의로 결정되었다는 것입니다. 이러한 신성하고 중대한 문제에 어떤 의견 차이가 있는 것은 전혀 적절하지 못하기 때문입니다. 어떤 이상한 오류들과 아무 관련도 없고, 옳은 것에서 벗어나지도 않은 이 방법을 채택하는 것은 전적으로 칭송받을 만합니다.

(12) 이것들이 확고부동한 것이기 때문에 하늘에 속한 진실로 신성한 이 명령을 기쁘게 받아들이십시오. 주교들의 신성한 집회에서 결정된 것은 무엇이라도 신성한 뜻에 속한 것으로 받아들여져야 하기 때문입니다. 그러므로 우리의 사랑하는 모든 형제들에게 지시되어진 이것들을 당신이 먼저 실천으로 나타내 보여준 후에 당신이 위의 적힌 성명서를 공표하고 믿을 만하다고 입증된 논리로 받아들이며 가장 거룩한 날을 이렇게 준수하도록 확립하는 것이 좋을 것입니다.

제가 당신의 상황을 살피러 도착할 때, 제가 진정으로 얼마 전부터 원해왔듯이 신성한 축제를 당신과 함께 이와 같은 방법으로 하루에 같은 날에 기념하길 원합니다. 또한 우리의 노력들은 신성한 힘이 되어 사탄의 잔인함을 좌절케 하고 있고 당신의 믿음, 평안, 연합이 모든 곳에서 번영하고 있음을 제가 바라보고 당신과 함께 기뻐할 수 있길 바랍니다.

사랑하는 형제들이여, 하나님께서 당신들을 지켜 보존하시길!

1.3 로마 제국의 그레고리안 달력에 맞춘 교회 절기

초대교회는 히브리력을 바탕으로 한 성경적인 절기를 교회 공동체의 절기로써 지켜왔지만 결국 주후 325년 니케아 공의회(첫 번째 에큐메니컬 종교회의)에서 기독교는 성경의 유월절 날짜 계산법과 완전히 결별했고 '춘분 지난 만월 이후 첫 일요일'로 부활절 날짜를 확정시켰다. 하지만 춘분과 만월은 천체의 관측에 의해서 결정되지는 않았고 춘분의 날짜는 율리우스력 3월 21일로 고정시켰으며, 만월은 음력의 시작 후 14일로 고정시켰다.

현재 전세계는 로마의 그레고리안력을 기본 달력으로 사용하고 있고 그레고리안 달력은 주전 45년부터 로마에서 사용되어 온 율리우스 달력을 1582년에 보완하여 전세계적으로 보편적인 달력으로 통용되고 있다. 현재 교회의 절기도 그레고리안력을 바탕으로 한다.[50]

그레고리안력(율리우스력)의 달 이름 중에는 로마 신들의 이름과 황제들의 이름이 포함되어 있고[51] 요일의 이름은 태양과 달과 다섯 행성의 이름으로 이루어져 있다. 교회 시대 약 2천 년의 대부분의 시간동안 교회는 그리스 로마 신들과 황제의 이름으로 이루어진 로마의 시간 시스템의 영향력 아래서 살아왔기 때문에 시간 사용에 있어서는 여전히 로마 시대를 살고 있는 것과 같다. 이집트에서 10가지 재앙을 다 지나서 출이집트한 것과 홍해를 건넘으로 완전한 분리가 있었던 것은 예수님의 재림으로 있게 될 종말론적 사건을 예표하고 있다. 'Let My people go'를 선포하며 이스라엘을 이집트의 모든 시스템으로부터 빼어내어 여호와의 시간 시스템과 여호와의 절기 안으로 들어가게 하신 사건은 우리가 이미 개별적 구원 사건으로 경험하고 있기도 하지만, 이 마지막 때에 전지구적으로 하나님의 백성이 경험해야 할 회복과 구속과 구원 사건이 될 것이다. 세상은 곧 열 가지 재앙을 통과하게 될 것이고 우리는 불이 섞인 유리바다를 지나 건너편에 서있게 될 것이다.

1.4 그레고리안 달력의 개혁 Gregorian Calendar Reform

중세 서방교회는 율리우스력을 사용해서 부활절(Easter) 날짜를 정했고 그 날을 기준으로 사순절(Lent)을 만들어 정하고 성령강림절(오순절)을 정해서 절기를 지켜왔다. 그러나 중세 유럽의 16세기에 즈음에 와서는 낮과 밤의 길이가 같아지는 실제 태양의 춘분점과 율리우스력의 3월 21일 사이에 약 10일의 간격이 생겨서 교회들이 교회 절기를 지키는데 혼선이 생겼다. 이 10일의 오차를 개정하기 위하여 1582년 교황 그레고리오는 율리우스력 10월 4일 목요일의 다음 날을 10월 15일 금요일로 정하고 새로운 그레고리안 역법을 시행

---

50 동방교회들 중에서 지금도 율리우스력을 교회력으로 사용하는 교회는 다음과 같다. 러시아 정교회, 예루살렘의 그리스 정교회, 아시리아 동방교회

51 1월 야누스Janus, 2월 페브루아Februa, 3월 마르스Mars, 4월 아프로디테Aphrodite, 5월 메이어Maia, 6월 주노Juno, 7월 율리우스 황제, 8월 아우구스투스 황제

하여 달력에서 10일이 사라지는 사건이 생기게 되었다.[52] 개혁교회들은 1649년이 되어서야 그레고리안 역법을 받아들여서 부활절 날짜를 정하게 되었다. 하지만 대부분의 동방교회들은 아직까지 율리우스력을 그들의 교회력으로 사용하고 있어서 아직까지 콘스탄티누스 황제가 325년에 정해준 부활절 날짜 잡는 원칙을 벗어나지는 못하고 있다.

어떤 역법과 시간표에 따라 어느 정도 수준으로 어떻게 절기를 지키느냐에 대한 문제는 아주 민감한 문제이며 어제 오늘의 문제가 아니라 교회 시대 내내 있어 왔던 문제이고 창세기부터 성경 시대 전체에 흐르고 있는 중요한 주제이다. 성경을 매일의 삶의 지침으로 여기며 살아가는 모든 자들이 성경적인 역법을 어떻게 준수해야 하는지에 대해서 다 동일한 생각들을 가지고 있는 것은 아니다. 역사를 통해서 볼 때 역법에 대한 주제는 사람들을 하나의 공동체를 이루어 연대를 이루게 하기도 했지만 또한 공동체들을 구분되게도, 분열되게도 했던 민감한 주제이다.

이러한 문제는 지금 우리의 구원의 문제와 직결되지는 않는다. 하지만 성경적인 역법에 따라서 하나님의 시간 시스템 안으로 회복되어 살아가는 것에는 많고 풍부한 의미들과 영적인 유익들이 있다. 교회가 구약에서 풍성하게 계시된 여호와의 모아딤(מוֹעֲדִים 정해진, 약속된)의 시간과 모아딤의 장소에 대한 깊고 넓고 높은 계시들을 예수 그리스도를 통해서 이해하고 해석하고 적용하게 될 때 하나님 나라의 계시들을 더 많이 누리며 구원의 은총에 더 많이 감격하게 될 것이다. 그리고 여호와의 일곱 절기에 맞춰서 삼위의 하나님께서 우리의 구원을 위해서 일하셨고 일하고 계시고 이제 곧 일하실 것이기 때문에 종말의 시대를 살아가는 교회가 여호와의 절기의 의미와 유익을 통해서 예수님의 재림을 준비하는 것은 그 어느 이전 시대보다 더 요구되어진다. 무엇보다도 하나님이 우리를 그 모에드[53](מוֹעֵד 정해진, 약속된)의 시간과 그 모에드의 장소로 인도하여 가고 싶어하신다는 것이다.

---

52 10일의 오차는 325년 니케아 공의회를 기점으로 1257년 동안 누적된 오차이다.
53 '절기'라고 번역된 모에드מוֹעֵד는 '(만나기로, 시간과 장소를)정했다, 약속했다, 약혼했다'라는 뜻의 야아드יָעַד 동사에서 나왔다. 하나님이 '나와 함께 만나자, 나와 함께 연합하자'고 시간을 정하시고 장소를 정해 주셨다.

[2장] 종말론적 관점으로 본 여호와의 7절기

2.1 기독교에서 사라진 가을 절기

여호와의 7절기 중에서 가을 절기인 나팔절, 대속죄일, 초막절은 교회의 절기인 추수감사절로 대체되어서 가을의 3절기는 그 의미가 퇴색되었고 아직도 인류 구원 사역, 특히 몸의 구속[54] 즉, 부활과 휴거와 천년왕국과 새 하늘과 새 땅, 영원 세상을 향하여 가는 인간 구원을 위한 중요한 여호와의 모아딤(절기)으로서 성취되어야 할 미래적인 사건임에도 불구하고 교회에서 낯설기까지 하다.

북이스라엘의 초대 왕 여로보암은 왕국의 분열 이후 가을 절기인 초막절(히브리력 7월 15일)에 백성들이 예루살렘 성전으로 절기를 지키러 갔다가 백성들의 마음이 돌아설까 두려워 '자기 스스로 마음에 고안하여 정한' 달 곧, 8월 15일로 가을 절기 날짜를 바꾸고 벧엘과 단에 금송아지 우상을 만들어 세워서 직접 분향하며 예루살렘에까지 가지 말라고 새로운 표준을 정함으로 백성들을 비슷하지만 다른 곁길로 인도했다. 그 후 북이스라엘에 여러 차례 개혁의 시도들이 있어왔지만 '여로보암의 길'은 벗어나지는 못했고 여호와께서는 결국 '여로보암의 죄'로 말미암아 북이스라엘을 버리셨다(왕상14:16).

이러한 일은 과거나 현재나 역사에서 계속 되풀이되며 교회시대에도 마찬가지이다. 후기 로마 비잔틴 제국의 황제 콘스탄티누스도 '여로보암의 길'을 좇아 성경과 관계없는 '자기 스스로 마음에 고안하여 정한' 날을 통하여 교회로 하여금 혼합된 때와 법을 지키게 하였다. 여로보암이 날과 법과 장소를 바꿔 셋팅한 이후 아무리 개혁해도 여로보암의 길을 떠나지 못했던 북이스라엘 역사처럼, 콘스탄티누스도 교회 안에 되돌이키기 어려운 혼합을 섞어 놓았다. 이것은 하나님의 말씀을 근거로 세운 것이 아니라 인간의 뜻을 따라 세운 인간에게 맞춘 혼합된 절기이며 인간의 불온전한 이해와 유대인에 대한 혐오감으로 제정된 콘스탄티누스의 절기이며 교회의 절기이며 '그녀의 절기'이다.[55]

지금 대다수의 교회는 성경에 없는 사순절(Lent)은 지키면서 오순절을 향하여 날짜를

---

[54] 이뿐 아니라 또한 우리 곧 성령의 처음 익은 열매를 받은 우리까지도 속으로 탄식하여 양자 될 것 곧, 우리 몸의 구속을 기다리느니라(롬8:23)

[55] 주제#2 "하나님이 멈추시려고 했던 하나님의 시간들"에서 호세아 2:11에 대한 설명 참고

세어가며 그 날을 준비하며 기대를 증가시켜 나아가는 '오메르 계수'에 대해선 [56] 전혀 모르고 있다. 성경에 없는 대강절과 크리스마스는 절기로 지키면서 성경에서 영원한 규례로 세우시고 대대로 지키라고 하신 유월절과 무교절과 초실절은 약식으로 부활절이라고 의미를 축소시키고 기념한다(그래도 우리는 매해 고난주간과 부활절마다 얼마나 큰 은혜와 부활의 기쁨을 누리는가! 자비하신 주님의 은혜이다). 서양에서는 그 이름도 Easter Day라고 하며 이미 교회의 오랜 전통이 되어버려서 Easter Day가 봄의 여신 축제와 혼합된 이름인 줄은 알면서도 그 이름을 Resurrection Day라고 바꾸는 것 조차 눈치가 보이며 잘못된 전통을 바꾸는 것이 역부족이다.

대부분의 교회는 오순절과 오순절까지의 49일의 유익한 시간들인 '곡식단 계수'의 풍성한 의미도 [57] 잊어버리고 성령강림주일로 간단히 보낸다. 현재 한국교회가 교회의 절기로서 지키는 추수 감사절은 미국의 추수절을 그대로 받아서 지키고 있는 것이다. 칠면조와 성경은 무슨 관계가 있는가? 미국의 농업 주기에 맞춘 추수 감사절과 한국교회는 무슨 관계가 있는가? 우리 나라 민족의 추수 감사절은 오히려 추석이 아닌가? 추수에 대한 감사에 의미를 부여하려면 미국의 추수 시기에 맞추는 것보다는 차라리 한국의 추수 시기에 맞추는 것이 오히려 맞지 않겠는가? 성경에 없는 미국 추수 감사절을 지키고 있는 것에 대해서는 교회의 전통이라는 이유로 아무런 이의를 제기하지 않으면서 성경에서 영원한 규례로 대대로 지키라고 하신 여호와의 7절기의 가을 절기인 나팔절, 대속죄일, 초막절을 교회가 지키려고 할 때는 의심의 눈초리로 문제를 제기한다.

대다수 한국 교회는 성경에도 없는 추수 감사절은 미국의 추수 시즌에 맞추어서 교회의 절기로 지켜오면서 성경에서 너무도 중요하게 여기며 하나님이 '너희가 거주하는 각처

---

56 쎄피랄 하오메르 סְפִירַת הָעֹמֶר는 '곡식단을 계수함'이란 뜻으로 오순절을 기대하는 마음으로 하루 하루 날짜를 세어가면서 자신을 하나님 앞에 올려드리는 49일의 날들이다. 연인들이 결혼을 앞두고 결혼식이 몇일 남았는지 하루 하루 날짜를 세듯이 신랑되신 하나님과 언약 관계로써 연합 안으로 들어가고 신랑이 주는 혼인서를 마음판에 새겨지는 날을 위해서 신부가 준비하는 49일의 기간이 오메르 계수이다. 마음판에 하나님의 언약을 새기고 성령으로 하나님과 법적 연합으로 들어가고 하늘의 신비를 맛보는 날을 기대하며 날짜를 센다. 또한 종국에는 유대인과 이방인이 서로 연합하는 늦은 비의 오순절을 향하여 하루 하루 날짜를 세며 나를 의와 진리 안에서 세워 나가는 49일이 '오메르 카운팅'이다.

"안식일 이튿날 곧 너희가 요제로 곡식단을 가져온 날부터 세어서 일곱 안식일의 수효를 채우고 일곱 안식일 이튿날까지 합하여 오십 일을 계수하여 새 소제를 여호와께 드리되"(레23:15-16)

57 오메르 카운트에 대한 자세한 설명이 있는 무료 소책자를 진리의 집 카페에서 다운 받을 수 있습니다.
https://cafe.naver.com/houseoftruth

에서 대대로 지킬 영원한 규례'라고 정하신 가을 절기인 나팔절과 대속죄일과 초막절은 간단한 언급이나 설명도 제대로 하지 않고 추수 감사절의 의미로서만 대체하고 지나쳐 버린다. 그리고 크리스마스를 지키며(주님의 생일을 일 년 중 어느 한날로 정해서 기념하며 그 의미를 교회가 기억하고 축하하며 예수님의 초림에 감격하는 것은 귀하고 감사한 일이다) 성경에도 없는 크리스마스를 향한 40일의 기간을 대강절(대림절)이라 정하고 초림의 예수님에 초점을 맞추어서 기념하며 절기를 만들어서 지킨다.

교회가 어느 절기를 지켜야 하는가? 이스라엘 땅의 농사의 과정들과 관련되어 있는 성경의 여호와의 절기는 인류 구원을 농사의 사이클로 설명해주고 있다. 절기는 우리의 구원을 시작하시고 이끄시고 완성하시기 위한 하나님의 계획들이다. 특별히 성경의 가을 절기는 이스라엘 땅의 가을 추수와 관련이 있고 인류 역사의 마지막 때에 여호와의 영화롭고 크고 두려운 날에 있게 될 6,000년 인류 구원 농사의 최종 대추수와 관련이 있다.

교회가 나팔절, 대속죄일, 초막절을 제대로 이해하고 지키고자 노력을 보인다면 성도들은 이 마지막 때를 예수님의 다시 오심을 기다리며 준비하는 시간으로 보내면서 부활을 기대하고 더 좋은 부활을 얻기 위해 하루 하루 믿음으로 성실하게 살아가게 될 것이며 예수님의 재림 사역에 대해서 더 잘 이해하고 준비하기 시작하게 될 것이다.

지금 와서 교회가 다시 어떻게 이러한 여호와의 절기들을 회복하고 지킬 수 있을까? 교회가 그 날에 모여서 그 날의 의미를 성경적으로 설명하고 그 의미를 되새기며 나팔을 불고 찬양하며 하나님 앞에 모여 예배를 드리며 관련된 성경을 다함께 봉독하기만 해도 얼마나 많은 회복이 있고 예상치도 못한 새로운 은혜들이 주어지게 될지 기대해도 좋다. 그 날이 과거에는 어떤 의미였고, 그 날이 미래에는 어떤 의미이며, 그 날에 하나님이 약속하신 일이 무엇이며 오늘 우리가 그것을 어떻게 적용하여 기도하며 기다리고 기대하며 살아가야 할지를 나누면 교회 공동체가 다 함께 절기 안에 계시된 하나님의 전적인 구원사역에 더 감사하게 되며 예수 그리스도를 더 풍성하게 누리게 되고 믿음으로 기쁘게 자원하며 이 회복에 동참하게 될 것이다.

2.2 종말론적 관점으로 본 여호와의 7절기

요즘은 한국교회도 여호와의 7절기에 대한 관심과 이해가 많아져서 과거 십여 년 전에 비해 쉽게 자료들을 접할 수 있다. 절기에 대한 세부적인 내용은 레위기 토라 포션 책을 참고할 수도 있다. 이 장에서는 절기들 안에 나타난 종말론적인 관점들에 대해서 다루려고 한다.

> 너는 매년 세 번 내게 절기를 지킬지니라(출23:14)
> 네 모든 남자는 매년 세 번씩 주 여호와께 보일지니라(출23:17)

삼대 절기는 무교절, 밀추수절(오순절), 수장절(초막절)이다. 무교절은 봄 절기를 대표하는 절기로 유월절과 초실절과 함께 묶여 있고 수장절은 가을 절기를 대표하는 절기로 나팔절과 대속죄일과 함께 묶여 있다.

2.2.1 유월절, 무교절, 초실절, 홍해를 건넘

10가지 재앙이 이집트에 부어진 것은 세상 나라와 하나님의 백성 사이에서 일어나는 갈등과 충돌 때문에 일어나게 될 전쟁에 하나님이 적극적이고 단계적으로 개입하셨기 때문이다. 개인적인 차원에서 볼 때 10가지 재앙과 유월절은 한 개인을 어둠에서 빛으로, 사탄의 권세에서 하나님께로 빼어내는 구원의 첫 과정에서 있게 되는 영적전쟁과 구원으로 적용된다.

그러나 10가지 재앙과 무교절의 마지막 날에 있었던 홍해를 건넌 사건은 개인 구원의 차원이 아닌 큰 환란을 통과하고 구원받은 모든 무리들이 공동체적인 차원으로 마지막 때에 불이 섞인 유리바다를 건너고 흰 옷을 입은 큰 무리가 되어 모세의 노래와 어린양의 노래를 부르는 구원의 마지막 절정을 예표해 주고 있다.

> 또 하늘에 크고 이상한 다른 이적을 보매 일곱 천사가 일곱 재앙을 가졌으니
> 곧 마지막 재앙이라 하나님의 진노가 이것으로 마치리로다
> 또 내가 보니 불이 섞인 유리 바다 같은 것이 있고
> 짐승과 그의 우상과 그의 이름의 수를 이기고 벗어난 자들이
> 유리 바다 가에 서서 하나님의 거문고를 가지고

하나님의 종 모세의 노래, 어린 양의 노래를 불러 이르되
주 하나님 곧 전능하신 이시여 하시는 일이 크고 놀라우시도다
만국의 왕이시여 주의 길이 의롭고 참되시도다
주여 누가 주의 이름을 두려워하지 아니하며 영화롭게 하지 아니하오리이까
오직 주만 거룩하시니이다 주의 의로우신 일이 나타났으매
만국이 와서 주께 경배하리이다 하더라(계15:1-4)

　　10가지 재앙과 홍해 사건은 마지막 때에 일어나게 될 사건들을 예언적으로 보여주고 있다. 첫째, 10가지 재앙은 교회와 이스라엘을 대적하며 핍박하는 짐승 나라와 내려오시는 하나님 나라의 충돌 과정에서 7인과 7나팔을 통해서 땅에 여러가지 환란이 부어질 것을 예표한다. 둘째, 홍해를 건넌 것은 일곱째 천사가 나팔을 불때에 성도들이 첫째 부활에 참여하고 휴거하여 불이 섞인 유리 바다를 건너게 되는 것을 예표한다. 셋째, 바로와 그 군대들이 홍해에 빠진 사건은 예루살렘까지 집요하게 와서 공격해오는 짐승 나라 군대들을 7진노의 대접을 부으면서 수장시키는 것[58]에 대한 패턴을 예언적으로 보여주고 있다.

　　시간이 흐를수록 하나님의 백성과 세상 나라 사이의 갈등과 충돌이 증가하고 있다. 10가지 재앙은 하나님의 백성이 세상 나라 아래서 받는 억압의 강도가 점점 강해지고 있음을 보여주면서 동시에 짐승 나라를 징치하고 심판하는 하나님 나라의 영광과 권능도 그 강도가 점점 강해지고 있음을 보여준다. 지금은 두 나라가 치열하게 영적 대치 중에 있다.

　　이집트와 파라오가 이스라엘 백성이 약속의 땅을 향하여 떠나는 여정을 막아서고 가지 못하도록 할 때 하나님은 10가지 재앙으로 그 나라를 치셨다. 마지막 때에 두 짐승 나라와 적그리스도와 거짓 선지자 음녀들은 구원받은 성도들이 에덴-동산으로 재입장 하려고 할 때 그 거룩한 행진의 과정을 온갖 수단으로 막고 거룩한 신부로서 혼인잔치에 예비되지 못하도록 훼방할 것이고 그때 하나님은 여러가지 재앙으로 짐승 나라를 치실 것이다.

너희는 칠일 동안 무교병을 먹을찌니 그 첫날에 누룩을 너희 집에서 제하라

(출12:15a)

---

58 그때에 여호와께서 자기의 땅을 극진히 사랑하시어 그의 백성을 불쌍히 여기실 것이라 내가 북쪽 군대를 너희에게서 멀리 떠나게 하여 메마르고 적막한 땅으로 쫓아내리니 그 앞의 부대는 동해로, 그 뒤의 부대는 서해로 들어갈 것이라 상한 냄새가 일어나고 악취가 오르리니 이는 큰 일을 행하였음이니라 하시리라(욜2:18,20)

칠일 동안은 누룩을 너희 집에 있지 않게 하라(출12:19a)

칠일 동안에는 무교병을 먹고 유교병을 너희 곳에 있게 하지 말며
네 지경 안에서 누룩을 네게 보이지도 말게 하며(출13:7)

유대인들이 유월절을 지키는 방법을 보면 유월절이 시작되기 몇일 전에 집안 대청소를 한다. 누룩과 곰팡이 등 썩은 것들이 집안에 조금이라도 남아 있지 않도록 다 찾아내서 집 밖에서 땅을 파고 불로 태운다. 무교절의 7일은 유월절 양이신 그리스도께서 희생하심으로 말미암아 구원받은 개인이 묵은 누룩을 내어 버리고 누룩 없는 자로서 살아가는 삶을 예표 해준다.

10번째 재앙 즉, 영적 충돌의 절정의 시간이 있기 전에 내 안과 교회 안의 누룩, 곰팡이, 썩은 것들을 대청소해야 한다. 그리고 그 유월절의 승리와 전리품의 기쁨 이후에도 홍해를 건너기까지 무교절의 7일을 계속 잘 지켜서 누룩을 제거하고 불순물이 없는 순전한 혼과 정금 같은 믿음으로 불이 섞인 유리 바다를 건너기까지 정결한 무교절의 삶을 살아야 한다. 이 일을 위하여서 예수님께서 먼저 부활의 첫 열매로써 우리의 부활, 휴거의 길을 미리 열어 놓으셨다.

2.2.2 유월절 쎄데르[59](저녁식사)에서 나타나는 종말론적인 관점

쎄데르סֵדֶר는 순서를 의미하며 유대인들은 유월절 저녁 식사 때 15가지 순서를 통하여 부모가 자녀들과 함께 출이집트의 역사를 이야기하면서 진행한다. 3,500년 전의 조상들의 역사적 사건이지만 부모들은 자신의 삶 속에서 경험한 하나님의 도우심과 건지심을 자녀들에게 이야기해 주면서 신앙의 유업을 이어오고 있다. 유월절 쎄데르는 이스라엘 백성의 구원의 역사를 기억하고 기념하게 해 주는 예식이면서 동시에 각각의 순서는 예슈아의 죽으심과 부활을 예표할 뿐만 아니라 다시 오실 예슈아에 대한 메시지도 담고 있다. 유월절 쎄데르를 통해 유대인들은 구원에 대한 감격과 감사를 하나님께 올려드리면서 동시에 메시아가 오셔서 마지막 날에 큰 구원을 이루실 것을 기대한다. 그러므로 유월절 쎄데르는 유대

---

[59] 유월절 쎄데르를 가족들이 체험해 볼 수 있도록 만들어진 PPT자료를 진리의 집 카페의 자료실에서 다운 받을 수 있습니다. https://cafe.naver.com/houseoftruth

인뿐만 아니라 모든 성도들과 교회들이 예슈아의 죽으심과 부활을 기념하면서 마지막 날에 부활의 몸을 입고 예슈아를 맞이할 것과 새 예루살렘에서 다같이 만날 것을 기대하게 하는 예식이다.

쎄데르의 순서 중 13번째 순서에 엘리야를 위한 포도주 잔을 따르고 그 집안의 막내(마지막 세대)가 집의 대문을 활짝 열어 놓는 순서가 있는데 이 순서는 엘리야가 먼저 와서 메시아의 오심을 알리게 될 것이라는 구약의 마지막 말씀(말4:5-6)을 근거로 메시아가 오기 전에 먼저 와서 메시아의 오심을 알리고 예비케 할 엘리야를 초대하는 기도를 드리는 시간이다.

그리고 14번째 순서로 시편 찬송하는 시간을 가진 후 마지막 15번째 순서에서는 "오는 해에는 예루살렘에서", "레샤나 하바아 비루샬라임ם לְשָׁנָה הַבָּאָה בִּירוּשָׁלַיִם"이라고 외치면서 그들의 염원을 표현하고 모든 순서가 마치게 된다. 이 고백은 "이번 해에는 우리가 불완전한 세상에 살지만 우리는 인내함으로 기다리면서 다음에 오는 어느 해에는 영적인 완전함에서 살아가게 될 것이니 우리는 그 날을 사모합니다"라는 의미를 담고 있다. 이것은 새 예루살렘을 향한 염원을 표현하는 것으로 우리 모두가 반드시 그 어느 날에 새 하늘과 새 땅과 새 예루살렘에서 완전함과 온전함으로 모두 함께 만나게 될 것에 대한 종말론적인 소망을 드러내는 것이다.

2.2.3 오순절과 요엘서의 이른비와 늦은비

오순절은 연합의 절기이다. 그리스도께서 한 사람 한 사람에게 성령을 부으셔서 하나님과 그 한 사람이 성령으로 연합하는 절기이자 성령으로 하나님과 연합된 자들이 서로 연결되어 하나되는 절기이다. 또한 성령을 받은 이방인들과 성령을 받은 유대인들이 한 성령 안에서 한 새 사람이 되는 절기이며, 한 새 사람을 이룬 유대인과 이방인이 그리스도와의 하나됨을 위하여 온전한 신부로서 준비 완료하는 절기이다. 출이집트한 백성들이 시나이 산 아래 도착해서 모세를 통하여서 여호와와 민족적으로 혼인서약을 맺은 첫 날이 바로 오순절이기도 하다.

오순절은 사람 안으로 하나님의 영이 들어와 사람이 사람성전 되게 하는 날이다. 그리고 이방인 사람성전들과 유대인 사람성전들이 서로 연결되어져서 함께 지어져 감으로 성령 안에서 하나님의 거하실 처소가 되도록, 한 새 사람이 되도록, 어린양의 신부가 되도록,

새 예루살렘이 되도록 한 사람 한 사람에게 성령을 부어 삼위 하나님과 영원한 연합을 미리 예비시키는 날이다.

하나님은 이스라엘 땅의 농사 주기 시스템 안에 인류 구원 농사의 시작과 마지막 대추수의 계획을 짜 놓으셨다. 이른 비(요레הֹיוֹרֶה 또는 모레הֹמוֹרֶה)는 초막절 기간에 내리기 시작하여 2-3개월 동안 내리는 첫 비로 딱딱하게 굳은 땅을 부드럽게 해주어 땅의 흙을 기경하고 밭을 갈 수 있도록, 그리하여 씨를 뿌리며 농작을 시작할 수 있도록 해준다. 그 이후에 일반적인 비가 내리기 시작하는데 이 일반적인 비를 게쉠גֶּשֶׁם이라고 한다. 게쉠은 유월절 기간 전후까지 약 4-5개월 동안 비정기적으로 내리는데 게쉠이 부족하면 가뭄이 오게 된다. 게쉠이 내리는 기간에 폭풍을 동반한 비가 내리기도 하는데 이 비를 마타르מָטָר라고 부른다. 마타르는 땅에 흡수되기보다는 지면을 쓸어버려서 종종 농작물에 큰 피해를 주기도 한다.

그리고 늦은 비(말코쉬מַלְקוֹשׁ)는 우기의 끝인 무교절과 오순절 사이에 약 한 달 동안 내리는 비로 보리추수와 밀추수를 위한 낫을 데기 전에 곡물의 낟알을 알차게 해주는 역할을 하고 가축들을 살찌우게 하며 풍부한 젖으로 갓 태어난 가축의 새끼들을 공급해 줄 수 있게 한다.

이스라엘 땅에서 농작할 때 이른 비와 늦은 비가 때에 맞춰 내려주는 것이 풍성한 추수를 위해서 절대적이다. 이른 비는 땅을 갈고 씨를 뿌림으로 농사를 시작하게 해주는 면에서 중요하고 늦은 비는 추수의 낫을 데기 전에 곡물의 낟알이 알차게 익게 해주는 면에서 중요하다.

오순절에 하늘 문이 열리고 성령이 하늘에서 쏟아 부어진 성령 강림 사건을 베드로는 요엘서 2:28-32을 인용하면서 설명한다(사도행전2:16-21). 오순절 예루살렘의 성령 강림 사건이 인류 구원 농작을 위한 이른 비로써 요엘서의 성취였다. 이 이른 비로 교회가 시작되었고 오순절의 시대가 지금까지 이어오면서 전 세계에서 알곡들이 추수의 때 하늘 창고에 거둬드려지기를 기다리며 익어가고 있다. 종말에 다시 예루살렘을 중심으로 성령 강림 사건이 있게 될 것인데 이것은 늦은 비로써 요엘서의 성취가 될 것이며 유대인들이 민족적인 단위로 예슈아를 메시아로 믿고 민족적으로 성령의 충만함을 받게 되어[60] 마침내 유대인과

---

60 【스가랴 12:10; 13:1】

이방인 둘이 한 성령 안에서 한 새 사람을 이루게 되어 어린양의 신부로서 유다의 사자와 함께 연합하게 될 것이다.

오순절은 에녹이 출생한 날이며 또한 에녹이 완전 승천하여 하나님과 영원한 연합으로 들어간 날이다. 또한 오순절은 다윗이 출생한 날이며 예루살렘에서 하늘과 땅이 하나되는 것을 추구함으로 인류 역사 속에서 예루살렘에 에덴-동산의 상태를 구현해 내었던 다윗이 죽은 날이기도 하다. 또한 노아가 방주에서 나온 후 제단을 쌓고 희생제사를 드릴 때 하나님께서 무지개 언약을 맺으셨으며 노아로부터 새롭게 시작한 인류에 대한 구원 약속하셨는데 그 날이 오순절이었다.

2.2.4 가을 절기(나팔절, 대속죄일, 초막절)와 제8일과 희년

지금까지는 가을 절기 전의 절기들 속에서도 종말론적인 예표와 관점들이 있다는 것을 살펴보았다. 이제 End-time과 직접적인 관계가 있는 가을 절기들을 종말론적인 관점으로 소선지서들과 요한계시록을 통해서 그 시나리오를 이해해 보고자 한다.

아빕 월 14일 오후 유월절 어두워질 때에 성전에 모인 많은 자들이 수만 마리의 일 년 된 어린 양을 잡을 그때에 맞추어서 예수님은 십자가에서 죽으셨다. 무교절의 첫날이 시작하던 그날 초저녁 전에 예수님은 부자의 무덤에 뉘이셨다. 안식일 다음 날 성전에서 제사장이 보리 첫 이삭을 흔들어 드리던 초실절에 맞추어서 예수님은 부활의 첫 열매가 되셨고 오순절 전야부터 모여 밤새워 토라를 읽고 동이 떠오를 때 마지막으로 룻기서를 읽은 후에 성전 즉, 그 집으로 모여들어 오전 상번제를 올려 드리던 시점에 일곱째 하늘의 성전의 불이 120명의 제자들에게 내려왔으며 쉐키나께서 제자들 안으로 들어가심으로 사람성전 시대를 열어 주셨다.

나팔절

그 후 약 1994년(2024년 기준)이 지나는 동안 교회는 오순절 절기의 시즌을 보내오고 있다. 이제 곧 성취될 날을 기다리고 있는 가을 절기에 맞춰서 예수님의 재림이 진행될 것이다. 나팔절에 맞추어서 일곱 번째 나팔, 마지막 나팔이 불려 질 때 하나님이 오래 전부터 준비해 놓으신 인류 역사 6,000년 동안 전무후무하게 될 크고 두렵고 영화로운 사건에 우리가 참여할 것이다.

일곱째 천사가 소리 내는 날 그 나팔을 불게 될 때에
하나님의 비밀이 그 종 선지자들에게 전하신 복음과 같이 이루리라(계10:7)

일곱 번째 나팔이 불려지는 그 순간에 우리가 새 창조에 속한 완전한 피조물이 될 수 있도록, 그 아들의 십자가 구속을 통해 우리를 미리 초대해 주셨다. 당신도 초대를 받았다. 모두 그 초대의 날을 위해서 매년 나팔절 날 거룩한 기대를 가지고 예행연습(미크라מקרא=성회=리허설)을 하길 바란다.

이 날이 그리스도 안에서 잠자는 자들이 첫째 부활에 참여하여 부활의 몸을 입고 깨어나 새 창조에 속한 새 피조물로 영원에 속한 삶을 시작하는 새해의 시작이기 때문에 로쉬ראש(머리) 하샤나השנה(그 해의)라고 부른다. 이 날이 인류가 시작한 날 즉, 아담이 창조되어 눈을 뜨고 왕이신 하나님을 본 날이었으며, 또한 아담이 왕과 제사장으로 취임하면서 첫 나팔이 불리던 첫 로쉬 하샤나였다. 아담이 바로 이 날에 흙에서 생기로 일어나 왕이신 하나님을 보았듯이 미래의 이 날에 부활하기에 합당하게 여김 받는 자들은 땅의 티끌 가운데서 부활의 몸을 입고 일어나서 만왕의 왕이신 그리스도 앞에 알현하게 될 것이다. 그리고 주님을 섬기고 이 땅을 섬김으로 다스릴 왕과 제사장이 될 것이다.

주의 죽은 자들은 살아나고 우리의 시체들은 일어나리이다
티끌에 거하는 자들아 너희는 깨어 노래하라
주의 이슬은 빛난 이슬이니 땅이
죽은 자를 내어 놓으리로다(사26:19)

일곱 번째 나팔이 불려 질 때, 생명의 부활에 참여할 모든 자들이 부활의 몸을 입고 공중으로 끌려 올라가 그리스도를 만나게 될 것이다. 예루살렘의 보좌에 좌정하시려고 천군들을 대동하시고 하늘 보좌를 떠나 공중까지 오신 그리스도와 함께 예루살렘을 향한 행진의 대열을 맞추게 될 것이다. 땅에 거하는 모든 자들이 일어나고 있는 이 사건들을 보며 어떤 이들은 늦게라도 뉘우치지만 또 어떤 이들은 여전히 완악한 마음을 품을 것이다. 땅에 남은 자들 중에서 짐승 나라 군대들은 예루살렘을 치려고 므깃도 평야에서 집결한 후 유다

산지를 짓밟고 올라와 예루살렘까지 와서 유대인을 진멸하고 어린 양의 군대와 싸우려고 할 것이다. 그 동안 예루살렘에 남아 있던 유대인들은 '경외의 날들'[61]을 보내면서 서로에게 용서를 구하고 하나님께 회개하는 시간을 보낸다. 그동안 그들에게는 닫혀 있었던 속죄의 샘이 열리고 또 그들에게 '은총과 간구의 영'이 부어질 것이다. 그때 그들은 통곡하면서 그들이 찔렀던 그분이 그렇게도 기다리던 그들의 메시아였다고 고백하며 민족 단위의 회심이 일어나고 성령으로 충만하여 용맹스럽게 예슈아 만왕의 왕 즉위식을 준비하게 될 것이다.

대속죄일

안식일 중에 안식일인 대속죄일(욤 하키푸림יום הכפרים)이 되면 대속죄일을 지키기 위해 유대인들은 전투 중에도 무기를 다 내려 놓고 흰 옷을 입고 금식을 하며 나팔을 분다. 짐승 나라 연합군들은 무방비 상태가 된 예루살렘 주변으로 모여들어 예루살렘을 둘러싼다. 일촉즉발의 사태이지만 속수무책의 상황 속에서 요르단 산지에서 유대광야를 지나 감람산 하늘까지 도착한 흰 옷 입은 군대의 사령관이신 예슈아께서 그분이 약속하신 대로 승천하셨던 감람산의 그 지점으로 내려와 그분의 두 발이 그 산에 서시자 지진이 일어난다. 감람산이 동서로 갈라져 산의 절반은 북으로 산의 절반은 남으로 옮겨지고 예루살렘은 높이 들려 그 본처에까지 올라오며 예루살렘 중심으로 북으로 약 10km, 남으로 약 10km의 언덕들이 다 평지가 되고 기혼 샘 근원이 크게 열리니 성전산 밑자락에서부터 생수가 흘러 절반은 서쪽 지중해로 흘러 들어가는 강이 되고 절반은 동쪽 사해로 흘러 들어가는 강이 된다.

이러한 요란한 상황 속에서 예루살렘을 치러 왔던 군대들이 서로 손을 들어 치며 많이 자멸하고 전위부대는 사해로, 후위부대는 지중해로 떠내려가게 된다. 메시아는 심판의 보좌에 좌정하시고 시온에서 부르짖고 예루살렘에서 목소리를 발하시니 하늘과 땅이 진동되고 여호사밧 골짜기에서 주변의 모든 국가들과 지도자들에 대한 심판을 집행하시고 그들은 유황불 못에 던져진다. 그리고 에덴-동산에 들어와 하와를 속였고 그 후에도 홍수로 땅의 모든 것이 다 진멸될 수밖에 없도록 땅과 인류를 돌이킬 수 없을 만큼 오염시킨 주범 아자젤에 대한 심판이 집행된다. 아자젤과 그에 속한 사탄들이 무저갱에 던져져 결박되고 7

---

61 나팔절부터 대속죄일까지의 10일의 기간에 유대인들은 한 해 동안 지었던 죄나 남에게 피해를 입혔던 것들에 대해 보상하고 용서를 구하는 시간을 가지면서 대속죄일을 준비한다. 이 시간을 '경외의 날들'이라고 부른다.

천 년이 마치기까지 천 년동안 다시는 만국을 미혹하지 못하게 된다.

대속죄일의 마지막 순서는 희년의 나팔을 불어 희년을 선포하는 것이다. 희년의 나팔이 불릴 때 6천 년의 인류 역사가 마감되고 7번째 천년이 지구의 안식일로써 시작되며 의와 평강의 시대인 메시아 왕국이 시작된다.

초막절의 7일

초막절은 메시아가 다시 오셔서 예루살렘에서 온 세상을 통치하시는 땅에 있을 천년왕국을 나타낸다.

> 말일에 여호와의 전의 산이 모든 산 꼭대기에 굳게 설 것이요
> 모든 작은 산 위에 뛰어나리니
> 만방이 그리로 모여들 것이라 많은 백성이 가며 이르기를
> 오라 우리가 여호와의 산에 오르며 야곱의 하나님의 전에 이르자
> 그가 그의 길을 우리에게 가르치실 것이라 우리가 그 길로 행하리라 하리니
> 이는 율법이 시온에서부터 나올 것이요
> 여호와의 말씀이 예루살렘에서부터 나올 것임이니라(사2:2-3)

선지자들이 바라보던 꿈꾸던 그 시대가 드디어 열렸다. 아담으로부터 시작한 인류 역사 6천 년은 6일 창조와 같고 인류 역사에 주어진 7번째 천년은 7번째 날 안식하신 것과 같다. 지구의 샤밭이 시작되었다. 온 인류가 한 하나님을 섬기며 모든 민족이 예루살렘으로 몰려들어 시온에 계신 메시아를 뵙고 그분 앞에 알현하며 그분의 입으로부터 선포되는 말씀과 가르침을 받고 엎드려 경배드리고 즐거움으로 가득하여 다시 각자의 땅으로 돌아간다. 인류가 다시 생육하고 번성하여 땅에 충만하게 되는 과정을 보내는 동안 무너졌던 기반 시설들이 다시 건설되고 재림 이전 시대와는 비교할 수 없는 복락을 누리는 시대를 인류는 살아간다.

천년왕국은 아직은 100% 새 창조에 속한 새 하늘과 새 땅의 세상은 아니며 아직은 첫 창조에 속한 옛 하늘과 옛 땅에 속한 세계의 기반 안에서 새 창조에 속한 새피조물도 함께 존재하는 중첩된 세상이다. 홍수 이후부터 재림이전 시대와는 비교도 할 수 없는 회복된 세상에서 인류는 계속 살아가게 된다. 이 회복되고 개정된 세상(올람 하티쿤התקון עולם)은 에

덴-동산에서 쫓겨나기 전의 상태로 회복된 상태이다. 첫 창조에 속한 하늘과 땅의 만물들은 함께 탄식하며 고통하던 피조물의 썩어짐의 종노릇하는 데서 해방되어 영광의 자유에 이른 천년을 보낸다. 첫째 부활에 참여하여 이미 부활의 몸을 얻은 자들은 이미 온전하게 새 창조에 속한 새 피조물로서 천사와 같은 모습으로 왕과 제사장이 되어 땅에서 살아가면서 생육하고 번성하는 사람들을 섬김으로써 다스린다.

제7일의 큰 구원(호샤나 랍바הֹושַׁעֲנָא רַבָּא)

천년왕국이 끝나고 7천 년의 인류 역사가 마감되었다. 그때 천년 동안 무저갱에 갇혀 있던 사탄이 잠시 풀려나 그 땅의 주변 백성들을 미혹한다. 놀랍게도 사탄의 속임에 꾀여 넘어간 어리석은 사람들이 바다 모래 같이 많이 모여 예루살렘을 대적하는 전쟁을 순식간에 일으켜서 성벽도 없고 문이나 빗장이 없어도 염려 없이 다 평안히 거주하는 백성에게 구름이 땅을 덮음 같이 올라와 세상 중앙에 거주하는 예루살렘 백성을 치고자 한다. 그들이 주께서 사랑하시는 성을 에워싸서 성 안에 성도들이 큰 위기에 빠졌을 때 예루살렘 성의 성도들은 호샤나 랍바הֹושַׁעֲנָא רַבָּא를 크게 외치며 하나님께 부르짖는다. 그때 하늘에서 하나님으로부터 불이 내려와 대적들을 삼켜 버린다.

제8일의 성회(쉐미니 아쩨렡שְׁמִינִי עֲצֶרֶת)

그리하여 7천 년의 인류 역사는 마감되고 첫째 부활에 이미 참여한 자를 제외하고 나머지 모든 인간들은 다 부활하여서 크고 흰 보좌 앞에 선다. 그 보좌 앞에는 생명책 한 권과 행위를 기록해 놓은 많은 책들이 펼쳐져 있고 생명책에 그 이름이 기록되지 못한 각 사람은 행위록에 기록된 자기 행위를 따라서 심판 받아 불 못의 여러 단계로 각각 떨어진다. 7천 년 동안 자신의 역할을 해오던 사망도 이제 더 이상 그 역할이 없어 불 못에 던져지고 사망한 자가 들어가서 대기하는 곳인 음부도 더 이상 필요가 없게 되어 불 못에 던져진다.

첫 창조에 속한 첫 하늘과 첫 땅과 만물의 모든 원소들이 그 수고를 다 마치고 그 역할을 다했으니 하늘은 불에 타서 풀어지고 땅과 만물의 모든 원소들은 불에 녹아져 사라진다. 그 후 보좌에 앉으신 분께서 '보라 내가 만물을 새롭게 하노라'고 선포할 때 새 창조에 속한 하늘과 땅이 나타나고 썩지 않고 쇠하지 않는 새 창조에 속한 영존하는 물질 세계가 나타난다. 새 창조에 속한 부활의 몸을 입은 성도들이 하늘과 땅을 하나되게 하는 새 예루살렘을 이루어 하늘에서 땅으로 내려온다. 완전히 새 창조에 속한 것들만으로 이루어진 영원한 세상이 시작된다.

초막절의 7일이 끝난 후 모든 절기를 마무리하는 제8일의 성회(쉐미니 아쩨렡תֶֶ עֲֶ שְׁמִינִי)가 시작된다. 성회라는 뜻의 아쩨렡은 '장엄하고 거룩한 모임'이라는 뜻으로 아짜르עצר 동사에서 파생되었다. 아짜르는 '닫아서 마무리하고 계속 유지하게 하다'는 뜻이다. 7천 년 인류 역사를 닫아서 마무리하고 새 창조에 속한 영원 세상을 영원히 존재하게 하는 날을 예표하는 것이 제8일의 성회(쉐미니 아쩨렡תֶֶ עֲֶ שְׁמִינִי)이다.

인류 역사의 처음에 인간은 에덴-동산에서 쫓겨나왔다(창2-3). 그리고 창세기 3장 이후부터 모세오경 끝까지는 택한 백성 이스라엘이 아담이 쫓겨나왔던 그 곳 에덴-동산으로 즉, 약속의 땅으로 다시 들어가는 구조로 이야기가 전개된다. 그리고 신약의 끝인 요한계시록은 인류가 쫓겨나왔던 그 장소인 에덴-동산으로 즉, (새)예루살렘으로 다시 들어가는 구조로 이야기가 전개된다.

인류 역사는 7일 창조 때부터 이미 하나님이 그 기한을 7천 년으로 정해 놓으셨고 땅의 중심으로는 예루살렘을 이미 택하여 놓으셨다. 하늘의 예루살렘과 땅의 예루살렘이 온전히 연합하여 영원의 시간으로 완전히 들어가기 전까지는 영원을 준비할 수 있는 시간으로 7천 년이라는 시간을 정해 놓으셨고, 7천 년의 시간 속에 인류 구원을 위한 계획을 7절기 안에 비밀스럽게 담아 놓으시면서 그 택하신 백성들이 영원을 사모하고 준비할 수 있도록 하셨다. 모아딤(여호와의 7절기)이라는 시간과 예루살렘이라는 공간은 인류 역사의 시작과 끝을 알 수 있게 해 주며 하나님의 영화로운 구원 계획을 볼 수 있게 해 준다. 예슈아께서 다시 오셔서 예루살렘을 중심으로 온 세상에 메시아닉 킹덤을 시작할 순간이 다가오고 있는 이 때에 모든 성도들과 교회들이 하나님이 숨겨두시고 예비해 두신 시간인 모아딤을 더 깊이 이해하고 지킴으로써 왕의 대로를 준비하는 여호와의 군대가 되길 소망한다.

히브리어는 자음과 모음을 익히면 어렵지 않게 읽을 수 있는 문자입니다. 문자학적으로 구체적이고 자세한 설명보다는 누구나 쉽게 히브리어를 읽을 수 있도록 간단한 안내를 드립니다.

1. 히브리어는 한국어와 다르게 오른쪽에서 왼쪽 방향으로(←)읽습니다.
2. 성경 히브리어는 모음이 없이 자음만 표기하여 읽었습니다. 자음만 표기된 단어에 모음을 어떻게 붙여서 읽을지는 랍비와 부모를 통해서 구전전통으로만 전해 내려왔지만 후대에 와서 자음 주변에 모음을 표시하여 함께 읽을 수 있도록 하였습니다. 자음과 모음을 조합해서 읽는 방법은 다음 예시와 같습니다.
בְּרֵאשִׁית 베레쉬트 → בּ = 베 / רֵ = 레 / א (음가없음) / שׁ = 쉬 / ת 트
3. 한글 자음으로 표현되지 않는 자음들을 아래와 같이 보충 설명합니다.

> 1. כ가 'ㅋ' 소리를 가질 때도 있지만 목구멍을 긁으며 'ㅋ'와 'ㅎ'를 함께 발음하여 내는 소리(kh)도 있습니다. 한국인들이 "크~~~게"를 강조하면서 발음할 때 'ㅋ'와 'ㅎ'를 함께 발음하여 긁는 소리를 내는 경우와 비슷합니다.
>
> 2. ח는 위에 설명한 כ의 'kh' 발음처럼 목구멍을 긁으면서 내는 'ㅎ'발음입니다. 그래서 표기를 'ㅋㅎ'으로 했습니다. 이렇게 발음하는 것이 좋으나, 어려울 경우 'ㅎ' 발음으로 합니다.
>
> 3. ר는 'ㄹ' 발음으로 해도 상관없지만 때로는 'ㄱ' 발음이 섞여 있어서 'ㄱ' 소리로 들릴 경우가 있는데 이는 'ㄹ' 보다 더 목 안쪽에서 나는 'ㄹ' 소리이기 때문입니다.

히브리어 성경 관련 APP

안드로이드: MySword Bible, BLB, הברית החדשה

IOS: BLB

자음			
문자	이름	발음	숫자값
א	알렙	음가가 없지만 초성 'ㅇ'와 비슷	1
ב	베트	ㅂ (b, v)	2
ג	김멜	ㄱ	3
ד	달렡	ㄷ	4
ה	헤이	ㅎ	5
ו	봐브	ㅂ (v,w)	6
ז	자인	ㅈ (z)	7
ח	ㅋ헤트	ㅋㅎ (kh)	8
ט	테트	ㅌ	9
י	유드	이 (y)	10
כ	카프	ㅋ, ㅋㅎ (k, kh)	20
ל	라메드	ㄹ	30
מ	멤	ㅁ	40
נ	눈	ㄴ	50
ס	싸멜	ㅆ	60
ע	아인	ㅇ	70
פ	페	ㅍ (p, f)	80
צ	짜디	ㅉ와 ㅊ의 중간음	90
ק	쿠프	ㅋ	100
ר	레쉬	ㄹ	200
ש ש	씬 신	우측점은 쉬 좌측점은 ㅆ	300
ת	타브	ㅌ	400

모음	
문자	발음
◻	아
◻	
◻	
◻	에
◻	
◻	
◻	
◻	에이
◻	
◻	이
◻	
◻	오
◻	
◻	
◻	
◻	
◻	우
◻	'으'와 '어' 사이발음